图 2-15　古籍文档文本行手工标注样例

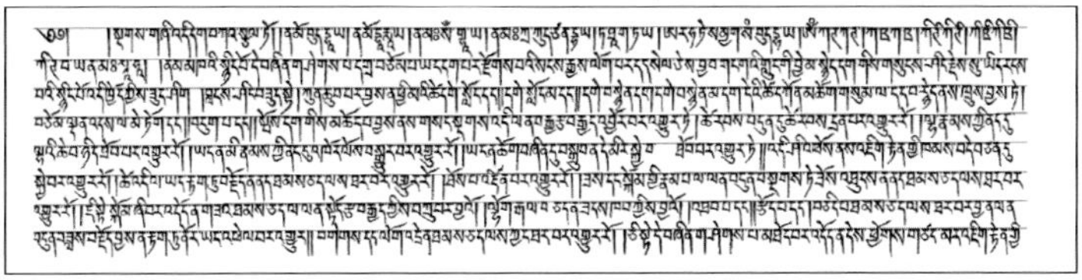

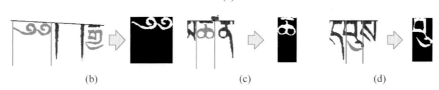

图 2-16　古籍文档文本行基线手工标注

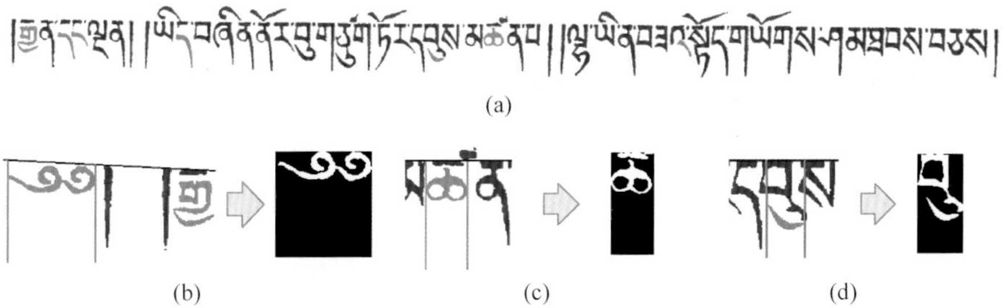

(a)

(b)　　　　　　　　　　(c)　　　　　　　　　　(d)

图 2-25　字符样本的获取

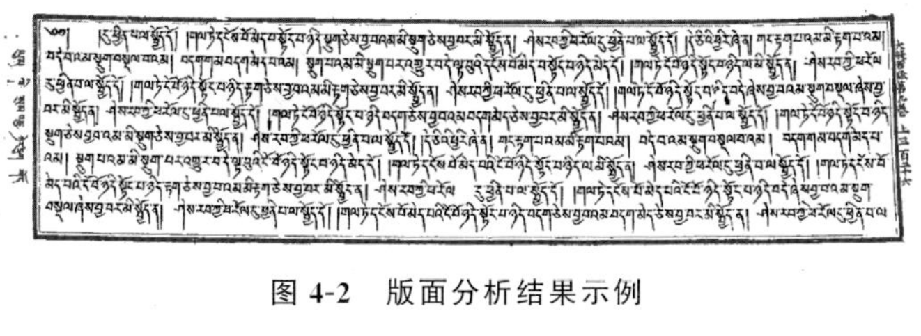

图 4-2　版面分析结果示例

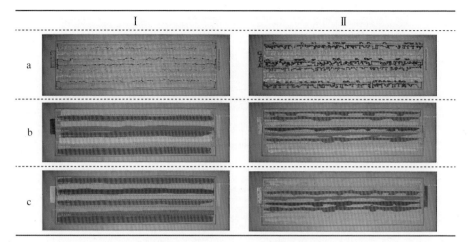

图 4-9 Mask R-CNN 的实验结果

图 4-10 改进 Mask R-CNN 的局部结果图

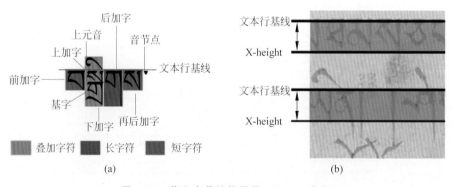

图 4-25 藏文音节结构图及 X-height 定义

（a）藏文音节结构；（b）X-height 定义

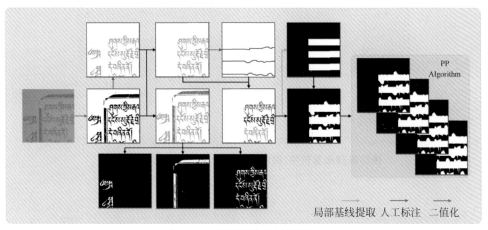

图 4-26　数据标注流过程图示

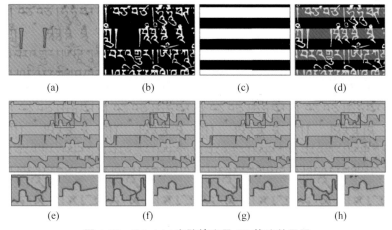

图 4-27　X-height 空隙填充及 PP 算法效果图

（a）字符间距图；（b）图（a）的二值图；（c）图（a）的 X-height 图；（d）二值图与 X-height 叠加图；（e）$\text{Max}_{push}=-3,\text{Min}_{dist}=3$；（f）$\text{Max}_{push}=0,\text{Min}_{dist}=0$；（g）$\text{Max}_{push}=0,\text{Min}_{dist}=3$；（h）$\text{Max}_{push}=3,\text{Min}_{dist}=3$

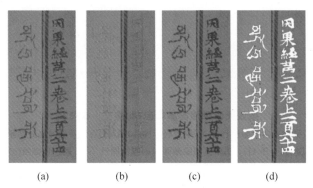

图 4-29　标题区域预测结果 IoU＝0.85

（a）原图；（b）基准 Ground Truth 图；（c）预测结果图；（d）图（b）和图（c）差异图

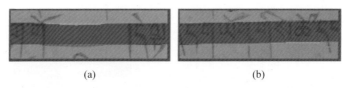

(a)　　　　　　　　　　　　　　　　　(b)

图 4-30　X-height 预测与基准 Ground Truth 对比图

（a）X-height 预测；（b）基准 Ground Truth

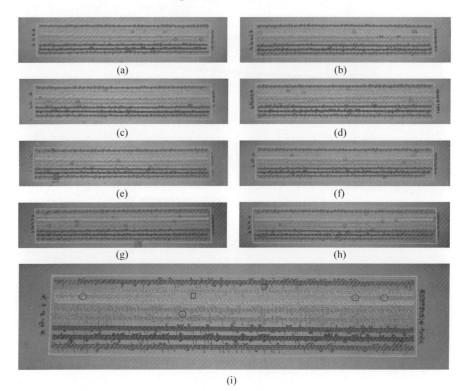

(i)

图 4-38　版面分析结果示例

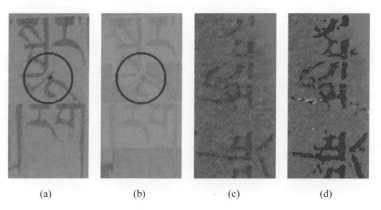

(a)　　　　　　(b)　　　　　　(c)　　　　　　(d)

图 4-40　方法的不足

（a）"硬"粘连区域原图；（b）对预测结果进行分水岭算法；（c）污渍图像；（d）预测结果

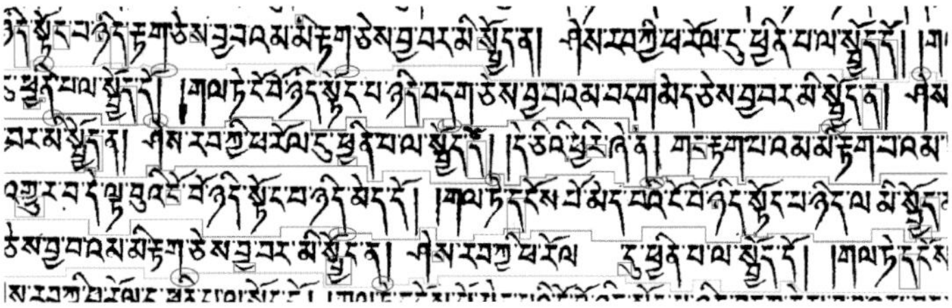

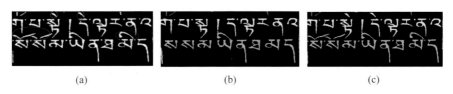

图 5-1　文本行扭曲、字符笔画断裂、字符笔画粘连示例

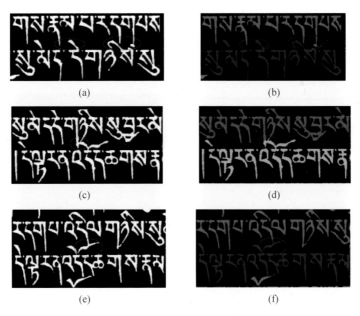

(a)　　　　　　　　　　(b)　　　　　　　　　　(c)

图 5-30　断裂笔画归属过程的局部示例图

(a) 待切分文本行；(b) 伪文本行；(c) 完整切分行

(a)　　　　　　　　　　　　　　　　(b)

(c)　　　　　　　　　　　　　　　　(d)

(e)　　　　　　　　　　　　　　　　(f)

图 5-33　交叠、粘连和笔画断裂切分效果

(a) 有笔画交叠的局部图；(b) 图(a)的切分效果；(c) 行间笔画粘连的局部图；

(d) 图(c)的切分效果；(e) 行间粘连＋笔画断裂的局部图；(f) 图(e)的切分效果

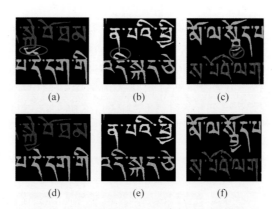

(a)   (b)   (c)

(d)   (e)   (f)

图 5-34　行的错切分与正确形式的局部图式

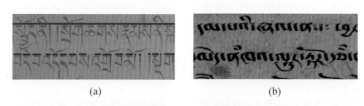

(a)   (b)

图 5-35　不同字体类型的藏文古籍

（a）乌金体文档；（b）乌梅体文档

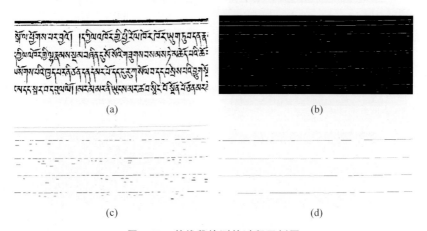

(a)   (b)

(c)   (d)

图 5-39　基线段检测的过程示例图

（a）二值图像；（b）笔画上边缘水平方向二值图；（c）同一水平方向笔画边缘图；
（d）过滤掉较短水平边缘线得到基线段

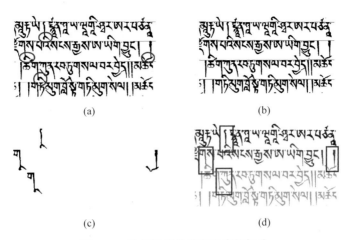

图 5-41　粘连区域检测和文本行切分

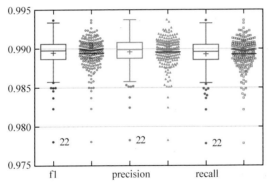

图 5-43　行切分结果的分布

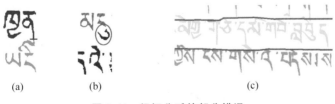

图 5-44　行切分时的部分错误

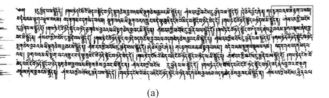

图 5-48　文本直线段检测及其直方图

（a）直线段检测结果及其直方图；（b）图（a）的局部放大图像

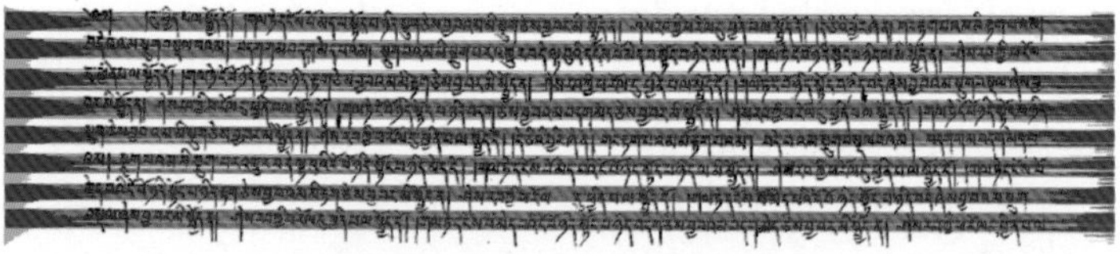

图 5-49　"头部"区域示意图

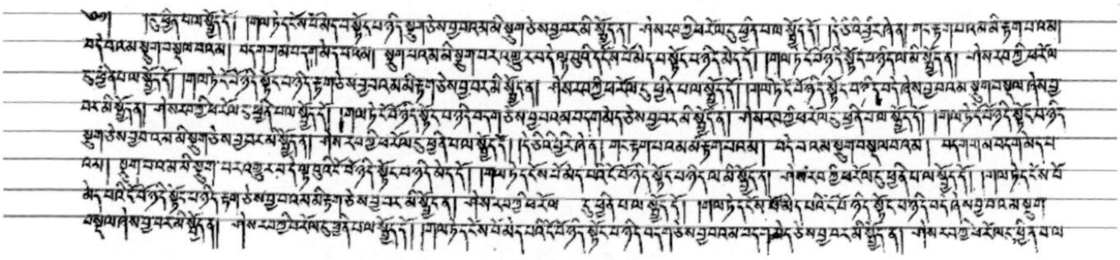

图 5-58　局部基线位置图

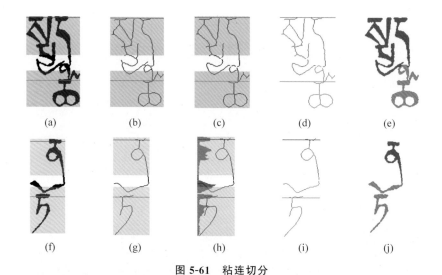

(a)　　　(b)　　　(c)　　　(d)　　　(e)

(f)　　　(g)　　　(h)　　　(i)　　　(j)

图 5-61　粘连切分

(a)、(f)原始图像；(b)、(g)骨架图；(c)、(h)断开骨架点图；(d)、(i)骨架分配图；(e)、(j)粘连切分图

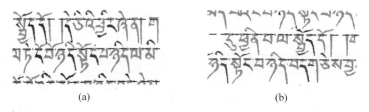

(a)　　　　　　　　　　　(b)

图 5-62　连通域与基线的位置图

(a) 为情况①、③、④ 粉色为情况①,绿色为情况③,红色为情况④；

(b) 为情况②、③、④ 粉色为情况②,绿色为情况③,红色为情况④

(a) (b) (c) (d)

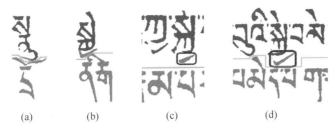

图 5-66 文本行分割错误示意图

（a）粘连切分有误；（b）粘连切分有误；（c）笔画断裂连通域分配有误；（d）笔画断裂连通域分配有误

(a) (b) (c) (d)

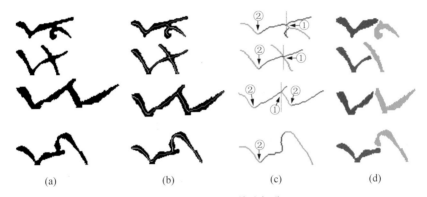

图 6-5 基线以上粘连切分

（a）粘连符号；（b）字符骨架平滑；（c）粘连位置分析；（d）切分结果

(a)

(b)

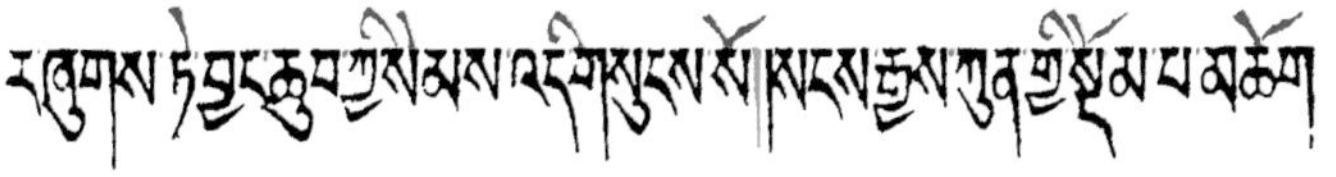

图 6-6 文本行不同类型的连通域

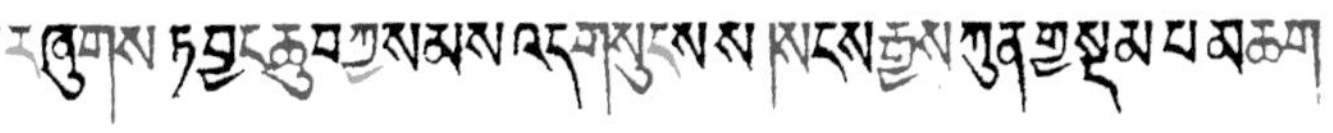

（a）基线以上部分、标点符号与基线以下部分；（b）基线以下断裂笔画与粘连字符

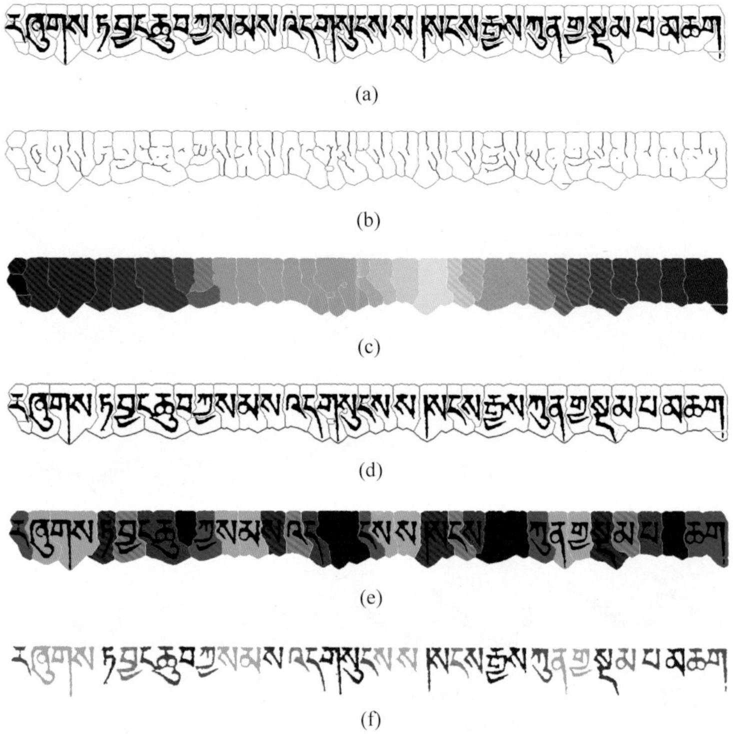

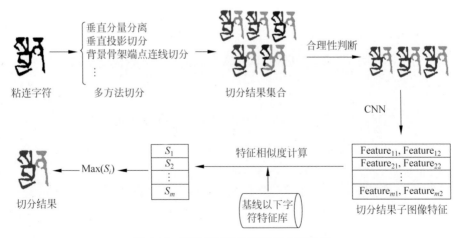

(a)

(b)

(c)

(d)

(e)

(f)

图 6-7　断裂笔画归属判断

（a）基线下图像及背景骨架图；（b）背景骨架环；（c）骨架环区域；

（d）骨架线顶部、底部线及基线；（e）合并后的骨架环；（f）完整字符图

垂直分量分离
垂直投影切分
背景骨架端点连线切分
⋮

多方法切分

粘连字符

切分结果集合

合理性判断

CNN

切分结果子图像特征

Feature$_{11}$, Feature$_{12}$
Feature$_{21}$, Feature$_{22}$
⋮
Feature$_{m1}$, Feature$_{m2}$

特征相似度计算

基线以下字符特征库

S_1
S_2
⋮
S_m

Max(S_i)

切分结果

图 6-12　基线以下粘连字符切分流程图

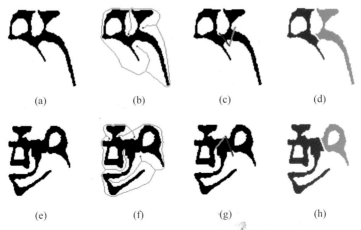

图 6-15　背景骨架线端点连接切分

（a）粘连字符；（b）背景骨架与端点；（c）端点连线切分；（d）合理切分结果；

（e）粘连字符；（f）背景骨架与端点；（g）端点连线切分；（h）合理切分结果

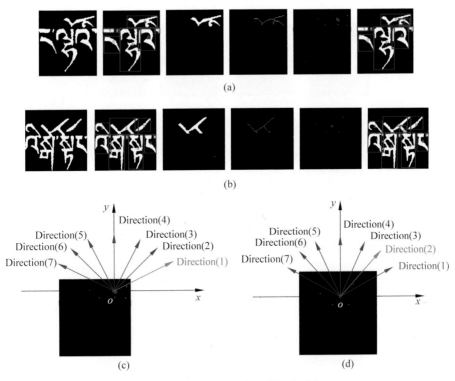

图 6-28　有一处粘连的字符切分过程

（a）粘连笔画切分过程（切分方向选用 Direction(1)）；（b）粘连笔画切分过程（切分方向选用 Direction(2)）；（c）图（a）的切分方向（绿色箭头）；（d）图（b）的切分方向（绿色箭头）

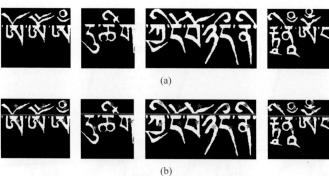

（a）

（b）

图 6-38 基于质心水平距离完成归属

（a）文本行段；（b）笔画归属后质心标记

（a）

（b）

图 6-39 "╲"笔画归属分析

（a）"╲"笔画归属过程（位置靠右）；（b）"╲"笔画归属过程（位置靠左）

图 6-40 "╲╱"笔画归属分析过程

图 6-41 "╲"和"╲╱"两种类型同时出现的归属分析

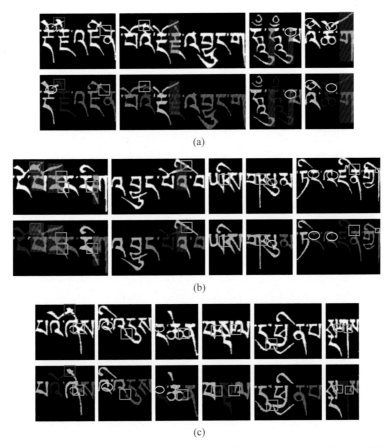

图 6-42 字符切分结果示例(每组上下两行图像分别为切分前后的文本行段)

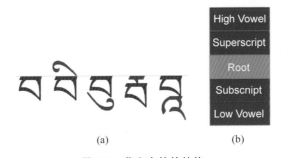

(a)   (b)

图 7-3 藏文字符的结构

(a)藏文部分字符展示;(b)构字形式图

"十四五"国家重点图书出版规划项目

图像图形智能处理理论与技术前沿

LAYOUT ANALYSIS AND RECOGNITION
FOR THE UCHEN HISTORICAL TIBETAN DOCUMENT IMAGES

乌金体藏文古籍
文档分析与识别

王维兰 著

清华大学出版社

北京

图书在版编目（CIP）数据

乌金体藏文古籍文档分析与识别 / 王维兰著. -- 北京 ：
清华大学出版社，2024. 11. -- （图像图形智能处理理论与
技术前沿）. -- ISBN 978-7-302-67632-4

Ⅰ. G256.1；TN911.73

中国国家版本馆 CIP 数据核字第 2024EM3714 号

责任编辑：刘　杨
封面设计：钟　达
责任校对：薄军霞
责任印制：丛怀宇

出版发行：清华大学出版社
　　　　网　　址：https://www.tup.com.cn，https://www.wqxuetang.com
　　　　地　　址：北京清华大学学研大厦 A 座　　　邮　　编：100084
　　　　社 总 机：010-83470000　　　　　　　　　邮　　购：010-62786544
　　　　投稿与读者服务：010-62776969，c-service@tup.tsinghua.edu.cn
　　　　质量反馈：010-62772015，zhiliang@tup.tsinghua.edu.cn
印 装 者：涿州市般润文化传播有限公司
经　　销：全国新华书店
开　　本：170mm×240mm　　印　张：20　　插　页：7　　字　　数：430 千字
版　　次：2024 年 12 月第 1 版　　　　　　　　　印　　次：2024 年 12 月第 1 次印刷
定　　价：85.00 元

产品编号：097024-01

丛书编委会名单

主　　任：王耀南

委　　员（按姓氏笔画排序）：

于　晓　马占宇　马惠敏　王　程　王生进
王维兰　庄红权　刘　勇　刘国栋　杨　鑫
库尔班·吾布力　汪国平　汶德胜　沈　丛
张浩鹏　陈宝权　孟　瑜　赵航芳　袁晓如
徐晓刚　郭　菲　陶建华　喻　莉　熊红凯
戴国忠

丛书序

　　"人工智能是我们人类正在从事的、最为深刻的研究方向之一,甚至要比火与电还更加深刻。"正如谷歌 CEO 桑达尔·皮查伊所说,"智能"已经成为当今科技发展的关键词。而在智能技术的高速发展中,计算机图像图形处理技术与计算机图形学犹如一对默契的舞伴,相辅相成,为社会进步做出了巨大的贡献。

　　图像图形智能处理技术是人工智能研究与图像图形处理技术的深度融合,是一种数字化、网络化、智能化的技术。随着新一轮科技革命的到来,图像图形智能处理技术已经进入了一个高速发展的阶段。在计算机、人工智能、计算机图形学、计算机视觉等技术不断进步的同时,图像图形智能处理技术已经实现了从单一领域到多领域的拓展,从单一任务到多任务的转变,从传统算法到深度学习的升级。

　　图像图形智能处理技术被广泛应用于各个行业,改变了公众的生活方式,提高了工作效率。如今,图像图形智能处理技术已经成为医学、自动驾驶、智慧安防、生产制造、游戏娱乐、信息安全等领域的重要技术支撑,对推动产业技术变革和优化升级具有重要意义。

　　在《新一代人工智能发展规划》的引领下,人工智能技术不断推陈出新,人工智能与实体经济深度融合成为重要的战略目标。智慧城市、智能制造、智慧医疗等领域的快速发展为图像图形智能处理技术的研究与应用提供了广阔的发展和应用空间。在这个背景下,为国家人工智能的发展培养与图像图形智能处理技术相关的专业人才已成为时代的需求。

　　当前在新一轮科技革命和产业变革的历史性交汇中,图像图形智能处理技术正处于一个关键时期。虽然图像图形智能处理技术已经在很多领域得到了广泛应用,但仍存在一些问题,如算法复杂度、数据安全性、模型可解释性等,这也对图像图形智能处理技术的进一步研究和发展提出了新的要求与挑战。这些挑战既来自于技术的不断更新和迭代,也来自人们对于图像图形智能处理技术的不断追求和探索。如何更好地提高图像的视觉感知质量,如何更准确地提取图像中的特征信息,如何更科学地对图像数据进行变换、编码和压缩,成为国内外科技工作者和创新企业竞相探索的新方向。

　　为此,中国图象图形学学会和清华大学出版社共同策划了"图像图形智能处理理论与技术前沿"系列丛书。丛书包括 21 个分册,以图像图形智能处理技术为主线,涵盖了多个领域和方向,从智能成像与感知、智能图像图形处理技术、智能视频分析技术、三维视觉与虚拟现实技术、视觉智能应用平台等多个维度，全面介绍该领域的最新研究成果、技术进展和应用实践。编写本丛书旨在为从事图像图形智能处理研究、开发与应用的人员提供技术参考，促进技术交流和创新，推动我国图像图形智能处理技术的发展与应用。本丛书将采用传统出版与数字出版相融合的形式，通过二维码融入文档、音频、视频、案例、课件等多种类型的资源，帮助读者进行立体化学习，加深理解。

图像图形智能处理技术作为人工智能的重要分支，不仅需要不断推陈出新的核心技术，更需要在各个领域中不断拓展应用场景，实现技术与产业的深度融合。因此，在急需人才的关键时刻，出版这样一套系列丛书具有重要意义。

在编写本丛书的过程中，我们得到了各位作者、审读专家和清华大学出版社的大力支持与帮助，在此表示由衷的感谢。希望本丛书的出版能为广大读者提供有益的帮助和指导，促进图像图形智能处理技术的发展与应用，推动我国图像图形智能处理技术走向更高的水平！

中国图象图形学学会理事长

乌金体藏文古籍文档分析与识别是模式识别在藏文识别特别是乌金体藏文古籍文档图像分析与识别中的应用研究，是在国家自然科学基金面上项目：乌金体藏文古籍文档分析与识别研究（编号：61772430，时间：2018—2021）、国家民族事务委员会科研创新团队项目：少数民族数字媒体智能处理及应用创新团队（编号：〔2018〕98 号，时间：2018—2022），以及西北民族大学相关科研项目的支持下所做的工作。

作者所在的西北民族大学数学与计算机科学学院的文化遗产数字化保护研究团队，一直从事藏文识别和智能输入方面的研究。在藏文键盘输入、联机手写藏文识别、印刷体藏文识别方面取得系列成果，为乌金体藏文古籍识别的探索奠定了良好的基础。从各种数据库建设、文档图像预处理、版面分析、行切分、字切分到识别等，先后有十多位研究生投入这项工作，本书以北京版的《甘珠尔》为主要样本来源，相关研究过程和成果汇集成本书。

全书包括 8 章，各章内容如下：

第 1 章绪论，主要介绍藏文古籍文档来源、文档特点、文字结构，以及不同粒度为识别单位的情况介绍，并对有文本文件的丽江版《甘珠尔》古籍进行了字丁和音节的统计。

第 2 章乌金体藏文古籍分析与识别样本库建设，包括文档预处理、版面分析、行切分、字符样本等数据集。该章包括了李振江、王轶群、韩跃辉和胡鹏飞等同学的工作贡献。

第 3 章藏文古籍文档图像的预处理，根据藏文古籍版面情况，介绍针对藏文古籍文档图像褪化的一些预处理方法。内容包括了韩跃辉、李振江、王轶群、赵鹏海、卢玉琪和赵庆华同学的相关工作。

第 4 章乌金体藏文古籍文档图像版面分析，版面分析是对版面内的图像、文本、边框信息和位置关系所进行的自动分析、识别和理解的过程，并介绍几种用于藏文古籍文档图像的版面分析方法。其中包括了赵鹏海、胡鹏飞、李振江和陈园园同学的研究成果。

第 5 章乌金体藏文古籍文档图像行切分，对于藏文古籍文档图像行间有笔画交叠、粘连等复杂情况，介绍几种适用于藏文的行切分的方法。其中包括了胡鹏飞、李金成、李振江和周枫明等同学的工作。

　　第 6 章乌金体藏文古籍文档字符切分,介绍字丁及符号的切分方法。主要是张策的基于结构属性的乌金体藏文古籍文本字丁切分、王轶群的结合基线位置信息的乌金体藏文古籍文字符切分。

　　第 7 章乌金体藏文古籍文本识别,介绍基于藏文部件识别方法、单字丁识别方法、端到端的文本行识别方法。李振江、张策、胡鹏飞、赵鹏海等参与了其中的相关研究。

　　第 8 章藏文古籍文档图像版面描述及版面复原,介绍藏文古籍图像版面描述与识别后的版面复原工程方法。所包括的内容主要由陈园园同学进行设计和实现。

　　王维兰全面负责乌金体藏文古籍文档分析与识别研究内容的设计和本书的编撰,胡鹏飞、赵鹏海、李振江等也协助了文档编辑方面的工作。

　　本书内容主要来源于研究组所承担的国家自然科学基金项目:乌金体藏文古籍文档分析与识别研究(编号:61772430)的主要成果,可能缺乏一定的理论高度,也不可能包括整个文档分析与识别领域最新的研究成果,如果能在藏文古籍识别方面起到一些抛砖引玉的作用,也是一件十分欣慰的工作了。

王维兰

2023 年 10 月

目录

绪 论

1.1 引言

我国是一个统一的多民族国家,各民族的语言文字承载了丰富多彩的历史文化,多元一体是历史留给我们的一笔重要财富,也是我国的重要优势。我国各族人民共同缔造了中华人民共和国,都为中华民族的形成和发展做出了卓越贡献。56 个民族都是中华民族大家庭的平等一员,共同构成了你中有我、我中有你、谁也离不开谁的中华民族命运共同体。实现中华民族伟大复兴是中国梦,是各民族的梦。

我国始终重视各少数民族的历史和文化传统,在各类政策、资金上都对少数民族文化研究有所倾斜,大力扶持了一批少数民族传统文化研究项目,其中少数民族古籍文献的保护研究是少数民族文化研究的重要组成部分[1]。一方面,古籍的文字内容承载了本民族在历史长河中的文化积淀,是宝贵的财富和遗产;另一方面,古籍本身的材质、制作工艺、传承渊源等,都是民族文化传承的载体。

藏族是我国多民族大家庭中的重要一员,其历史悠久文化璀璨,传承下来大量的古籍文献,生动地刻画了藏族先民在古代生活的各个方面,具有极高的研究和现实意义。笔者长期在甘肃工作生活,其省会"金城"兰州市是甘青川藏区文化交流的一个重要枢纽,2021 年 4 月,第四届全国藏文古籍文献整理与研究高层论坛在兰州市召开,会议期间来自全国各地数十家科研机构、古籍整理单位、图书馆、高等院校的 130 多名专家围绕藏文古籍文献研究与弘扬中华民族优秀传统文化、建设青藏高原中华民族特色文化重要保护地、促进各民族交往交流交融等议题展开热烈研讨[2]。在会议的诸多议题中,藏文古籍的数字化保护以及相关资源的建设占据了一个重要的位置。

有一些藏文古籍由于年代久远,存在字迹模糊、纸张疏松、断裂和破损的情况,有些甚至不能翻阅,亟待抢救、整理、数字化存储和处理。这项研究工作属于图像处理、模式识别、文档图像分析与识别以及人工智能的范畴,其目标就是为藏文古籍的数字化保护提供技术支持。采用传统方法,在对古籍样本图像深入分析和处理从而提高图像质量的基础上,提出将古籍页面图像分割为文本、图像、图形或表格等不同属性区域的版面分析方法;根据古籍手写和木刻的复杂文本特征,构建具有较高准确率的文本区域行、字切分算法模型;通过乌金体古籍文本字符图像的部件采样,创建基于部件图像的乌金体藏文、梵音藏文大字符集样本库构建方法,解决字符样本的多样性和对藏文古籍文字识别的适应性;研究多特征融合的大字符集藏文特征表示方法,训练具有较强鉴别能力和鲁棒性的分类模型。同时,采用深度学习方法构建和训练藏文古籍版面分析与识别模型,以克服传统方法的不足。设计和实现藏文古籍识别系统,将藏文古籍自动转换为相应的电子格式并进行有效的检索和再利用。

1.2　藏文古籍文档分析与识别研究的背景及意义

1.2.1　研究背景

中华文明源远流长,历经数千年绵延至今。海内外的数十万种古籍文献作为文明的传承载体,具有不可估量的历史文化价值。

以纸张作为载体的书籍本身就较为脆弱,水、火、战争甚至老鼠昆虫都会对其造成严重的侵蚀,历经沧桑能够侥幸存世的古籍大多纸张发黄变脆、色泽暗淡、字迹模糊,经不起反复翻阅和利用[3]。组织文物修复专家对破损古籍进行修复,并对古籍存放场所的温度、湿度以及光照条件进行严格控制,可以做到对古籍物理形态的抢救和保护[4-5]。但这种保护导致古籍只能束之高阁,仅保留了其作为历史文物的纪念价值而忽略了古籍内容所承载的文化价值,因此为了达到对古籍的保护、研究以及利用的多重目的,对其进行数字化保护势在必行。古籍整理靠人力完成,高度依赖专家经验,成本高、效率低,进展缓慢。光学字符识别(optical character recognition,OCR)是对文本图像中所包含的文字图像自动识别并输出为内码字符的计算机技术。因为古籍文献年代久远,所包含的文字量庞大,我们熟悉的汉文古籍异体字众多、字形字体多变、版式多样、页面模糊,这使得古籍文档图像分析与识别相较常规的 OCR 任务更具有挑战性。近年来,由于模式识别与深度学习融合得以快速发展,使得这一领域的应用显著提升了古籍 OCR 研究的效果,也极大地推动了古籍数字化的进程。

古籍数字化实质的目的就是保护和利用,这对古籍文献的再生性保护作用、文本深度挖掘、构建数据资源库以飨共享的知识服务平台等,使其在古籍保护及传播工作方面的能力无出其右。深度加工后的古籍内容,更以跨学科的"知识图谱"的形式辅助人们阅读与研究而产生二次价值,因此,被称为"高效率的知识内容"。古籍根据数字化加工及开发的程度,有存储、检索、交互、知识服务型数据库构建等形式。就开发的层次，有学者概括为"表层数字化"和"深层数字化"，前者是图像或文本的简单存储，后者则是古籍内部知识元的标注，以及在知识元之间设计建立关联的原则等，是"内容和意义层面"的开发[6]。

就所谓"表层数字化"而言，基于不同的需求又可以分为不同的层次以及相应的技术手段。最基本的数字化是古籍文献保存的需求，这种保存除了上文提到的物理形态的保存，还包括其数字形态的保存，即对古籍文档进行拍照或者扫描，以数字图像的形式在网络空间上进行保存。进一步的数字化保护是对古籍文献内容获取的需求，更多的是希望它的内容能够得到更加广泛的传播并为人们所熟知。以图像形式保存的古籍不便于后期的检索和再学习，因此需要将文档图像转换为文字内码形式来保存。目前绝大部分可以进行全文检索的数字化藏文古籍都是靠人工录入的，这个过程的时间成本以及人力成本都过高。以自动化的方式，对藏文古籍图像进行分析识别，将其转换为内码保存，是目前古籍保护的发展趋势。

就"深层数字化"而言，其核心需求是对藏文古籍进行开发利用。所有的事物都只有在实践当中才会焕发新的生命，古籍也同样如此。例如，在对古籍文献进行电子出版时，不仅需要文字本身，还有文字在原始文档中的位置信息、文字书写时候的笔画和字形、文字附近的非文本内容等。这些信息都可以从自动化的分析和识别过程中得到。

藏文古籍文档图像分析与识别研究自然提到议事日程，与汉文古籍相比，藏文古籍有其自身的特点、难点和挑战性。数字化保护是本书研究的核心意义所在，研究贯穿了前文所述的不同层次的藏文古籍的保护需求，此外该项研究还在藏文的脱机输入接口、藏文古籍的知识库建设、藏文古籍的二次开发利用上有着广泛的应用前景。同时，研究的过程还是图像处理、模式识别等学科应用领域的拓展，研究中所产生的一些创新思路具有在其他相关领域进行泛化的潜力。

1.2.2 研究意义

1. 藏文古籍的数字化保护

藏族有着悠久的历史和灿烂的文化，在漫长的文明进程中，不仅创造了文字，还书写刻印了浩如烟海、博大精深的藏文文献，内容涉及佛教、哲学、历史、文学、艺术、藏医藏药与天文历算等多种学科。藏文典籍丰富浩繁仅次于汉文[7]，是中华民族的文化瑰宝，具有重要的社会和文化价值，也是珍贵的人类文化遗产。进行抢救式的数字化保护势在必行。最直接的方法是保护和抢救作为物质形态存在的古籍载体材料，但这并非长久之计。对文献进行拍照或扫描，以数字图像形式进行长久保存是首要任务，然而这种保存方式不便于后期的检索、学习及再利用。为了更好地进行藏文古籍的保护、信息处理与交换，通过对藏文古籍文档图像的分析与识别，可以在尽可能保持古籍原貌的情况下，将古籍图文重新排版印刷。同时使藏文典籍得以永久保存、永续利用，最终达到对古籍的保护、研究和利用的多重目的。

2. 广泛的应用前景

计算机终端的文字输入方式有两种,一种是键盘输入,另一种是识别输入。藏文键盘输入基本满足实用要求,而藏文文字识别的研究还有待深入,其中既包含基础研究,还包含应用研究与技术开发。概括起来,藏文古籍文档分析与识别的应用范围至少有以下 4 个方面:①藏文文字识别是多文种智能计算机的重要接口之一,终端对各种文字的识别结合起来,形成多功能文本阅读器,自动生成电子数据库,加快藏文古籍数据库建设步伐,便于对藏文古籍进行深入研究,有利于知识的共享与交流。②古籍全文数字化主要有三种方式:古籍全文图像方式、古籍全文文本方式和古籍全文图文方式。而古籍全文图文则是将全文图像化和全文文本化相结合,以达到全文检索与提供原始文献的目的。③应用于印刷行业,将藏文古籍通过数码识别,原样排版印制或重新排版印制,满足藏学研究、文献保护与传承。④甘肃、青海、西藏等有大量壁画、唐卡绘画艺术品上有文字题记,人工手段抄录速度慢、工作量大,通过图文转换的识别技术,在大幅提高工作效率的同时,还可以保留壁画、唐卡等艺术品的原貌并赋予其新的延伸功能。

3. 跨境语言相关研究的国际学术话语权

藏语是跨境语言,属汉藏语系藏缅语族藏语支。藏语主要分布于中国的西藏、青海、四川、甘肃、云南等省区,以及印度、尼泊尔、不丹等国家,使用总人数六百多万。在我国的藏语有卫藏、康、安多三种方言,各种方言之间差别较大,但文字并无差异。藏文古籍图像分析与识别的人工智能研究,对构建中国周边跨境文档图像分析研究的国际学术话语权有重要意义,可以提升学术实力、学术地位和影响力,更有利于国际文化交流。

综上,藏文古籍文档分析与识别研究的意义在于:①由于年代久远,很多藏文古籍存在纸张疏松、页面污损、笔迹模糊或笔画断裂等情况,所获取的古籍图像质量较低。将图像处理、模式识别、机器学习、深度神经网络等相关理论与藏文古籍保护结合起来,解决该类低质文档图像的预处理、版面分析、文本行字切分、古籍藏文识别和版面复原等问题,达到藏文古籍数字化保护的目的。②构架古籍图像预处理、版面分析、行字切分的算法模型,创建训练各个模型的数据集;研究多特征融合、更具鉴别能力和鲁棒性的古籍藏文特征表示方法与分类识别算法,提高计算机对藏文的感知和理解能力,丰富和发展图像处理、模式识别等学科的应用研究范围。

1.3 乌金体藏文古籍文档分析与识别研究内容

从文档图像预处理、文档版面分析、行字切分与识别、版面复原等实证研究,到相关数据集的建设,本书均以木刻北京版《甘珠尔》的文档图像为具体的实例进行介绍。

藏文古籍形制别具一格,具有浓厚的民族特色和时代烙印。其装帧有多种形式,包括卷轴装、经折装、蝴蝶装、线装以及梵夹装等[8],其中的梵夹装是藏文古籍文献的主流形式,也是本书主要的研究对象。这种装帧形式源于印度的贝叶经,文档的页面为不加装订的长条散页,每一册文档有多页,通常用木板夹起来,或用绳子捆住,或用丝绸包裹。因此藏文古籍的数目量词常为"帙""包""函"等。典型的藏文古籍如图 1-1 所示。

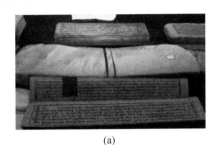 

(a) 　　　　　　　　　　　　　　　(b)

图 1-1　梵夹装的藏文古籍

(a) 丝绸包裹成册;(b) 夹板并捆绑成册

一些收集到的藏文古籍文档页面如图 1-2 所示,这些文档在形式上都各有不同,通常来说,其版面特征包含了界线、边栏、明目与版心等。界线是指在纸面左右两侧的竖线,其作用是为了每行文字的左右对齐;边栏通常是一个矩形框,将纸上的所有内容囊括其中,以便排版整齐美观,也有一些手写的文档没有边栏;明目则通常在正文侧面,主要是当前页在全书中的章节、页码等内容;版心是页面的正文,有些印制精美的古籍每页中还会配有插图。

藏文古籍的纸张一般是以藏区特产的"瑞香狼毒草"等植物原料制作,其本身的颜色不同,且页面也较为粗糙。在进行书写或刻版印刷时,所使用的颜料也各有不同。常规的文本除使用墨汁书写外,还会用到银粉或者金粉,彩色的文字部分则使用了不同的矿物原料。

藏文自吞弥桑布札创制后经过千余年的实践创新,字体发展到几十种。从大的方面讲,可归纳为乌金体与乌梅体两大类。乌金体即有冠体,因其有一个显著特点,每个字母最上一笔是横直的,字母排列时上端必须在一条直线上,形似平顶帽,故此得名。其整体书写效果整齐划一。吐蕃时期王室发布的文告、执照、碑文以及钟铭,特别是佛经写卷几乎都是用乌金体。依据藏传佛教后弘期藏文书籍"软字精校精刻"的刊印要求,佛经写卷大都采用乌金体,该类字体可以认为是藏文的官方字体风格[9]。乌梅体即无冠体,这种字体的上端没有横直的一笔,似去掉帽子,故此得名。乌金体清晰易认,乌梅体飘逸洒脱,类似草体,二者共同构建了藏文书法艺术。两种字体的形态差异很大。乌金体藏文古籍无论木刻版或手写本,均可归结为手写藏文的范畴。藏文字符不等高、不等宽;除常用的藏文外,还有大量低频

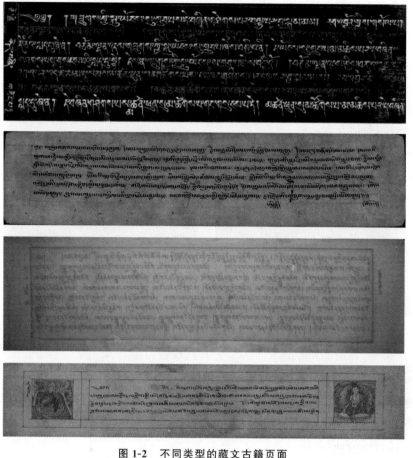

图 1-2　不同类型的藏文古籍页面

的梵音藏文；版面有污渍、字迹模糊，以及行之间的笔画粘连、行内字符之间的粘连等复杂现象。

在图 1-2 中，前三幅图像都是乌金体藏文，从中可以看出，尽管在这些文档中，文字的颜色大小各不相同，但是它们中的每一行文字都是沿着基线对齐展开的。图 1-2 的最后一幅图所展示的文字为乌梅体。本书的文档分析与识别研究仅限在乌金体范围。

藏文古籍有手写和木刻两种形式，其中藏文雕版印刷术自蒙元时期起，在西夏、元大都刊行至传入藏区之后，藏区各地陆续建起了印经院，并不断地进行技术更新，大规模地刊刻印刷，为藏文文献的保存和藏族文明的发展提供了更加有效的手段。相比手写的藏文古籍，木刻版的书籍发行量大、成本低廉，对文字普及和藏族文化的传播，都起着至关重要的作用。

1.4 乌金体藏文及其结构特征

1.4.1 藏文文字特点

文字的诞生并非必然,而是社会生产力以及文明发展到一定程度后的产物,藏族先民自古生活在青藏高原以及周边地区,形成了自身的独特文化,积累了大量需要记载和传承的内容。在内部需求的刺激以及外部文化的影响下,藏族先民主动地开始了文字创造工作。据 1322 年成书的《布顿教佛史》记载,由于吐蕃长期只有语言没有文字,各类知识要么口口相传,要么依赖其他周边民族的文字进行记载,给本民族文化的发展带来了很大困难,因此在松赞干布时期(公元 7 世纪),特派吞弥桑布札赴印度学习文字[10]。吞弥桑布札在印度学成后,以当时在印度使用最为广泛的天城体梵文为基础,结合藏语的发音特点和当时已有的不完善的文字符号体系,创制了藏文的基础字母和基本的构字组词法,自此藏族人民有了自己的文字,藏族文化的发展开启了一个新的纪元。

从语言学的角度讲,藏文本质上是拼音文字,这类文字在长期的使用过程中,必然会出现"字随音变"的情况,即由于不同地域方言的分化,相应语言所对应的拼音文字符号也会自然发生变化,长此以往这种变化所导致的文字差异有悖于文字创制的初衷。此外藏文创制完成后,一个最为重要的应用方向就是佛教经书的翻译。在翻译过程中,一方面由于原文的版本不同,既有梵文的原版经书直接翻译的,也有将汉译本经书进行二次翻译的;另一方面,经书中存在着大量的没有现实事物直接对应的抽象概念,这些概念的意义受翻译者自身对原始经文的理解以及宗教学派的不同而有所差异。这就造成相同的内容由不同译者翻译出来后大相径庭,为后续标准的制定和进一步的学习带来较大的困难,因此对藏文语法和词法的修订也是势在必行的。

目前学术界普遍推测藏文一共经历了 3 次重大的修订过程,在藏文语言学中将其称为"厘定"。我们现在所使用的藏文,基本上是公元 11 世纪第 3 次文字厘定后的成果。在这 3 次厘定过程中,主要的工作包括如下 3 个方面。第一,对大量藏传佛教中专有名词的翻译进行了统一;第二,对一些常见词的缩写语法进行了规范;第三,淘汰了一批文字草创初期产生的异体字,对很多字的拼写方法进行了简化。藏文经过 3 次厘定后,在各个方面都有了长足的改进,已经逐渐发展成为一门较为成熟的文字体系,其应用领域也有了极大的拓展。

吞弥桑布札在创制藏文基本字母时,最终得到了现在使用的藏文基本字母表,其中包含 30 个辅音字母和 4 个元音字母。早期我们在藏文的拉丁文转写键盘输入研究中,按照藏文字母与拉丁字母转写的对应关系,设计和开发了藏文智能输入系统[11-15],并于 2022 年推出了新的输入系统,使其更加快捷、方便[16]。

除基本的字母符号以外，藏文中还有 40 个标点符号、24 个图形符号以及 20 个藏文数字，这些数字中除了 10 个整数还有 10 个较为特殊的半数值，例如符号 ⁄ 表示阿拉伯数字 0.5，这也是藏文独有的特点。

表 1-1 所示为 30 个藏文字母及其拉丁转写、表 1-2 为反字字母及梵文元音的拉丁转写（为了输入法的键位安排，个别字母和传统的拉丁转写不完全一致）。

表 1-1　藏文字母与对应的拉丁转写

ka	kha	ga	nga	ca	cha	ja	nya	ta
tha	da	na	pa	pha	ba	ma	tsa	tsha
dza	wa	zha	za	va	ya	ra	la	sha
sa	ha	a	i	u	e	o		

表 1-2　反字字母及梵文元音的拉丁转写

Da	Na	SHa	THa	Ta	E	I	M
O	H	A	G	R	X	B	

1.4.2　藏文音节

藏文句子由音节组成，音节具有"字"的意义，音节之间以音节点也叫隔音符隔开。音节有严格的"左右拼写、上下叠加"的规则，一个音节最多包含前加字、基字、上加字、下加字、上元音（或下元音）、后加字和再后加字七个字母，且最多出现一个元音（上元音或下元音）。一个音节的其他成分都可以省略，但至少有基字字母。一个音节中的各个纵向单位称为字符或字丁。基字字母所在字丁的叠加最多四层。

如图 1-3 所示是藏文音节结构及示例。藏文总是沿着一条基准线（下文简称基线）书写。基线是藏文的重要的位置信息。将基线上方所有字母统称基线上方笔画，对藏文来说基线以上只有三个元音字母，基线下方字母或所有字母的叠加组合统称基线下方笔画。

图 1-3(b) 的音节中有四个字丁：ㄱ、ㄱ、ㄱ、ㄱ。藏文中的字丁有 500 多个。根据

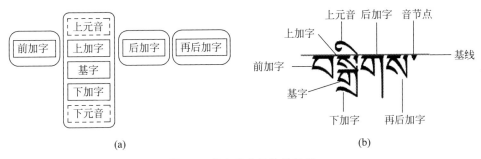

图 1-3　藏文音节结构及示例

（a）藏文音节结构；（b）藏文音节示例

音节拼写规则,音节可分为单字丁音节、双字丁音节、三字丁音节和四字丁音节,如ཀ、ཀྱ、ཀྱ、ཀྱ分别为单字丁、双字丁、三字丁和四字丁音节。理论上可拼写的藏文音节有 14000 多个[17],实际使用的音节有 8000 多个[18]。藏文的文字识别可以以音节为单位,也可以字丁或部件为单位。乌金体藏文古籍文档字丁和部件识别是本书的主要研究内容。

1.4.3　梵音藏文

藏文源于梵文,但又和梵文不完全等同,在字形、构字规则以及拼写规则上都存在较大差异。在使用藏文对梵文经书进行翻译时,很多专有词汇为了能够尽可能贴近原文,都是直接以梵文转写形式翻译而非意译,因此在藏文特别是在古籍中存在大量的梵音转写,也称为梵音藏文。这些文字和藏文文字的构成方式有较大不同。

梵音藏文是梵文的藏文转写形式,藏文和梵音藏文字符集包括:ISO/IEC 10646-1: Tibetan Character Collection[19]即藏文基本集、《信息技术　藏文编码字符集(扩充集 A)》[20]以及《信息技术　藏文编码字符集(扩充集 B)》[21]。

整理字符集时发现,扩充集 A 与扩充集 B 有一些重复的字丁,它们是:①"ཀྵ"扩充集 B 第 5 个字丁(F0004,第 1 行第 5 列)与扩充集 A 第 945 个字丁(F60B,第 60 行第 1 列)重复;②"ཀྵ"扩充集 B 第 404 个字丁(F0193,第 26 行第 4 列)与扩充集 A 第 822 个字丁(F653,第 52 行第 6 列)重复;③"ཀྵ"扩充集 B 第 4724 个字丁(F1273,第 296 行第 4 列)与扩充集 A 第 1304 个字丁(F871,第 82 行第 8 列)重复。扩充集 B 内部有两个重复字丁,如图 1-4 所示,F1144 和 F1145 完全一样。删除重复的字丁,最后确定字符集包括基本集的 42 个、扩充集 A 的 1536 个和扩充集 B 的 5662 个,共计 7240 个字丁。除基本集、扩充集 A 和扩充集 B 这 3 个标准内所收录的字符外,还有大量未被收录的字符也有其相应的 Unicode 编码。为了研究的规范化,本书所研究的内容限定为上述 7240 个字丁。

藏文和梵音藏文统称大字符集,在模式识别中就是 7240 个字丁。一般把藏文称为现代藏文。在使用藏文字母进行构字时,其规则性较强,在语法上对基字和位于不同位置加字的搭配组合有严格的限定,但是在进行梵文的藏文转写时没有相关的规则,可以任意前后搭配组合。同时梵音藏文的书写在进行上下叠加时没有层数的限制。图 1-4 所示为梵音藏文。在整理的字符集中叠加的最多层数为 7 层。相比藏文和常用的几十个梵音藏文外,古籍中出现的其他梵音藏文,由于其叠加的灵活性和不确定性给藏文古籍文档图像的识别带来较大的挑战。以字丁为识别单位的藏文古籍识别中,字丁类别多、相似字丁多给识别带来了难度。

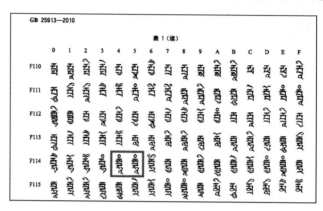

图 1-4　扩充集 B 部分字丁及两个重复梵音藏文

1.4.4　藏文-梵音藏文的部件

为了提高藏文-梵音藏文字丁样本质量和生成效率,降低采样成本,提出了藏文-梵音藏文基于部件组合的样本生成方法,确定遵循 3 个原则:①部件集越小越好。藏文-梵音藏文部件就是基本集中的单个字母、可以进行上下叠加的组合的编码单元。如下所示: ཀ་ཁ་ག་ཅ་ཆ་ཇ། ཏ་ཐ་ད་ན་པ་བ། ཙ་ཚ་ཛ་ཞ་ཟ་འ། ར་ལ་ཤ། ཀ་ཁ། ཀྵ་ཉ། ཏ་ར །ༀ་ྃ་ྂ་ྀ་ྃ་ྃ །ༀ།ༀ།ༀ།ༀ།ༀ।ༀ। ༀ।ༀ।ༀ།ༀ།ༀ। 。②部件最小化。字丁中笔画不相连的基本集字符可以是部件,如ཀྵ是基本集中的字丁,它可由 3 个基本集部件ཀ、ྵ和ༀ上下叠加组合而成。③书写习惯最大化。书写字丁时,笔画相连的基本集字符本着最大化原则,把相连的两个基本集字符作为部件,并将其作为新部件加入部件集。如字丁ༀ,其国际标准 Unicode 码为 3 个,即由基本集中的ༀ、ༀ和ༀ构成,如果按照原则②,应该是 3 个部件。但是由于第 2 层和第 3 层印刷和书写时相连的特点,将其拆分为ༀ和ༀ 2 个部件。与ༀ相连的共有 27 个部件: ཀ་ཁ་ག་ང་ཅ་ཆ་ཇ་ཉ་ཏ་ཐ་ད་ན་པ་ཕ་བ་མ་ཙ་ཚ་ཛ་ཝ་ཞ་ཟ་འ་ཡ་ར་ལ་ཤ,同样与ༀ相连的共有 29 个部件: ཀ་ཁ་ག་ང་ཅ་ཆ་ཇ་ཉ་ཏ་ཐ་ད་ན་པ་ཕ་བ་མ་ཙ་ཚ་ཛ་ཝ་ཞ་ཟ་འ་ཡ་ར་ལ་ཤ་ས་ཧ,与ༀ书写相连的有 30 个部件: ཀ་ཁ་ག་ང་ཅ་ཆ་ཇ་ཉ་ཏ་ཐ་ད་ན་པ་ཕ་བ་མ་ཙ་ཚ་ཛ་ཝ་ཞ་ཟ་འ་ཡ་ར་ལ་ཤ་ས་ཧ་ཨ。3 个字符ༀ、ༀ、与ༀ书写相连,形成 3 个部件:ༀ、ༀ、ༀ,部件集由 81 个基本集字符和 89 个相连部件组成,如表 1-3 所示共 170 个部件。有了这 170 个部件,一方面,我们可以利用部件集生成字丁样本集,具体在第 2 章讨论;另一方面,进行藏文文档图像识别可以进行以部件为单位的识别研究,具体识别方法将在第 7 章介绍。

表 1-3 "藏文-梵音藏文"170 个部件

1.5 藏文古籍字频统计

研究的对象是藏文古籍文档图像北京版《甘珠尔》,目前该版本没有完整的对应内码文件,而丽江版《甘珠尔》有对应的内码文件,所以我们对该版本进行了字丁和音节的频次统计,以作为藏文古籍文档图像分析与识别的字符、音节类别数据的参考。

1.5.1 字丁统计

对字丁分布进行了初步统计,数据如下:①藏文-梵音藏文共 4315 个字丁;②频次 100 次以上的字丁数 728 个;③频次 10 次以上、99 次以下的字丁数 711 个;④频次 2 次以上、9 次以下的字丁数 1396 个;⑤出现 1 次的字丁数 1480 个。

部分字丁频次的情况如表 1-4 所示。表中,序号 719 之后的都是梵音藏文。

表 1-4 丽江版《甘珠尔》字丁频次统计(部分)

序号	字丁	频次	序号	字丁	频次	序号	字丁	频次	序号	字丁	频次
1		4349534	719		105	1431		10	4306		1
2		3429301	720		104	1432		10	4307		1
3		2888995	721		104	1433		10	4308		1
4		2813529	722		103	1434		10	4309		1
5		2768286	723		103	1435		10	4310		1
6		2639284	724		103	1436		10	4311		1
7		2570226	725		103	1437		10	4312		1

续表

序号	字丁	频次	序号	字丁	频次	序号	字丁	频次	序号	字丁	频次
8	ཤ	2334142	726	ཆ	101	1438	ཚུཾ	10	4313	ཀྱ	1
9	ར	1948618	727	ཕྱ	100	1439	གྱུལ	10	4314	རྐ	1
10	འ	1525462	728	ཏེ	100	1440	ཐ	10	4315	ཤྱ	1

1.5.2　音节统计

对音节分布进行了初步统计,两个音节点之间的音节字,除现代藏文规范的音节字外,古籍中有较多的两个及两个以上梵音藏文搭配使用的情况,对其按照音节字对待。统计数据如下:①藏文音节、搭配梵音藏文共 17379 个;②频次 1000 次以上的音节数 1243 个;③频次 100 次以上、999 次以下的音节数 1585 个;④频次 10 次以上、99 次以下的音节数 3021 个;⑤出现 10 次的音节数 11529 个。

部分字丁频次的情况如表 1-5 所示。高频次的都是藏文音节;藏文和梵音藏文的搭配、梵音藏文和梵音藏文的搭配如: ཡཀྵ རྐ ལྕ ཀྵི ཧྲཱི 。

表 1-5　丽江版《甘珠尔》音节、梵音藏文固定搭配频次统计(部分)

序号	音节	频次	序号	音节	频次	序号	音节	频次	序号	音节	频次
1	པ	1376241	1234	ཉེད	1026	5840	ཕྱུད	10	17370	བགྲིའི	1
2	དང	736791	1235	ཀྱབས	1012	5841	ཕྱབ	10	17371	པརྱ	1
3	པར	587187	1236	ཨེཚ	1011	5842	བསྐལབ	10	17372	ཧྲ	1
4	རེ	561010	1237	ཕྱག	1011	5843	བརྒྱ	10	17373	རྐ	1
5	བ	495511	1238	ཤུད	1008	5844	ཨསྱ	10	17374	སྐྲ	1
6	ལ	486398	1239	ཨཚ	1005	5845	ཧྲ	10	17375	བརྙ	1
7	འདི	356882	1240	བཙམ	1005	5846	ཧྲ	10	17376	གྱ	1
8	མ	332822	1241	གཏུངས	1004	5847	ཙ	10	17377	ཀན	1
9	ནི	331952	1242	བདད	1001	5848	ཨ	10	17378	རྙི	1
10	ཀུན	321716	1243	ཅུ	1001	5849	རྩ	10	17379	ཧྲ	1

1.6　当前的研究现状以及发展趋势

文本识别是当前模式识别、人工智能领域的研究热点,在多年的研究中,对扫描的印刷体文档识别、有约束的联机/脱机手写字符的识别等任务都有了成熟的解决方案。目前研究的关注点在更加复杂场景下的文字识别任务,古籍文档就是一种典型的复杂场景。由于各种因素,藏文古籍文档分析与识别的研究工作目前还处于一个起步阶段。这一节从藏文识别技术的发展脉络以及古籍文档识别中涉及的相关技术两个角度出发,对当前的研究现状和发展趋势进行综述。

1.6.1　藏文识别技术

1. 印刷体藏文识别

系统的藏文印刷体识别研究工作最早开始是 2000 年前后,清华大学丁晓青团队开展了一系列的藏文印刷体识别的研究工作,研究的成果已经进行了商业转化,从早期的清华 TH-OCR 软件,到后来的文通科技公司民族语言文字识别系统中的藏文识别模块,都使用了该项技术。在 2011—2012 年,美国弗吉尼亚大学的 Zach Rowinski 开发了藏文 OCR 系统 NAMSEL[22],该项目目前在加州大学伯克利分校持续开发。在 2014 年,NAMSEL 成为藏传佛教资源中心(Buddhist Digital Resource Center,BDRC)[23]的合作伙伴,已经为 BDRC 收藏的大量印刷体藏文文献进行了数字化。可以说,目前印刷体藏文识别研究工作已经较为成熟。

西北民族大学最早在 1999 年进行了藏文印刷体字符的识别[24],提出了可以使用投影的方法,向藏文字符的垂直、水平、两个对角线这四个方向进行投影,使用投影后的数据作为特征,基于模板匹配的思路对字符进行识别。之后本书作者加入了丁晓青团队,对印刷体藏文文档的识别展开了系统的研究,分析了现代印刷体藏文的字符集数目、藏文字符和汉字的区别,并选择了 5 种常见的藏文印刷字体进行了识别研究。基于方向线素特征,使用最近邻分类器对藏文字符进行了分类[25]。

清华大学的王浩军对印刷体藏文文档的预处理进行了相关的研究[26],指出预处理应当包含图像的二值化、倾斜矫正、版面分析、字符切分以及归一化等多方面的工作。这项工作是在 2001 年提出的,本书作者所提出的预处理包括了字符在进行识别前的所有图像处理工作,范围非常宽。从目前的观点来看,预处理的范围比较窄,仅仅包含图像增强以及二值化的相关工作。版面分析应当作为一个独立的环节,字符的切分和归一化是另一个环节,倾斜矫正根据具体的实现技术,在整个工作流中所处的位置是变化的。

清华大学的王华等对多字体的印刷体藏文字符的归一化问题进行了研究[27],综合考虑了字符的重心和外接矩形框,首先对字符的位置进行归一化,之后对字符的大小进行归一化,并对提出的基于基线的归一化方法进行了比较[28]。同样使用了方向线素特征和最近邻分器,其创新点在于分类时做了级联划分,并对样本间的欧氏距离进行了修正。

其他的印刷体藏文识别工作基本在上述框架下进行,对字符的特征以及分类器进行了相关的改进。江苏科技大学的李永忠团队从 2007 年开始,对特征提取工作进行了研究[29],将分形矩和粗网格技术应用在藏文字符特征的提取上[30-33],取得了良好的效果。西藏大学的欧珠团队也从 2008 年开始对印刷体藏文的识别进行了研究,使用的主要特征依然是方向线素特征、粗网格,还有一些其他在字符识别中常用的特征,如笔画密度特征以及轮廓特征等,还使用 PCA 等方法对这些特征进行了维度变化,当神经网络、SVM 等分类器也被推广到印刷体藏文的识别上[34-36]。

基于藏文字符的结构特点,周纬[37-38]提出了基于几何形状分析的识别方法,首先将藏文字符进行骨架化,然后在骨架的基础上对字符进行了切分,得到了 44 个独立的构字部件,最后用模板匹配的方式对部件进行了识别,将部件的组合结果作为最终的识别结果。

上述印刷体藏文的识别研究工作都是由国内学者展开的,在国外印刷体藏文识别的研究主要围绕着 NAMSEL 这个项目展开,在 2016 年第一期的喜马拉雅语言学(Himalayan Linguistics)上对 NAMSEL 的工作进行了总结[22]。该系统首先对得到的图像进行二值化,并去除图像中的边框,仅保留正文部分,之后就开始了切分、特征提取以及识别的过程。在进行行切分时,配合投影以及 K-mean 方法得到文本行。在进行字切分时,首先获取独立的字符,然后对粘连字符使用一个基于隐马尔可夫模型的方式进行分割。NAMSEL 使用多特征融合方式对字符图像进行描述,使用了 196 维的梯度方向特征、90 维的 Zernike 矩特征以及 14 维的穿线特征。在识别阶段采用了两步识别的策略,首先使用基于 RBF 核的 SVM 对所有字符进行识别,之后使用维特比算法寻找隐马尔可夫模型中的最可能的隐藏状态序列,据此来调整 SVM 的识别结果。

总的来说,印刷体藏文文档版面简洁,独立字符的获取较为简单,大部分的研究工作都集中在字符的特征选择以及分类器设计上。丁晓青团队的研究表明人工设计的脱机字符特征中,方向线素特征是最有效的[39-40]。后来提出的分形矩、粗网格、方向梯度等特征实际上和方向线素特征是类似的,首先都进行了多模板的边缘梯度采集,之后进行了多分辨率的处理。以现在的眼光来看,这实际上就是一个最简单的卷积神经网络,该网络有一个卷积层和一个池化层,之后就是全连接层。这些人工设计的特征可以看作是卷积神经网络的一个特例,因此在后来的研究中,利用卷积神经网络对字符进行无特征提取的识别是经典理论的自然延伸以及泛化,并进行了印刷体文档图像分析与识别的研究,以及安卓上的应用软件开发[41]。

2000 年,在实际应用方面,清华大学与西北民族大学进行了合作研发,现代藏文和几十个常用梵音藏文共 592 个字丁的印刷体藏文识别研究,采用传统模式识别方法,并由北京文通科技有限公司开发了多字体印刷藏文字符识别系统 TH-OCR,已经得到多年的应用。

2022 年 6 月,我们在独立研究和开发的基础上,上线了藏文印刷体识别系统,该系统采用深度学习方案,利用印刷体藏文 300 多万张数据,含梵音藏文共计 2000 多字符类别,使用 ONNX 模型部署,识别速度 0.5s/图,识别准确率在 97.19% 以上。当年已有青海省海南藏族自治州藏文信息研究中心云藏网站,以及西北民族大学、青海师范大学、西藏大学等单位的个人使用,识别页面量达到 20 万以上,得到了广泛好评。

2. 联机手写藏文识别

联机字符的识别难度要低于脱机字符的识别,但藏文联机字符识别的研究工作开展要晚于脱机字符,这主要是由于硬件的发展以及人们需求的变化。随着 2007 年第一代苹果手机的发布,触屏式的智能手机颠覆了人们的生活,广泛的应用需求刺激着联机手写输入技术的发展。从 2005 年开始,几乎在同一个时间段,西北民族大学团队陆续对联机手写藏文的识别开展了研究[42],中科院软件研究所的马龙龙团队开始了相关研究,科大讯飞公司也开展了联机手写藏文识别的研究工作,并为东噶藏文输入法提供了手写识别的技术支持。

王维兰团队首先对藏文字符结构进行划分,再比较字符笔画笔迹点在四方向、六方向和八方向的特征对藏文字符辨别能力的差异,从三种方向中选择识别率高的特征提取方法作为方向特征。然后提取藏文字符的方向特征、投影特征和几何特征,最后把这些特征融合起来,构成藏文字符的原始特征库[43]。为了对特征维度进行进一步压缩,还使用了 2DPCA 和 IMLDA 方法对原始特征库进行了降维[44]。在上述特征的基础上,基于 MQDF 分类器实现了对手写字符的分类[45]。在识别过程中还加入了基于音节的联想输入功能[46],并在安卓平台上开发了相应的手写识别输入法[47-48]。除此之外,还对"藏文-梵文"大字符集进行了相关的研究,确定"藏文-梵文"字符集和部件集;获取"藏文-梵文"字丁的部件位置信息[49];采集联机手写"藏文-梵文"部件的样本;生成了联机手写"藏文-梵文"字符集样本库 NMU-OLTHWDB[50],该库包含 7240 类藏文字符,每个字符有 5000 套样本及其联机手写识别的研究[51]。在这个库的基础上,还开展了联机藏文字符相似字识别的相关研究[52]。

马龙龙等构造了一个藏文联机手写数据集 MRG-OHTC[53],这个数据集包含了由 130 个人书写的 910 类藏文字符,在此基础上对联机手写藏文字符的去噪工作进行了研究,并提出了一个三级级联分类的方法,对相似字的识别进行了研究[54]。藏文字符由部件在垂直方向叠加而成,根据这一特点,提出了基于部件分割的识别方法[55],将藏文字符进行过分割,使用条件随机场来对过分割的块进行重组,选择出合适的分割序列。对分割得到的藏文部件单独识别,将部件组合得到字符。之后又对基于分割的方法进行了进一步的探讨,研究了如何对字符中部件的位置进行半自动的标注[56],还有如何利用置信度网络来自动地提取部件特征[57],将识别的内容由单个的藏文字符扩展到了音节[58]。在近几年的工作中,提出了基于统计方法的无约束的联机手写字符的识别方案[59]。

总的来说,联机手写藏文字符识别是一个有约束的问题,在获取了一定的样本后,应用当时的主流技术都可以为该问题提供一个较好的解决方案[60]。在以上的众多工作中,不同的特征提取方法、基于部件的识别策略等都可以为其他相关研究提供启示。和印刷体藏文类似,未来的工作同样是深度学习技术在手写识别上的应用和拓展。

3. 脱机手写藏文识别

由于缺乏需求或者应用的驱动,脱机手写藏文字符的研究较少。目前可以查询到的最早的研究为青海师范大学的硕士研究生赵冬香的相关工作[61-62]，从 2008 年开始对乌梅体脱机藏文字符的识别进行了初步研究，自建了一个有少量样本的数据库，利用投影特征和 BP 神经网络进行字符的识别。

较为系统的研究是由青海师范大学的黄鹤鸣从 2012 年开始的。他开发了一个脱机手写藏文字符的数据集 THCDB[63]，该数据集的字符类别数为 667，为了缩小数据集的规模，实际存储的只有基线以下不重复的 231 类字符和基线以上最常用的 3 类上元音，一共是 234 类，每一类有 314 个不同的样本，使用的字体为乌金体。在该数据集的基础上，对脱机手写字符的特征进行深入研究，提出了使用小波变化和梯度方向的特征[64]，基于小波变换和矩的特征[65]，以及基于稀疏表示和核主成分分析的特征[66]。在识别阶段，使用了 MQDF 分类算法以及基于 K-近邻和稀疏表示的级联分类算法[67]。之后其所指导的硕士研究生也在藏文脱机字符识别方面开展了研究[68]，提出一种基于多投影归一化的脱机手写藏文字符特征提取算法，对藏文字符在横向、竖向、主对角线和次对角线四个方向进行投影，结合多个投影向量得到字符特征。

脱机字符和联机字符的表现形式不同，前者以图像的形式存在，而后者以点的序列的形式存在，但它们又有内在联系，将联机字符的点的序列按照对应位置绘制到二维平面上，就可以很自然地将联机字符转换为脱机字符。本书在这方面也进行了相关尝试，将 NMU-OLTHWDB 转换为图像形式，使用一个简单的卷积网络模型得到了非常高的识别率。

1.6.2　藏文古籍文档识别

藏文古籍文档识别的研究工作始于 20 世纪 80 年代，甚至早于印刷体藏文识别的研究。在 1991 年，日本东北工业大学的 Masami Kojima 就开始了对木刻版藏文文档识别的研究，分析了识别的过程以及可能用到的技术手段[69]。之后使用了一种基于逻辑推断的方法对文档中的字符进行了切分和识别[70]，并对文档中的字符的特征提取[71]、相似字符的识别开展了研究[72]。在 2000 年实现了一个刻版藏文文档识别系统[73-74]，由于当时的技术条件所限，该系统需要用人工方式将每一个字符分开，本质上并不是一个文档识别系统，而是一个字符识别系统。上述工作中处理的对象都是影印的北京版《甘珠尔》，因此也不涉及图像的二值化等一系列的问题。

在这之后的十多年中，学者的研究兴趣转移到印刷体藏文以及藏文的联机手写识别上，关于藏文古籍文档识别的研究没有相关的报道。一直到 2011 年，美国加州大学伯克利分校的 Hedayati 提出了一个关于刻版藏文古籍识别的完整方案[75]。Hedayati 在文中详细阐述了藏文古籍识别过程中的难点，包括了基线检测、行字切分以及在识别中面临的各种问题，并给出了自己的解决方案。最后在一个自建数据集上进行了相关实验，该数据集包括 7 页木刻版数据，源于德格版的

《甘珠尔》,其中有 6555 个标记的字符,被划分为 168 类。在此之后又是一个研究的空档期,仅有零星的报道公开,如赵栋材的相关工作[76]。

从 2017 年起,西北民族大学开始了藏文古籍文档识别的研究工作,北京工业大学的段立娟和中科院软件所的马龙龙合作也同时开始了相同的研究工作,研究的对象也是主要针对木刻版的乌金体藏文。藏文古籍文档识别可以看作是印刷体藏文文档识别和脱机手写藏文识别的综合与拓展,除对字符进行识别这一传统的任务外,更多的工作集中在前期的图像预处理[77]、版面分析[78-79]、文本行切分[80-83]、字符切分[84]以及相应的数据集的建设上[85],在此过程中,深度学习技术必然会逐渐应用到古籍文档识别中[86]。本书的重点是研究藏文古籍文档分析与识别过程中涉及的具体技术,将在后面的章节中展开介绍。

1.6.3　藏文古籍数字化资源

藏文古籍文献数目庞大,这些文献大都藏于相关文献收藏机构、高校和研究机构的图书馆、资料室以及各大佛教寺院。目前公开可用的数字资源库主要有:美国弗吉尼亚大学的藏文和喜马拉雅数字图书馆[87](Tibetan and Himalayan Digital Library,THDL)、美国佛教数字资源中心[23](Buddhist Digital Resource Center,BDRC)、中国台湾的明镜[88](ADARSHA)、国际敦煌项目[89](International Dunhuang Project,IDP)、日本东京外国语大学的藏文古籍文献在线[90](The Old Tibetan Documents Online,OTDO)。

藏文和喜马拉雅数字图书馆(THDL),是由弗吉尼亚大学创立的一个多媒体数字图书馆,其内容涵盖西藏的语言、历史和地理,成立于 2000 年,与弗吉尼亚大学图书馆和人文科学高级技术研究所合作,内容包括出版物、研究资源、语言学习材料和地名录。它的内容有英语、藏语、尼泊尔语、宗喀巴语和汉语。数字图书馆中的大多数内容都是根据 THDL 公共许可数字文本发布的。该项目由来自世界各地大学和私人组织的国际学者团队管理,并主办了国际藏学研究协会期刊(The Journal of the International Association of Tibetan Studies),这是一本免费的在线同行评审英语学术期刊,专注于藏学研究。

佛教数字资源中心(BDRC),是一个非营利组织,其早期的名称为藏传佛教资源中心(Tibetan Buddhist Resource Center)。该机构由 E. Gene Smith 于 1999 年创立,位于马萨诸塞州剑桥市,拥有世界上最大的藏文数字藏书数字图书馆。该资源中心寻找并保存未发现的文本,将它们按照图书馆目录结构进行组织并在线发布,以便任何人都可以阅读、打印或共享文本。目前,馆藏包含 7000 多件藏书作品(17000 册,总计近 900 万页),每天有来自 66 个国家/地区的 5000 多名用户对网站提交访问申请。

明镜网(ADARSHA)收录了最重要的三类藏文古籍文献,即《甘珠尔》《丹珠尔》以及其他藏传佛教经典。其中有很大一部分内容都是古籍图像和文字内容相互对照的,具有很好的参考价值。同时提供了一个搜索引擎,可以方便对古籍内容进行检索。

国际敦煌项目(IDP)是一项国际合作项目,旨在保护、编目和数字化来自敦煌和丝绸之路东端各种考古遗址的手稿、印刷文本、绘画、纺织品和手工艺品。其中包含了大量的藏文手写文稿。该项目由英国图书馆于 1994 年建立,现在包括 12 个国家的 22 个机构,国内的参与机构包括中国国家图书馆、敦煌研究院、中国台湾"中央研究院"。

藏文古籍文献在线(OTDO)由日本东京外国语大学亚洲研究所创建,是公元 7 世纪到 12 世纪藏文古籍文献的资料库,所收集的文献主要包括敦煌手稿、铭文以及其他相关资料。所有的内容都经过了校对和编辑,并提供了基于关键字的检索。

1.7 关于本书

第 1 章绪论,主要对藏文古籍文档识别的研究背景、意义,藏文古籍的文档来源、文档特点、文字结构,以及不同粒度为识别单位的情况进行了介绍,对藏文古籍的字丁、音节进行了统计,以便读者对所涉及文字方面有一个初步的了解,方便后续的阅读。

中华各民族共同缔造了丰富多彩的文化,古籍是先人们留下的宝贵遗产。古籍保护中重要的一环就是让计算机可以"阅读"这些文献,即将图像转化为内码文字,进而对古籍存储、分类、检索和利用。规划实施少数民族古籍保护、整理和研究,将是"十四五"期间的重要内容。图文转化,属于模式识别、图像处理、人工智能等领域。就光学字符识别(OCR),通过光学数字化设备(如扫描仪、数码相机等)拍摄的图像,对图像中的文字进行识别,过去几十年的发展相对比较成熟。而随着计算机技术的发展,移动设备的普及,文档图像分析和识别(document analysis & recognition,DAR)由于获取图像受到光照不均、遮挡等影响,以及古籍文档质量影响图像质量,再加上手写或木刻复杂版面等因素,使版面分析与文字识别变得困难;此外,场景文字识别(scene text recognition,STR),主要是针对不同场景中以手机为主的拍摄图像从中去检测和识别文字,同样因为光照、遮挡、文字方向、背景干扰等,给文字识别带来挑战。这些都是目前和今后一段时间的研究热点。

本书基于乌金体藏文古籍文档图像分析与识别进行研究,全面、系统和深入地开展乌金体藏文古籍文档图像的预处理、版面分割、文本行切分、字符切分、文本识别、版面描述与复原的理论与方法,解决乌金体藏文古籍版面有污渍、边框、模糊,以及行之间的笔画粘连、行内字符之间的粘连等复杂现象中关键问题的算法和实践。

本书的特色是从具体乌金体藏文古籍识别的应用研究出发,利用已有的相关理论,结合具体问题,开展诸如文档图像二值化、行切分、字符切分等相关研究的数据集建设,以及针对各种问题提出解决方案和有效算法,并进行实验分析等。使读者从理论、方法和实践有一个全面的认识和了解,并从中获得有益的启发。

本书可以作为相关专业研究生的参考书,以及从事模式识别、图像处理、光学字符识别、文档图像分析与识别、古籍文档图像分析与识别等计算机信息处理研究的科研人员,或从事产品开发的工程技术人员阅读和参考。

参考文献

[1] 王沛.中华古籍保护计划.少数民族古籍保护情况综述[J].古籍保护研究,2021(1):1-13.

[2] 黄晓敏.第四届全国藏文古籍文献整理与研究高层论坛综述[J].中国藏学,2021(2):210-212.

[3] 益西拉姆.藏文古籍文集文献及其保护研究现状综述[J].中华文化论坛,2014(12):93-97.

[4] 王国强,石庆功.十年来中国古籍原生性保护技术研究综述[J].图书馆理论与实践,2017(12):29-33,60.

[5] 卢璐,石庆功.十年来中国古籍原生性保护技术研究文献计量分析[J].河南图书馆学刊,2018,38(6):125-128.

[6] 德庆央珍.藏文古籍数字化出版探索:《西番译语》在线词典构想[J].辞书研究,2021(4):45-53.

[7] 阿贵,达瓦.藏文文献典籍传承、保护及其数字化现状综述[J].西藏研究,2017(4):137-145.

[8] 益西拉姆,英珍.藏文古籍文献装帧形式初探[J].中华文化论坛,2017(5):77-82.

[9] 先巴.藏文古籍版本研究:以藏文古籍印本为中心[J].西藏研究,2016(3):99-110.

[10] 蒲文成.布顿佛教史[M].西宁:青海人民出版社,2017.

[11] 王维兰.以音节为输入单位的藏文输入模型研究[J].电子技术应用,2006(2):41-42.

[12] 王维兰.集音节、文和词汇于一体的藏文智能输入系统[J].计算机应用研究,2006,23(11):170-172.

[13] WANG W L. Intelligent input software of Tibetan[J]. Computer Standards and Interfaces,2007,29(4):462-466.

[14] WANG W L,KUN L W. A fast input method for Tibetan based on word in unicode. Proceedings of the International MultiConference of Engineers and Computer Scientists 2008 Vol Ⅰ IMECS 2008,19-21 March,Hong Kong,2008:598-602.

[15] WANG W L,ZHUOMA D,LIANG B,et al. A syllable-based associational scheme for online handwriting Tibetan character recognition[J]. Lecture Notes in Engineering & Computer Science,2009:598-602.

[16] ZHANG M K,WANG T J,WANG W L. Design and implementation of Tibetan intelligent input method based on TSF and Latin transcoding[C]//Third International Conference on Computer Vision and Data Mining (ICCVDM 2022). SPIE,2023,12511:709-717.

[17] WANG W L,DUO L. Formation of standard Tibetan syllables and comparison as well as analysis of the statistical results. International Conference on Cybernetics and Intelligent Systems. IEEE,2008:379-384.

[18] 多拉,扎西加.藏文规范音节频率词典[M].北京:中国社会科学出版社,2015.

[19] Tibetan Character Collection[S]. ISO/IEC JTC1/SC2/WG2,2000.

[20] 国家质量技术监督局.GB 22323—2008 信息技术藏文编码字符集(基本集及扩充集 A)[S].北京:中国标准出版社,2008.

[21] 国家质量技术监督局.GB/T 25913—2010 信息技术藏文编码字符集(扩充集 B)[S].北京:中国标准出版社,2010.

[22] ROWINSKI Z, KEUTZER K. Namsel: An optical character recognition system for Tibetan text[J]. Himalayan Linguistics,2016,15(1):12-30.

[23] Buddhist Digital Resource Center (BDRC)[EB/OL]. http://www.tbrc.org/.

[24] 王维兰.藏文基本字符识别算法研究[J].西北民族大学学报(自然科学版),1999(3):20-23.

[25] 王维兰,丁晓青,陈力,等.印刷体现代藏文识别研究[J].计算机工程,2003,29(3):37-38.

[26] 王浩军,赵南元,邓钢轶.藏文识别的预处理[J].计算机工程,2001,27(9):93-96.

[27] 王华,丁晓青.一种多字体印刷藏文字符的归一化方法[J].计算机应用研究,2004,21(6):41-43.

[28] 王华,丁晓青.一种多字体印刷藏文字符识别方法[J].计算机工程,2004,30(13):18-20.

[29] 李永忠,王玉雷,刘真真.藏文印刷体字符识别技术研究[J].南京大学学报(自然科学版),2012,48(1):55-62.

[30] 刘真真,王茂基,李永忠,等.基于分形矩的印刷体藏文特征提取方法[J].模式识别与人工智能,2008,21(5):654-657.

[31] 刘真真,李永忠,沈晔华.分形矩在印刷体藏文特征提取中的应用[J].江苏科技大学学报(自然科学版),2008(2):71-74.

[32] 刘真真,李永忠,沈晔华.基于分形矩的印刷体藏文特征提取方法[J].江南大学学报(自然科学版),2007(6):791-794.

[33] 王玉雷,李永忠,王汝山.粗网格在印刷体藏文特征提取中的应用[J].科学技术与工程,2009,9(18):5546-5548.

[34] 刘芳.文字识别系统中藏文字符切分算法研究[D].拉萨:西藏大学,2011.

[35] 欧珠,普次仁,大罗桑朗杰,等.印刷体藏文文字识别技术研究[J].计算机工程与应用,2009,45(24):165-169,172.

[36] 普次仁.藏文文字识别技术研究[D].拉萨:西藏大学,2008.

[37] 周纬,陈良育,曾振柄.基于几何形状分析的藏文字符识别[J].计算机工程与应用,2012,48(18):201-205.

[38] 周纬.印刷体藏文识别研究[D].上海:华东师范大学,2012.

[39] 张睿,丁晓青,方驰.脱机手写汉字识别的最优采样特征新方法[J].中国图象图形学报,2002(2):74-78.

[40] DING X,WANG H. Multi-font printed Tibetan OCR. In:Chaudhuri B. B.(eds) Digital Document Processing. Advances in Pattern Recognition,2007 . Springer,London.

[41] 陈洋.安卓平台上印刷体藏文识别软件的设计与实现[D].兰州:西北民族大学,2020.

[42] 陈万军.联机手写藏文识别的研究[D].兰州:西北民族大学,2005.

[43] 王道辉.基于统计结构的联机手写藏文识别特征抽取研究[D].兰州:西北民族大学,2011.

[44] WANG D H, WANG W L, QIAN J J. 2DPCA and IMLDA method of feature extraction for online handwritten Tibetan recognition[C]// International Conference on NETWORKING and Digital Society. IEEE, 2010：563-566.

[45] QIAN J J, WANG W L, WANG D H. A novel approach for online handwriting recognition of Tibetan characters[C]//International Multi Conference of Engineers and Computer Scientists 2010. Hong Kong, 17-19 March, 2010：333-337.

[46] WANG W L, ZHUOMA D, LIANG B, et al. A syllable-based associational scheme for online handwriting Tibetan character recognition, IMECS, 2009：598-602.

[47] WANG W L, PENG C, SHEN W T, et al. Online handwritten Tibetan character recognition input system on Android[C]// International Congress on Image and Signal Processing, Biomedical Engineering and Informatics. IEEE, 2017：510-514.

[48] 沈文韬. 基于 Android 平台的梵音藏文输入系统设计与实现[D]. 兰州：西北民族大学, 2017.

[49] 付吉. 联机手写梵音藏文样本库的构建及相关问题研究[D]. 兰州：西北民族大学, 2016.

[50] 王维兰, 卢小宝, 蔡正琦, 等. 基于部件组合的联机手写"藏文-梵文"样本生成[J]. 中文信息学报, 2017, 31(5)：64-73.

[51] WANG W L, LI Z J, CAI Z Q, et al. Online Tibetan handwriting recognition for large character set on new databases[J]. International Journal of Pattern Recognition and Artificial Intelligence. 2019, 33(10)：1953003-1-1953003-21.

[52] CAI Z Q, WANG W L. Online Handwriting Tibetan Character Recognition Based on Two-Dimensional Discriminant Locality Alignment[C]. Pattern Recognition and Computer Vision. PRCV, 2018：88-98.

[53] MA L, LI H, WU J. Mrg-ohtc database for online handwritten Tibetan character recognition[C]// International Conference on Document Analysis & Recognition. IEEE, 2011. DOI：10.1109/ ICDAR. 2011. 50.

[54] MA L, WU J. A recognition system for on-line hand-written Tibetan characters[C]// 9th GREC, Seoul, Korea, 2011：89-92.

[55] MA L, WU J. A component-based on-line handwritten Tibetan character recognition method using conditional random field[C]//13th ICFHR, Bari, Italy, 2012：700-705.

[56] MA L, WU J. Semi-automatic Tibetan component annotation from online handwritten Tibetan character database by optimizing segmentation hypotheses[C]// 12th ICDAR, Bari, Italy, 2013：1340-1344.

[57] MA L, WU J. A Tibetan component representation learning method for online handwritten Tibetan character recognition[C]//14th ICFHR, Crete island, Greece, 2014：317-322.

[58] MA L, WU J. Online handwritten Tibetan syllable recognition based on component segmentation method[C]//13th ICDAR. IEEE Computer Society, 2015：46-50.

[59] MA L, WU J. Online unconstrained handwritten Tibetan character recognition using statistical recognition method[J]. Himalayan Linguistics, 2016, 15(1)：31-39.

[60] 袁道昱. 藏文音节字手写识别[D]. 西安：西安电子科技大学, 2017.

[61] 赵冬香, 赵晨星. 脱机手写体藏文的特征提取[J]. 甘肃科技, 2008(5)：48-49,59.

[62] 赵冬香. 基于 BP 网络的脱机手写吾美藏文识别技术研究[D]. 西宁：青海师范大学, 2009.

[63] HUANG H,DA F. A database for off-line handwritten Tibetan character recognition[J]. Journal of Information & Computational Science 9：18（2012）5987-5993.

[64] HUANG H,DA F,HE X,et al. Wavelet transform and gradient direction based feature extraction method for off-line handwritten Tibetan letter recognition[J]. Journal of Southeast University (English version),2014,30(1)：27-31.

[65] HUANG H,DA F. Wavelet and moments based offline handwritten Tibetan character recognition[J]. Journal of Information and Computational Science. 2013,10（6）：1855-1859.

[66] HUANG H,DA F. Sparse representation-based classification algorithm for optical Tibetan character recognition[J]. Optik-International Journal for Light and Electron Optics,2014,125(3)：1034-1037.

[67] 黄鹤鸣.脱机手写藏文字符识别研究[D].南京：东南大学,2014.

[68] 蔡晓娟,黄鹤鸣.基于多投影的脱机手写藏文字符特征提取方法[J].计算机技术与发展,2016,26(3)：93-96.

[69] MASAMI K,YOSHIYUKI K,MASAYUKI K. Automatic character recognition for Tibetan script[J].Journal of Indian and Buddhist Studies,1991,39(2)：844-848.

[70] MASAMI K,YOSHIYUKI K,MASAYUKI K. Automatic character recognition for Tibetan script using logic analysis[J]. Journal of Indian and Buddhist Studies,1992,41(1)：380-383.

[71] MASAMI K,YOKO A,YOSHIYUKI K,et al. Extraction of characteristic features in Tibetan Wood-block editions[J]. Journal of Indian and Buddhist Studies,1994,42(2)：866-869.

[72] MASAMI K,et al. Recognition of similar characters by using object oriented design printed Tibetan dictionary[J]. Transaction of Information Processing Society of Japan,1995 ,36(11)：2611-2621.

[73] MASAMI K,YOSHIYUKI K,MASAYUKI K. Automatic recognition of Tibetan buddhist text by computer[C]// ECAI,SEER & PNC Joint Meeting,Taipei,1999：387-393.

[74] MASAMI K,YOSHIYUKI K,MASAYUKI K. A study of character recognition for Wooden Blocked Tibetan manuscript[J]. 2000,http://pnclink. org/annual/annual2000/2000pdf/6-5-1. pdf. Retrieved January 20,2016.

[75] HEDAYATI F,CHONG J,KEUTZER K. Recognition of Tibetan wood block prints with generalized hidden markov and kernelized modified quadratic distance function[J]. ACM,2011. DOI：10. 1145/203417. 2034631.

[76] 赵栋材.基于BP网络的木刻藏文经书文字识别研究[J].微处理机,2012,33(5)：35-38.

[77] LI Z,WANG W,CAI Z. Historical document image binarization based on edge contrast information[C]//2019 Computer Vision Conference (CVC),Las Vegas,United States,2019：614-628.

[78] DUAN L,ZHANG X,MA L,et al. Text extraction method for historical Tibetan document images based on block projections[J]. OPTOELECTRONICS LETTERS,2017,13(6)：457-461.

[79] 张西群,马龙龙,段立娟,等.基于卷积降噪自编码器的藏文历史文献版面分析方法[J].中文信息学报,2018,32(7)：67-73,81.

[80] LI Y, MA L, DUAN L, et al. A text-line segmentation method for historical Tibetan documents based on baseline detection[C]// CCF Chinese Conference on Computer Vision,2017：356-367.

[81] ZHOU F, WANG W, LIN Q. A novel text line segmentation method based on contour curve tracking for Tibetan historical documents[J]. International Journal of Pattern Recognition and Artificial Intelligence,2018,23(10)：1854025-1-1854025-21.

[82] WANF Y, WANG W, LI Z, et al. Research on text line segmentation of historical Tibetan documents based on the connected component analysis[C]// PRCV 2018：Pattern Recognition and Computer Vision,Guangzhou,2018：74-87.

[83] LI Z, WANG W, CHEN Y, et al. A novel method of text line segmentation for historical document image of the uchen Tibetan[J]. Journal of Visual Communication and Image Representation,2019：23-32.

[84] ZHAO Q, MA L, DUAN L. A touching character database from Tibetan historical documents to evaluate the segmentation algorithm[C]// Pattern Recognition and Computer Vision. PRCV,Guang Zhou,2018：309-321.

[85] LI Z, WANG W, LIN Q. Tibetan historical document recognition of uchen script using baseline information[C]// 10th International Conference on Graphics and Image Processing,ChengDu,2018,Vol. 11069：110693H-1-110693H-10.

[86] WANG X, WANG W, LI Z, et al. A recognition method of the similarity character for uchen script Tibetan historical document based on DNN[C]//PRCV 2018：Pattern Recognition and Computer Vision,Guangzhou,2018：52-62.

[87] Tibetan and Himalayan and Library[EB/OL]. www. thlib. org.

[88] 正法宝藏[EB/OL]. adarsha. dharma-treasure. org.

[89] International Dunhuang Project[EB/OL]. idp. nlc. gov. cn.

[90] The Old Tibetan Documents Online[EB/OL]. otdo. aa-ken. jp.

第2章

乌金体藏文古籍分析与识别样本库建设

2.1 引言

乌金体藏文古籍文档分析与识别的过程,从图像预处理、版面分析、行切分、字切分到文字识别等,整个过程每个部分的研究都需要相应的数据集。因为藏文古籍研究起步较晚,没有公开的数据集可用。我们的研究涉及古籍文档图像预处理数据集、版面分析数据集、行切分数据集、字符串数据集、字符样本数据集等。本章给出了不同数据集的采集、构建、扩充等一系列研究和工程过程,这些数据集是后续相关研究的基础,也为数据集的开放奠定了基础。

2.2 乌金体藏文古籍分析与识别样本库建设进展

近几十年来,大量的科研工作者对字符识别进行了比较深入的研究。对于我国众多文种来说,各大研究院、高校首先针对汉字识别展开了研究,并提出了大量针对汉字识别的研究方法,随之横向扩展到各类文字识别的研究工作中去,如多种少数民族文字。总体而言,字符识别可以分为联机识别和脱机识别,在技术层面上,联机识别技术比脱机识别技术成熟,现在市场上较多的是联机识别的产品,相对而言脱机识别的产品少之又少,原因在于脱机识别难度远远大于联机字符识别。

目前,大量的识别研究已经应用到对少数民族文字的保护,但是对于脱机乌金体藏文古籍字符的识别研究在国内外也较少,还没有形成一套完整的应用识别系统。

2.2.1 识别字符集样本库的研究现状

清华大学吴佑寿、丁晓青教授在 1992 年编著出版了对文字识别原理和技术进行全面的分析与介绍的专著《汉字识别:原理、方法与实现》,在研究文字识别方面具有重要的指导作用[1]。早在 2001 年,中国科学院自动化国家模式识别实验室刘

成林研究员团队在 ICDAR2001 汉字手写识别竞赛中发布了 CASIA-HWDB/
OLHWDB(Chinese Academy of Sciences-offline Chinese handwriting databases/
Chinese Academy of Sciences-online Chinese handwriting databases)数据库。基
于此数据库,脱机字符与文本识别和联机字符与文本识别分别得到较好的识别
率[2];2009 年该团队在汉字手写识别集成语言模型一文中描述了一个手写汉字文
本识别整合语言模型的系统,对于图像中的文本行的识别,基于 HIT-HW 数据库
的实验结果表明,该语言模型明显提高识别性能[3];2011 年该团队又发布了
ICDAR 2011 汉字手写识别竞赛的字符集标准数据库,并指出经过 40 年的努力,自
由书写的样本识别被证明精确度低,这个问题至今仍然没有得到解决;2013 年又
提出了一种新的风格转换映射框架(style transfer mapping,STM);基于数据库
CASIA-OLHWDB,针对 STM 进行了有监督、无监督和半监督的自适应分类器的
比较,半监督自适应实现了最好的性能,而无监督自适应甚至比有监督自适应更
好,并且得出基于 STM 自适应的实验非常有效,能够提高分类的精确度[4]。2009
年华南理工大学金连文团队创建了一个联机综合无约束汉字手写数据库 SCUT-
COUCH2009(South China University of Technology-A Comprehensive Online
Unconstrained Chinese Handwriting Dataset,2009),这个数据库的创建是为了无
约束联机汉字手写识别的研究,包含 11 个不同的词汇数据库,SCUT-COUCH2009
数据库在 GB 2312—1980 标准上包含了 6763 个单一汉字字符的手写样本,5401 个
Big5 标准的古典汉字字符,1384 个 GB 2312—1980 标准的与一级汉字相一致的古
典汉字字符,是第一个公开可获得的大型联机汉字手写词库数据库,包含了多种类
型的汉字和词的样本,应用于个人数字化助手和触摸屏手机等[5]。2000 年刘昌平
等在 863 手写汉字识别测试平台一文中描述了样本集的重要性,李明敬博士两次
获得脱机特定人手写汉字识别测试的第一名,并首次参加脱机非特定识别测试囊
括了所有第一名。为了准备此次测试,共学习了约 800 套手写汉字的样本,中国科
学院自动化研究所文字识别研究室在几年前收集的 4M 手写汉字样本集在这里显
示出了重要性[6]。

　　由上述关于汉字识别研究的内容可以看出样本库的重要性。字符样本数据库
的构建是实现识别系统的前提条件,是得到实验结果的基础,并且构建字符样本数
据库有利于研究整个识别系统多个环节中各种算法的比较,从而得出好的方法。
根据藏文的特点,在乌金体藏文古籍识别研究中,需要构建大量的部件样本库和字
符样本库,应用于字丁的合成与乌金体梵音藏文古籍字符的识别,利用样本库对乌
金体梵音藏文古籍字符识别系统进行分析与完善,提高字符识别率。

2.2.2　藏文-梵音藏文识别研究现状

　　目前汉字联机与脱机手写识别研究做得比较多,联机手写梵音藏文识别已有
成果,但国内外还没有一套成熟的藏文大字符集古籍识别系统和用于古籍乌金体

字符识别分析过程中的各种字符样本标准库。

1997年,国家质量技术监督局发布了标准《信息技术、信息交换用藏文编码字符集、基本集》[7],随后2008年又修订并设计发表了标准《GB 22323—2008 信息技术 藏文编码字符集(基本集及扩充集A)24×48 点阵字型 吾坚琼体》[8],2010年设计并发布了标准《GB/T 25913—2010 信息技术 藏文编码字符集(扩充集B)24×48 点阵字型 吾坚琼体》[9]。江荻和周季文在2000年提出了基于藏文构造序性和字符序概念的方法,解决了藏文词典序的计算[10]。2000年后,清华大学丁晓青团队在多文种文字识别方面开展了系统的研究[11-13],并开发了少数民族文字(藏维哈克朝)文档识别系统。

2002年以来,王维兰团队也从事有关藏文识别方面的研究工作,并在藏文字符规范化处理、笔画特征提取、字符识别研究等方面做了一系列的工作[14-21],提出了一整套联机手写藏文字符的识别方法,开展了500多个现代藏文字丁的识别研究,开发了Windows、Android平台上的藏文联机手写识别系统[22];首次在包含现代藏文和梵音藏文的大字符集上,开展了联机手写藏文识别的应用研究,取得了较好的研究成果[23-26];在印刷体藏文识别方面,提出了一种基于基线位置信息和连通域重心的藏文行字切分方法,该方法可以解决藏文文档图像中存在的字符粘连、断裂、重叠等问题,提高行字切分的正确率;构建了一个印刷体藏文字符样本数据库用于卷积神经网络的学习训练。该数据库针对常用印刷体藏文的584个字符采用了多种字体、文字扭曲、背景噪声、笔画粘连、笔画断裂、文字倾斜等特效合成了印刷藏文字符数据库(Tibetan character database,TCDB)。这个数据库共有736套数据,每套包含584个字符。设计和训练了一个CNN卷积神经网络模型CovNet对字符进行识别。该模型在TCDB数据库上识别率为99.89%。同时设计和开发了一个安卓平台上印刷体藏文识别软件,该软件按照软件工程规范设计和实现,软件支持在线识别和本地识别,一键式完成所有操作,对用户隐藏中间过程,该软件在实际样本上的识别率为99.35%[27]。

此外,周纬等提出了一种基于几何形状分析的藏文字符识别方法[28];才华等进行了藏文组字部件的自动识别与字排序研究[29];黄鹤鸣对脱机手写藏文识别进行了深入研究,建立了脱机手写藏文字符样本数据库,并根据藏文的书写特点提出了对字符的高度归一化和倾斜矫正等算法[30];2015年,才让卓玛等通过分析藏文的构字规则和结构特点,研究并设计了藏文字构建与分解系统[31]。

综上所述,现代藏文字丁的数量相对较少,关于印刷体识别的研究较早,其次是联机手写藏文识别有相对丰富的成果,脱机手写藏文识别也仅有初步的成果,但对于藏文古籍图像文档的识别研究近几年才陆续展开,也没有公开用于研究藏文大字符集的古籍乌金体字丁样本库以及其他文档数据集。本章介绍我们在乌金体藏文古籍研究方面所开展的各种样本库或数据集的构建方法。

2.3　乌金体藏文古籍样本库

2.3.1　原始文档图像样本集

藏文古籍文档分析与识别研究的样本包括文档图像样本集、二值化文档图像数据集、版面分析数据集、文本行数据集、字符数据集等。起初的研究还没有乌金体藏文古籍分析与识别的相关数据集。为此我们构建了各种数据集，这些数据集来源于北京版的乌金体藏文古籍《甘珠尔》，该版本成书于 1683 年，数字化工作由佛教数字资源中心[32]于 2006 年完成，图像大小平均约为 5300×1400 像素。共有 106 函、平均 700 页/函，从中选择 212 页文档，并对这些图像质量进行了分类，分别划分为正常退化、光照不均、噪声以及复杂等类型，使得样本具有一定的代表性。

这 212 个藏文古籍文档图像的数据集命名为 NMU_HTDU212（Northwest Minzu University_ Historical Tibetan Document of Uchen 212）。

部分页面图像如图 2-1 所示。

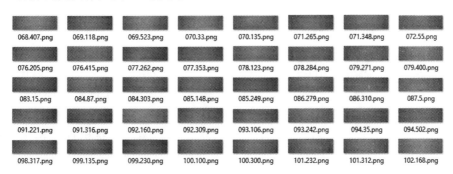

图 2-1　藏文古籍文档图像的数据集 NMU_HTDU212 部分示例

2.3.2　古籍文档图像二值化样本集

1. 基于三通道与分块的图像二值化

二值化是藏文古籍文档图像处理过程中十分重要的环节，根据阈值选取算法，选择合适的阈值，将灰度图像中所有的像素点划分为两类。如果图像像素点的像素值大于或等于阈值，则将该点像素值设置为 255，如果图像像素点的像素值小于阈值，则将该点的像素值设置为 0，最后得到的就是灰度图像对应的二值化结果。这样做可以在保留图像重要信息的前提下大大缩减数据量，减少后续处理的工作量。图像二值化方法主要分为全局二值化和局部二值化。全局二值化对整幅图像使用单一的阈值划分，以所有像素值与其相比的结果判断前景和背景（如 Otsu）。局部二值化不再使用单一的全局阈值，而是将每个点与其局部邻域的其他像素点进行对比,根据局部特性确定每个像素点的阈值,然后进行二值化处理,如 Niblack、Sauvola。

由于藏文古籍文档图像版面存在文本退化、图像模糊、污渍等复杂情况,目前已有的二值化算法对藏文古籍文档图像的处理效果不佳,因此提出了一种适用于藏文古籍文档图像的二值化算法[33]。该算法主要分为图像预处理、图像自动分块和二值化三部分,二值化流程如图 2-2 所示。

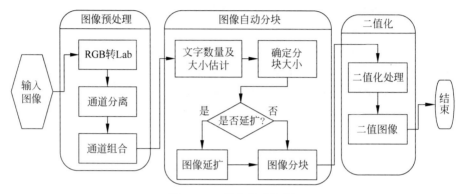

图 2-2　二值化算法流程

1) 图像预处理

预处理阶段主要是消除藏文古籍文档图像中的污渍、噪声等影响二值化效果的因素。首先将输入的 RGB 颜色空间下的藏文古籍文档图像转换至 Lab 颜色空间,转换公式如式(2-1)所示,L、a 和 b 的计算如式(2-2)～式(2-4)。

$$\begin{pmatrix} X \\ Y \\ Z \end{pmatrix} = \begin{pmatrix} 0.607 & 0.174 & 0.200 \\ 0.299 & 0.587 & 0.114 \\ 0.000 & 0.066 & 1.116 \end{pmatrix} \begin{pmatrix} R \\ G \\ B \end{pmatrix} \tag{2-1}$$

$$L = 116 \left(\sqrt[3]{\frac{Y}{Y_0}} \right) - 16 \tag{2-2}$$

$$a = 500 \left[\sqrt[3]{\frac{X}{X_0}} - \sqrt[3]{\frac{Y}{Y_0}} \right] \tag{2-3}$$

$$b = 200 \left[\sqrt[3]{\frac{Y}{Y_0}} - \frac{Z}{Z_0} \right] \tag{2-4}$$

其中,$\frac{Y}{Y_0}$,$\frac{X}{X_0}$,$\frac{Z}{Z_0} > 0.01$,(X_0, Y_0, Z_0) 是标准白色的 X, Y, Z 值。

如图 2-3(a)为藏文古籍文档原图像示例,图 2-3(b)～(d)是对应的 Lab 三通道图像。

图像对应的 Lab 三通道获取之后,通过通道组合的方式进行污渍、噪声等的消除工作,组合方式如式(2-5)所示,其中 NI 表示通道组合后图像,L 表示原图 L 的通道图像,b 表示原图的 b 通道图像,$\lambda(0 \leqslant \lambda \leqslant 1)$ 是通道组合系数,实验证明:当 λ 取值为 0.4 时,污渍、噪声的去除效果最佳,如图 2-4 所示。

$$NI = \lambda L + (1-\lambda)b \tag{2-5}$$

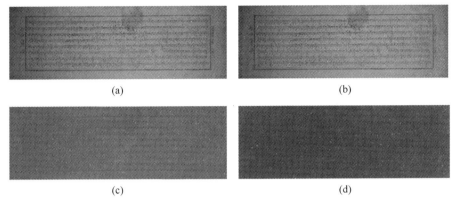

(a)　　　　　　　　　　　　　　　(b)

(c)　　　　　　　　　　　　　　　(d)

图 2-3　藏文古籍文档图像及其三通道图像

(a) 原图像;(b) L 通道;(c) a 通道;(d) b 通道

图 2-4　通道组合图像

2)图像自动分块

经实验证实,对文本图像分块时,块的大小应与一个文字所占矩形框的面积大小相似或者略大一些。这是由于分块过大时,二值化效果会与全局阈值法相似,容易误判而使得文字信息丢失。当分块过小时,二值化效果与 Niblack 算法这种局部阈值法相似,造成误判产生噪声点,所以当块的大小与一个文字所占矩形框的面积大小相似或略大一些时,计算出的阈值大小能够较好地将文字分离出来。因此对通道组合后的图像进行字丁数量估算,由图 2-5 获取图像文本行的数量,通过图 2-6(a)、(b)估算每一行字丁的数量,同时结合式(2-6)和式(2-7)估算每个字丁所占面积大小即图像分块大小。

$$W = \frac{M}{NumR} \tag{2-6}$$

$$H = \frac{N}{NumC} \tag{2-7}$$

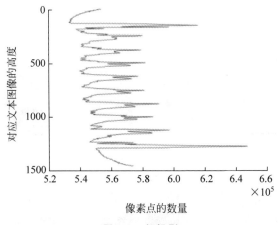

图 2-5　行投影

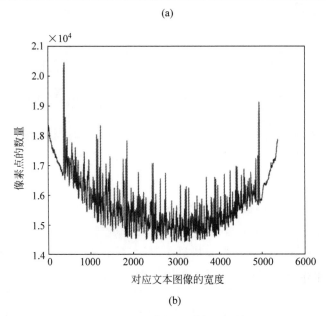

(a)

(b)

图 2-6　文本行及对应列投影

（a）文本行；（b）列投影

其中，W 表示块的宽度，H 表示块的长度，M 表示原图像宽度，N 表示原图像的长度，NumR 表示行的数量，NumC 表示一行字丁数量的估计值。

3）图像二值化处理

当通道组合图像以及图像分块的大小获得以后，便可通过局部二值化的方式对藏文古籍文档图像进行二值化处理，综合考虑选用 Sauvola 二值化算法进行处理,二值化结果如图 2-7 所示。背景的污渍有一定的去除效果,但要做一个二值化的样本集,还需要进一步的处理,甚至结合手工。

图 2-7 藏文古籍文档图像二值化示例

2. 边框与多余信息的去除

藏文古籍形式较为特殊,文档中文字四周环绕着边框线,页面左右两端存在古籍文档的相关介绍信息,以图 2-8 为例。

图 2-8 存在边框的二值化图像

在雕刻时,边框线能够辅助对齐文本,并且边框线的存在使得文本看起来较为整洁,两端信息能够帮助区分不同的页面,防止页面混淆,但在藏文古籍文档图像的识别过程中,边框线及两端信息的存在却成了一种阻碍。在行切分及字切分时容易造成误判,严重影响了行切分和字切分的处理效果,进而直接影响了字丁的识别结果。因此藏文古籍文档图像经过二值化后需要去除图像中的边框及边框外的文字才可以进行后续的行列切分工作,基于此提出了一种适合藏文古籍文档图像的去边框算法。该算法主要分为边框初步提取、文本区域边界寻找和去除边框及多余信息三个部分,具体处理方法如下。

1) 边框初步提取

二值图像处理最常用的方法是标记连通域,这是二值图像处理的基本方法。连通域标记指的是通过标记二值图像中的目标像素,把每个小的连通域连接起来形成一个标识块,之后可以根据实际需要获取这些块的轮廓信息、外接矩形框、质心位置、不变矩形等几何参数,而邻接关系是定义连通域的前提。

常见的邻接关系有 2 种:4 邻接关系与 8 邻接关系,4 邻接关系一共包含上下左右 4 个像素点,如图 2-9(a)所示。8 邻接关系有 8 个像素点,包括 4 连接像素点以及两条对角线对应的像素点,如图 2-9(b)所示。如果像素点 A 与像素点 B 邻接,我们称 A 与 B 连通。如果像素点 A、B 连通,像素点 B、C 连通,则像素点 A、C 也连通,在视觉上看来,所有相连的像素点形成一个连通的区域,而不具备连通关系的点形成了其他的区域,我们把这种所有相互连通的点连接起来的区域,称为一个连通域。

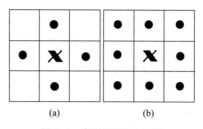

图 2-9　邻接关系示例图

(a) 4 邻接;(b) 8 邻接

可以看出,藏文古籍文档图像中边框线与文字连通域在形状上具有很大的差异性,文字的连通域呈现块状分布,而边框线连通域则为窄条状分布,并且边框线连通域的长度明显大于文字区域,基于此特性提取藏文古籍文档图像中边框线所在区域。首先计算图像所有的连通域,连通域获取之后筛选出区域长度或宽度大于 200 像素的所有区域,并清除不满足条件的所有连通域。边框线提取结果如图 2-10 所示,由于文字粘连的原因,部分字丁连通域的长度同样大于所设阈值,所以成功提取边框区域的同时仍然存在少数文字残留,但是这并不影响我们的工作。

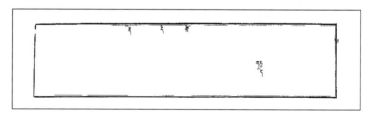

图 2-10　边框初步提取示例

2)文本区域边界寻找

提取边框区域图像后下一步需要寻找文本区域上下左右四个边界,文本区域边界能够帮助我们清除边框线以及边框线以外的区域,具体实现如下。

图 2-11(a)所示为边框图像行投影结果,图中上下两个较大的波峰表示上下边框线所在位置,中间是文本区域位置,由此可以求出文本区域上下边界所在位置。图 2-11(b)所示为边框图像列投影结果,左右两个较大的波峰表示左右边框线所在位置,中间表示文本区域位置,由此得到文本区域左右边界所在位置。

3)去除边框及多余信息

当文本区域边界信息获取以后,清空边界以外区域,保留边界内部区域,如此便得到了藏文古籍文档去边框图像,如图 2-12 所示。

因此构建了第一个乌金体藏文古籍二值化数据集:第一,基于 Lab 颜色空间污渍去除的二值化算法,该算法能够消除污渍等不利因素的影响,对低质图像有较

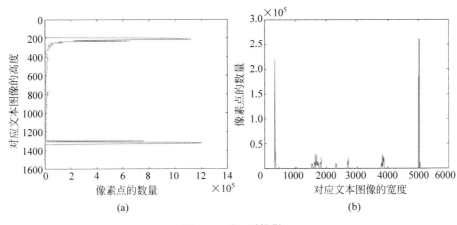

图 2-11 行、列投影

（a）行投影；（b）列投影

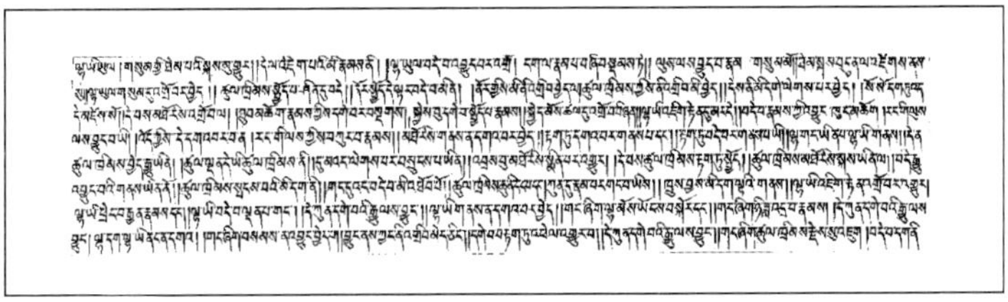

图 2-12 去边框正文结果图示例

好的处理效果；第二，基于连通域形状判断的去边框算法，克服了基于连通域面积容易误判的缺点，能够更加准确地判断并去除图像中的边框区域；第三，完成手工修正 212 页如图 2-12 的边框内文字图像二值化藏文古籍样本集示例。

该数据集命名为 NMU_HTDB212（Northwest Minzu University_Historical Tibetan Document of Bianry 212）。

2.4 乌金体藏文古籍分析与识别样本组成

2.4.1 版面分析样本库

版面正文二值化数据集 NMU_HTDB212，为后续行切分、字切分奠定了研究基础。但处理过程中去除了边框及边框外文字信息，不利于整体的分析与识别研究，或增加后续的处理。所以我们也采用其他方法设计了版面分析样本集。

采用网络模型设计，该网络模型将同时完成边框、侧边注释区域检测与文档图像二值化任务，从而准确提取文本行区域信息，结合网络模型的两个任务分支，一个任务分支预测边框以及侧边注释区域，另一个任务分支预测二值化图像，并通过后处理工作完成版面分析。该模型每个任务分支输出图像分别为其任务的掩膜图像,因此,仅需要对输出图像进行二值化即可得到预测的准确结果。得到两个任务分支预测的结果后,通过任务分支二的结果图减去任务分支一的结果图即可得到去除边框信息以及侧边注释区域的文本行区域图像,从而完成版面分析工作。经过这些处理,得到最终的版面分割结果,如图 2-13 所示,包括边框、边框内文字区域、边框外左右注释。

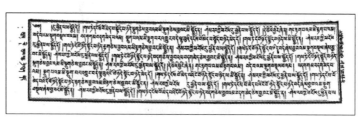

图 2-13　版面分割示意图

选择的 212 页文档,对这些图像质量进行了分类,分别划分为退化、光照不均、噪声、正常以及复杂等类型,数据分布如表 2-1 所示。

表 2-1　图像质量分布

退化图像	光照不均	噪声现象	正常图像	复杂现象
62	22	43	37	48

部分图像数据及其对应的像素级标注结果的样例如图 2-14 所示。

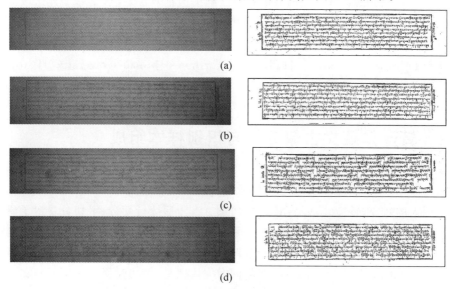

图 2-14　版面分析标注图

（a）退化图像；（b）光照不均；（c）噪声和污渍严重；（d）图像情况复杂

在训练过程中,我们按照 135∶25∶52 的比例进行训练集、验证集以及测试集划分,并分别根据图像质量进行划分后的数据集如表 2-2 所示。

表 2-2　数据集分布

数据集情况	退化图像	光照不均	噪声和污渍	正常图像	复杂现象
训练集	39	14	27	24	31
验证集	7	3	5	4	6
测试集	16	5	11	9	11

在训练过程中,使用 Keras 完成模型架构设计,并使用 Adam[34] 优化器进行网络模型优化,训练过程中当损失(loss)不下降时,学习率每次下降到初始学习率的十分之一,直到训练过程结束。

该实验模型使用 K80s 型号 GPU 进行模型训练,由于显存限制,无法实现直接训练整个图像,因此在实验过程中,将图像进行了顺序裁剪以及随机裁剪工作,并使用裁剪得到的局部图像进行了模型训练,裁剪尺寸为 320×320 像素,在训练过程中,共生成了 54000 个局部图像块。

最后获得 212 页藏文古籍版面分析文档数据集。该数据集命名为 NMU_HTDLA212(Northwest Minzu University_Tibetan Historical Document of Layout Analysis 212)。

2.4.2　文本行、文本串样本库

1. 文本行数据来源

文本行是文档结构的重要元素,是在空间位置上按照阅读顺序排列的一组字符构成。文本行的位置信息和页面的结构特征息息相关,可以体现文档的章节段落以及版面结构。在行切分阶段,输入的是版面分析阶段得到的文本区域,输出的是一行行的文本图像。对于现代的印刷体文档来说,由于其文字布局规范,文档的扭曲或者倾斜仅以整体的形式出现,行与行之间几乎没有粘连,因此对这类文档进行行切分较为简单。对于古籍文档来说,则面临一定的挑战。一方面,由于书写或刻板印刷的缘故,古籍文档行的扭曲没有一个固定的规律,在文档的不同区域扭曲程度各不相同;另一方面,部分古籍文档行与行之间的粘连情况异常严重,文档图像本身质量较差,自动完成切分处理需要专门的研究。我们在文档行切分方面进行了深入的研究,针对藏文古籍图像的特点,提出了多种方法,逐步解决了一些难题,前提是建立文本行数据集。

为了对藏文古籍文档行切分结果进行客观的评价,构建了一个用于文本行切分评价的数据集。该数据集使用真实的古籍文档图像作为样本。数据集包含 212 张北京版《甘珠尔》文档图像,仅对古籍文档图像中文本行的信息进行标注,构建的藏文古籍文档文本行数据集用于对基线检测和文本行切分结果进行评价。二值图像来源于 2.4.1 节的二值化样本库。

2. 藏文古籍原图的行标注

通过人工方式对 212 页文档图像中的文本行进行行标注,在原始图像上画出离散的行间分割线,对行间粘连字符进行识别和手工切分,对属于同一行间分割线的线段进行聚类,并依次首尾连接成完整的分割线。以行间分割线对文档图像进行了标记,得到完整的文本行位置信息。藏文古籍文档手工标注样例,如图 2-15 所示。

图 2-15 古籍文档文本行手工标注样例(见文前彩图)

通过基线检测算法和人工辅助校正的方式,对文本行的基线进行标注。首先利用所提出的基线检测算法,得到藏文古籍文档图像中文本行的基线位置,接着在基线算法检测的基础上,以人工方式对错误基线和偏差较大的基线位置进行矫正,并记录文档的文本行基线位置信息。标注的基线位置如图 2-16 中红线所示。

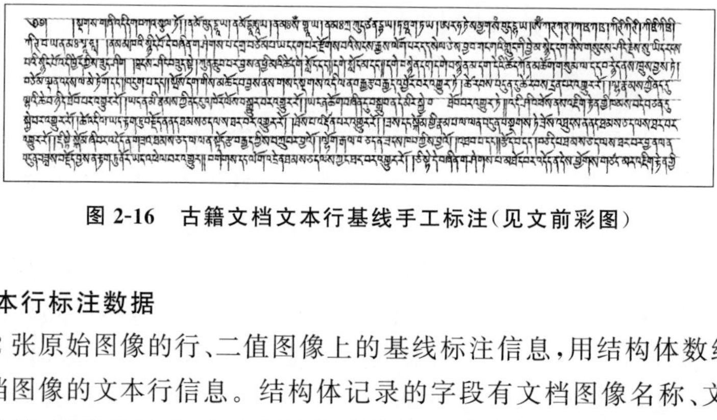

图 2-16 古籍文档文本行基线手工标注(见文前彩图)

3. 文本行标注数据

用 212 张原始图像的行、二值图像上的基线标注信息,用结构体数组记录 212 张古籍文档图像的文本行信息。结构体记录的字段有文档图像名称、文档图像中文本行的数量、图像的尺寸、文本行的像素位置以及对应的基线位置。其中文本行的像素点位置信息以及文本行的基线位置用元胞数组记录。为了减少标记数据集的大小,选择以 mat 文件格式进行存储。图 2-17 为部分标注的文档图像样本,相邻文本行用两种颜色渲染以视区分。

对北京版《甘珠尔》的 212 页文档图像的文本行进行了标注,构建了一个用于评价乌金体藏文文本行切分的数据集,命名为 NMU_THDTL212(Northwest Minzu University_Tibetan Historical Document of Text Line 212),可以对藏文古籍文档的文本行数量、文本行基线检测、文本行切分及其结果进行评价,该数据集目前已经可以公开进行下载。

图 2-17 标注渲染的藏文古籍文本行示例

4．文本串及其标注数据

212 张古籍文档图像的文本共 1696 行。对读取得到的文本行图像进行垂直投影，将文本行切分成单独含有音节点、标点或其与字符组合的字符区块，共得到 109603 个字符区块，并建立字符区块库，该数据集记为 NMU_CBTHD212（Northwest Minzu University_Character Block of Tibetan Historical Document 212）。部分样例如图 2-18 所示（同时也对应二值字符区块）。

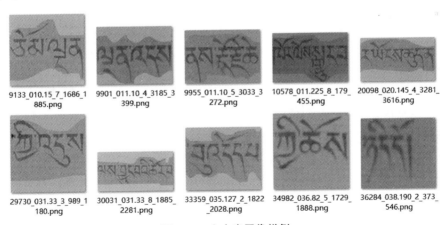

9133_010.15_7_1686_1
885.png

9901_011.10_4_3185_3
399.png

9955_011.10_5_3033_3
272.png

10578_011.225_8_179_
455.png

20098_020.145_4_3281_
3616.png

29730_031.33_3_989_1
180.png

30031_031.33_8_1885_
2281.png

33359_035.127_2_1822
2028.png

34982_036.82_5_1729_
1888.png

36284_038.190_2_373_
546.png

图 2-18 文本串图像样例

2.4.3 字丁样本库

1．藏文-梵音藏文字符集

在 1.1.4 节中，所确定的包含藏文编码基本集、扩充集 A 和扩充集 B 的藏文和梵音藏文共计 7240 个字丁,以及符号构成藏文大字符集,在模式识别中就是 7240 个类别。目前还没有包含扩充集 A、扩充集 B 的藏文和梵音藏文的古籍字丁样本库。当字符集以字丁作为识别单位时,采集样本将是一项非常庞大和复杂的工程。鉴于此,我们首先提出了一种基于部件组合的"藏文-梵音藏文"样本生成的新方法,生成了 7240 个字符集的样本库。该方法不仅降低样本采集的成本,也解决了大字符集乌金体古籍文档识别样本的数量及样本的多样性问题。

2. 藏文-梵音藏文字丁样本库的生成方法

基于部件组合的"藏文-梵音藏文"大字符集样本生成构架如图 2-19 所示。

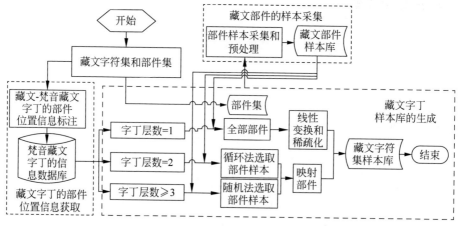

图 2-19 基于部件组合的"藏文-梵音藏文"样本生成构架图

图 2-19 的主要内容有四个部分:①确定"藏文-梵音藏文"大字符集和部件集。大字符集由 7240 个字丁以及其他各种符号组成,部件集由 81 个基本集字符和 89 个构件组成,形成 170 个部件的部件集,如 1.4.4 节所述的藏文-梵音藏文的部件。②字丁的部件位置信息获取。将 7240 个字丁,每个字丁放置于 xy 平面的大小为 $M \times N$ 的框内,标注该字丁各个部件的外接矩形框,获取并存储该字丁各个部件的坐标数据信息。③乌金体藏文古籍部件的样本采集。设计部件样本采集软件,由采集者完成第 1~170 个部件的采集和存储形成一套样本,采集信息包括部件的 BMP 位图文件和部件笔迹信息文件。获取所有采集人员完成的样本,得到部件样本库。④字丁样本库的生成。设计样本生成算法,根据②所获取的字丁各个部件的坐标数据信息,将字丁的部件样本从部件样本库中取出,依次按照它们组成一个字丁的各部件位置信息,映射到对应的位置矩形,便得到字丁的样本,生成 7240 个古籍字丁的 4000~7000 套样本,为藏文古籍识别的研究与开发奠定字符集的样本库基础。

3. 藏文部件样本集

按照 2.4.2 节基于部件组合的"藏文-梵音藏文"样本生成构架的第一部分,需要 170 个部件的样本集。7240 个类别的字丁样本集的生成,有赖于部件样本集,同时如果部件作为识别单位,那就需要部件样本集。170 个类别的部件样本,基本采用真实文本的采集完成,个别部件在实际文本中数量少,采用图像反转、镜像等方法生成。样本采集与相关处理,是一个工程性的问题,采集的方法可以多种多样,如周枫明完成部件集的方法就是其中一种。最后形成 170 类,每类 300 个样本的数据集:NMU_HTCS_170(Northwest Minzu University_ Historical Tibetan Document of Component Set-170),然后根据部件在字丁中的位置信息叠加生成字丁字符集[35]。

4. 藏文-梵音藏文大字符集样本库的生成

1) 字符集字丁拆分信息表

扩充集 A 和扩充集 B 中的字丁都是基本集中的字符上下叠加组合而成,字丁不等高,基于字丁的拆分原则,根据所确定的部件集,可将字丁拆分为 1~6 个不等的部件构成,即成为一个字丁的部件个数或层数。同时基于藏文编码暨国际标准基本集 ISO/IEC 10646-1 和与之相一致的 Unicode 国际标准,字符集中字丁的拆分信息包括序号、Unicode 码、藏文-梵音藏文显现、部件个数、部件 1~6 的编号、部件 1~6 的显现等。如表 2-3 所示为字丁符集字丁的拆分信息表的格式及部分字符的拆分信息,分别列出了序号为 1、2、43、853、4619、7240 的藏文-梵音藏文,反映了这些字符从第 1~6 个部件的拆分信息。

表 2-3　"藏文-梵音藏文"字符集字丁的拆分信息表

序号	Unicode	藏文梵文	部件个数	部件1编号	部件2编号	部件3编号	部件4编号	部件5编号	部件6编号	部件1字符	部件2字符	部件3字符	部件4字符	部件5字符	部件6字符
1	0F00	ཀྵ	3	43	41	35									
2	0F40	ཀ	1	1											
......																
43	0F68 0F72	ཨི	2	37	35										
......																
853	0F59 0F77	ཙཱྀ	4	44	21	51	160								
......																
4619	0F53 0FA1 0FA1 0FB7 0F71 0F7E	ནྡྡྷཱྃ	6	43	16	151	151	165	160						
......																
7240	0F67 0FB7 0F75 0F7E	ཧྷུྃ	5	43	34	165	160	38							

2) 字丁的空间位置

部件集为字丁的部件构成奠定基础,其主要思路是:获取印刷体字丁各个部件以及部件之间的空间位置信息,将一个字丁的部件,映射到对应位置便可得到该字丁的样本。将同一字体、字号的 7240 个字丁,都放置于 xy 平面的大小为 $M \times N$ 的框内,所有字丁以基线对齐,基线之上有元音或者没有。如图 2-20 所示为 4 个字丁放置于 xy 平面 $M \times N$ 框内的示意图,这 4 个字丁只有第 2 个字丁有上元音。

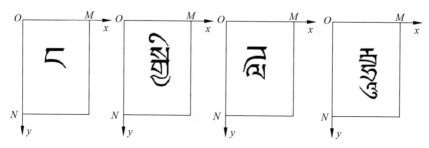

图 2-20　字符在 xy 平面、$M \times N$ 的框内

将待标注字丁显示在 $M \times N$ 的标注平面上,实际标注中宽 $M = 240$、高 $N = 480$,单位为像素。如图 2-21 所示的字丁由两个部件组成,上面部件位置矩形表示为 $Z(h_{d1}, v_{d1}, h_{d2}, v_{d2})$,也就是标注每一个部件的外接矩形,获得其左上角坐标 (h_{d1}, v_{d1}) 和右下角坐标 (h_{d2}, v_{d2}),就获得了该部件的位置信息。

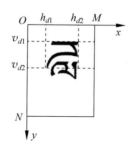

图 2-21　标注平面示意图

3) 字丁的部件位置标注与其信息库

为了得到 7240 个字丁各个部件的位置信息,我们开发了"梵音藏文部件位置信息获取软件",部件标注过程如图 2-22 所示(以三个部件的字丁ⵗ为例)。三个图的左侧网格内为藏文或梵音藏文,图 2-22(a)右上方为构成左侧字丁的第一个部件。当鼠标指针移至左侧文字所在网格区域时变为十字形,手动选取第一个部件的外接框(白色边框),然后单击"获取位置矩形"按钮,便存储了第一个部件外接框的左上角与右下角的坐标,即第一个部件的位置信息,同时出现图 2-22(b)所示的界面右上方是第二个部件的界面,同样在左侧字丁上选取第二个部件的外接框,再单击"获取位置矩形"按钮。同理,图 2-22(c)获取第三个部件的位置信息。有几个部件便获取几次相应部件的位置信息。若已进入下一个字丁的位置信息获取界面,而想要重新获取前一个字丁的位置信息,则单击"上一个字符"和"重新获取"按钮,可重新按照部件顺序,手动选择其外接框并单击"获取位置信息"按钮存储各个部件的位置信息。

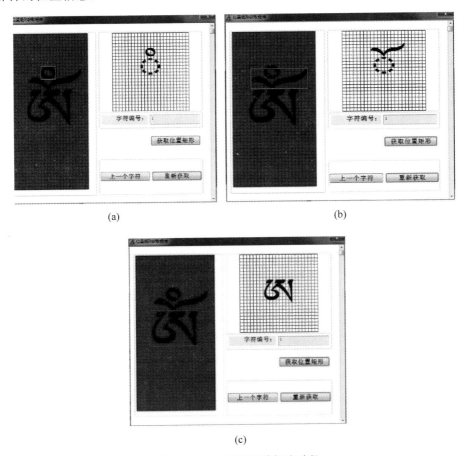

(a)　　　　　　　　　　　　　　　　　　(b)

(c)

图 2-22　从上到下部件标注过程

(a) 第一个部件外接框；(b) 第二个部件外接框；(c) 最后一个部件外接框

对 7240 个字丁进行部件位置信息的标注,并将标注过程中的信息存入数据库,该数据库存储的信息包括:ID(数据行号)、tibetan(字丁显示)、order(字丁序号)、code(从上到下各部件的序号)、sort(部件顺序号),以及每个部件的左上角横坐标 X1 和纵坐标 Y1、右下角横坐标 X2 和纵坐标 Y2。表 2-4 所示为字符信息库中存储的内容,字符集中的第一个字符ꡀ,序为 1,三个部件ꡀ、ꡀ和ꡀ的序号分别是 43、41 和 35,在该字符中从上到下的顺序分别为 1、2 和 3,通过部件位置信息的标注获得的三个部件位置信息分别是(86,80;142,123)、(44,92;234,162)和(37,163;197,288);同样最后一个梵音藏文ꡀ的序号是 7240,由部件序号分别是 43、34、165、160 和 38 的五个部件ꡀ、ꡀ、ꡀ、ꡀ和ꡀ组成。

表 2-4　字丁信息库中的部件位置信息（首、尾两个字丁ཨ、ཧྲུཾ）

ID	tibetan	order	code	sort	X1	Y1	X2	Y2
1	ཨ	1	43	1	86	80	142	123
2	ཨ	1	41	2	44	92	234	162
3	ཨ	1	35	3	37	163	197	288
......								
22478	ཧྲུཾ	7240	43	1	91	120	140	168
22479	ཧྲུཾ	7240	34	2	54	175	188	229
22480	ཧྲུཾ	7240	165	3	67	230	186	282
22481	ཧྲུཾ	7240	160	4	120	287	188	335
22482	ཧྲུཾ	7240	38	5	68	301	186	372

4）字丁样本生成的方法

从部件样本库中读取部件样本的 BMP 格式文件，由部件样本叠加合成的字丁样本采取 BMP 格式与 GNT 格式存储，其中 GNT 格式的文件中包含了字丁样本的大小、Unicode 码、样本宽度、样本长度以及字丁样本位图所占的字节数。BMP 字丁样本库，其实质是一个位图图像库，主要是将乌金体梵音藏文古籍字丁样本按套存放，每套包含 7240 个字丁样本，且存放在一个文件夹中，5000 套样本就需要 5000 个文件夹存储。通过利用 BMP 格式对样本进行存储，可以将字丁的笔画特征直观地显示在图像上，以便于查看每个字丁样本的质量情况。但是，BMP 格式的图像文件所占的内存较大，对于所生成的字丁样本，一个 BMP 文件将占内存 80KB 左右，也就是说对于整个样本库来说，大概需要 3000GB 的存储空间。按相同字丁存储的 BMP 样本库，是将相同字丁的不同类存入一个样本库中，视觉上方便对比不同类之间的差异，如图 2-23 所示。该样本集命名为 NMU_HTDBUC_7240（Northwest Minzu University _ Historical Tibetan Document of BMP for Uchen Character 7240）。

图 2-23　不同字丁的 BMP 样本库的样例

按整套字符集存储的 BMP 样本库。基于字符集的 BMP 样本库就是将一套 7240 个字丁样本存入一个样本库中。这样可以比较直观地查看整套乌金体梵音藏文古籍字丁样本,如图 2-24 所示。

图 2-24　合成字符集的 BMP 格式一套字丁样本库的部分样例

5) GNT 字丁样本库

BMP 字丁样本库是基于单个字丁样本建立的图像库,这种形式是非标准的字丁样本库,因此需要建立规范、存储小的 GNT 样本库。

GNT 样本库中样本同样以位图的形式存储,包含了字丁样本的大小、字丁 Unicode 编码、字丁样本位图的宽度、长度,以及字丁样本位图长乘以宽所占字节数。GNT 文件的数据格式如表 2-5 所示。

表 2-5　GNT 文件的数据格式

项　　目	类　　型	长　　度	示　　例	说　　明
样本大小	unsigned int	4B		一个样本的字节数(到下一个样本的字节数)
Unicode	Char	2B	"ཞ" 0F5E 0F39 "ྱ" 0F65 0FB1	藏文字丁的变长编码
宽	unsigned short	2B		行的像素数
高	unsigned short	2B		列的像素数
位图	unsigned char	宽×高 bytes		存储的行和列的像素数

为了方便调用样本库,建立了 3 种类型的乌金体梵音藏文古籍字丁的 GNT 样本库,可以根据实验需要调用相应的样本库。

(1) 按照单个字丁存储的 GNT 样本库。基于单个字丁的 GNT 样本库是为每一个乌金体梵音藏文古籍字丁样本单独建立一个 GNT 文件,每套字丁样本库有 7240 个字丁,即 7240 个 GNT 文件,总共 5000 套样本库。因此,样本库由 5000×7240 个 GNT 文件组成。

(2) 按照相同字丁存储的 GNT 样本库。基于相同字丁的 GNT 样本库是把同一字丁样本的不同类存储到一个 GNT 文件中，即一个 GNT 文件存储同一个字丁的 5000 个样本，一个样本库由 7240 个 GNT 文件组成。

（3）按照整体字符集存储的 GNT 样本库。基于字符集的 GNT 样本库就是把一套乌金体梵音藏文古籍字丁样本库存储为一个 GNT 文件，也就是一个 GNT 文件存储了字符集的 7240 个字丁，一个字丁样本库由 5000 个 GNT 文件组成。

由表 2-5 可以得出，采用 GNT 格式存储一个字丁样本所占存储空间为 14B，存储一套字丁样本约占 99KB，而存储 5000 套字丁样本库所占存储空间不到 490M，因此采用这种存储方式，远远小于利用普通方法，如 BMP 存储所占的空间大小，有利于样本库的存储、读取与操作。该数据库命名为 NMU_UCHTDB_GNT_7240（Northwest Minzu University_Uchen Character for Historical Tibetan Document，GNT 7240）。

5. 藏文-梵音藏文基线上下部件分别建库

1）基线上下分开的类别确定

通过对 7240 类藏文字符结构的分析研究，我们发现藏文字符基线以上和基线以下两个部分的复杂程度是不一样的。基线以上部分结构简单，仅有"ⓘⓘⓘⓘⓘⓘⓘⓘ" 8 个基础部件以及"ⓘⓘⓘ"3 类字符在基线以上的部分，一共 9 类；基线以下部分较为复杂，种类繁多。在所有 7240 类藏文字符中，有 2530 类基线上方无内容的独立字符；其余字符基线上下都有内容，去除这些字符基线以上部分后，不重复的基线下方内容有 378 类；以上待处理的基线以下内容一共有 2908 类。将藏文字符按照基线位置进行分割，分别对基线以上和以下两个部分进行识别，之后再按照其位置信息进行组合，那么分类器待处理的类别数目就从 7240 类降低到 2908 类。同理，对于最常用的 562 类藏文字符，其基线以下部分除去重复的内容后，只有 245 类。

在字符库构建时得到两类字符，即从古籍文档中标注得到的真实样本以及基于部件合成得到的样本，这两类样本字形相似但存在区别。真实样本的类别极其不完整，不同类别之间样本数目的差异较大；合成样本的类别完善，不同类别中的样本数目一致。使用合成样本进行模型的训练，可以得到一个完备的识别模型。基于迁移学习的思路，把合成样本库上得到的少量样本迁移到真实样本上，可有效提高真实样本识别的准确度。

按照基线将藏文字符分为上、下两部分，那么待识别的字符类别数就会大大减少，相应的在进行标注时也按照类似的策略在基线位置对藏文字符进行切分，并对切分后的内容进行标注。为了加快标注的速度，提出一种半自动的字符标注方法。首先从分割得到的文本行中获取单个字符，其次提取字符特征，并进行聚类，最后手工对聚类后的字符样本进行标记。由于聚类后每个簇中包含的样本类别相对较少，因此手工标记的速度会大大提高。

2）基线上下部件的获取

对切分得到的每一行进行连通域分析,得到三类区域,即在基线上方的、与基线相交的以及在基线下方的,分别如图 2-25(a)的红色、蓝色以及绿色区域所示。

基线上方区域以及和基线相交的区域单独作为一个待识别字符,基线下方的则朝着基线方向进行投影,判断与基线相交区域的重合程度,结果有这样几类:如果没有任何一个基线相交区域与之重合,这个区域单独作为一个待识别字符,如图 2-25(b)所示;如果仅和一个基线相交区域发生重合,将这两个区域合并作为一个待识别字符,如图 2-25(c)所示;如果和多个基线相交区域重合,则选择重合比例最大的合并,如图 2-25(d)所示。

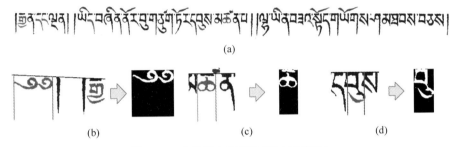

(a)

(b)　　　　　　　　　　　(c)　　　　　　　　　(d)

图 2-25　字符样本的获取(见文前彩图)

和方块形的汉字不同,藏文字符宽度相似而高度不同,如最基本的辅音字母ང和ཀ高度差较大,这种差异在古籍文字中更加明显,因为有些梵音藏文字丁的叠加多达 7 层。从直观的视觉角度来讲,字符高度是不同类别之间的一个显著特征。为了保留这种特征,从图像上取出字符时,以相邻行的基线为边界进行切分。

位于基线之上的字符,以其左右边界为垂直边界,以当前基线为下边界、到上一条基线三分之一处为上边界。对基线下方字符进行切分时,以当前字符左右边界为垂直边界,当前基线为上边界、下一条基线为下边界。部分字符样本如图 2-26

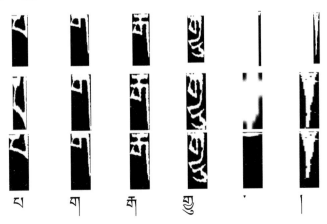

图 2-26　藏文字符样本示例

所示。第一行为该方法切分得到的黑色背景白色前景字符。第二行为基于字符外包围框方法得到的归一化图像。由于藏文字符本身高度不一致,使用外包围框归一化会损失大量信息,在极端的情况下,明显不同的字被归一为几乎相同的形式,比如第五列和第六列的音节点与单垂线。第三行为使用基线框归一化得到的图像,这种方法避免了高度差异的损失。

藏文古籍原文档图像数据集 NMU_HTDU212,经过切分后得到了 45526 张位于基线上方的字符样本图像,196293 张位于基线下方的字符样本图像,其中有 9206 张样本图像为藏文断句符号,还有 56466 张音节点样本图像符号。

位于基线下方的样本一共有 2908 类,考虑到样本变形以及噪声的影响,将聚类的类别数设置为 3000 类。为了提高聚类的效率和准确度,使用级联聚类的策略,首先把所有样本粗分为 300 类,之后把粗分后的类别再次细分为 10 类。

在聚类的基础上进行手工样本标注,去除标点符号以及一些误分割的噪声,一共得到了 121214 个有标注的字符样本,并归为 238 类。因为不同类别之间的样本数目极度不平衡,样本数目最多的类别中有上万个样本,最少的一些类别仅有一个样本出现。将该数据集称为 NMU_HTCU_ML(Northwest Minzu University_Historical Tibetan Character of Uchen_Manual Label)。

在实际的古籍文档中,以人工方式从图中分割出了所选的字符部件,某些找不到的部件由专业人员在绘图软件中模仿古籍中字体的风格重新进行了绘制。得到的字符部件一共有 19943 个,部分部件如图 2-27 所示。图中第一行所示为单字母部件,第二行所示为元音符号部件,第三行所示为叠加字符的部件,有些也是字符。

图 2-27 藏文构字部件样本示例

在字符合成时,首先确定当前需要合成字符的种类,并确定该字符由几个部件构成。仍然采用前面的基于部件组合的"藏文-梵音藏文"样本生成方法,从部件集中取出所需要部件,对部件进行一些随机变形后将所有部件合并,最终得到合成后的样本。即为前面所述的 NMU_UCHTDB_GNT_7240 样本集,当然可以做这个数据集的大小归一化数据集。

当字符的基线上下分别考虑时,可以大大减少类别。我们可以基线上下单独识别再统一成字丁作为识别结果。所以 7420 个类别又可以分成其他 3 套数据集,其大小分别为基线以下 2908 类,每类 3000 个样本的数据集:2908×3000;基线以上 245 类,每类 600 个样本的数据集:245×600;此外常用字符类别数是 562 类,每类 600 个样本的数据集：562×600。

这些数据集称为 NMU_HTCU_SL（Northwest Minzu University_Historical Tibetan Character of Uchen_Simulation Label）。图 2-28、图 2-29 分别是数据集中 562×600 样本示例和样本归一化示例，图 2-30(a)、(b)所示为该数据集中 2908× 3000、245×600 的样本归一化示例。

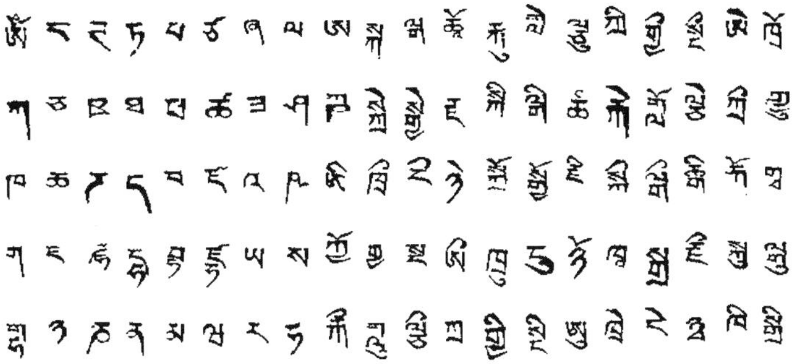

图 2-28 数据集 NMU_HTCU_SL 中 562×600 的样本示例

图 2-29 数据集 NMU_HTCU_SL 中 562×600 归一化样本示例

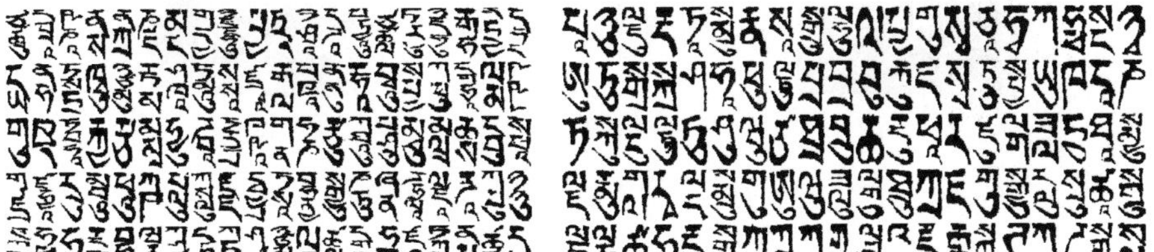

(a)   (b)

图 2-30 数据集 NMU_HTCU_SL 归一化样本示例

(a) 7420 个类别中基线以下部分的 2908×3000 样本归一化示例；(b) 基线以下 245×600 的样本示例

6. 藏文-梵音藏文字丁真实样本库

藏文是低资源语言文字，又因为字符出现频率差异大，甚至在有限的文档中，很多梵音藏文不可能出现。这使得获取真实的乌金体藏文古籍字符样本时，字符类别与样本存在极不均衡的问题。迄今,针对乌金体藏文古籍文档的公开字符数据集还没有相关报道。

因此,真实字符数据集的构建仍然面临挑战。首先,藏文古籍由手写而成,书写风格差异较大,往往一个字丁的笔画左右偏移严重,难以将字符按照其原有的顺序提取出来;其次,低资源语言文字难以获取大量文档数据,使用频率较低的字符占比较大,字符类别间的样本数量差异明显。

针对真实的乌金体藏文字符样本集构建的挑战,我们提出了文本行字符图像提取的方法,这项工作主要构建出乌金体藏文古籍字符数据集,通过统计丽江版的《甘珠尔》文本,出现 10 次以上的字丁类别数为 610 类,基本涵盖了高频字符。

字符切分包括:字符区块的切分和标注、字符图像的提取和字符数据集的构建。

1) 字符区块的切分和标注

字符数据集构建是将经过切分得到的字符图像进行分类,并对字符图像进行文本标注。字符图像标注是一项繁重的工作,鉴于藏文文本中的前后字符间有着密切的关联,我们先在字符切分前的字符区块内进行标注,然后通过字符区块中字符图像与字符文本的对应关系实现字符标注。为了保证字符区块标注的准确性,选择近 20 位母语为藏语的在读研究生作为标注者。

根据标注的字符区块中字符文本的顺序对切分后的字符进行提取,如图 2-31 所示。图 2-31(c)是切分后的字符区块以字符为单位依次进行着色渲染形成,即同一个字符的所有笔画渲染成一种颜色。从切分后的字符区块中提取字符前,为避免字符区块中音节点存在粘连或者丢失,导致标注文本中的字符不能与字符区块中的字符正确对应,可删除标注文本与字符区块中的音节点,得到的标注文本和字符区块,如图 2-32 所示。这样处理是为了字符图像的提取更加方便。

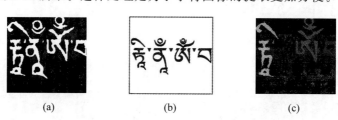

(a)　　　　　　(b)　　　　　　(c)

图 2-31　字符区块标注及切分后示例

(a) 字符区块;(b) 标注文本;(c) 切分后的字符区块

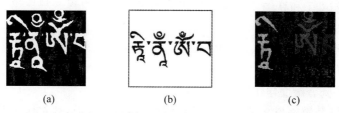

(a)　　　　　　(b)　　　　　　(c)

图 2-32　删除音节点后的标注文本与字符区块示例

(a) 字符区块;(b) 标注文本;(c) 删除音节点后的字符区块

2）字符图像提取

乌金体藏文古籍字符属于手写文本类型,字符笔画位置和形态差异较大,再加上三通道图像对字符提取的干扰,利用连通域质心或坐标位置信息难以对字符进行顺序提取,容易导致提取后的字符编号顺序与实际顺序错乱的问题。为解决上述问题,先对三通道的颜色值以二次编码的方式实现颜色值转换,如算法 2-1 所示,再提取字符。

算法 2-1　字符区块的三通道颜色值编码成十进制数值算法

输入:颜色渲染后的字符区块 B_{colo}

输出:颜色编码后的字符区块 B_{code}

步骤 1　获取输入字符区块高度 B_{height} 与宽度 B_{width};

步骤 2　创建一个与步骤 1 相同尺寸的字符区块 B_{code};

步骤 3　在当前高度 B_{height} 与宽度 B_{width} 范围内获取各像素对应的 R、G、B 颜色值,并将 3 种颜色值转换成二进制数值 $V_{rgb2bin}$;

步骤 4　将二进制数值 $V_{rgb2bin}$ 转换成十进制数值 $V_{bin2dec}$;

步骤 5　将 $V_{bin2dec}$ 赋值给字符区块 B_{code} 对应位置的像素;

步骤 6　重复步骤 3～步骤 5,直至遍历完字符区块 B_{color} 中所有像素值。

在颜色值转换后的字符区块上对字符进行提取。我们采用基于字符在字符区块中的真实位置信息对字符进行提取,以确保字符区块中的字符与标注文本能够依次对应,如算法 2-2 所示。

算法 2-2　基于真实位置信息的字符提取算法

输入:颜色编码后的字符区块 B_{code}

输出:提取后的字符图像

步骤 1　获取字符区块中前景字符颜色的种类数 N_{color};

步骤 2　水平单像素的线条在字符区块的高度范围内从上到下进行前景字符的颜色搜索,每移动一个像素高度计算一次线条上的颜色种类量 $N_{colorLine}$;

步骤 3　如果线条上的颜色种类量 $N_{colorLine}$ 等于字符区块中的颜色种类数 N_{color},则按照线条上从左至右颜色值依次提取与之对应的字符,否则重复步骤 2 的操作,直至搜索完整个字符区块;

步骤 4　按照提取的先后顺序对步骤 3 得到的字符依次进行编号命名。

利用算法 2-1 和算法 2-2,从正确切分的字符区块中逐一提取出单个字符,如图 2-33 所示。

3）字符数据集构建

对标注的文本中字符的种类进行统计,得到文本类别数。将标注的文本字符串按照实际顺序逐一提取出单个字符,并以实际顺序编号命名,为其后续与字符图像的匹配奠定基础。根据提取后的字符编号将字符图像归入相应字符类别中,形成一个粗略的字符数据集,如算法 2-3 所示。字符标注及字符提取过程中可能存

图 2-33　字符图像提取结果示例

在一些错误,需对字符集中的字符图像进行人工校对。

算法 2-3　基于真实位置顺序匹配的字符数据集构建算法

输入:提取后的字符图像库和标注单字符文件

输出:构建好的粗略字符数据集

步骤 1　输入,并获取单字符数量 $N_{\text{singleChar}}$;

步骤 2　遍历步骤 1 中的标注单字符文件,如果指定的数据集路径中不存在当前字符类别文件夹,则创建该字符类别文件夹,并判断该类别在字符图像库中是否存在对应的字符图像,若存在执行步骤 3;

步骤 3　将当前字符类别对应的字符图像写入当前类别文件夹中;

步骤 4　循环步骤 2～步骤 3,直至完成所有标注字符文本和字符图像的匹配。

---

4)字符数据集增广

在形成一定量的真实字符样本后,要进一步训练识别器,仍然需要前面基于部件组合的"藏文-梵音藏文"手写样本生成方法的合成字符。藏文字符切分中,获得的音节点和单垂线数量大,但还有一些特殊符号,主要有 7 种,即"ༀ""ༀ""ༀ""ༀ""༄""༄""༄"频次低获得的数量少。前 4 种特殊字符,直接从乌金体藏文古籍文档图像中进行采集和适度的图像方法实现。针对第 5～6 两种特殊符号,它们与单垂线

("᠊")在外形结构上高度相似,通过在"᠊"符号的上方头部位置上切分出一个点和两个点,分别得到第 5 和第 6 的符号。第 7 个特殊符号的上下两个圈笔画具有对称性,如图 2-34 所示,该特殊符号间的差异主要在于上下两个笔画之间的间隔距离。我们提出一种基于上下笔画间随机距离的特殊字符合成方法[36],如算法 2-4 所示。如图 2-35 所示为图像字符样本增广前后的示例。

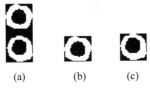

(a)　　　　(b)　　　　(c)

图 2-34　特殊符号("§")示例

(a)"§"图像示例;(b)上方笔画;(c)下方笔画

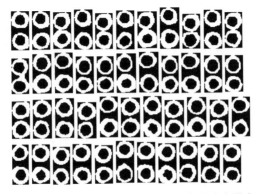

图 2-35　图像字符样本增广前后示例(除第一列外右侧均为增广后的字符图像)

算法 2-4　基于上下笔画间随机距离的特殊字符合成算法

输入: 特殊符号

输出: 合成特殊符号

步骤 1　将输入的特殊符号上下笔画分别提取成两个单独的笔画图像;

步骤 2　分别对上下两个笔画图像做旋转处理,以增加样本数量,进而分别得到上方和下方笔画图像库;

步骤 3　在$[-2,12]$范围内生成一个随机数作为待合成上下笔画间的距离值 D_{dist};

步骤 4　从步骤 2 中的上方和下方笔画图像库中分别选择图像作为待合成特殊符号的下方和上方笔画,D_{dist} 作为待合成上下笔画图像间的距离值,合成特殊符号。

最后完成 610 个字丁、9 个符号共计 619 类,每类 700 个样本的字丁与符号数据集,将其命名为 NMU＿HTDC＿610(Northwest Minzu University＿Historical Tibetan Document Character 610)。

2.5 本章小结

根据藏文信息编码基本集、扩充集 A 和扩充集 B,获得藏文和梵音藏文的大字符集由 7240 个字丁组成。同时获得 170 个部件集,可用于大字符集的联机手写、脱机手写、古籍文档字丁样本的生成,以及基于部件的字符识别等。藏文古籍文档图像分析与识别的研究,需要构建各种数据集,以便进行相关算法的评价。以乌金体藏文古籍《甘珠尔》为研究对象,构建大字符集样本库,如果按照字符总数依次采集,每套字符样本库有 7240 个样本,低频字丁在大量语料中才可能出现,而乌金体梵音藏文古籍识别研究所需的上千套样本库数量,需要耗费大量的人力物力,成本高且难以完成。因此,我们根据藏文字丁字形结构的组成,采用部件叠加生成字丁的方法,合成了研究所需的样本数量。同时我们采用不同的方法获得不同的字丁样本集、文档图像二值化样本集、版面分析样本集、行切分样本集等。通过乌金体古籍文档图像分析与识别的研究,所完成的这些数据集主要包括:藏文古籍原文档图像数据集 NMU_HTDU212,二值化数据集 NMU_HTDB212,版面分析数据集 NMU_HTDLA212,文本行切分数据集 NMU_THDTL212,文本串数据集 NMU_CBTHD212,乌金体藏文部件样本集 NMU_THCS_170,乌金体藏文古籍合成样本集 NMU_THDBUC_7240,NMU_THDBUC_GNT_7240,手工标注样本集 NMU_HTCU_ML,分为四个不同集的 NMU_THCU_SL,以及古籍真实字符加部分合成字符的样本集 NMU_HTDC_610。当然,样本集建设还需要不断迭代与完善。

参考文献

[1] 吴佑寿,丁晓青.汉字识别:原理方法与实现[M].北京:高等教育出版社,1992.

[2] LIU C L, YIN F, WANG Q F, et al. ICDAR 2011 Chinese handwriting recognition competition[J]. International conference on document analysis and recognition,2011.

[3] WANG Q F, YIN F, LIU C L. Integrating language model in handwritten Chinese text recognition[J]. International conference on document analysis and recognition,2009.

[4] ZHANG X Y, LIU C L. Writer adaptation with style transfer mapping[J]. IEEE Transactions on pattern analysis and machine Intelligence,2013.

[5] JIN L W, GAO Y, LIU G, et al. SCUT-COUCH2009—a comprehensive online unconstrained Chinese handwriting database and benchmark evaluation[J]. International Journal on Document Analysis & Recognition,2011,14(1):53-64.

[6] LIU C P, QIAN Y L, ZHANG Y H, et al. 863 Testing system on handwritten Chinese character recognition[J]. Journal of Chinese information processing,2000.

[7] 国家质量技术监督局.GB 16959—1997 信息技术　信息交换用藏文编码字符集　基本集[S].1997.

[8]　国家质量技术监督局.GB 22323—2008 信息技术藏文编码字符集(基本集及扩充集 A)[S].2008.

[9]　国家质量技术监督局,GB/T 25913—2010 信息技术藏文编码字符集(扩充集 B)[S].2010.

[10]　江荻,周季文.论藏文的序性及排序方法[J].中文信息学报,2000,14(1):56-64.

[11]　王华,丁晓青.一种多字体印刷藏文字符识别方法[J].计算机工程,2004,30(13):18-20.

[12]　王华,丁晓青.一种多字体印刷藏文字符的归一化方法[J].计算机应用研究,2004,21(6):41-43.

[13]　丁晓青,王言伟,等.文字识别原理、方法和实践[M].北京:清华大学出版社,2017.

[14]　柳洪轶,王维兰.联机手写藏文识别中字符的规范化处理[J].计算机应用研究,2006.

[15]　王维兰,陈万军.基于笔划特征和 MCLRNN 模型的联机手写藏文识别[J].计算机工程与应用,2008,44(14):91-93.

[16]　WANG W L,DUOJIE Z,LIANG B,et al. A Syllable-based associational scheme for Online handwriting Tibetan character recognition[J]. Lecture Notes in Engineering & Computer Science. 2009,2174(1):598-602.

[17]　梁弸,王维兰,钱建军.基于 HMM 的分类器在联机手写藏文识别中的应用[J].微电子学与计算机.2009,26(4):98-101.

[18]　QIAN J J,WANG W L,WANG D H. A novel approach for online handwriting recognition of Tibetan characters[J]. Lecture Notes in Engineering & Computer Science. 2010,2180(1):333-337.

[19]　WANG W L,QIAN J J,WANG D H,et al. Online handwriting recognition of Tibetan characters based on the statistical method[J]. 通讯和计算机:中英文版,2011,8(3):188-200.

[20]　王维兰,祁坤钰,多拉.一种联机手写藏文字符的识别方法[P].西北民族大学.2011.

[21]　付吉.联机手写梵音藏文样本库的构建及相关问题研究[D].兰州:西北民族大学,2016.

[22]　WANG W L, PENG C, SHEN W T, et al. Online handwritten Tibetan character recognition input system on Android[C]//2016 9th International Congress on Image and Signal Processing,BioMedical Engineering and Informatics (CISP-BMEI). IEEE,2016:510-514.

[23]　王维兰,卢小宝,蔡正琦,等.基于部件组合的联机手写"藏文-梵文"样本生成[J].中文信息学报.2017,31(5):193-202.

[24]　CAI Z Q,WANG W L. Online handwriting Tibetan character recognition based on two-dimensional discriminant locality alignment[J]. PRCV 2018,Lecture Notes in Computer Science,2018:88-98.

[25]　CAI Z Q,WANG W L. 2DLDA-based compound distance for similar online handwritten Tibetan transliteration of the sanskrit character recognition[C]// 2018 16th International Conference on Frontiers in Handwriting Recognition (ICFHR). 2018.

[26]　WANG W L,LI Z J,CAI Z Q,et al. Online Tibetan handwriting recognition for large character set on new databases [J]. International Journal of Pattern Recognition and Artificial Intelligence,2019,33(10):1953003.1-1953003.21.1.

[27]　陈洋.安卓平台上印刷体藏文识别软件的设计与实现[D].兰州:西北民族大学,2020.

[28]　周纬,陈良育,曾振柄.基于几何形状分析的藏文字符识别[J].计算机工程与应用,2012,48(18):201-205.

［29］ 才华.藏文组字部件的自动识别与字排序研究［J］.西藏大学学报,2014,29(5)：81-86.

［30］ 黄鹤鸣.脱机手写藏文字符识别研究［D］.南京：东南大学,2014.

［31］ 才让卓玛,李永明,才智杰.基于 Mealy 机的藏文字构件分解［J］.电子学报,2015(5)：935-939.

［32］ Buddhist Digital Resource Center (BDRC)［EB/OL］.http：//www.tbrc.org/.

［33］ HAN Y H,WANG W L,LIU H M ,et al. A combined approach for the binarization of historical Tibetan document images［J］. International Journal of Pattern Recognition and Artificial Intelligence,2019,33(14)：1954038.

［34］ DA K. A method for stochastic optimization［J］. arXiv preprint arXiv：1412.6980,2014.

［35］ 周枫明.乌金体梵音藏文古籍字丁样本库的设计及构建［D］.兰州：西北民族大学,2018.

［36］ ZHANG C,WANG W L,ZHANG G W. Construction of a Character Dataset for Historical Uchen Tibetan Documents under Low-Resource Conditions［J］. Electronics. 2022,11(23)：3919-3933.

第3章

藏文古籍文档图像的预处理

3.1　引言

　　藏文古籍图像的质量参差不齐。因为是长条书,在拍摄过程中容易受外界因素影响,所获得的图像往往存在亮度低、分辨率低、噪声多、光照不均等问题,再加上文档褪化和污渍等,在一定程度上影响后续算法的运行效率。此外,古籍文档图像,除进一步版面分析与识别外,藏学研究者希望读取原有样式的古籍文本,所以处理和获取对比度高、清晰的高质量文档图像,也是为了给文献研究者良好的阅读体验。因此,需要通过应用相关的文档图像处理算法提高图像质量,以满足不同的应用需求。本章将重点介绍藏文古籍文档图像增强和文档图像二值化相关算法,并给出相应算法的可视化或量化结果。

3.2　藏文古籍文档图像预处理研究进展

3.2.1　图像增强现状

　　根据一般图像增强预处理方法可分为基于传统算法和基于深度学习两大类。Retinex 是一种常用的建立在科学实验和科学分析基础上的图像增强方法,于1964 年由 Edwin. H. Land 提出[1]。这是以色感一致性为基础,不同于传统的线性、非线性的只能增强图像某一类特征的方法,Retinex 可以在动态范围压缩、边缘增强和颜色恒常三个方面达到平衡[2-3],因此可以对包括藏文古籍文档图像在内的各种不同类型的图像进行自适应的增强。

　　对于低照度图像增强,基于卷积神经网络的方法,Lore 等使用深度自编码器来增强低照度图像,将亮度提升和噪声抑制同时放在一个模型中进行学习,可以在增强图像细节的同时较为有效地抑制背景噪声[4]。马红强等提出了基于深度神经网络的低照度图像增强算法,通过卷积神经网络来增强光照分量[5],改善了图像质量。ShenLiang 使用传统的深度卷积神经网络,将输入的图像进行尺度对数变换,然后输入网络得到增强结果。但该网络容易受到噪声的影响,可能会产生类似块效应的模糊效果[6]。Wei 等提出的 Retinex-Net 算法的增强结果亮度明显提升,但该算法对反射分量图平滑去噪时会损失边缘信息,导致增强后的图像边缘模糊,限制了图像视觉质量的提升[7]。Zhang 等指出降质的光线会让反射图中的每个像素非一致性地受到噪声的影响,他们基于卷积神经网络设计了可灵活调整光照图像和增强反射图像细节的网络结构 KinD Network[8]。该网络需要设定颇具启发性的超参数,在一定程度上降低了网络的泛化性。吴若有等提出了一种基于多分支全卷积神经网络的低照度图像增强模型,为了得到最优模型,训练合成的低照度图像和高清图像,并通过验证集的损失值不断调整模型的参数,测试效果图的对比度有一定提升[9]。李江华等提出了一种基于卷积神经网络的低照度图像增强方法,该方法通过卷积神经网络学习低照度图与相对应的光照分量图之间的映射关系,并输出光照分量图,然后利用 Retinex 模型对光照分量图进行处理得到最后的增强图,效果较原有方法有一定提升[10]。

目前,还没有专门应对古籍的低照度文档图像增强方法。

对于低分辨率图像增强,主要可分为三类方法:基于插值、基于重建和基于学习的方法。基于插值的方法主要有双线性插值[11]、双三次插值法[12]等,该类方法简单快速;基于重建的方法[13]主要有迭代反向投影法[14]、凸集投影法[15]等;基于学习的方法主要有稀疏表示法[16]、邻域嵌入法[17]和人工智能方法。Dong C 等[18]首次利用小型卷积层实现了端到端的高低分率图像转化,提出了 SRCNN。此外,一些学者陆续将残差网络和递归网络思想等用于超分辨率技术,提出了更深层次的模型结构,如 VDSR[19]、DRCN[20]等方法,这些结构更深的模型使得重建性能提高。基于生成对抗网络的优势,Ledig C 等[21]首次搭建了用于超分辨率的生成对抗网络模型 SRGAN。生成对抗网络能生成更符合人眼感知的、细节色彩更丰富的高清图像,与传统的卷积神经网络相比,SRGAN 在判别器方面为生成图像提供更多的高频细节信息,从而显著提高了重建图像的视觉观感和锐化程度。

在文档图像超分辨率增强中,文本部分具有较多阶跃边缘和弱边缘、强方向性、丰富的细节信息等特点。Wang 等[22]基于自己创建的数据集 TextZoom,利用相机长短焦距捕捉的不同分辨率图像,使用基于残差思想构建的网络,得到了较为清晰的文本图像。Zhao 等[23]提出了一个新的注意力机制并行上下文模块,增强了文字边缘的同时结合了文字上下文语义,为后续识别提供了很大的帮助。Jain 等[24]针对手机、相机等设备拍出来的文档图像提出了基于边缘特征提取网络,有效解决了设备获取的图像文字模糊的问题。如今为了解决文档图像中的文字超分辨率增强的问题,很多学者提出了全新的研究思路,如利用识别模型增加文本超分辨率图像的位置信息和语义内容信息等,但针对一些特别模糊的图像,部分算法依旧存在文字不清晰、边缘不连续等现象,且算法的复杂度较高,同时还需要较多的先验条件,也需要处理过后的成对数据集。

　　针对低照度文档图像和低分辨率文档图像的增强方面,特别是藏文古籍文档图像增强方面,研究和成果都较少。

3.2.2　扭曲矫正现状

　　为了提高对扭曲文档图像的分析能力,国内外对此进行了大量研究并取得了不错的成果。现有的扭曲文档图像矫正算法多为基于二值图的算法,这些算法主要有基于文本线[25-26]和基于连通域[27-28]的方法。基于文本线的方法是从文档图像中提取文本行并细化得到文本线,对文本线进行拟合,根据拟合模型将文本拉直,从而达到矫正的目的。该方法处理速度较快,但是精度不高。基于连通域的方法将文本图像中的每个文字或单词作为一个单位,通过文本行中文字垂直方向上的位移差对文档进行矫正。该方法的优点是处理精细,相对文本线方法效果较好,但是速度较慢。

　　近年来,深度学习得到快速发展,被广泛应用于计算机视觉领域,并取得了惊人的成果。DocUNet[29]是第一种完全基于深度学习解决文档变形问题的方法,它使用堆叠的 U-Net[30]结构将矫正问题转换为寻找合适的二维坐标映射关系。与传统方法不同,它可以用来复原任意弯曲与折叠的文档图像,但是由于数据集和网络的局限性,其矫正效果并不是很理想。DewarpNet[31]是一种基于页面三维信息进行训练的神经网络框架,它首先通过一个形状预测网络得到输入图像的三维形状信息,然后使用纹理映射网络获取输出结果,最后用两个 U-Net 组合的网络对结果进行优化。由于可利用信息的增加以及精心设计的网络结构,其矫正效果相比DocUNet 有一定提高。这些算法大多不依赖特定的文种,可以用于藏文古籍文档图像的扭曲矫正。

3.2.3　文档图像二值化现状

　　近几十年来,基于阈值的图像分割方法逐渐成为二值化的主流算法。它可被分为两大类:以大津(Nobuyuki Otsu,简称 Otsu)法[32]为代表的全局阈值方法和以 Sauvola 法[33]为代表的局部阈值方法。这些算法凭借简单易用、可解释性强的特点在二值化任务中得到了广泛的应用,但其也存在一定的局限性。如 Otsu 方法选取阈值的过程仅参考了灰度直方图的灰度分布,没有充分考虑文档图像中的空间结构关系,在一些图像上二值化结果往往不尽如人意[34]。而 Sauvola 方法的结果图中则经常会产生一些额外的噪声。为此,一些研究人员对这些传统方法做出改进,使这些方法在特定数据集上有更出色的表现。例如,Moghaddam 等[35]利用估计的背景图像与先验结构信息赋予原始的 Otsu 法更强的自适应能力,在 2009年的文档图像二值化竞赛(Document Image Binarization Contest 2009,DIBCO 09)数据集上达到约92%的 FM 值。

近年来,越来越多的研究者将二值化看作语义分割的子任务,并利用神经网络对不同类型的文档图像进行二值化。Chris Tensmeyer[36]构建了一种多尺度全卷积神经网络模型,在 DIBCO 17 竞赛中取得了领先的结果。P. V. Bezmaternykh 在探索了 DIBCO 数据集的特点后,采用了适当的数据增广算法,利用 U-Net 算法获得了 DIBCO 17 竞赛的第一名,证明了 U-Net 网络在二值化任务中的优越性。基于深度学习的二值化方法可以更好地应对藏文古籍文档图像中的种种挑战,获得更为理想的二值化结果。

3.3 藏文古籍文档图像增强

3.3.1 滤波器的方法

图像噪声是指存在于图像数据中不必要的或多余的干扰信息,产生于图像的采集、量化或传输过程,对后续算法的处理与分析均会产生较大的影响。空间滤波由一个邻域和对该邻域内像素执行的预定义操作组成,滤波器中心遍历图像的每个像素点之后就得到了处理后的图像。每经过一个像素点,邻域中心坐标的像素值就替换为预定义操作的计算结果。若在图像像素上执行线性操作,则该滤波器称为线性空间滤波器,反之则称为非线性空间滤波器。

平滑线性滤波器也被称为均值滤波器,可用式(3-1)表示 $m \times n$ 的滤波器 w 对 $M \times N$ 的图像 f 进行平滑线性滤波操作。

$$g(x,y) = \frac{\sum\limits_{s=-a}^{a} \sum\limits_{t=-b}^{b} w(s,t) f(x+s,y+t)}{\sum\limits_{s=-a}^{a} \sum\limits_{t=-b}^{b} w(s,t)} \tag{3-1}$$

如式(3-2)所示,高斯滤波器的模板系数随着与模板中心距离的增大而减小。对于一个 $(2k+1) \times (2k+1)$ 大小的高斯滤波器模板 w,去模板中心位原点后得到各位置的坐标,将坐标分别代入高斯公式即可得到对应的模板系数。

$$w_{ij} = \frac{1}{2\pi\sigma^2} e^{\frac{(i-k-1)^2+(j-k-1)^2}{2\sigma^2}} \tag{3-2}$$

3.3.2 视觉感知的方法

Retinex 由 retina(视网膜)和 cortex(皮层)组合而成,它有三个基本假设:①真实世界是无颜色的,我们所感知的颜色是光与物质相互作用的结果;②每个颜色区域是由给定波长的红、绿、蓝三原色构成的;③三原色决定了每个单位区域的颜色。Retinex 的基础理论为:物体的颜色是由物体对红绿蓝光线的反射能力决定的,而不是由反射光强度的绝对值决定的。其数学表达式见式(3-3):

$$I(x,y) = L(x,y) \times R(x,y) \tag{3-3}$$

$I(x,y)$代表被观察或照相机接收到的图像信号；$L(x,y)$代表环境光的照射分量；$R(x,y)$表示携带图像细节信息的目标物体的反射分量。

式(3-3)两边同时取对数，整理后得到式(3-4)，可抛开入射光的性质得到物体的本来面貌：

$$\log[R(x,y)] = \log[I(x,y)] - \log[L(x,y)] \tag{3-4}$$

在此，代表环境光的照射分量$L(x,y)$可由对原图$I(x,y)$进行高斯/均值模糊得到。一种改进的 Retinex 算法流程图如图 3-1 所示，该算法又称带色彩恢复的多尺度视网膜增强算法（MSRCR）。

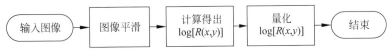

图 3-1 MSRCR 流程图

其中，一种最简单的方式就是计算出$\log[R(x,y)]$的最大值 max 和最小值 min，然后对每一个值 value 线性量化，如式(3-5)所示：

$$R(x,y) = \frac{\text{value} - \text{min}}{\text{max} - \text{min}} \times (255 - 0) \tag{3-5}$$

图 3-2 是使用 MSRCR 算法生成的结果图，该图整体亮度较低，但基本消除了光照不均带来的影响，且其对比度高，色彩相对艳丽，效果较为出色。

(a)

(b)

图 3-2 MSRCR 结果示意图

(a) 原图；(b) 结果图

3.3.3 亮度提升和均衡化的方法

1. 亮度提升

藏文古籍文档图像整体亮度偏低,采取非线性拉伸变换的方法对图像的亮度进行提升,通过对像素点灰度进行增益补偿达到提升亮度的目的[37]。像素点增益系数 L_g 的计算如式(3-6)所示:

$$L_g = \frac{\log(L_w(x,y)/\bar{L}+1)}{\log(L_{w\max}/\bar{L}+1)}$$

(3-6)

其中,L_w 是图像中像素的灰度值,$L_{w\max}$ 是图像中像素灰度的最大值,$\bar{L}$ 是像素亮度的对数平均值,$\bar{L}$ 的计算方法如式(3-7)所示,其中,N 是图片中像素点的总和,ε 是一个固定的较小值,作用是防止对数取到 0。

$$\bar{L} = \exp\left[\frac{1}{N}\sum\log\left(L_w(x,y)+\varepsilon\right)\right]$$

(3-7)

像素点的增益系数与像素灰度值呈负相关关系,像素的灰度值越低,对应的增益系数越大,像素的灰度值越高,其增益系数越小。藏文古籍文档图像的像素增益系数曲线如图 3-3 所示。

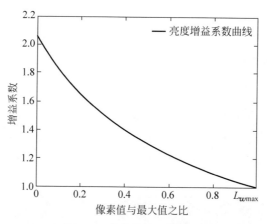

图 3-3 亮度增益系数曲线

2. 亮度均衡化

藏文古籍文档图像呈长条状,图像的宽度是其高度的 4～5 倍。对藏文古籍文档进行数字化的过程中,如果采取拍照的方式,文档图像会出现背景亮度不均匀现象,如图 3-4(a)所示。由于文档图像的宽度远大于高度,图像在水平方向的亮度不均匀性比垂直方向严重,因此在水平方向上对图像进行亮度均衡化处理。通过拟合文档图像水平方向的亮度分布,并对较暗区域进行亮度补偿的方法,实现图像整体亮度的均衡。首先使用式(3-8)统计文档图像每一列的亮度平均值L_{wj},然后对水平方向的亮度均值进行拟合,得到水平方向亮度分布曲线,文档图像呈现中间较亮而两侧较暗的特点,其亮度分布与二次函数曲线一致,因此用二次函数对水平方向的亮度分布进行拟合,拟合公式如式(3-9)所示:

$$\overline{L} = \exp L_{wj} = \frac{1}{H} \sum_{i=1}^{H} L_w(x, y) \tag{3-8}$$

$$F = a_2 L_{wj}^2 + a_1 L_{wj} + a_0 \tag{3-9}$$

其中,L_{wj}是每一列的亮度均值,H是文档图像的高度。

图像经过亮度提升后整体亮度得到改善,如图 3-4(b)所示,但两端的亮度依然较低,需要对图像进行亮度均衡化处理。对图像的每一列进行亮度补偿,即列方向像素灰度值乘以亮度均衡系数,均衡系数为拟合函数的最大值与当前列拟合值的比值。亮度均衡后像素灰度值的计算如式(3-10)所示:

$$L'(x_i, y_j) = L(x_i, y_j) \frac{F_{\max}}{F_j}, \quad j \in [1, W] \tag{3-10}$$

其中,$L'(x_i, y_j)$是亮度均衡化后第j列像素的亮度值,$F_{\max}$是拟合曲线的亮度最大值,F_j是第j列的亮度拟合值,W是图像的宽度。亮度均衡化效果图如图 3-4(c)所示。

(a)

(b)

图 3-4　图像亮度提升与亮度均衡化

(a) 原始退化文档图像;(b) 亮度提升;(c) 亮度均衡

(c)

图 3-4　(续)

3.3.4　低照度古籍文档图像增强方法

1. 低照度古籍文档图像数据集构建

我们采用基于光照迁移的方法来构建更符合真实情况下的低照度古籍文档图像,通过边缘保持滤波器[38]将照度从参考图像转移到目标文档图像上。首先,通过加权最小二乘滤波[39]将参考图像和文档图像的亮度层分解为大尺度层和细节层;其次,参考图像的大尺度层在目标文档图像的引导下进行滤波;最后,将目标文档图像的大尺度层替换为参考图像的大尺度层,得到最终的结果图像。具体实现步骤如下:

1) 层分解

选择 Lab 颜色空间,因为它可以很好地将彩色图像与明度和颜色分离,L 通道包含明度信息(类似于人的感知亮度),a 和 b 通道包含颜色信息。首先将图像解耦为亮度层和色彩层,然后使用加权最小二乘滤波器将亮度层分解为大尺度层,再使用式(3-11)得到细节层:

$$d = l/s \tag{3-11}$$

亮度层、大尺度层和细节层分别记为 l、s、d,细节层可认为不依赖于光照,大尺度层可认为依赖于光照。

2) 分解大尺度层

加权最小二乘滤波器的目的是将亮度层分解为大尺度层,为了对图像的不同区域执行不同级别的平滑,在图像的不同区域设置不同的平滑级别。因此,加权最小二乘滤波器能量函数改进为

$$E = |l - s|^2 + H(\nabla s, \nabla l) \tag{3-12}$$

$$H(\nabla s, \nabla l) = \sum_p \left(\lambda(p) \left(\frac{(\partial s/\partial x)_p^2}{(\partial s/\partial x)_p^\alpha + \varepsilon} + \frac{(\partial s/\partial y)_p^2}{(\partial s/\partial y)_p^\alpha + \varepsilon} \right) \right) \tag{3-13}$$

其中,$|l - s|^2$ 为使 s 与 l 保持相似的数据项,$H(\nabla s, \nabla l)$ 为使 s 尽可能平滑的正则化项。下标 p 表示像素的空间位置。α 通过非线性缩放梯度保留更清晰的边

缘。λ是数据项和平滑项之间的平衡因子,用于产生更平滑的图像。

3) 获得结果图大尺度层

将文档图像和参考图像的大尺度层分别作为引导图和初始图进行引导滤波,得到结果图像的大尺度层。导向滤波器[40]有一个关键假设,即它是引导和滤波输出之间的局部线性模型,因为是以像素为中心的窗口中的线性变换,如式(3-14)所示:

$$q_i = a_k I_i + b_k, \quad \forall i \in \omega_k \tag{3-14}$$

其中,假设 a_k 和 b_k 在 ω_k 中为常数。然后,通过最小化 q 和滤波器输入 p 之间的差来确定线性系数 a_k 和 b_k。

在得到结果图像的大尺度层后,通过式(3-11)还原结果图像的亮度层和文档图像的颜色层合并得到最终的结果图像。使用真实场景下的低照度图像作为参考图像,实验流程如图 3-5 所示,其中 G 表示引导滤波/导向滤波(guided filter)图,最终获得了 212 组低光照藏文古籍文档图像对数据集 LT-dataset(low-light historical Tibetan document image dataset)。

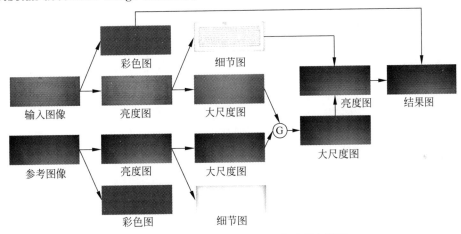

图 3-5 基于光照迁移构建数据集流程与图示

2. 基于 Retinex-Net 改进的藏文古籍文档图像增强方法

Retinex-Net 模型是基于 Retinex 理论,基于 Retinex-Net 改进的藏文古籍文档图像增强方法如图 3-6 所示,主要包括一个用于分解的 Decom-Net 和一个用于照明调整的 Enhance-Net。Decom-Net 利用 Retinex 理论中的不同光照下的图片反射率是相同的这一特点,将输入图像分解为反射分量和照明分量。在低光/正常光图像具有相同反射率和光照平滑度的约束下,Decom-Net 以数据驱动的方式学习对低光照及其对应的正常光照图像的分解,并结合重建损失、反射一致性损失和光照平滑性损失。它在训练阶段采用低光/正常光图像,而在测试阶段仅采用低光图像作为输入。

由于反射分量是物体的本身性质决定的,即为不变的部分,光照分量则受外界影响,因此对光照分量进行校正,则可以达到增强图像的目的。由 Decom-Net 分

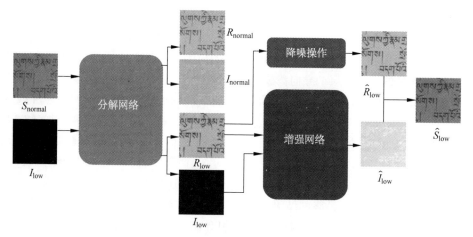

图 3-6 Retienx-Net 模型结构

解出来的照明通过 Enhance-Net 进行照明增强，Enhance-Net 采用编码器-解码器结构：编码过程中输入图像依次进行下采样，通过小尺度特征网络可以看到大尺度的照明分布，这给网络带来了自适应能力；解码过程中重建局部照明分布，利用逐元素相加将跳跃连接从一个下采样块引入其相应尺寸的上采样块，并引入多尺度拼接，用来保持光照与大区域中的上下文信息的全局一致性。最后通过逐元素乘法来组合调整的照明和反射。对调整后的光照和反射率进行重建，得到增强后的结果。

　　虽然 Retinex-Net 在低光照场景图像获得了良好的效果，但是通过实验得知它在低光照文档图像增强中还存在不足，如颜色失真、文字模糊和噪声明显等。为了解决这些问题，对 Enhance-Net 进行了改进。为了获取更多的语义信息，增强文字的纹理细节、平滑背景噪声，如图 3-7 所示，Enhance-Net 保持了编码器-解码器结构，在解码过程中取消了原本的多尺度连接，引入了 Dense-Net 思想进行密集连接，Dense-Net 可以很大程度地加深卷积神经网络，获取更加丰富的特征，进行更准确和高效的训练。

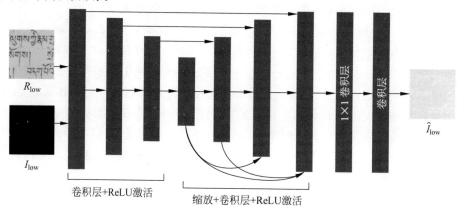

图 3-7 Enhance-Net

我们把 residual layer 和 dense connection block 结合,称为残差密集连通块(residual dense connection block,RDC block),将 Decom-Net 获得的反射分量和光照分量送入 Enhance-Net,该模块把降采样和上采样密集连接过程中相同尺度的特征拼接,这样能使空间信息丰富的浅层信息融合密集卷积层提取丰富的深层语义信息,自适应地从先前和当前的局部特征中学习更有效的上下文特征,使某个像素与其周围像素保持紧密的联系,这样能够保持藏文古籍文档图像中的文字纹理信息,使训练更加稳定。

具体来说,假如有 M 个上采样块,在上采样过程中,第 i 层上采样块会通过最近邻域插值分别调整到后续 $M-i$ 个不同尺度大小的特征,第 i 个上采样块将会包含:第 $i-1$ 层经过步长为 1 的 3×3 大小卷积核和 ReLU 激活后的特征;在它之前的 $i-1$ 个上采样块调整后相同尺度的特征;以及降采样过程中相同尺度大小的特征。最后通过 1×1 卷积层调整通道数和 3×3 卷积层重建照明 $\hat{I}_{\text{low}}$。该 $\hat{I}_{\text{low}}$ 在调整光照的同时,保持了文档图像中纹理信息,使图像得到亮度和字体纹理增强。

分别将 Retinex-Net、KinD++、RUAS、Zero-DCE 和本节方法在 LOL dataset 和 LT-dataset[41] 进行重新训练并测试低光照藏文古籍文档图像增强效果,再进行主观视觉评价和客观评价,分析图像质量增强情况。

图 3-8 展示了其他方法与我们的方法利用 LT-dataset 训练后增强低光照藏文古籍文档图像的视觉比较。从整体来看,这些方法虽然都可以达到不同程度低光照增强,但我们的方法在背景平滑方面处理得较为优异。第 Ⅰ 组中本节方法背景更为平滑;第 Ⅱ 组中 Retinex-Net 和 KinD++ 方法增强图像中背景存在大量噪声;第 Ⅲ 组极暗光下,KinD++ 噪声明显,RUAS 方法光照增强不足,此外 Zero-DCE 增强图像与真实样本颜色产生较大偏差。

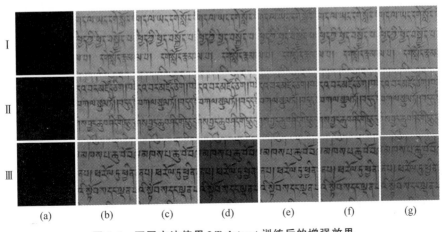

图 3-8 不同方法使用 LT-dataset 训练后的增强效果

(a) Inputs;(b) Retinex-Net;(c) KinD++;(d) RUAS;(e) Zero-DCE;(f) Ours;(g) GT

为了量化增强效果，采用了全参考图像质量评估指标：峰值信噪比 PSNR、结构相似性 SSIM[42] 和均方误差 MSE 来衡量不同方法采用 LT dataset 和 LOL dataset 训练后的藏文古籍文档图像增强质量。如表 3-1 所示，其中粗体为最好的得分，我们的方法在采用 LT dataset 在所有评价指标下获得了最好的成绩，其次不同方法在 LT dataset 重新训练后，大部分指标均有所提升。

表 3-1　全参考图像质量评估指标方面的客观评价

数据集	方法	Retinex-Net	KinD++	RUAS	Zero-DCE	Ours
LT Train	PSNR ↑	25.15	20.71	13.66	22.00	**25.29**
	SSIM ↑	0.89	0.81	0.78	0.82	**0.91**
	MSE ↓	78.95	98.27	103.71	94.19	**66.01**
LOL Train	PSNR ↑	23.39	18.63	10.48	12.21	24.76
	SSIM ↑	0.86	0.82	0.68	0.82	0.81
	MSE ↓	83.87	103.81	112.68	114.32	78.56

3. 基于改进的 Zero-DCE 低照度藏文古籍文档图像增强方法

1) Zero-RADCE 的网络框架

由于在真实场景中获取成对的低照度图像与正常照度的图像极其困难，造成成对数据自身存在的不精确性。其次，无监督学习通过精心设计损失函数从而引入更多反映环境特性的先验知识。由于无监督学习相较全监督学习而言泛化能力较强，也减少了成对数据的依赖，因此，基于无监督学习的图像增强方法在逐渐发展并占据深度学习的领导地位。本小节介绍改进的 Zero-DCE，Zero-DCE 将增强任务表述为特定于图像的曲线估计问题，该网络模型以微光图像作为输入，生成高阶曲线作为输出，利用曲线对输入的动态范围进行调整，以获得增强图像。同时，Zero-DCE 设计了一组可微的非参考损失函数：空间一致性损失、曝光控制损失、颜色恒定性损失和照明平滑度损失实现了零参考训练。图 3-9 为 Zero-RADCE 的网络框架。

该网络模型在 Zero-DCE[43] 的基础上引入了编码解码器结构、残差思想与空间注意力机制，以此估计输入图像的一组最佳拟合光增强曲线——LE 曲线。LE 曲线如式（3-15）所示：

$$LE_n(X) = LE_{n-1}(X) + \mathcal{A}(X) LE_{n-1}(X)(1 - LE_{n-1}(X)) \tag{3-15}$$

其中，$\mathcal{A}$ 为与给定图像相同大小的像素级参数映射，使 LE 可以在更大的动态范围内调整。该框架通过迭代应用曲线映射输入的 RGB 通道的所有像素，以获得最终的增强图像。式（3-16）、式（3-17）分别为原本的和改进的空间一致性损失，网络使用改进的空间一致性损失 L'_{spa}，计算输入图像与其增强图像之间相邻区域的差异，促进增强图像的空间一致性。

$$L_{spa} = \frac{1}{K} \sum_{j \in \Omega(i)}^{K} (|(Y_i - Y_j)| - |(I_i - I_j)|)^2 \tag{3-16}$$

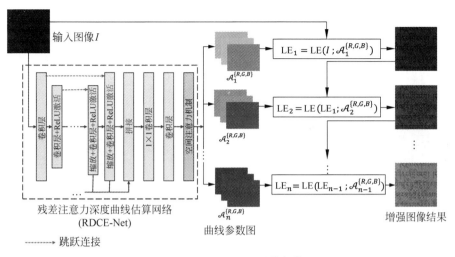

图 3-9 **Zero-RADCE 网络架构**

$$L'_{\text{spa}} = \frac{1}{K} \sum_{j \in \Omega(i)}^{K} (\mid (Y_i - Y_j) \mid - \mid (I'_i - I'_j) \mid)^2 \qquad (3\text{-}17)$$

其中,K 是局部区域的数量,局部区域的大小设置为 4×4,$\Omega(i)$ 是以区域 i 为中心的四个相邻区域(上、下、左、右)。Y、I 和 I' 分别表示为增强图像、输入图像和输入图像经过处理后(高斯算子、拉普拉斯算子、最大池化和上采样)的灰度图局部区域平均强度值。

拉普拉斯算子是基于二阶微分的图像增强算法,其强调的是图像中灰度的突变,不强调灰度缓慢变化的区域,因此可以有效地增强藏文边缘,给予藏文文字信息更高的权重。锐化在增强边缘的同时往往也会使噪声得到增强,为了在取得更好的藏文提取效果的同时把噪声降到最低,本小节先将输入图像进行平滑滤波,再进行锐化增强藏文边缘和细节。高斯平滑可以减少和抑制图像噪声,高斯模板重心点权重最大,随着距离重心点的距离增大,权重迅速减小,从而可以确保重心点看起来接近于与它距离更近的点,得到更自然的平滑效果。拉普拉斯算子的锐化效果也会使藏文出现双边缘,字体存在空心现象,因此利用 2×2 最大池化来解决该问题。W_1、W_2 为经多次实验后一组适用于低照度藏文古籍文档图像平滑和锐化最佳的高斯算子和拉普拉斯算子。

$$W_1 = \frac{1}{273} \begin{bmatrix} 1 & 4 & 7 & 4 & 1 \\ 4 & 16 & 26 & 16 & 4 \\ 7 & 26 & 41 & 26 & 7 \\ 4 & 16 & 26 & 16 & 4 \\ 1 & 4 & 7 & 4 & 1 \end{bmatrix}$$

$$W_2 = \begin{bmatrix} 4 & 16 & 4 \\ 16 & -80 & 16 \\ 4 & 16 & 4 \end{bmatrix}$$

2）空间一致性损失运算

L_{spa} 和 L'_{spa} 的具体运算图解如图 3-10 所示。由于输入为低照度图像,存在文字和背景对比度较小和背景噪声等问题,不利于增强图像的文字突出和削弱背景噪声,因此式(3-17)能够更理想地促进增强图像的空间一致性,并为空间注意力机制提供动机。

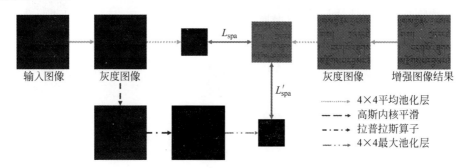

图 3-10 L_{spa} 和 L'_{spa} 具体运算图解

3）消融实验

利用 L'_{spa} 和 L_{spa} 的增强效果,如图 3-11 的消融实验所示。从图 3-11(b)、(c)可以看出,利用 L'_{spa} 损失函数增强后的文档图像,文字和背景对比度更强,且背景中的光晕明显淡化,背景颜色更加平衡。

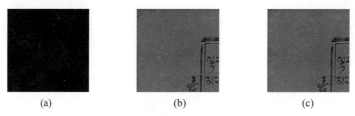

(a)   (b)   (c)

图 3-11 消融实验:损失函数 L_{spa} 和 L'_{spa} 的贡献

(a)输入图像;(b)L'_{spa};(c)L_{spa}

为了测试训练数据集的影响,我们从不同的数据集上再训练 Zero-RADCE:①SICE 数据集[44]第一部分的 3022 张不同曝光水平的图像;②3000 张藏文古籍文档低照度图像;③3000 张藏文古籍文档不同曝光水平的图像。图 3-12(a)为低照度图像,图 3-12(b)采用 SICE 场景图像数据集训练的模型用于藏文古籍文档图像,可见增强图像的颜色产生了偏差。图 3-12(c)采用低照度藏文古籍文档图像训练后,增强图像整体亮度不足。图 3-12(d)采用了不同曝光程度的数据集,文字颜色有了一定的提升。

4)质量评价

将 Zero-RADCE 与几种方法进行比较:两种基于 CNN 有监督的方法 RetinexNet 和 KinD,以及两种基于 CNN 无监督的方法 RAUS 和 Zero-DCE,通过公开源代码和

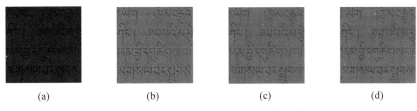

图 3-12　消融实验：训练数据的影响

（a）输入图像；（b）Zero-RADCE$_{\text{SICE}}$；（c）Zero-RADCE$_{\text{Low}}$；（d）Zero-RADCE

标准图像数据集进行主观和客观的实验研究。图 3-13 给出了不同方法在低照度藏文古籍文档图像上的增强图像，蓝色方框区域为使用 Otsu[45]二值化效果。对于文档图像背景中存在大量污渍的情况，Zero-RADCE 能够将污渍最大限度地弱化，而 RetinexNet[41]、KinD[46]、RAUS[47] 和 Zero-DCE[43] 没能减弱污渍，这个问题不仅影响视觉效果，在二值化的效果中还可以看到，Zero-RADCE 增强图像的二值化相较其他方法文字周围的噪声大大减少，这可以为后续的文档图像识别提供坚实的基础。

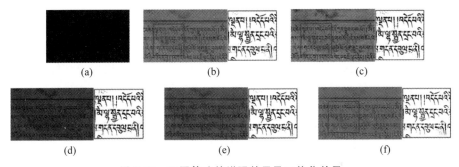

图 3-13　不同算法的增强效果及二值化效果

（a）输入图像；（b）RetinexNet；（c）KinD；（d）RAUS；（e）Zero-DCE；（f）Zero-RADCE

（1）主观评价。量化各种方法的主观视觉质量，通过不同方法对低照度藏文古籍文档增强，将其结果展示，并提供输入图像作为参考。有来自不同学科背景的 15 名受试者对增强图像进行视觉质量评分（满分 10 分）。受试者以如下指标作为评价标准：①结果中文字和背景是否有明显的对比；②结果中背景是否存在不均匀的纹理和噪声；③曝光是否过度/不足。如表 3-2 所示，Zero-RADCE 在藏文古籍文档图像增强中取得了最高的平均分数。

表 3-2　主观评价得分

方法	RetinexNet	KinD	RAUS	Zero-DCE	Zero-RADCE
受试者平均评分	7.9	7.3	7.1	7.8	8.2

（2）客观评价。对于全参考图像质量评估，采用峰值信噪比（PSNR）、结构相似性（SSIM）和均方误差（MSE）度量来定量比较不同方法在低照度藏文古籍文档

图像上的增强表现。以下数据为通过测试 22 张低照度藏文古籍文档图像结果取得的平均值。

PSNR、SSIM 越大越好，MSE 越小越好。在表 3-3 中 Zero-RADCE 在各项指标下都取得了最佳值。

表 3-3　定量比较

方　　法	PSNR ↑	SSIM ↑	MSE ↓
RetinexNet	24.83	0.93	93.24
KinD	20.27	0.90	100.20
RAUS	14.70	0.86	114.83
Zero-DCE	20.39	0.94	103.21
Zero-RADCE	**24.96**	**0.96**	**82.97**

值得注意的是，在输入为 256×256 大小的三通道图像时，Zero-RADCE 比 Zero-DCE 的模型参数量由原来的 79416 减少到 48026，有效降低了模型体积。

3.3.5　超分辨率古籍文档图像增强方法

数字图像处理技术在各个领域都得到了广泛的应用和快速的发展。图像处理阶段的超分辨率重建技术能够为之后的图像分析与识别阶段提供更详细的图像信息，其目的是将模糊的低分辨率图像重建为清晰的高分辨率图像。超分辨率重建技术已经广泛应用于医学图像领域、遥感图像领域、文档识别领域、人脸识别领域等。在这些应用领域中，超分辨率技术对于改善图像质量、增加文档图像信息和提高识别精度具有重要意义。

1. 传统超分辨率图像增强方法

常用的基于插值的传统方法主要有最近邻插值算法、双线性插值算法、双三次插值算法等。最近邻插值选择与插值点相邻的四个像素中最近的一个像素作为插值点。双线性插值从四个像素点开始，通过权衡四个相邻像素的平均值来计算插值点的像素值。双三次插值从插值点周围的 4×4 邻域像素值出发，加权得到插值点的像素值。

基于重建的方法包括迭代反投影法、凸集投影法和最大后验概率法。这些方法通过先验条件来约束重建过程，重建图像通常包含更多的细节信息，但依赖设定的先验知识，泛化能力有限。凸集投影法将高分辨率图像的限制条件用凸集表示，所有凸集的交集就是所求的图像[48]。迭代反投影法通过插值法得到原始高分辨率图像，再使用重建模型计算误差，反投影迭代直到误差减小获得最终重建图像[49]。最大后验概率法通过先验知识最大化后验概率得到重建图像[50]。

2. 基于自监督模型 ZeroShotSR 的方法

1）EZSSR 的网络结构。利用内部数据集以及逐级重建思想的 EZSSR 网络模型方法,其可以满足不同超分辨率尺寸的要求,模型能够直接在低分辨率图像上使用亚像素上采样输出不同尺度的目标图像,且有效缓解了振铃现象。图 3-14 是 EZSSR 的网络结构:将输入网络的 LR 图像进行上采样放大得到I_S,通过 6 层带有 Leaky ReLU 激活函数的卷积操作,紧接着通过反卷积操作将图像放大一倍,将得到的单一尺寸映射特征图F_1作为残差映射,相加后得到I_HR2x。多尺寸特征映射就是迭代学习 LR 到 HR 的特征映射;继续将I_HR2x上采样到指定尺寸I_SS,又通过卷积层得到F_2残差特征图,最终相加得到重建目标图I_HR4x。式(3-18)是获取残差图的过程,其中I_LR表示输入的低分辨率图像,C_1表示卷积层,卷积核尺寸为 3×3,输出通道数为 64,C_2表示反卷积操作,卷积核尺寸为 4×4,输出通道数为 64;最后再通过C_3卷积得到残差特征图$F_{1,2}$,C_3的尺寸为 3×3,输出通道数为 1。获取指定尺寸目标图的过程如式(3-19)和式(3-20)所示,S 表示的是亚像素上采样操作,得到I_S或I_SS,H 代表残差模块,C 表示卷积层,重建出的高分辨率图像为I_HR。

$$F_{1,2} = C_3\left[C_2 C_1(I_\mathrm{LR})\right] \tag{3-18}$$

$$I_\mathrm{S,SS} = S(I_\mathrm{LR}) \tag{3-19}$$

$$I_\mathrm{HR} = C\left[H(F_{1,2} + I_\mathrm{S,SS})\right] \tag{3-20}$$

其中,激活函数采用了在声学模型中首次提出的 Leaky ReLU 函数,不同于 ZSSR 网络中使用的 ReLU 函数将所有的负值都设为零。相反,Leaky ReLU 是给所有负值赋予一个非零斜率,使得 ReLU 在负数区域更偏向于激活态,从而有效缓解了神经元坏死的问题[51]。

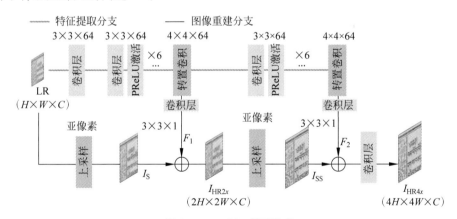

图 3-14 EZSSR 模型结构

模型包括两个分支网络:特征提取分支与重建分支,共同学习残差特征和上采样重建层,加速参数更新的速度,提高网络的收敛速度。特征提取层分别采用 6 层小规模 CNN 提取不同尺寸的特征,采用转置卷积增大到指定分辨率尺寸。上采样重建层采用亚像素卷积,避免利用双三次导致一些细节信息的丢失,有效地抑制了双三次插值引起的振铃现象。

2）图像质量评价。在实验中,直接将低分辨率图像传入网络,网络采取几何自集成的方法,对输入图像进行变换和下采样以形成若干 LR 图像。针对双三次插值、SRCNN、ZSSR 和 EZSSR 方法进行了比较,在这四种方法中,使用了相同的数据集和相同的实验环境,并分别实现了 2 和 4 的不同扩展尺寸倍数,定量评价指标为 PSNR 和 SSIM。表 3-4 记录了实验结果,由此可见 ZSSR 比双三次模型和有监督模型 SRCNN 表现得更好;而 EZSSR 的 PSNR 分值为 30.36(×2)和 29.94(×4),SSIM 分值为 0.8485(×2)和 0.8352(×4),同条件下高于 ZSSR 的分值。此外还完成了一个消融实验,可以看到,在重建分支中,亚像素上采样被正常转置卷积替换后评估指数在小范围内降低了,由此证明采用亚像素改进方法更优。正常转置卷积有一些零填充会影响性能,但亚像素之间却有着较为紧密的信息。

表 3-4 不同方法的 PSNR、SSIM 评价指标分值

数 据 集	方 法	放 大 倍 数	峰值信噪比（PSNR）	结构相似性（SSIM）
Low-Tibetan	Bicubic	×2	27.32	0.7803
		×4	27.96	0.7824
	SRCNN	×2	28.79	0.8203
		×4	28.23	0.8176
	ZSSR	×2	30.27	0.8430
		×4	29.86	0.8301
	EZSSR 使用转置卷积	×2	30.28	0.8417
		×4	29.86	0.8349
	EZSSR（我们的方法）使用亚像素	×2	**30.36**	**0.8485**
		×4	**29.94**	**0.8352**

使用热图 MOS 图像评价指标,用于衡量重建图像的主观感知质量。实验评价标准为:随机邀请 30 位评分人对用不同方法重建出的图片进行打分,其中最低为 1 分(低视觉质量),最高为 5 分(高视觉质量)。一共对四种方法进行评估,每种方法随机选择 60 张超分图像进行打分,最后每种方法的 MOS 评分取所有评分人所给分数的平均值,最终评价结果如图 3-15 所示。通过将数据矩阵中的各个值按

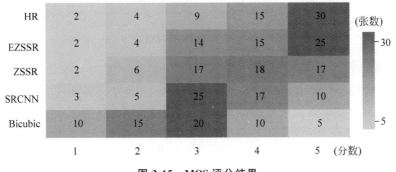

图 3-15 MOS 评分结果

一定规律映射为颜色展示,利用可视化的颜色深浅变化来比较数据大小。其中,颜色越浅表示数值越低,颜色越深表示数值越高。比如对于 HR 图像,大部分评价分数都是 5 分,可以看出颜色部分很深,但也有少部分给了 3 分或者 4 分。对于 EZSSR 方法,大部分评分也在 4 分或者 5 分左右,而双三次插值方法大部分却在 3 分左右,由此可见,使用本书的算法重建出的图像给人的主观感受更好。

3. 基于生成对抗网络 SRGAN 的方法

1)网络模型

基于生成对抗网络超分辨率模型 SRGAN,针对藏文古籍图像模糊、颜色失真、对比度下降等问题,采用感知损失的生成对抗网络能够生成质量更高的图像,有效消除部分振铃伪影现象。我们去除了 SRGAN 方法中的批量归一化层,并尝试轻量化 SRGAN 模型,以及改变了生成器的主干结构,接着针对仍存在的问题:模型结构较为复杂、训练过程不稳定容易产生伪影,且生成的图像明度、饱和度有偏差。为此,加入了使用滤波器的图像增强层,以及将更稳定的带有频谱归一化的 U-Net 网络结构作为新的判别器,由此提出最终的改进模型 ESRGAN+。该模型能有效解决部分振铃伪影现象,重建出的图像边缘细节更丰富、色彩更鲜明,生成更符合人眼感知的高清图像。基于感知损失的超分方法 SRGAN 不同于以往基于均方误差的方法,由实验结果可知,将传统的图像质量评价指标 PSNR、SSIM 与 MOS、NIQE 等更符合人眼感官评价的指标结合使用,能够更全面地展现出所提出方法的可行性、有效性。

ESRGAN+整体模型如图 3-16 所示。生成器由两部分构成:第 1 部分为特征提取与上采样层,直接将 LR 图像送入网络,通过卷积层特征映射,主干部分由 4 个 RRDB 组成,接着通过上采样到指定尺寸的高分辨率图像。模型中的上采样模块可以扩展 2 倍或 4 倍的图像分辨率,其利用了亚像素上采样方式。第 2 部分是

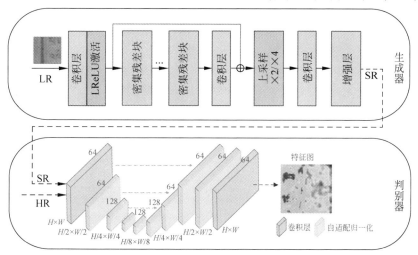

图 3-16　ESRGAN+网络整体结构

增强层,其具体结构如图 3-17 所示。在实验中观察发现,经过 ESRGAN 超分后的古籍图像的对比度和明度相对标签图像来看会稍微降低一些,人眼感官感受不佳,产生了一些不真实的细节。因此,为了提升图像的质量,参考了 Vivek Sharma 等使用的加权最小二乘(weighted least squares,WLS)[52]滤波器。首先,将经过特征提取与上采样层之后的 RGB 图像 SR 转换成亮度-色度 YCbCr 彩色空间。其次,算法用于图像的亮度通道 Y,可以使得过滤器修改整体色调属性和图像锐度而不影响颜色,最后再加上 CbCr 色度通道的图像就可以得到最后重建出的图像 SR。在此使用 WLS 的目的是让结果图像 u 与原始图像 p 经过平滑后尽量相似,但是在边缘部分尽量保持原状,如式(3-21)所示[53]:

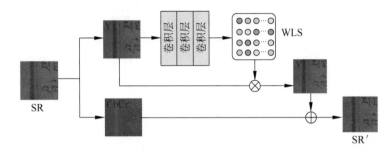

图 3-17   ESRGAN+中生成器的增强层结构

$$\text{WLS} = \sum_p \left[(u_p - g_p)^2 + \lambda \left(a_{x,p(g)} \left(\frac{\partial u}{\partial x} \right)_p^2 + a_{y,p(g)} \left(\frac{\partial u}{\partial y} \right)_p^2 \right) \right] \quad (3\text{-}21)$$

其中,$a_{x,p(g)}$,$a_{y,p(g)}$ 为权重系数,$(u_p - g_p)^2$ 表示输入图像和输出图像越相似越好,包括 λ 系数的一部分为正则项,通过最小化的偏导使得输出图像越平滑越好。采用 WLS 有以下几个优点:在处理数据中存在离群值时,WLS 滤波器比其他滤波器更鲁棒;当噪声不是高斯分布时,WLS 滤波器比其他滤波器提供更高的精度;WLS 灵活性更高,且在实时运用中具有计算效率[54-56]。

ESRGAN+判别器结构将 VGG 改进为具有跳跃连接的 U-Net 结构,U-Net 结构输出每个像素的真实度值并向生成器提供每个像素的详细反馈,U-Net 结构左边为特征提取网络(编码器),右边为特征融合网络(解码器)[57],判别器通过识别标签图像 HR 和超分图像 SR 之间的特征映射特征图判断两个图片的相似度。编码器由两个 3×3 的卷积层,使用 ReLU 激活函数,再加上一个 2×2 的最大池化层组成一个下采样的模块,一共经过 4 次这样的操作,图片尺寸由原始的 $H \times W$ 下采样为 $H/8 \times W/8$;解码器由反卷积和特征拼接构成,使用 3×3 卷积层,同样经过 4 次操作,与特征提取网络刚好相对应,尺寸变为原始 $H \times W$,最后接 1×1 的卷积进行降维处理,得到目标图。但同时 U-Net 复杂的结构也增加了 GAN 训练的不稳定性,所以便使用频谱归一化(spectral normalization,SN)来稳定训练动态,这是一种权重归一化技术,通常用于鉴别器以增强训练过程,也有助于缓解

GAN 训练引入的过度锐化和伪影。

2）实验与结果分析

为了训练生成对抗网络，实验创建了北京版图像 2746 张（×4）、丽江版图像 1956 张（×4）、北京版图像 1588 张（×2）、丽江版图像 980 张（×2）。同时为了进一步验证模型的泛化性和有效性，我们还加入了其他数据集进行补充实验，如藏文场景图像、老照片中的模糊人脸图像和元素复杂的唐卡图像等。图 3-18 是 EDSR、SRGAN、ESRGAN、ESRGAN＋几个模型方法的结果图对比，这几个模型的主结构都是基于残差块构建的。除 EDSR 外，其余模型都引入了生成对抗网络的思想，顶部表格内容表示是否使用 GAN 网络以及生成器和判别器的类型。由此可以看出，基于 GAN 的模型结果图更符合人眼感官，生成的图像质量更高。仔细观察生成图片的细节，本书提出的改进模型 ESRGAN＋有效缓解了锯齿、伪影现象，图像清晰度、色彩饱和度、亮度更高一些。此外，本书还将各个算法用于其他领域的数据集，同样也取得了相对不错的超分效果，具有一定的泛化性。但对于一些细节受损严重、特别模糊的复杂图像，所提出的算法存在局限性，无法重建出清晰的真实细节，如图 3-19 中的老照片以及唐卡图像的处理示例。

	EDSR	SRGAN	ESRGAN	ESRGAN+
GAN	—	✓	✓	✓
生成器	RB	RB	RRDB	RRDB +WLS
判别器	—	VGG	VGG	U-Net

北京版《甘珠尔》

丽江版《甘珠尔》

丽江版《甘珠尔》人像部分

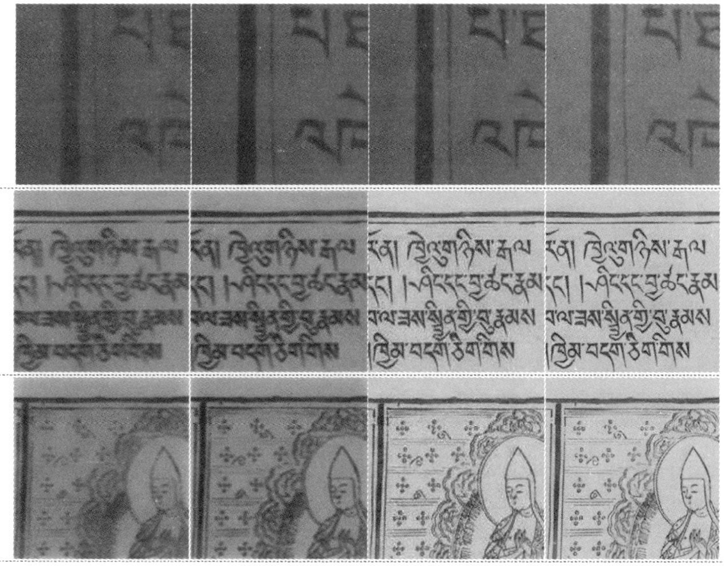

图 3-18　EDSR、SRGAN、ESRGAN、ESRGAN＋在不同数据集上的结果图

将原始的藏文古籍文档图像切成小块是为了方便模型训练，后续利用合并图像块的程序对切分后的小图像块进行了整合，整合后的结果如图 3-20 所示，以丽江版的《甘珠尔》大藏经文档图像为例。由图可见，相比原始的模糊低质图像而言，经过 ESRGAN＋超分后的图像整张的质量都得到了明显提升，图像中的文字更加清晰，且整张图像的明度、颜色饱和度更高。

	EDSR	SRGAN	ESRGAN	ESRGAN+
GAN	—	✓	✓	✓
生成器	RB	RB	RRDB	RRDB +WLS
判别器	—	VGG	VGG	U-Net

藏文场景图

人脸图像

唐卡图像

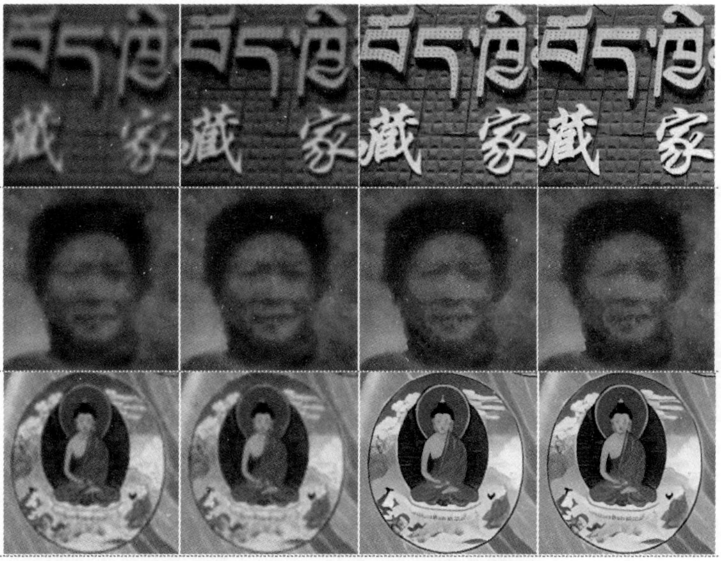

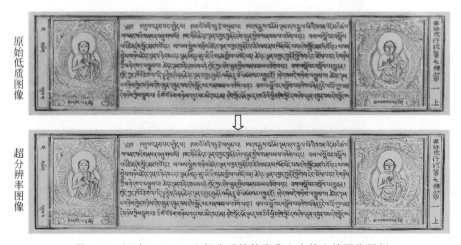

图 3-19　EDSR、SRGAN、ESRGAN、ESRGAN＋在其他数据集上的结果

原始低质图像

超分辨率图像

图 3-20　经过 ESRGAN＋超分后的整张藏文古籍文档图像样例

3）图像质量评价

为了进一步评估模型性能，采用了峰值信噪比（PSNR）、结构相似性（SSIM）、平均主观意见分（MOS）以及自然图像质量评价器（NIQE）来评判本书的模型。

表 3-5 展示了这几种不同算法的评估结果,由结果可知,虽然经过 ESRGAN 和 ESRGAN＋算法所得到的 PSNR、SSIM 值相对来说更低,但是它们在基于主观感知的 MOS 和 NIQE 指标上却表现得更好。之前一些研究者发现传统图像质量评价指标如 PSNR、SSIM 在某种程度上无法准确判断符合人眼感知的图像,PSNR 值高并不一定代表图像质量好,如 PSNR 会受到高低频添加不同噪声类型的影响等。经过 ESRGAN＋生成的图像颜色和明度等都得到了进一步增强,已经不同于原始图像的标准了。此外,人眼判断和数学模型之间的判断是有差异的,人眼可能对部分细节信息差异不敏感,对真实的高清图像感知会受到很多因素的影响,不只是我们所认为的因素产生的"模糊"或者"高清"。

表 3-5　不同超分辨方法的图像质量评价指标(多类型数据集下)

数　据　集	方法	MOS	NIQE	PSNR	SSIM
藏文古籍文档图像	EDSR	3.4	14.93	29.11	0.8491
	SRGAN	3.9	13.89	**29.58**	**0.8521**
	ESRGAN	4.5	11.87	28.92	0.8393
	ESRGAN＋	**4.6**	**10.03**	28.12	0.8316
场景藏文图像	EDSR	3.1	13.22	28.46	0.8352
	SRGAN	4.2	12.61	**28.73**	**0.8375**
	ESRGAN	4.7	12.09	27.95	0.8229
	ESRGAN＋	**4.7**	**9.45**	26.17	0.8104
其他(老照片人脸、唐卡图像)	EDSR	2.9	16.21	26.41	0.8131
	SRGAN	3.4	15.49	**26.98**	**0.8157**
	ESRGAN	3.8	13.96	25.99	0.8064
	ESRGAN＋	**4.1**	**12.30**	25.81	0.7996

3.4　乌金体藏文古籍文档图像二值化

3.4.1　古籍文档图像二值化的困难

文档图像二值化是古籍文档识别的首要工作,其目标是将文档图像划分为前景和背景两个部分,为后续的行字分割和识别提供一个良好的基础。在传统的光学字符识别应用中,处理的通常都是质量较好的印刷体或手写体文档图像,使用一些经典方法就可以得到较好的二值化效果。然而对于古籍文档来说,存在大量退化。退化因素主要包括时间上的(保存时间过长导致页面泛黄,文字对比度降低)、技术上的(早期书籍印制技术落后)、物理上的(墨渍、水渍)以及人为造成的各种污损和破损。图 3-21 的第一行样本为 DIBCO 和 H-DIBCO 库中的部分样本,第二行为藏文古籍文档图像的局部。从图 3-21 中可以看到,古籍文档中文本和噪声同时出现,且出现位置相互重叠、某些噪声和文本的视觉特征极其相似,对这类图像进行二值化处理难度较大。

图 3-21 部分古籍文档图像样本

近几十年来,基于阈值的图像分割方法逐渐成为二值化的主流算法。它可被分为两大类:以 Otsu 方法[59]为代表的全局阈值方法和以 Sauvola 法[60]为代表的局部阈值方法。这些算法凭借简单易用、可解释性强特点在二值化任务中得到了广泛的应用。

Otsu 方法是全局阈值方法的代表,它通过分析灰度直方图,并最大化前景与背景的类间方差,进而确定出分割阈值 T,以此区分前景与背景。其基本思想是令 n_i 为灰度图中灰度级为 i 的像素个数,则某一像素 c 属于灰度级 i 的概率 $p_i = n_i /$ Num,其中像素总数 $\text{Num} = \sum_{i=1}^{L} n_i$。设 k 为分割阈值,小于 k 的像素为背景像素 c_0,大于 k 的为前景像素 c_1。不难看出,此时任一像素 c 属于背景的概率为 $\omega_0 = \sum_{i=1}^{k} p_i = \omega(k)$,属于前景的概率为 $\omega_1 = \sum_{i=k+1}^{L} p_i = 1 - \omega(k)$。在此基础上,可以进一步计算出背景像素的类内方差 $\sigma_0^2 = \sum_{i=1}^{k} (i - \mu_0)^2 p_i / \omega_0$ 与前景像素的类内方差 $\sigma_1^2 = \sum_{i=k+1}^{L} (i - \mu_1)^2 p_i / \omega_1$。其中背景像素类内灰度级均值 $\mu_0 = \mu(k) / \omega(k)$、前景像素类内灰度级均值 $\mu_1 = (\mu_T - \mu(k)) / (1 - \omega(k))$,从 1 到 k 的累计概率 $\omega(k) = \sum_{i=1}^{k} p_i$,从 1 到 k 的灰度均值 $\mu(k) = \sum_{i=1}^{k} i p_i$、整张图像的灰度均值 $\mu(L) = \sum_{i=1}^{L} i p_i$。此时,寻找最佳分割 k^* 的问题便转换为最优化问题,即通过最大化目标函数 $\eta = \sigma_B^2(k) / \sigma_T^2$ 进而确定最佳分割阈值 k^*,其中 σ_B^2 为类间方差,σ_T^2 为总方差。更具体地,可根据式(3-22)得到最佳分割阈值 k^*。

$$\sigma_B^2(k^*) = \max_{1 \leqslant k < L} \sigma_B^2(k) = \max_{1 \leqslant k < L} \frac{\left[\mu(L)\omega(k) - \mu(k)\right]^2}{\omega(k)\left[1 - \omega(k)\right]} \qquad (3\text{-}22)$$

在确定出分割阈值 $T = k^*$ 后,通过式(3-23)将原始图像像素点 $f(x,y)$ 转换为结果图中的像素点 $B(x,y)$,完成整张图像的二值化。

$$B(x,y) = \begin{cases} 255, & f(x,y) \geqslant T \\ 0, & f(x,y) < T \end{cases} \qquad (3\text{-}23)$$

局部阈值方法的代表 Sauvola 法则是先将图像划分为多个窗口,随后根据式(3-24)为每一个子窗口确定不同的分割阈值 T,进而完成整幅图像的二值化。

$$B(x,y) = \mu(x,y)\left[1 + k\left(\frac{\sigma^2(x,y)}{R} - 1\right)\right] \qquad (3\text{-}24)$$

其中,$\mu(x,y)$、$\sigma^2(x,y)$ 分别是像素点 (x,y) 所在窗口的灰度均值与方差。k 为参数,一般设为 0.2。当输入图像为 8 位灰度图时,标准方差的动态范围 $R = 128$。

3.4.2　基于目标边缘的二值化

古籍文档图像存在较多退化,字符笔迹深浅不一,且背景粗糙、干扰较大。在对这类图像进行边缘提取过程中,去噪和保持边缘完整这两个需求存在一定冲突。这种冲突体现在当文档图像对比度分布不均匀时,笔迹较浅的部分和噪声对比度相似,直接去噪会导致字符边缘形成较多断裂。

为了更好地提高文本图像的二值化质量,可以从提高边缘质量以及自适应参数计算这两个角度出发,综合利用图像中高对比度和低对比度区域的信息,获得完整的笔画边缘,辅助使用边缘信息自适应计算 Sauvola 方法中的参数 k,从而完成图像的二值化。整体算法框架如图 3-22 所示。

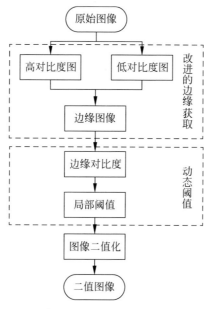

图 3-22　基于边缘对比度的二值化方法框架

首先,获取高对比度区域。在对图像进行中值滤波后,遍历图像的所有像素点,在 3×3 大小的窗口中,使用式(3-25)计算每一个像素的对比度,得到一幅对比度图像。使用 Otsu 方法对该对比度图进行二值化处理,得到一幅高对比度图IMGhc,如图 3-23(b)所示。该图描述了图像上对比度较高的区域,这些区域包含了图像的部分边缘。

$$D(x,y) = \frac{f_{\max}(x,y) - f_{\min}(x,y)}{f_{\max}(x,y) + f_{\min}(x,y) + \varepsilon} \tag{3-25}$$

其次,获取低对比度区域。在 Canny 方法中,使用了非极大值抑制以及滞后阈值技术,保留了大量低对比度边缘,但背景对其干扰较大,直接在原始图像上执行 Canny 方法,所得边缘图中噪声较多,如图 3-23(c)所示。为了减轻噪声的影响,需要进行背景估计,通过在原图上迭代执行灰度形态学闭操作以及开操作得到背景。原图减去背景图像,得到低对比度图,如图 3-23(d)所示。在该图上执行 Canny 方法,得到低对比度边缘图 IMGcanny,如图 3-23(e)所示。这些边缘中包含了图像的高、低对比度边缘以及少量背景噪声。

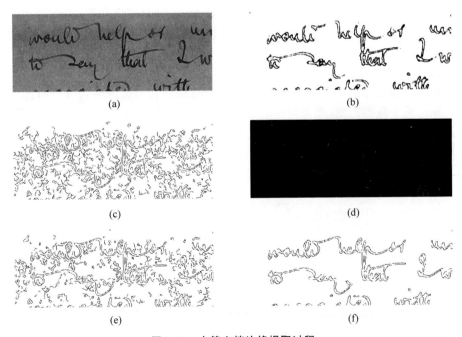

(a) (b)

(c) (d)

(e) (f)

图 3-23 古籍文档边缘提取过程

(a) 原始图像局部;(b) 高对比度图;(c) 图(a)的 Canny 边缘;(d) 低对比度图;

(e) 图(d)的 Canny 边缘;(f) 基于边缘对比度方法得到的边缘

进而需要融合高、低对比度区域。在 IMGhc 中蕴含了部分的边缘信息,它是准确的但并不完整;在 IMGcanny 中蕴含了所有的边缘信息,还包括一部分噪声,它是完整的但并不准确。将二者融合后,可以利用 IMGhc 中的准确信息对

IMGCanny 中的所有内容进行筛选进而得到既完整又准确的边缘。

　　算法 3-1 中 IMGcanny 的每一条边缘,判断其和 IMGhc 中的任意部分是否有交集,如果存在交集,则保留这条边缘,对所有边缘迭代完成后得到的结果如图 3-23(f)所示。

算法 3-1　　input：IMGhc,IMGcanny,output：IMGEdge

```
IMGedge= newTmpImg()
for edge in IMGcanny
    bEdge= isIntersect( edge,IMGhc)
    if bEdge
    IMGedge. addEdge( edge)
    end
end
IMGedge. areaFilter()
```

　　本书的方法与其他方法的局部对比图如图 3-24 所示。图 3-24(a)为原始图像局部,前两行图像源于 DIBCO 库,后两行图像来自藏文古籍,图上的笔迹深浅不一,单个字符的笔画同时存在高、低对比度区域。图 3-24(b)为 Canny 方法得到的边缘,有大量噪声存在。图 3-24(c)为本书的边缘对比度方法得到的边缘,可以看出,在去除背景噪声的同时还保留了低对比度区域。

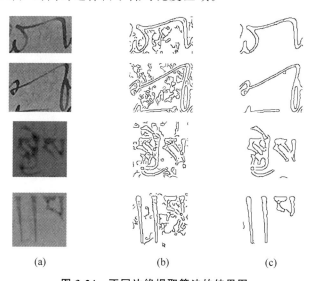

（a）　　　　　　　　　　（b）　　　　　　　　　　（c）

图 3-24　不同边缘提取算法的结果图

（a）原始图像局部；（b）Canny 边缘；（c）本书方法的边缘

　　在式(3-24)中,k 值需要从外部输入,其余参数都基于图像本身自适应计算得到。较低的 k 值能响应低对比度的字符,但会引入新的噪声;较高的 k 值则会将低对比度的前景去除。当一幅图像中不同前景区域的对比度值差异较大时,使用

Sauvola 方法得到的二值图像质量较差,往往存在大量噪声或部分前景丢失。为了克服该缺点,提出了一个自适应的 k 值计算方法,如式(3-26)所示:

$$k = \sum (D(x,y)e(x,y))/N_e \qquad (3-26)$$

其中,$D(x,y)$ 代表像素点的对比度值,通过式(3-25)计算得到;$e(x,y)$ 代表像素点是否是边缘点,如果是边缘点则该值为 1,否则该值为 0;N_e 代表当前像素点邻域范围内的边缘点的数目。通过式(3-26)计算得到的 k 值,实际上就是当前像素点邻域中边缘的对比度均值。之所以不使用邻域范围所有点的对比度信息,是因为非边缘点局部灰度值变化较小,其对比不能反映邻域的对比度分布特点。将式(3-26)代入式(3-24)得到新的局部阈值计算公式(3-27):

$$T = m \left[1 + \sum (D(x,y)e(x,y))/N_e (S/R - 1) \right] \qquad (3-27)$$

式(3-27)计算阈值时除使用像素点邻域灰度信息之外,还引入了邻域范围的对比度信息,能够适应图像对比度不一致的情况。局部阈值计算结果示例如图 3-25 所示。

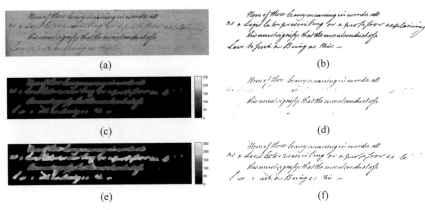

图 3-25　局部阈值计算结果

(a) 原始的古籍文档图像;(b) 原始图像的二值化基准;(c) Sauvola 方法得到的局部阈值;

(d) Sauvola 方法得到的二值化结果;(e) 本书的边缘对比度方法得到的局部阈值;

(f) 本书的边缘对比度方法的二值化结果

图 3-25(a)为一张古籍文档图像,图 3-25(b)是图 3-25(a)的二值化基准,该图前景部分包含四行手写文字,第二行和第四行对比度较低,且纸张背面也有书写痕迹。图 3-25(c)和图 3-25(e)分别是使用 Sauvola 方法和本节方法对原始图像计算得到的局部阈值,颜色越亮表示值越高,非文字部分没有进行计算,以黑色表示。图 3-25(d)和图 3-25(f)分别是它们的二值化结果。从图中可以看到,Sauvola 方法得到的局部阈值在一个非常小的范围内浮动,使用该阈值对原始图像进行二值化,会将图像中对比度较低的第二行和第四行文字划分为背景。本节的方法得到的局部阈值在不同的对比度区域有明显的差异,使用该阈值对图像进行二值化效果较好。

边缘蕴含了一幅图像的大部分信息,对于文本图像,前景必然在边缘附近。针对这一特点,在对图像进行二值化处理时,仅对边缘附近的点进行处理,在降低运算量的同时还降低了噪声的干扰,最终的图像二值化方法,通过判断式(3-28)计算:

$$\mathrm{bw}(x,y)=\begin{cases}1, & g(x,y)<T\ \text{且}\ N_e>(2\times r+1)\\0, & \text{其他}\end{cases}\qquad(3\text{-}28)$$

$g(x,y)$代表当前像素点的灰度值,T为使用式(3-27)计算得到的局部阈值,N_e代表当前像素点邻域范围内的边缘点的数目。仅当该像素点的灰度值小于其局部阈值,且该像素点邻域范围内边缘像素的数目大于邻域直径时(即当前点在边缘附近),判定该像素点为前景像素,否则该像素点为背景像素。遍历图像上的所有点,计算局部阈值并统计邻域范围中边缘点的数目,使用式(3-28)完成图像的二值化,得到较理想的藏文古籍二值化文档图像[61]。

3.4.3　基于 Lab 颜色空间的二值化

1. 文档图像二值化处理框架

针对影响藏文古籍文档图像亮度不均衡和存在污渍干扰的问题,提出通过图像增强提升古籍文档图像质量再进行二值化处理的预处理方法。预处理的整体流程如图 3-26 所示。

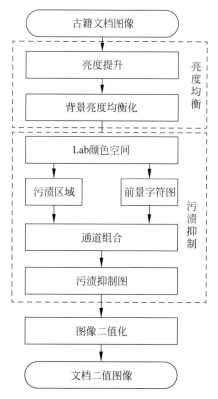

图 3-26　文档图像二值化处理过程

按照如图 3-26 的文档图像预处理过程,首先是亮度均衡,然后对文档图像进行污渍抑制,利用前景和污渍在 Lab 空间下不同的表现特性,进行通道组合获取污渍得到抑制的图像。最后生成文档二值化图像,经过图像增强处理后图像整体亮度均衡,前景字符和背景有了明显区别,因此使用全局二值化算法生成文档的二值图像。

1) 亮度均衡

3.3.3 节已介绍了完成文档图像亮度提升和均衡的方法。

2) 污渍抑制

经常有僧人在翻阅藏文古籍文档的文献资料时,造成滴落在纸张上的水渍或油渍扩散形成的污渍,对污渍区域进行抑制可减少其对提取前景文字的干扰。古籍文档图像经过亮度提升和均衡化处理后,图像中前景文字颜色显示为红色,背景区域偏蓝色。字符呈现红色是因为文档在成书时使用红色矿物颜料制成墨水来印刷文字,通常这种矿物质材料为朱砂。将文档图像从 RGB 彩色空间转换到 Lab 空间,利用前景字符和背景污渍在 Lab 颜色空间中的不同表现特性,提取背景图和前景字符图,组合背景图和前景字符图来抑制污渍,通过对 Lab 空间下的 a 通道和 b 通道进行组合来抑制污渍,本小节在 2.3.2 节基于三通道与分块的基础上加入了对文档的背景估计,可以更好地降低污渍带来的干扰。

(1) 污渍区域估计。Lab 空间中的 L 通道代表图像的亮度信息,a 通道表示绿色到红色的分量,b 通道表示蓝色到黄色的分量。Lab 空间下 a、b 颜色通道的含义与预处理后图像的视觉感观一致,a 通道灰度值较高的区域与文档图像中前景文字的分布一致,b 通道灰度值较高区域与文档图像的背景污渍分布一致。Lab 空间下 L 通道分量图、a 通道分量图和 b 通道分量图如图 3-27(a)～(c)所示。基于 a 通道和 b 通道的意义不同,用式(3-29)来估计背景污渍区域(stain region,SR),图像的污渍区域如图 3-27(d)所示:

$$SR = B - A \tag{3-29}$$

其中,B 为 Lab 空间的 b 通道图,A 为 Lab 空间的 a 通道图,A 和 B 需进行归一化。

(2) 背景估计。在 L 通道上通过形态学闭操作来获取文档图像背景的亮度图(background,BD),闭操作的结构元素为圆盘形结构元素,结构元素的尺寸按照取 2 倍笔画宽度大小为宜,形态学闭操作后的背景亮度图如图 3-28(a)所示。

(3) 前景字符图。获得文档图像的背景估计图像 BD 后,背景图减去 L 通道获得文档图的低对比图,低对比图与 a 通道融合,获得前景字符(foreground character,FC)图,FC 通过式(3-30)得到,a 的取值范围在[−128,127],计算时需要加上 128 避免出现负值。

$$FC = L - BD + (128 + a) \tag{3-30}$$

其中,L 是 Lab 空间的 L 通道图,BD 是背景图像。

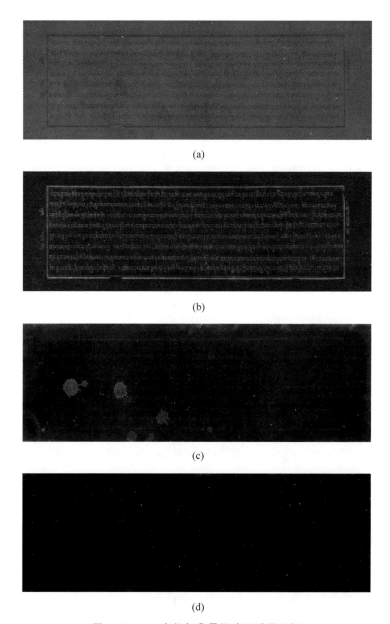

图 3-27　Lab 空间与背景污渍区域图示例

（a）L 通道；（b）a 通道；（c）b 通道；（d）污渍区域

（4）污渍抑制图。经过上述步骤得到了文档图像的背景污渍图 SR 和前景字符图 FC，在 FC 中减去背景污渍图得到污渍抑制的文档图像，见图 3-28(b)。

2. 文档图像二值化

古籍文档图像经过亮度均衡和污渍抑制处理后，选择全局二值化算法 Otsu 对图像进行二值化处理，算法通过遍历图像的灰度值，找到使图像的前景和背景具有

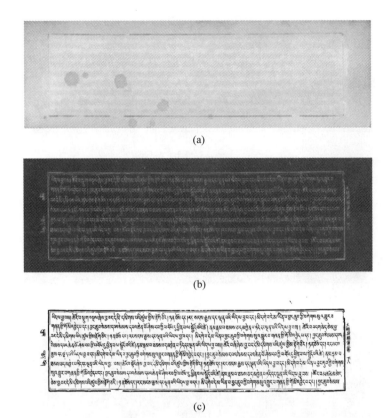

(a)

(b)

(c)

图 3-28　污渍抑制与二值图像

（a）背景估计图；（b）污渍抑制图；（c）二值图

最大类间方差的阈值，以该阈值为基准将图像分为前景和背景，文档二值化图像如图 3-28(c)所示。

3.4.4　改进的 Attention U-Net 二值化

1. 传统二值化方法的不足

传统算法可解释性强，在有限的情形下发挥稳定，但由于古籍文档图像存在形状难以预料的污渍和光照不均等现象，传统算法的实际表现往往不尽如人意，如图 3-29 所示。而深度学习技术在更加复杂多变的应用场景中往往也具有可观的性能表现，可以较好地应对类似的挑战。

2. U-Net 全卷积网络模型的分析

U-Net[62] 是一种优秀的全卷积网络模型。随着时间的推移，它的应用也从医学图像处理领域向外不断拓展。如图 3-30 所示，基于 U-Net 的藏文古籍二值化算法往往会在边缘模糊的笔画间出现假性粘连现象，使得原图中未发生粘连的笔画在二值图中发生了粘连。尽管在现有的指标上很难体现出这些微小的二值化错误,但类似的粘连必然会影响后续行切分、字切分算法的效率与适用性,从而降低系统最终的识别准确率。

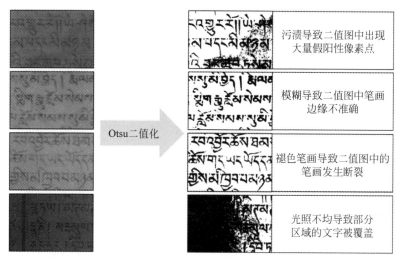

图 3-29　传统二值化算法的不足

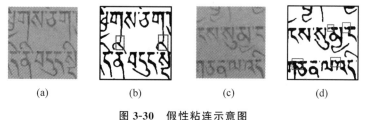

(a)　　　　　　(b)　　　　　　(c)　　　　　　(d)

图 3-30　假性粘连示意图

(a) 原图;(b) 二值图;(c) 原图;(d) 二值图

此外,文档图像二值图文字的覆盖率也往往较低,在大多数样例中覆盖率甚至难以达到10%。若网络能为二值化任务感兴趣的前景文字区域分配更多的注意力,最终的二值化结果也应当会有相应的改善。

基于上述讨论,可以使用带有注意力机制的 U-Net 算法模型完成古籍文档图像的二值化,并通过简单有效的放缩策略缓解假性粘连问题。

U-Net 由收缩路径与扩张路径构成,整体呈现对称的 U 形。收缩路径由五个典型的"卷积-激活函数-池化"结构组成。更具体地,收缩路径中第 l 层的输出 $X_l(1<l<5)$,均可由其前一层通过卷积、激活函数得到,即 $X_l = \text{ReLU}(W_l X_{l-1} + b_l)$,其中 X_{l-1} 为当前层的输入,X_l 是第 l 层的输出,$W_l \in \mathbb{R}^{C_{l-1} \times K_l \times K_l \times C_l}$ 是卷积核,b_l 为卷积核的偏置项。这些卷积结构共同构成 U-Net 提取图像特征的网络骨干(backbone)。输入图像 $X \in \mathbb{R}^{bs \times (h \times w \times c)}$(为简洁起见,下文不再标明数据的批大小 bs)经由 4 次最大池化下采样后,对应的特征图尺寸缩小至原图尺寸的

1/16。此时的特征图包含较强的语义信息,但却丢失了一定的空间信息。因此,由"卷积-激活函数-上采样"结构组成的扩张路径通过双线性插值算法逐步将低分辨率的特征图重建至原有尺寸,并将丰富的浅层特征通过跳跃连接拼接至同一大小的特征图上以补充空间信息,完成更加精确的分割,最终得到与输入图像大小完全相同的输出 $Y \in \mathbb{R}^{h \times w}$,$h$、$w$ 为输入图像的高与宽。特别地,最后一层的输出不再经过 ReLU 激活函数,而是送入 Sigmoid 函数计算每个像素点属于前景文字概率值。输出的点 $y(i,j) \in (0,1)$ 即为像素 $x(i,j)$ 属于前景像素的概率。对网络的输出 Y 进行阈值操作,使 $y(i,j)$ 小于/大于或等于 0.5 的像素点为背景(前景)像素点,得到最终的结果二值图。

为了取得更为理想的结果,着重突出图像中的高价值区域,Attention U-Net[63] 在 U-Net 的基础上加入了四个额外的注意力门控结构。如图 3-31 所示,注意力门控结构的输出 $\hat{X}^l$ 由输入特征图 $X^l \in \mathbb{R}^{h_l \times w_l \times c_l}$ 与注意力系数图 $\alpha^l \in \mathbb{R}^{h_l \times w_l \times 1}$ 对应元素相乘所得。其中 c_l 为第 l 层特征图的数量。在该结构内部首先使用 1×1 大小的卷积核分别对经上采样后的注意力门控信号 $G^{l-1} \in \mathbb{R}^{h_l \times w_l \times c_{l-1}}$ 与 X^l 的维度进行调整,使它们的特征图通道数完全相等,并对其按位相加后得到特征叠加图 $F \in \mathbb{R}^{h_l \times w_l \times c_{int}}$,$c_{int}$ 为依经验设置的超参数。将 F 进行 ReLU 操作后,再次利用 1×1 大小的卷积核使该组特征图通道数缩减至 1,得到单通道特征图 $F' \in \mathbb{R}^{h_l \times w_l \times 1}$。最后,对 F' 施加 Sigmoid 运算,使得特征图中的值被完全收缩在 $(0,1)$ 区间内,从而得到注意力系数图 $\alpha^l = \text{Sigmoid}(\psi^T(\text{ReLU}(W_x^T X^l + W_g^T G^{l-1})))$。其中,$W_x$、$W_g$、$\psi$ 为用于减少通道数的 1×1 卷积操作,该公式省略了相应的偏置项。最后令 α^l 与输入 X^l 按位相乘即可得到注意力门控结构的输出 $\hat{X}^l \in \mathbb{R}^{h_l \times w_l \times c_l}$。当第 l 层注意力系数 $\alpha_{i,j}^l \in (0,1)$ 趋近于 0 时,相应像素 (i,j) 被"忽视";当 $\alpha_{i,j}^l$ 趋近于 1 时,则可视为该像素得到了"注意"。额外引入的注意力机制可以使网络聚焦在更有价值的前景文字信息上,在保留笔画信息的同时抑制背景噪声的产生。

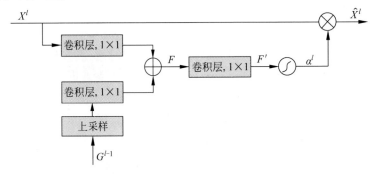

图 3-31　注意力门控结构示意图

由于假性粘连仅发生在间距较小的笔画之间,因此我们试图通过增大笔画间的像素距离缓解假性粘连现象。在 Attention U-Net 算法的基础上进一步做出改进,为推理阶段中的网络增加了一个前置上采样层与后置下采样层。更具体地,在推理阶段中使用双线性插值算法对输入图像进行放大操作,以此增加笔画间的像素距离。同时,对网络输出的结果图进行等比例的缩小进而得到最终的灰度输出图。最后将输出图中的值从$(0,1)$映射至$(0,255)$,并使用 Otsu 算法得到最终的二值图。

3. 改进的 Attention U-Net 模型

本书提出的改进的 Attention U-Net 模型的整体结构[64]如图 3-32 所示。

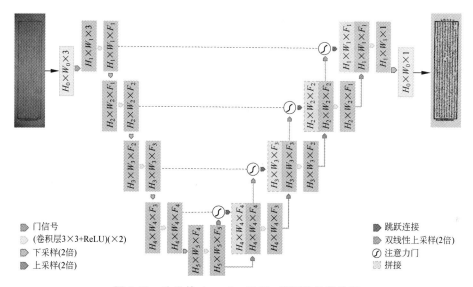

图 3-32　改进的 Attention U-Net 模型整体结构图

4. 相关算法

由于古籍文档图像外侧存在一定面积的纯背景区域,而这些区域在二值化的过程中会产生大量假阳性(false positive,FP)像素点从而影响最终的结果,因此本书在推理阶段没有采用叠瓦策略(overlap-tile strategy)来缓解可能出现的边界效应。本书的方法是将图像切片放置在相对有限的显存中,由 GPU 加速推理,并对切片进行拼接得到结果 SP。将整图放置在容量充足的内存中,由 CPU 直接完成整图预测,得到结果 WI。对 SP 与 WI 进行按位或操作,获得最终的结果图 SP ∥ WI。按位或运算示意图见图 3-33。

对不同结果进行按位或运算的伪代码如算法 3-2 所示。

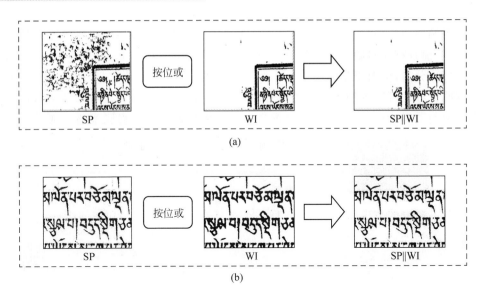

图 3-33 按位或运算示意图

算法 3-2 按位或运算生成二值图

输入：彩色图像 IMG

输出：二值图 RST

步骤 1   初始化：令 magScale＝2.0，pth 为权重存放路径

步骤 2   net ←loadFromSavedFile(pth)

步骤 3   resizedIMG← resize（IMG）

步骤 4   subregions ←slice(resizedIMG)

步骤 5   for region in enlargedSubregionsdo

          enlargedSubregion←scaleup（region，magScale）

          graySubregion←netGPU（enlargedSubregion）

          graySubregion←scaledown（graySubregion，magScale）

          SP ← merge（graySubregion）

          end for

步骤 6   SP←binarize(SP)

步骤 7   WI ←netCPU(resizedSMG)

步骤 8   WI ←binarize(WI)

步骤 9   RST ←bitwiseOR(SP，WI)

---

5. 实验结果与分析

图 3-34 为不同算法在藏文古籍图像上的运行结果。输入图像为两张存在大面积污损的古籍文档，图像的分辨率较高，为 5300×1400 左右，且亮度分布不均匀，中间亮、左右两侧暗。从图中可以看出 Otsu 全局阈值方法的二值化效果较差，出现了大量黑色区域。对 Sauvola 方法来说，使用的参数 $r = 60$ 且 $k = 0.4$ 完全不起作用，二值化结果为空白。为了展示 Sauvola 方法的二值化结果，手工对参数

进行了调整,将 k 设置为0.2。从图中可以看出,该方法对第二个样本的二值化结果很差,前景有大量缺失。基于目标边缘的二值化方法在污渍的边缘会产生错误的二值化分割,但对于整个页面来说其二值化效果相对较好。基于颜色空间的方法较原有方法可以更加有效地处理文档图像中的污渍区域。基于神经网络的算法在保留前景笔画信息的同时,还可以抑制背景噪声的产生,视觉效果更为理想。

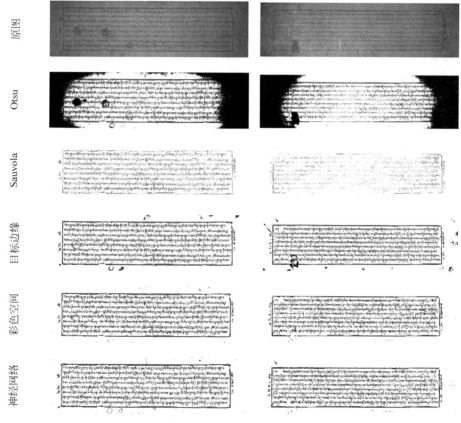

图 3-34 藏文古籍文档图像上的二值化结果

除从可视化角度对算法展开对比外,还可以借助量化指标更为客观地评价算法的优劣。主要的评价指标有 F 度量(F-measure)、伪 F 度量(pseudo F-measure)、峰值信噪比(PSNR)以及距离倒数的失真度度量(DRD)。

FM 是精确率与召回率(recall)的加权调和平均,是分类算法最常用的评价指标之一。FM$=2PR/(P+R)$,其中 $P=TP/(TP+FP)$,$R=TP/(TP+FN)$。TP、FP、FN 分别代表混淆矩阵中的真阳例(true positive)、假阳例(false positive)与假阴例(false negative)。p-FM 在 FM 的基础上惩罚了对视觉影响更大的二值化错误(如笔画断裂、背景噪声等),是 Ntirogiannis、Gatos 等专为古籍文档图像二值化任务定制的二值化指标[65]。PSNR 可以用来衡量两幅图像之间的差异性,

PSNR 由式(3-31)给出。一般情况下,FM、p-FM 与 PSNR 指标越高,则意味着算法效果越好。

$$\text{PSNR} = 10\log_{10}\frac{(2^n-1)^2}{\text{MSE}} \tag{3-31}$$

其中,n 代表图像位深度,被设定为 8。MSE 计算公式如式(3-32)所示。

$$\text{MSE} = \frac{1}{hw}\sum_{i=0}^{h-1}\sum_{j=0}^{w-1}\big[\text{GT}(i,j)-B(i,j)\big]^2 \tag{3-32}$$

其中,h、w 分别代表图像的高与宽,GT 为真实标注,B 为预测图像。

DRD 用来估量图像的视觉失真度,其计算公式如式(3-33)所示。DRD 值越低,图像二值化效果越好。

$$\text{DRD} = \frac{\sum_{k=1}^{s}\text{DRD}_k}{\text{NUBN}} \tag{3-33}$$

$$\text{DRD}_k = \sum_{i=-2}^{2}\sum_{j=-2}^{2}\big|\text{GT}_k(i,j)-B_k(x,y)\big|\,W_{\text{NM}}(i,j) \tag{3-34}$$

其中,NUBN 为真实标注中数值不一致的 8×8 图像块的数目,GT 为真实标注,B 为预测图像。标准化权重矩阵 W_{NM} 由文献[66]给出。

表 3-6 展示了 Otsu、Sauvola、基于目标边缘的二值化算法、基于彩色空间的二值化算法与本书基于改进的 Att U-Net 二值化算法的量化实验结果。可以看出,基于目标边缘与基于彩色空间的二值化算法较传统算法有较大提升,基于神经网络的算法则在各个指标上取得了更高的准确率。

表 3-6　不同算法的对比

方　　法	FM	p-FM	PSNR	DRD
Otsu	71.41	67.61	8.98	14.6
Sauvola	85.89	84.58	12.91	5.13
目标边缘	87.86	86.34	13.09	4.98
彩色空间	86.13	82.94	12.76	4.58
基于改进的 Att U-Net	**92.64**	**97.72**	**15.18**	**2.22**

3.5　本章小结

本章介绍了多种针对藏文古籍文档图像的预处理算法。大多数传统的预处理算法可解释强、实验结果稳定,通过改进使其适用于藏文古籍文档图像。针对藏文古籍文档图像特点,实验改进了不同的增强方法。针对低照度的藏文古籍图像,分别提出改进的无监督图像增强生成对抗网络 UHTEGAN、零参考残差注意力机制深度曲线估计网络 Zero-RADCE,实现低光照图像增强、背景去噪和文字突出等效果,提升文档图像质量。针对低分辨率的藏文古籍图像,基于 ZeroShotSR (ZSSR)自监督模型,提出改进的 EZSSR 网络模型,模型有两个分支网络:特征提取分支与重建分支,共同学习残差特征和进行上采样重建,加速了网络的收敛速度,实现多尺寸的藏文古籍文档图像超分辨率重建。利用生成对抗网络的超分辨率方法(SRGAN),提出改进的 ESRGAN＋ 网络模型,实现更符合人眼感知的藏文古籍文档图像超分辨率重建。提出了三种二值化方法,基于目标边缘的二值化方法、基于 Lab 颜色空间的二值化方法和改进的 Attention U-Net 方法,都取得了不错的二值化效果。如将待处理图像由 RGB 颜色空间转换到 Lab 颜色空间,利用 Lab 颜色空间的三个通道图像对其进行分离,利用分离后不同通道图像的自身信息,选择 L 通道和 b 通道进行融合,从而减弱或消除污渍的影响,得到消除污渍后的二值图像。而基于深度学习的算法凭借其强大的特征表示能力,对存在污渍破损、笔画褪色的古籍文档图像使用改进的 Attention U-Net 算法进行二值化,并通过对输入、输出的放缩缓解了二值化过程中的"假性粘连"现象,在多个任务中也取得了颇具竞争力的结果。在实际使用中,可以根据任务的具体情况,选择合适的算法模型。

几种文档图像的增强方法,在图像的亮度、对比度、清晰度等方面可以有效地改善文档图像的阅读体验,然而古籍文档图像的复原方面还需要进一步的研究。

参考文献

[1] LAND E H. The retinex[J]. American Scientist,1964,52(2):247-264.

[2] JOBSON D J,RAHMAN Z,WOODELL G A. A multiscale retinex for bridging the gap between color images and the human observation of scenes[J]. IEEE Transactions on Image processing,1997,6(7):965-976.

[3] 李锦,王俊平,万国挺,等. 一种结合直方图均衡化和 MSRCR 的图像增强新算法[J]. 西安电子科技大学学报,2014,41(3):103-109.

[4] LORE K G,AKINTAYO A,SARKAR S. LLNet:A deep autoencoder approach to natural low-light image enhancement[J]. Pattern Recognition,2017,61:650-662.

[5] 马红强,马时平,许悦雷,等. 基于深度卷积神经网络的低照度图像增强[J]. 光学学报,2019,39(2):91-100.

[6] SHEN L,YUE Z H,FENG F,et al. MSR-net:low-light image enhancement using deep convolutional network[J]. 2017. DOI:10.48550/arXiv.1711.02488.

[7] WEI C,WANG W J,YANG W H,et al. Deep retinex decomposition for low-light enhancement[C]//British Machine Vision Conference(BMVC). 2018.

[8] ZHANG Y H,ZHANG J W,GUO X J,et al. Kindling the darkness:A practical low-Light image enhancer[C]//ACM Multimedia. 2019:1632-1640.

[9] 吴若有,王德兴,袁红春. 基于注意力机制和卷积神经网络的低照度图像增强[J]. 激光与光电子学进展,2020,57(20):214-221.

[10] 李江华,王坤. 一种基于卷积神经网络的低光照图像增强方法[J]. 江西理工大学学报,2020,41(5):73-79.

[11] GRIBBON K. A novel approach to real-time bilinear interpolation［C］//Second IEEE International Workshop on Electronic Design，Test and Applications. Perth，Australia，2004：126-131.

[12] FRITSCH F N，CARLSON R E. Monotone piecewise cubic interpolation［J］. Siam Journal on Numerical Analysis，1980，17(2)：238-246.

[13] LIN Z C，SHUM H Y. Fundamental limits of reconstruction-based super resolution algorithms under local translation［J］. IEEE Transactions on Pattern Analysis and Machine Intelligence，2004，26(1)：83-97.

[14] IRANI M，PELEG S. Improving resolution by image registration［J］. CVGIP：Graphical Models and Image Processing，1991，53(3)：231-239.

[15] STARK H，OSKOUI P. High-resolution image recovery from image-plane arrays，using convex projections［J］. JOSA A，1989，6(11)：1715-1726.

[16] YANG，WRIGHT J，HUANG J，et al. Image super-resolution via sparse representation ［J］. IEEE Transactions on Image Processing，2010，19(11)：2861-2873.

[17] CHANG H，YEUNG D Y，XIONG Y . Super-resolution through neighbor embedding ［C］// IEEE Computer Vision and Pattern Recognition，Washington，USA，2004：275-282.

[18] DONG C，LOY C C，HE K，et al. Learning a deep convolutional network for image super-resolution［C］// European Conference on Computer vision，Zurich，Switzerland，2014：184-199.

[19] KIM J，KWON L J，MU L K. Accurate image super-resolution using very deep convolutional networks［C］// Proceedings of the IEEE Conference on Computer vision and Pattern Recognition，Las Vegas，USA，2016：1646-1654.

[20] KIM J，LEE J K，LEE K M，et al. Deeply-recursive convolutional network for image super-resolution［C］// Computer Vision and Pattern Recognition，Las Vegas，USA，2016：1637-1645.

[21] LEDIG C，THEIS L，HUSZAR F. Photo-realistic single image super-resolution using a generative adversarial network［C］// 2017 IEEE Conference on Computer Vision and Pattern Recognition (CVPR)，Honolulu，HI，USA，2017，pp. 105-114.

[22] WANG W J，XIE E Z，LIU X，et al. Scene text image super-resolution in the wild［C］// European Conference on Computer Vision. Springer，Cham，2020：650-666.

[23] ZHAO C R，FENG S Y，ZHAO B N，et al. Scene text image super-resolution via parallelly contextual attention network［C］//Proceedings of the 29th ACM International Conference on Multimedia. 2021：2908-2917.

[24] JAIN D，PRABHU A D，et al. On-device text image super resolution［C］//2020 25th International Conference on Pattern Recognition (ICPR). IEEE，2021：5775-5781.

[25] 曾凡锋，王晓，吴飞飞. 基于文本行重构的扭曲文档快速校正方法［J］. 计算机工程与设计，2014，35(2)：573-577.

[26] BUKHARI S S，SHAFAIT F，BREUEL T M. Coupled snakelets for curled text-line segmentation from warped document images［J］. International Journal on Document Analysis and Recognition (IJDAR)，2013，16(1)：33-53.

[27] 宋丽丽，吴亚东，孙波. 改进的文档图像扭曲校正方法［J］. 计算机工程，2011，37(1)：204-206.

[28] 曾凡锋，郭正东，王战东. 基于连通域的扭曲中文文本图像快速校正方法［J］. 计算机工程

与设计,2015,36(5):1251-1255.

[29] MA K,SHU Z X,BAI X,et al. DocUNet: Document image unwarping via a stacked U-Net [C]// 2018 IEEE/CVF Conference on Computer Vision and Pattern Recognition (CVPR). IEEE,2018.

[30] RONNEBERGER O,FISCHER P,BROX T. U-net: convolutional networks for biomedical image segmentation[C]//International Conference on Medical Image Computing and Computer-assisted Intervention. Springer,2015: 234-241.

[31] DASS,MA K,SHU Z,et al. DewarpNet: Single-image document unwarping with stacked 3D and 2D regression networks[C]//Proceedings of the IEEE International Conference on Computer Vision. IEEE,2019: 131-140.

[32] OTSU N. A threshold selection method from gray-level histograms[J]. IEEE transactions on systems,man,and cybernetics,1979,9(1): 62-66.

[33] SAUVOLA J, PIETIKÄINEN M. Adaptive document image binarization [J]. Pattern recognition,2000,33(2): 225-236.

[34] LI Z J,WANG W L,CAI Z Q. Historical document image binarization based on edge contrast information[C]// Computer Vision Conference,Las Vegas,United States,2019: 614-628.

[35] MOGHADDAM R F,CHERIET M. Ad Otsu: An adaptive and parameterless generalization of Otsu's method for document image binarization[J]. Pattern Recognition,2012,45(6): 2419-2431.

[36] TENSMEYER C,MARTINEZ T. Document image binarization with fully convolutional neural networks[C]//2017 14th IAPR international conference on document analysis and recognition (ICDAR). IEEE,2017,1: 99-104.

[37] BEZMATERNYKH P V,ILIN D A,NIKOLAEV D P. U-Net-bin: hacking the document image binarization contest[J]. КОМПЬЮТЕРНАЯ ОПТИКА,2019,43(5): 825-832.

[38] SIMONYAN K,ZISSERMAN A. Very deep convolutional networks for large-scale image recognition[J]. Computer Science,2014.

[39] KORNPROBST P, TUMBLIN J, DURAND F. Bilateral filtering: Theory and applications. Foundations and Trends in Computer Graphics and Vision,2009,4(1): 1-74.

[40] HE K M,SUN J,TANG X O. Guided image filtering[J]. IEEE Transactions on Pattern Analysis and Machine Intelligence,2013(6): 35.

[41] WEI C, WANG W J, YANG W H, et al. Deep retinex decomposition for low-light enhancement[C]//British Machine Vision Conference 2018 (BMVC 2018). Newcasle: Northumbria Unviersity,2018.

[42] WANG Z, BOVIK A C, SHEIKH H R, et al. Image quality assessment: from error visibility to structural similarity[J]. IEEE transactions on image processing,2004,13(4): 600-612.

[43] GUO C L, LI C Y, GUO J C, et al. Zero-reference deep curve estimation for low-light image enhancement [J]. IEEE,arXiv: 2001.06826v2 [cs. CV]22 Mar 2020.

[44] CAI J R,GU S H,ZHANG L. Learning a deep single image contrast enhancer from multi-exposure image[C]. IEEE Transactions on Image Processing,2018,27(4): 2049-2026.

[45] AKAGIC A, BUZA E, OMANOVIC S, et al. Pavement crack detection using Otsu

thresholding for image segmentation［C］. Pavement Crack Detection Using Otsu Thresholding for Image Segmentation. IEEE,2018.

[46] ZHANG Y H,ZHANG J W,GUO X J. Kindling the darkness：A practical low-light image enhancer［J］. CoRR,2019. DOI：10. 1145/3343031. 3350926.

[47] LIU R S,MA L,ZHANG J A,et al. Retinex-inspired unrolling with cooperative prior architecture search for low-light image enhancement［J］. 2020. DOI：10. 1109/CVPR46437. 2021. 01042.

[48] IRANI M,PELEG S. Improving resolution by image registration［J］. CVGIP：Graphical Models and Image Processing,1991,53(3)：231-239.

[49] STARK H,OSKOUI P. High-resolution image recovery from image-plane arrays,using convex projections［J］. JOSA A,1989,6(11)：1715-1726.

[50] SCHULTZ R R,STEVENSON R L. Extraction of high-resolution frames from video sequences［J］. IEEE Transactions on Image Processing,1996,5(6)：996-1011.

[51] KRIZHEVSKY A,SUTSKEVER I,HINTON G E. Imagenet classification with deep convolutional neural networks［J］. Communications of the ACM,2017,60(6)：84-90.

[52] SHARMA V,DIBA A,NEVEN D,et al. Classification-driven dynamic image enhancement ［C］// Proceedings of the IEEE Conference on Computer Vision and Pattern Recognition. 2018：4033-4041.

[53] 王加,周永康,李泽民,等. 非制冷红外图像降噪算法综述［J］. 红外技术,2021,43(6)：557-565.

[54] SHI J B,MALIK J. Normalized cuts and image segmentation［J］. IEEE Transactions on pattern analysis and machine intelligence,2000,22(8)：888-905.

[55] CARLSON A B. Communication systems：an introduction to signal noise in electrical communication［M］. Boston：McGraw Hill,2002.

[56] FARHANG B B. Adaptive filters：theory and applications［M］. Chichester：John Wiley & Sons,2013.

[57] RONNEBERGER O,FISCHER P,BROX T. U-net：Convolutional networks for biomedical image segmentation ［C］// International Conference on Medical image computing and computer-assisted intervention. Springer,Cham,2015：234-241.

[58] LIU R S,MA L,ZHANG J A,et al. Retinex-inspired unrolling with cooperative prior architecture search for low-light image enhancement［C］//2021 IEEE/CVF Conference on Computer Vision and Pattern Recognition (CVPR). IEEE,2021：10561-10570.

[59] OTSU N. A threshold selection method from gray-level histograms［J］. IEEE transactions on systems,man,and cybernetics,1979,9(1)：62-66.

[60] LAZZARA G,GÉRAUD T. Efficient multiscale Sauvola's binarization［J］. International Journal on Document Analysis and Recognition (IJDAR),2014,17(2)：105-123.

[61] HAN Y H,WANG W L,LIU H M,et al. A combined approach for the binarization of historical Tibetan document images［J］. International Journal of Pattern Recognition and Artificial Intelligence,2019,33(99). DOI：10. 1142/ S0218001419540387.

[62] RONNEBERGER O,FISCHER P,BROX T. U-net：Convolutional networks for biomedical image segmentation［C］// International Conference on Medical image computing and computer-assisted intervention. Springer,Cham,2015：234-241.

[63] SCHLEMPER J,OKTAY O,SCHAAP M,et al. Attention gated networks：Learning to leverage salient regions in medical images[J]. Medical image analysis,2019,53：197-207.

[64] ZHAO P H,WANG W L,ZHANG G W,et al. Alleviating pseudo-touching in attention U-Net-based binarization approach for the historical Tibetan document images[J]. Neural Computing and Applications（NCAA）,2021：1-12.

[65] NTIROGIANNIS K,GATOS B,PRATIKAKIS I. Performance evaluation methodology for historical document image binarization[J]. IEEE Transactions on Image Processing，2012,22(2)：595-609.

第4章

乌金体藏文古籍文档图像版面分析

4.1 引言

　　文档图像版面分析(也称为版面分割)是文档信息理解的重要环节,是对文档图像内的文字、图像等区域进行自动分析和理解的过程。通过版面分析,可以实现对文档图像中待识别文字区域的检测、定位与分割,不同的版面分析方法有其各自的特点,从而为下游应用奠定基础。本章主要介绍我们在乌金体藏文古籍版面分析中的几种方法:基于全卷积神经网络的版面分析方法、基于 DeepLab 的版面分析方法、基于实例分割的细粒度版面分析方法和多任务分支神经网络的文档图像版面分析方法。这些方法可以有效地应对藏文古籍文档图像版面分析任务中的种种挑战。

4.2 藏文古籍文档图像版面分析研究进展

　　国内外仅有少数研究者对藏文古籍图像版面分析做了一些研究。其中,Ma 等提出一种应用于藏文历史文档图像分割和识别的框架,基于块投影的版面分析方法,将藏文文档图像分割成文本、线条和边框,利用基于图模型的文本行分割方法解决文本与边框之间的粘连问题[1]。我们也曾提出基于自适应游程平滑算法的藏文文档图像版面分割与描述方法,根据藏文文档图像的版面结构,利用 $K\text{-}means$ 聚类分析得到适用于版面的游程阈值,进行游程平滑,寻找连通区域,实现版面分割;然后根据各版面元素的外轮廓特征,简单区分文本区域与非文本区域;最后利用藏文文本识别器识别文本区域,再用可扩展标记语言 XML 记录版面信息,实现版面描述[2]。此外还提出一种基于边界信息的藏文历史文献的版面分析方法,采用中值滤波、高斯平滑、Sobel 边缘检测和边缘平滑,去除小区域、获取边界位置等一系列处理,根据边界和区域之间的位置关系,确定各个区域位置,如文本区域、左注释、右注释等,最后以 XML 页面信息的格式保存文档图像[3]。Zhang 等[4-6]提出基于连通分量分析和角点检测的历史藏文文档图像文本提取方法,利用关联成分把藏文历史古籍的文档区域划分为三类,将图像等分为网格,利用连通域分类信息和角点密度信息对网格进行滤波,计算垂直和水平网格投影,通过投影分析,可以检测出文本区域的大致位置,通过校正近似文本区域的包围盒,准确地提取文本区域。Duan 等[7]给出一种基于块投影的历史藏文文档图像文本提取方法,将图像平均分块,并根据连通分量的类别和角点密度信息进行滤波,通过块投影分析,找到近似的文本区域,并提取文本区域。藏文古籍文档图像版面分析的研究还不够深入,相关成果较少。

4.3　基于全卷积神经网络的版面分析

4.3.1　全卷积网络藏文古籍版面分析

藏文古籍版面复杂,完整的像素级图像版面标注工作难以在短时间内完成,由于研究的需要,我们仅关注文档图像的文本区域,因此刚开始研究时,将侧边标题区域也作为边框信息进行处理。根据 Yue Xu 等[8]所提出的网络模型,进行改进并提出了一个适用于乌金体藏文古籍版面分析的多任务全卷积神经网络[9],网络模型结构如图 4-1 所示。通过人工标注完成了 212 张藏文古籍数据集的像素级标注,进而训练了一个全卷积神经网络模型,该模型提取图像局部特征,并对像素点进行分类,从而完成文档图像版面分析的像素级分割工作。

在下采样阶段采用 ResNet-50 作为模型结构的主干网络,同时为了加快模型训练,将分类任务中学习到的权重信息作为该网络结构的初始化权重。经过多次下采样后,提取输入图像的底层特征以及高级特征信息,从而完成下采样过程中的特征提取。其中阶段 1 的输出为 ResNet-50 中的卷积层 1,阶段 2 的输出为 ResNet-50 中的卷积层 2,依次类推完成模型下采样设计。

在上采样阶段,分别利用下采样过程中提取的不同阶段的特征进行反卷积,具体为:提取当前阶段特征图并进行双线性插值,上采样后与上一阶段特征图拼接。之后通过 1×1 的卷积层和 ReLU 激活函数,从而缩小特征图个数,减小网络模型参数。由于藏文古籍退化严重,笔画边缘信息与背景信息界限不分明,因此在该模型设计阶段增加了更多的底层特征,并将原始图像也加入了网络模型,从而使该网络模型可以更好地捕捉到边界信息的差异,提高判断的准确率。

该模型具有两个任务分支,第一个任务分支主要处理边框信息和标题区域检测,第二个任务分支进行图像二值化,从而整体上完成版面分析任务。不同于目前已有的每个任务设置单独模型的方式,两个任务分支模型同时利用两个相似任务对模型进行训练,更易于学习两个任务分支的共同特征。此外,该模型结构可以根据不同的需求增加不同的任务分支,对于版面分割工作而言,该模型结构更具有优越性。

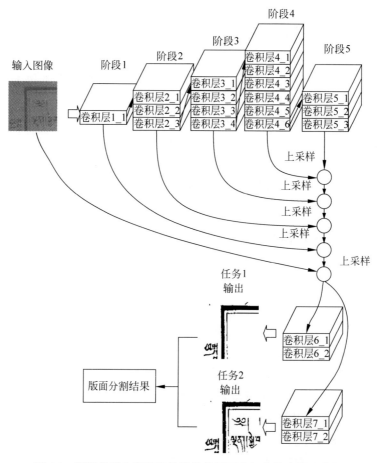

图 4-1 版面分析全卷网络模型结构及两个切分输出的示意图

在网络模型设计过程中,该网络模型将同时完成边框加侧边注释区域检测与文档图像二值化任务,每个任务分支输出图像分别为其任务的掩码图像。对得到两个任务分支预测的结果进行二值化,通过任务分支二的结果图减去任务分支一的结果图即可得到去除边框信息以及侧边注释区域的文本行区域图像,即可准确提取文本行区域信息,从而完成版面分析工作。经过这些处理,得到最终的版面分割结果,如图 4-2 所示,其中蓝色区域为任务分支一预测得到的边框以及注释区域,黑色区域为文本行区域。

图 4-2 版面分析结果示例(见文前彩图)

4.3.2　数据集及实验细节

实验数据集采用第 2 章介绍的藏文古籍文档图像的数据集 NMU_THD212；退化图像 62 张、光照不均的 22 张、有噪声的 43 张、正常 37 张和其他复杂文档 48 张。

在训练过程中，我们按照 135：25：52 的比例进行训练集、验证集以及测试集划分。分别根据图像质量进行划分后的数据集如表 4-1 所示。

表 4-1　数据集分布

数据集情况	退化图像	光照不均	噪声现象	正常图像	复杂现象
训练集	39	14	27	24	31
验证集	7	3	5	4	6
测试集	16	5	11	9	11

部分图像数据及其对应的像素级标注结果的样例如图 4-3 所示。其中左列为原图像，右列为标注图像。

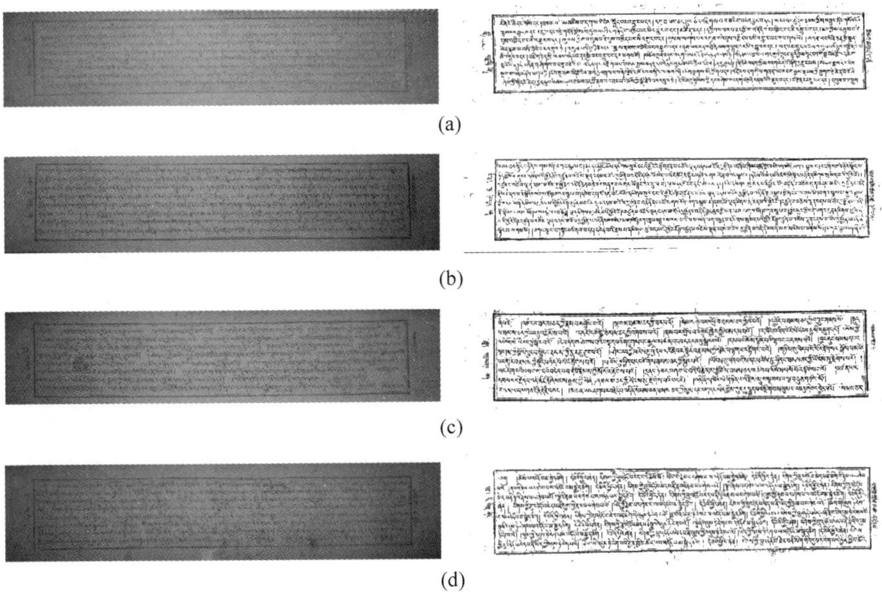

(a)

(b)

(c)

(d)

图 4-3　版面分析标注示例图

（a）图像退化；（b）光照不均；（c）噪声严重；（d）图像情况复杂

训练过程中，使用 Keras 库完成模型架构、Adam 优化器再进行网络模型优化，训练过程中当 Loss 不下降时，学习率每次下降到初始学习率的十分之一，直到训练过程结束。

使用 K80s 型号 GPU 进行模型训练，由于显存限制，无法实现直接将整个文档图像进行训练,而是将图像顺序裁剪成大小为 320×320 像素的图像块,用得到的 5.4 万个图像块进行模型训练。

4.3.3 实验结果与分析

由于该网络模型的最后结果是两个类别,即边框与注解、文字区域。文字区域是二值化结果,所以采用 Precision、Recall 以及 F1-score 指标对二值化和版面分割进行评价,并与 Otsu、Sauvola、U-net 等方法进行对比。因为这里我们主要进行版面分析,所以其他方法的二值化结果不再列出。从实验结果可以发现,该网络模型在二值化任务中 F1-score 评价指标优于其他方法的效果,该模型结构更具有优越性。实验结果如表 4-2 所示。

表 4-2　基于全卷积网络模型的版面分析实验结果

任　务　分　支	Precision/%	Recall/%	F1-score/%
二值化	92.53	95.05	93.26
版面分割	91.69	92.06	90.92

4.4　基于 DeepLab 的藏文古籍版面分析

4.4.1　网络模型结构

语义分割是对图像做密集的分割任务,分割每个像素到指定的类别上,简单而言就是给定一张图像,对图像上的每一个像素点分类。DeepLab 是由 Chen 等[10]于 2018 年提出的语义分割网络,前后共有 v1、v2、v3 和 v3＋ 四个版本,DeepLab v1、v2 的网络结构,输入是三通道或者单通道的待分割图像,通过深度卷积神经网络提取深层特征,得到粗分割结果,对粗分割结果做上采样(双线性插值),然后经过全连接条件随机场,得到分割结果。

相对于 v1、v2 使用空洞卷积提取密集特征,v3 引入了多比例的空洞卷积级联或并行来解决分割对象的多尺度问题,并且去掉了 CRF。v3＋引入了 Xception[11],在 PASCAL VOC 2012 数据集上取得了新的 state-of-art 表现:89.0％的 mIoU。结合已有的方法并根据藏文古籍文档图像的特点,完成的 DeepLab v3＋网络结构设计[12]如图 4-4 所示。

采用常用的语义分割评价指标平均交并比(mean Intersection over Union,mIoU),即各类别预测值与真实值的交集和并集之比的均值,来评价基于 DeepLab 网络训练出的模型效果,如式(4-1)所示,其中 p_{ij} 表示真实值为 i,被预测为 j 的数量,其他同理,$k+1$ 是类别个数(包含背景类)。

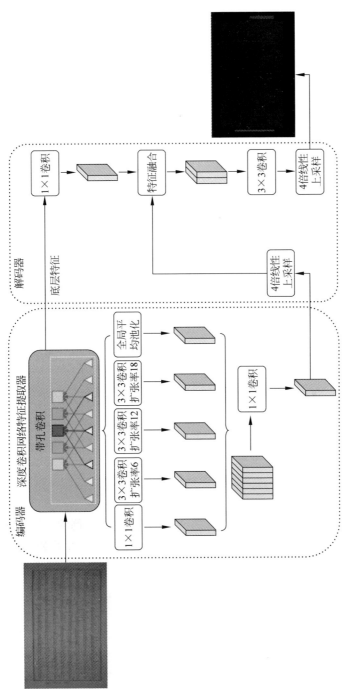

图 4-4 DeepLab v3＋网络结构示意图

$$mIoU = \frac{1}{k+1} \sum_{i=0}^{k} \frac{p_{ii}}{\sum_{j=0}^{k} p_{ij} + \sum_{j=0}^{k} (p_{ji} - p_{ii})} \tag{4-1}$$

DeepLab 的网络输出是像素级别的概率,如式(4-2)所示。

$$p_k(x) = \frac{\exp(a_k(x))}{\sum_{k=1}^{k} \exp(a_k(x))} \tag{4-2}$$

其中,x 为像素位置,k 为类别,即 DeepLab 网络最后输出的像素 x 属于第 k 个类别的概率。损失函数使用负类交叉熵,如式(4-3)所示。

$$Loss = \sum_{x} w(x) \log(p_{l(x)}(x)) \tag{4-3}$$

其中,$p_{l(x)}$ 表示 x 在真实标签所在通道上的输出概率。

4.4.2 标签数据及细节

我们将人工标记的 labelme 标签文件转换为 PASCAL VOC 2012 数据集格式的标签文件,使其适用于 DeepLab 语义分割网络。根据藏文古籍图像版面元素的种类,设定背景的标签为 0,掩膜颜色为(0,0,0),文本的标签为 1,掩膜颜色为(128,0,0),左标题的标签为 2,掩膜颜色为(0,128,0),右标题的标签为 3,掩膜颜色为(128,128,0),图的标签为 4,掩膜颜色为(0,0,128),如表 4-3 所示。图 4-5(a)为丽江版《甘珠尔》大藏经 1-1-1b 原图,图 4-5(b)是相应的掩膜标签图像。

表 4-3　标签及其对应掩膜颜色

标签名称	背景	文本	左标题	右标题	图
标签类别	0	1	2	3	4
掩膜颜色	(0,0,0)	(128,0,0)	(0,128,0)	(128,128,0)	(0,0,128)

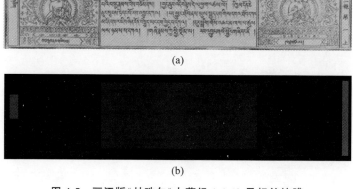

(a)

(b)

图 4-5　丽江版《甘珠尔》大藏经 1-1-1b 及标签掩膜

(a) 丽江版《甘珠尔》大藏经 1-1-1b 原图;(b) 丽江版《甘珠尔》大藏经 1-1-1b 标签掩膜

由于藏文古籍图像尺寸过大,无法一次性输入网络进行训练,该方法标记的数据,除原有北京版《甘珠尔》的 212 页外,又加了部分包含图像的样本、丽江版的《甘珠尔》样本,合计 310 张。因此采取滑动窗口切片的方式减小图片尺寸以及增广数据集,将数据集命名为 HTDID-LS(Historical Tibetan Document Images Dataset - Layout Segmentation)。最终的样本与标签如图 4-6 所示,其中第一行是原图,第二行是标签掩膜图像,第三行是最终标签图像。

图 4-6　最终样本及标签示例

4.4.3　实验结果与分析

基于 TensorFlow 实现 DeepLab,主干网络采用 ResNet-101。将标注好的训练集数据制作成 PASCAL VOC 2012 的格式输入网络进行训练。模型的参数设置如表 4-4 所示。

表 4-4　模型参数

参　数　名　称	参　数　含　义	参　数　值
BATCH_SIZE	每一步送入网络的图像个数	4
IGNORE_LABEL	训练时忽略的标签值	255
INPUT_SIZE	输入图像的尺寸(高度×宽度)	321×321
LEARNING_RATE	学习率	0.0001
MOMENTUM	优化器的动量分量	0.9
NUM_CLASSES	标签类别数	5
NUM_STEPS	训练步数	300000
POWER	学习率的衰减参数	0.9
RANDOM_SEED	随机种子	1234
WEIGHT_DECAY	L2 损失的正则化参数	0.0005

经过训练,DeepLab 在数据集 THDID-LS 的训练集上的 mIoU 为 94.52%,测试集上的 mIoU 为 90.37%。在二次迭代训练时,在主干网络中嵌入 SE-block,得到了新的分割准确率表现,在 mIoU 上提升了 0.55%,如表 4-5 所示,表中 PA(pixel accuracy)表示像素准确率,CPA(class pixel accuray)表示类别像素准确率。

表 4-5　嵌入 SE-block 后测试集各评价指标对比

主 干 网 络	PA	CPA	mIoU
ResNet-101	97.21	92.35	90.37
SE-ResNet-101	97.86	92.47	90.92

SE-block 的结构示意图如图 4-7 所示。

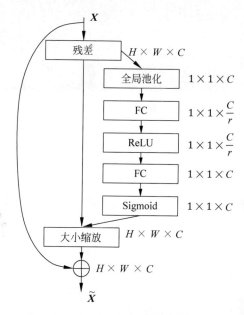

图 4-7　SE-block 结构示意图

通过调用 DeepLab 在手工标记的数据集 THDID-LS 上训练出的模型,对整张藏文古籍版面做出分割预测,部分结果如图 4-8 所示,其展示出北京版《甘珠尔》大藏经 005.112(第 5 函的 112 页),丽江版《甘珠尔》大藏经 1-1-1b 以及北京版《甘珠尔》大藏经 003.005 的原图、标签和预测结果。可以看出,使用该方法分割藏文古籍图像,可以得到较好的结果。此外,将基于 DeepLab 的方法在数据集 HTDID-LS 上的效果与其他数据集比较,结果如表 4-6 所示,可以看出该模型效果符合预期。

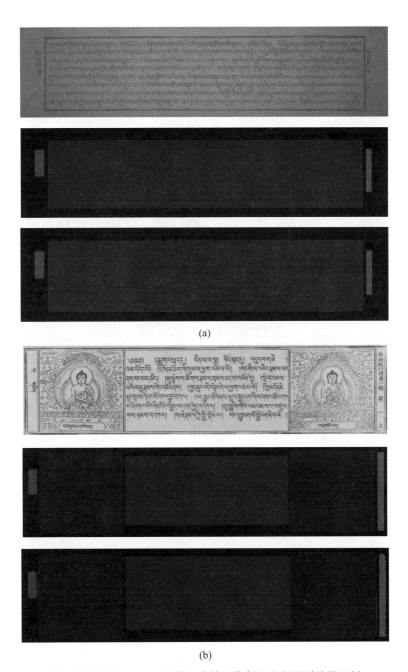

(a)

(b)

图 4-8　基于 DeepLab 的藏文古籍图像版面分析预测结果示例

(a) 北京版《甘珠尔》大藏经 005.112 原图、标签和预测结果；

(b) 丽江版《甘珠尔》大藏经 1-1-1b 原图、标签和预测结果；

(c) 北京版《甘珠尔》大藏经 003.005 原图、标签和预测结果

(c)

图 4-8 （续）

表 4-6 DeepLab 在几个数据集上的效果对比

数据集	Pascal VOC 2012	CNKI	ICDAR 2017 POD	THDID-LS（Our）
mIoU	0.864	0.909	0.837	0.909

4.5 基于实例分割的藏文古籍版面分析

4.5.1 网络模型结构

参考 RK Sarvadevabhatla 团队在 2019 年 ICDAR 上提出的实例分割网络方法的基础上[13]，对藏文古籍文档图像进行了深入分析，并提出了细粒度的藏文古籍图像版面分析方法[14]。利用 MaskR-CNN 网络进行版面分析，得到的结果如图 4-9(b)行 I 列所示。尽管相关数据显示出此时网络已经发生过拟合，但切分结果仍较为粗糙，并且出现了文本行两侧漏字的情况。考虑到这样的现象可能是由于分割分支得到的特征图过小引起的，因此，在 Mask R-CNN 的分割分支前利用转置卷积扩大特征图尺寸，相应结果见图 4-9(c)行 I 列。我们认为粗略标注的数据难以获得精确的结果。因此，又以更精确的方法进行了如图 4-9(a)行 II 列所示的标注。可以看出无论是原始的还是改进的 Mask R-CNN 都没有带来更为准确的切分结果。从局部放大的图 4-10 可以看出,额外的转置卷积层改善了两侧漏字的现象,这意味着分割分支前特征图的尺寸会对分割结果有较大影响。但此时由于显存的限制,无法再通过增加额外的转置卷积层来试图得到更细致的结果。

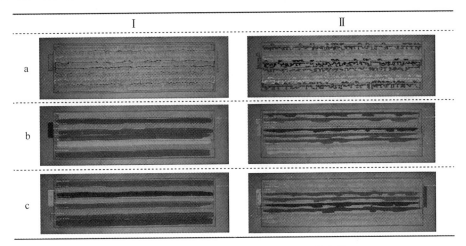

图 4-9 Mask R-CNN 的实验结果(见文前彩图)

图 4-10 改进 Mask R-CNN 的局部结果图(见文前彩图)

此外,如图 4-11 所示,古籍文档图像中的句子间距从 10 像素距离至几百像素距离不等。若以图 4-9(a)行的方式进行标注,将不可避免地在标注的区域内同时包含前景与过多的背景像素,这可能导致网络很难甄别出有效特征,从而导致分割结果不佳。

图 4-11 藏文古籍文档图像中不同的句子间距
(a) 较小间距;(b) 中等间距;(c) 较大间距

基于上述讨论,我们在考虑了古籍文档图像的高分辨率的基础上,改进了无锚框设计的 SOLOv2 网络进行版面分析,并提出了一种准确、动态、高效的数据集构建方法,可以在较短的时间内生成细粒度的版面分析数据集。

SOLO 网络是王鑫龙等[15]提出的实例分割网络模型,它由骨干网络、类别分支与掩膜分支构成。SOLO 网络将图像分为 $s \times s$ 个子块,若实例的中心处于子块 (i,j) 中,则该子块将进一步被类别分支进行分类并同时被掩膜分支分割。类别分支的输出是 $G \in \mathbb{R}^{s \times s \times n}$,$n$ 是类别数;掩膜分支的输出是 $F \in \mathbb{R}^{h \times w \times s^2}$,$h$、$w$ 为子块的高与宽。掩膜输出的第 k 个通道通过 $k = i \times S + j(i,j$ 从 0 开始)与类别分支的第 i 行、第 j 列的子块进行对应。由于古籍文档图像中文本实例的分布较为稀疏,SOLO 网络将会产生大量冗余的掩膜,这限制了它的性能。而 SOLOv2 可以很好地解决这个问题,它在 SOLO 的基础上加入动态卷积与 Matrix NMS 等操作,在一定程度上减少了冗余的掩膜,使得该网络有了更高的精确率与更快的推理速度[16]。考虑到现有的藏文《甘珠尔》文档图像分辨率远大于一般的图像尺寸,因此在 SOLOv2 的基础上进行改进,使 SOLOv2 具备更强的高分辨率表示能力。我们改进的 SOLOv2 网络整体结构图如图 4-12 所示。

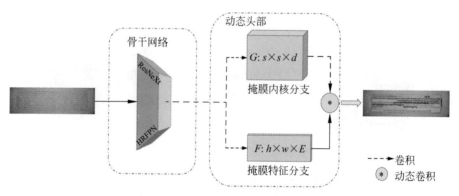

图 4-12 改进的 SOLOv2 网络结构图

与 SOLO 网络类似,SOLOv2 网络由骨干网络与动态头部(dynamic head)组成。骨干网络由特征金字塔(feature pyramid network,FPN)[17]组成。FPN 自底向上的路径借鉴了 ResNet 的思想,使用跳跃连接来更好地保留图像的特征。自顶向下的路径由一系列上采样操作组成,可以将语义丰富的小物体的特征保留下来。对于所采用的藏文古籍《甘珠尔》文档图像而言,它的一个实例可以是一个文本行,也可以是文本行中一个句子,使用 FPN 网络可以使网络更加自然地应对实例对象尺寸不一的挑战。特别地,本节将自底向上的路径替换为具备更强特征提取能力的 ResNeXt[18],将自顶向下的路径替换为具备更强高分辨率特征表示能力的 HRFPN[19]。

　　图 4-13 展示了骨干网络的设计细节,方块内右侧的分数代表特征图与输入图像的比例。C1、C2、…、C5 代表着 ResNeXt 在不同层级的输出特征图。本节将低分辨率特征图 C3、C4、C5 通过双线性插值法放大至和 C2 相同大小的尺寸。对 C2～C5 进行拼接得到 P5。对 P5 进行一系列的池化操作,得到 P2、P3、P4 与 P6。将 P2～P5 通过一系列卷积与上采样操作放大至原图 1/4 的大小,经过按位加操作,并通过 1×1 卷积整理通道后,得到该分支输出 $F\in\mathbb{R}^{h\times w\times E}$,$E$ 为输入通道,依经验设置为 256。P2～P6 则被缩放至 $s\times s$ 后送入核分支(kernel mask),s 被依次设定为 12、16、24、36 和 40。

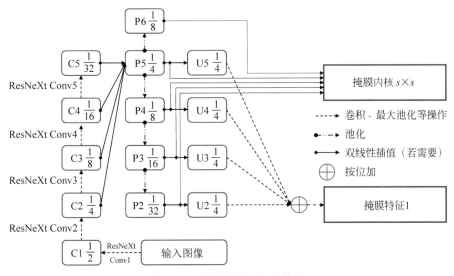

图 4-13　骨干网络详细结构图

　　网络的动态头部负责检测与分割不同的实例对象,它由用来学习动态卷积核的核分支和进行掩膜特征表达的掩膜分支组成。核分支可以学习 $s\times s$ 个 1×1 大小的卷积核,它的输入为 $X_i\in\mathbb{R}^{h_i\times w_i\times E}$,输出为 $G\in\mathbb{R}^{s\times s\times E}$ 的张量,h_i、w_i 分别对应特征金字塔第 i 层的高与宽。掩膜分支的输入为 $X_i\in\mathbb{R}^{h_i\times w_i\times E}$,输出为 $F\in\mathbb{R}^{h\times w\times E}$。将 1×1 大小的卷积核 $G_{i,j}\in\mathbb{R}^E$ 与掩膜特征分支的输出的全局特征图 F 进行卷积,经过 Sigmoid 与非极大值抑制(NMS)等操作整合后,即可得到实例中心处于 $s\times s$ 分区中第 i 行和第 j 列的分割特征图 $F\in\mathbb{R}^{h\times w}$ 以及相应类别的置信度。除可以减少参数外,动态卷积还可以根据输入的不同而灵活地选用不同的卷积核,使得网络具备更强的泛化性。

　　将网络在非极大值抑制之前的 ROIs 个数设置为 500,bounding box 的置信度阈值设置为 0.25,Mask 分割阈值设置为 0.5,最大预测实例个数设置为 200。针对 Matrix NMS 的 update score 设置为 0.05,衰减函数则选用 Sigma 为 2.0 的高斯函数。在推理阶段的输入图像大小与训练阶段时的大小保持一致。

4.5.2　半自动数据集构建

由于人工标注时间长、标注不准确等缺点,提出了一种半自动数据集构建方法。

1. 合成文本行灰度图

首先使用行切分算法得到文本行切分图,本节使用的切分图是胡等[20]提出的文本行切分算法,其结果渲染图如图 4-14 左上所示。然后借助 Adobe Photoshop 等软件,人工地将左右标题区域切分出来,并擦除其中的假阴性像素点,得到如图 4-14 左下所示的标题图。最后将文本行渲染图与标题图合并,指定第 i 行像素值全部为 $20 \times i, i \in \{1, 2, \cdots, 8\}$,左右标题像素值分别设置为 180 与 200,得到有不同像素值文本行与标题的灰度结果图,见图 4-14 右侧图。

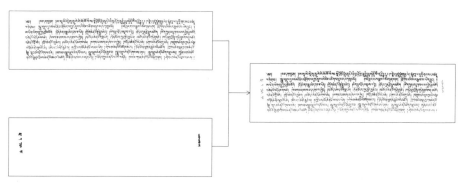

图 4-14　合成文本行灰度图

2. 确定待识别区域轮廓

在灰度结果图上依据不同的像素值提取得到不同的待处理区域,并对这些区域依次进行形态学腐蚀与膨胀操作。第一步,将灰度图像统一缩放至 1504×1504 大小,并进行一次形态学开操作以消除噪点等细小物体。第二步,迭代膨胀 p 次并随后腐蚀 q 次(要求 $p \geqslant q$),得到一个或多个边界扩张 $(p-q)$ 个像素个数的连通域。这样可以尽可能地减少连通域的个数,但同时避免扩张过大引起粘连并对结果产生影响。图 4-15 展示了不同边界类型的区域。膨胀与腐蚀操作所使用的结构元素(structuring element)均为 3×3 的矩形元素。接下来,本节使用 Suzuki 等[21]的算法对所有连通域依次进行计算,得到这些区域的最外层轮廓,并通过 Teh C[22]提出的方法,对轮廓上的像素点进行精简以试图减少标注文件的大小与缩短数据加载时间。生成轮廓算法的伪代码如算法 4-1 所示。

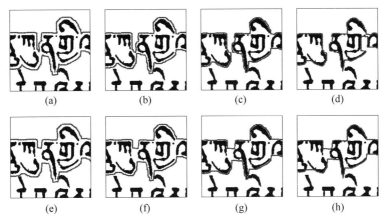

图 4-15　不同的轮廓类型

(a) 6-0；(b) 6-2；(c) 6-4；(d) 6-6；(e) 10-4；(f) 10-6；(g) 10-8；(h) 10-10

算法 4-1　生成轮廓算法

输入：灰度图 IMG

输出：嵌套列表 RST

初始化：令 i＝0

　　IMG←Resize(IMG)

　　[line1,line2,…,line8,ltitle,rtitle]←split(IMG) \\列表中的每一个对象均为一幅图片

　　for obj in [line1,line2,…,line8,ltitle,rtitle] do

　　　　obj = bin(obj) \\由于缩放会灰度化先前的结果,此处需再次二值化

　　　　region←OpeningDilateErode(obj,p,q) \\ 对区域进行膨胀

　　　　CCs←getConnectedComponents(region) \\ 获取连通域

　　　　contour←FindContour(CC_s) \\ 提取连通域轮廓

　　　　contour←SimplifyContour(contours) \\ 精简连通域轮廓上的像素点

　　　　RST[i]← contour

　　　i← i＋1

　　end for

3. 依据连通域轮廓生成标注文件

将连通域类别、轮廓上点的坐标及其他图片信息以 labelme 格式写入 JSON 文件,并将其转换为 COCO 格式的 JSON 文件。从上到下文本行的标注类别依次为 line1,line2,…,line8,左右标题的标注类别分别是 ltitle 与 rtitle。若一条文本行中包含多个连通域(由于句子间距较大),那么这些连通域的 group_id 属性则会从 1 开始设置为不同的值。

我们仍然选择藏文古籍原文档图像数据集 NMU_HTD212,构建版面分析数据集 PKLAD(Peking Kangyur Layout Analysis Dataset),这些文档图像被主观地分为了三类,包括版面存在问题的、图像质量存在问题的与常规的图像。版面布局存在问题的类别包括文本行倾斜扭曲、不同的文本行间距和句子间距等；图像质量存在问题的类别包括光照不均、污损严重和笔画褪色等。将 144 张图像用于构建训练集，34 张用于构建验证集，34 张用于构建测试集，PKLAD 构成情况如图 4-16所示。

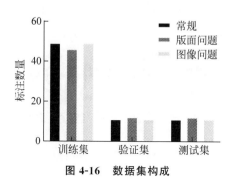

图 4-16　数据集构成

4.5.3　实验结果与分析

为了量化评估实验结果，本书采用了 Microsoft COCO[23] 提倡使用的平均精确率（average precision，AP）对结果进行评价。AP 代表 IoU 0.50～0.95 步长为0.05 对应值的平均数，该指标可以更好地反映出方法的性能，是最值得参考的指标。此外，本节还使用经典的 AP_{50} 和 AP_{75} 来更加全面地评估方法的性能。AP_{50}代表当交并比（IoU）阈值为 50 时的结果，更为严格的 AP_{75} 则代表当交并比（IoU）阈值为 75 时的结果。一般来说，这些指标的值越高，代表方法的效果越好。

本书需要评估不同尺寸的训练数据对结果产生的影响。所使用的古籍文档图像呈现长条状，原始分辨率约为 5000×1600，如此大分辨率的图像会占用大量内存并消耗相当的计算时间，甚至在一些内存容量较小的设备上完全无法进行训练与推理。因此，本书使用双线性插值或内插法缩放文档图像至指定的尺寸，并相应地改变其对应的标注信息。当然测试集图像大小与训练集保持一致。表 4-7 展示了骨干网络为 ResNet-50＋FPN 的 SOLOv2 网络（R50-FPN-SOLOv2）对应的 3种输入尺寸的单个 batch 训练时间（此时 batch size 设置为 2，设备为 NVIDIAK80）、消耗显存与 AP 值，可以看出 AP 值会随着图像分辨率的增大而增大，在分辨率相近时，与原始图片长宽比接近则会带来更好的结果。

表 4-7　输入图像尺寸对结果的影响（边界扩张类型为 10-8）

图像尺寸	Batch 时间/s	内存占用/MB	AP	AP_{50}	AP_{75}
1024×1024	2.6	5500	47.6	85.9	57.1
1504×1504	5.4	11300	57.1	87.7	75.2
2496×800	4.9	10100	64.1	90.8	79.3

　　得益于半自动构建数据集的方式,本书还可以量化评估不同粒度对实验结果的影响。根据连通域扩张的像素距离,将粒度分成 5 组,分别是无扩张、扩张 2 个像素,4 个像素与 6 个像素(腐蚀膨胀时对应的图像大小为 1504×1504 像素)。其中每组包含了 1～4 个类型,类型 10-10 代表先膨胀 10 次后腐蚀 10 次,类型 6-2 代表先膨胀 6 次后腐蚀 2 次。再大的扩张像素个数将会导致不同类别的标注区域发生重叠,因此本书没有进行扩张像素更多的实验。测试集构造方法与训练集保持一致,即若训练集扩张类型为 6-6,则测试集扩张类型也为 6-6。表 4-8 详细描述了测试集图像分辨率为 1024×1024 时,R50-FPN-SOLOv2 在不同扩张像素个数下的结果,不难看出,当先膨胀 10 次后腐蚀 4 次时,其 AP 值最高。图 4-17 展示了在不同的输入尺寸与粒度下 AP 值的变化情况,可以看出 SOLOv2 网络在输入图像大小为 2496×800、边界类型为 10-4 时效果最好。

表 4-8　边界扩张距离对结果的影响

扩张像素个数	边 界 类 型	AP	AP_{50}	AP_{75}
0	6-6	16.9	50.5	2.9
	10-10	47.0	**86.4**	56.3
2	6-4	22.9	59.8	8.2
	10-8	47.6	85.9	57.1
4	6-2	25.4	58.8	18.6
	10-6	48.9	83.9	60.2
6	6-0	30.2	61.8	30.8
	10-4	**49.5**	82.1	**61.5**

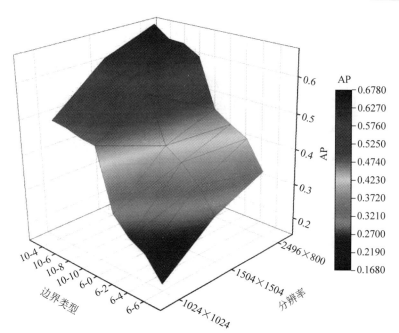

图 4-17　AP 值与图像尺寸和粒度的关系

本节实验得到了几种主流的实例分割网络在测试集上的表现,包括 Mask R-CNN[24],改进的 Mask R-CNN * (增加两层转置卷积层以扩大 Mask 尺寸)、Mask Scoring R-CNN(MS R-CNN)[25]、YOLACT[26],前面提到的 SOLO、SOLOv2 以及本节提出的网络。所有神经网络的训练与推理细节都尽可能地保持一致,batch size 设置为 1,输入图像的尺寸设置为 2496×800、边界类型为 10-4。表 4-9 展示了不同方法的量化结果,Res-101-FPN 代表由 101 层的 ResNet 与 FPN 构成的骨干网络,X-101-HRFPN 代表骨干网络为 ResNeXt 与 HRFPN。从表 4-9 可以看出 Mask R-CNN、YOLACT 等 Mask Head 受限的方法的指标明显低于 Mask Head 不受限的 SOLOv2 网络。这些网络的版面分析结果类似于图 4-9 Ⅰ行 b 列所展示的样例结果,其中有大量错误切分的情况。而 SOLOv2 网络分割结果较为准确、相应的评价指标也更高。本节提出的以 ResNeXt 与 HRFPN 为骨干网络的改进版 SOLOv2,在所有的评价指标中均有提升,且达到了最高指标。

表 4-9　不同方法的对比

方　　　法	骨 干 网 络	AP	AP_{50}	AP_{75}
Mask R-CNN	Res-101-FPN	24.7	56.8	13.4
Mask R-CNN *	Res-101-FPN	26.0	58.0	16.1
MS R-CNN	Res-101-FPN	28.3	57.7	23.8
YOLACT	Res-101-FPN	23.2	54.4	15.7
SOLO	Res-101-FPN	33.1	73.0	17.2
SOLOv2	Res-101-FPN	70.6	91.3	82.0
本节的方法	X-101-HRFPN	**72.7**	**93.6**	**84.6**

图 4-18 展示了不同方法在不同 IoU 阈值下的性能表现。可以看出,基于 SOLOv2 的方法在 IoU 取值为 85 之前没有显著的下降。而 SOLO 在 IoU 为 50 时较 Mask R-CNN、YOLACT 等网络指标更高,但随后指标下降较快。

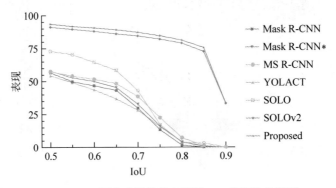

图 4-18　不同方法的性能表现随 IoU 值变化曲线图

图 4-19 展示了不同方法的小提琴图。从图中可以看出，SOLOv2 与所提出的方法在 AP 指标上远高于其他方法。相较 SOLOv2，所提出的改进的方法产生的离散值较少，不同样例的 AP 值更为集中，展示出了更好的泛化性。

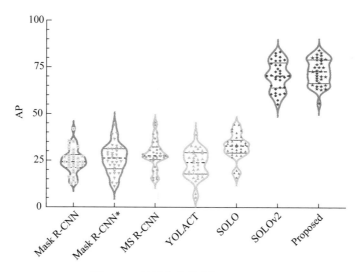

图 4-19　不同方法的小提琴图展示

图 4-20 展示了部分真实样例细粒度分析的可视化结果，本节特别选取具有一定代表性的样本以试图充分展示出方法的适用性，包含排列紧密、倾斜弯曲、不统一的句子间距、污渍破损等样例。可以看出，尽管这些复杂性给版面分析带来诸多挑战，所改进的方法还是可以较为准确地对藏文古籍文档图像进行版面分析，切分得到的区域轮廓紧贴字符边缘，在减少粘连的同时，还能抑制无用信息的产生。

行之间字符笔画存在交叠、粘连，以及版面有污渍等现象时，提出的方法在这些区域仍能给出较为准确的分割结果。图 4-21 的局部放大图展示了这样的效果。

尽管改进的 SOLOv2 模型在大多数图像上的分割较为准确，但在部分图像上也存在一些缺陷。图 4-22(a)显示了部分笔画被归属到相邻文本行的情况，在该样例中还可以发现一处将边框预测为文字区域的错误。图 4-22(b)中出现了笔画漏检与切分错误的情况，分析原因，这可能是为了追求更好的视觉展现效果而将掩膜阈值设置较低引起的。

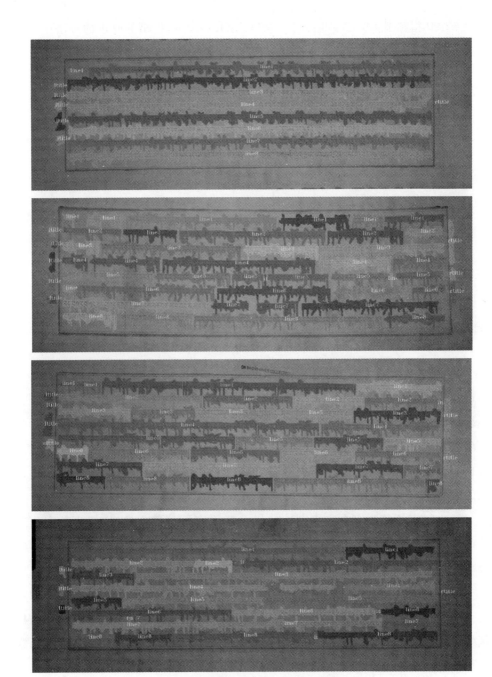

图 4-20 细粒度版面分析结果渲染图

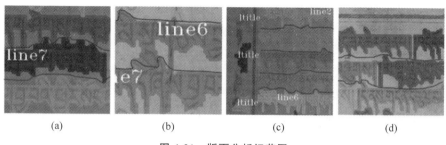

(a)   (b)   (c)   (d)

图 4-21   版面分析细节图

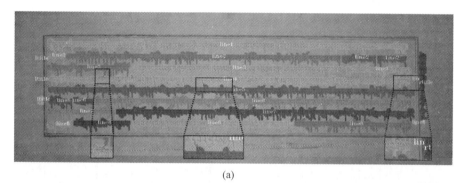

(a)

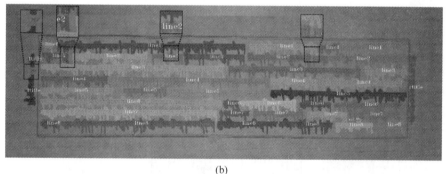

(b)

图 4-22   部分切分有误样例图

（a）笔画的一部分被归属到相邻文本行；（b）笔画漏检与切分错误

4.6 基于多任务语义分割的藏文古籍版面分析

4.6.1 问题分析

文档版面分析（document layout analysis，DLA）的浅层目的是准确定位文本信息，从而为文档图像字符识别提供支持，更深层次的目的则需要对文档图像中的结构元素（如图像、边框线、标题、文本区域等）进行准确的分割，从而完成版面复原、版面结构信息提取等相关工作。版面分析的结果直接影响文字识别的准确率，因此一个好的版面分析结果是文字识别的必要前提。这是一个需要不断探索和研究的课题，特别是藏文古籍文档图像。

深度学习网络的快速发展使版面分析问题得到了进一步的解决，U-Net、Mask RCNN、SOLO 等系列算法的提出为版面分析提供了基于分割的解决方案，就如 4.5 节讨论的在细粒度藏文古籍文档分析上取得的不同成效。然而，通过深度学习的方案进行藏文古籍版面分析仍存在以下三个主要挑战。

挑战 1：藏文古籍文档图像版面元素类别不平衡且尺度差异较大，图像退化严重还存在大量的污渍，且在不同任务中，每个像素点将对应不同意义，每个像素点对应多个类别。

挑战 2：藏文古籍存在大量的字符笔画粘连、断裂现象，且文本行存在不同程度的扭曲，这无疑给文本行分割带来了巨大的挑战。

挑战 3：藏文古籍文档图像尺寸较大，版面元素复杂，笔画信息退化严重，版面元素存在大量的粘连现象，数据集建设过程中依旧存在巨大的困难。

基于传统方案的研究，需要在每个环节中设计大量的特征，每个环节的错误都会对下一环节造成影响，而且泛化能力较差。由于藏文古籍图像信息较多，尺寸较大，基于实例分割、目标检测的方案局限于 GPU 性能限制，导致只能将图像缩放后进行检测，因此检测、分割精度大幅降低，对于细节位置无法进行精确的分割。

4.6.2　研究动机

版面分析任务通常由多个子任务组成，按照处理任务顺序其流程如图 4-23 所示，主要包括以下步骤。

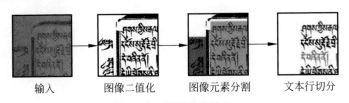

输入　　　　图像二值化　　　图像元素分割　　　文本行切分

图 4-23　版面分析流程

步骤 1：对图像进行二值化处理，以期抑制污渍、噪声以及光照不均，定位并凸显前景信息，弱化背景信息。

步骤 2：对文档图像进行区域划分，以期将不同类型信息进行分割，从而获取感兴趣区域。视任务而定，感兴趣区域通常包括标题区域、图像区域以及文字区域。

步骤 3：对文字区域进行进一步切分，以期将文本行区域分割为单独文本行。

研究人员花费大量时间对上述 3 个步骤进行细致研究，以期完成版面分析工作，在此过程中，每项子任务独立进行均取得了不错的进展。但对整体版面分析而言,每个环节错误将直接或间接地传向下一环节,稳定性难以保证。此外,多个环节的衔接将增加时间消耗和系统开发的复杂度。

目前 Mask RCNN 和 SOLO 等实例分割模型在多项任务中取得了不错的进展,但由于长条书的藏文古籍文档图像尺寸较大,使得在模型训练/推理过程中,仍需要进行图像尺寸压缩,从而损失版面分析精度,仍无法取得令人满意的效果[27];另外,版面分析工作不同于常规的分割任务,同一个像素点,在不同任务中对应不同类别。

古籍文档版面分析的特殊性,决定了所设计的模型需要同时满足以下两个要求:①模型训练/推理过程中,避免图像压缩而造成版面分析结果精度损失;②模型推理时,需要同时完成多个子任务。因此,受到 U-Net[28]、PSENet[29] 和刘成林研究员团队[30-31] 等的工作启发,对全卷积神经网络在版面分析阶段的应用进行了深入研究,提出多分支语义分割的藏文古籍版面分析模型,在保证图像分割精度的前提下,还保证多个子任务同时进行处理,大大提高了模型工作的效率。

4.6.3　网络模型结构

在进行古籍处理时,每个像素点在不同任务时具有不同状态。因此,不同于单分支网络模型结构,该模型由多个分支组成,每个分支进行不同任务预测,从而完成单像素与多层语义信息的对应关系。此外,多个任务联合进行监督学习,可以学习到更多层次的特征表达,降低模型过拟合风险,使模型具有更好的泛化能力。

该模型结构如图 4-24 所示,是一个典型的 Encoder-Decoder 结构模型。

在 Encoder 过程中采用不同的主干网络对输入图像进行特征提取,Encoder 结构与所选取的主干模型结构相同。

在 Decoder 过程中,采用转置卷积的方案完成特征图的上采样工作。不同于采用插值法方案,转置卷积通过特征学习的方式使上采样后的特征图边界细节更准确,可以更好地处理文本行粘连区域。在每个 UpBlock 中,转置卷积的卷积核个数均等于 Decode 过程中相同尺寸特征图的卷积层数,以便进行特征图 Add 操作,从而完成特征融合。在融合前,首先对相同尺度的特征图进行归一化处理,从而提升模型在训练过程中的稳定性,加速模型训练。在 Model Conv And Output 阶段,Convolatin Without Relu 使用 64 个 3×3 卷积核对特征图进行信息融合,以便进一步提升卷积网络感受野,并将 UpBlock D 输出压缩为 64 个特征图,减少模型参数。然后使用 1×1 的卷积操作融合不同层次的特征图,最后使用 Sigmoid 激活函数对每个分支进行预测,其 Loss 的定义如式(4-4)所示:

$$\text{Loss} = \sum_{m=1}^{n} \alpha_m \text{Loss}_m \tag{4-4}$$

其中,n 代表总分支个数,α_m 代表第 m 个分支,Loss_m 代表第 m 个分支 Loss 的定义方式。在这里每个分支均采用 Binary cross entropy 损失函数,α 均为 1。

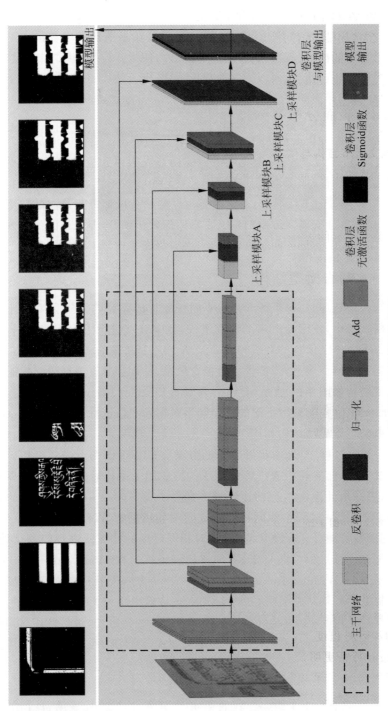

图 4-24　网络模型结构图

值得注意的是,由于在 Encoder 过程中所采用主干网络的不同,会导致下采样次数不同,如 VGG-19 和 VGG-16 用了 4 次下采样,而 ResNet-50 则使用了 5 次下采样,因此在实际模型结构设计中,UpBlock 块个数与下采样次数相等。

通过多分支的模型的建立,每个分支单独完成子任务的预测,从而使单一像素点在不同任务中表现出多种属性。

4.6.4　版面分析数据集标注

1. 藏文音节结构与 X-height 定义

不同于其他字符,藏文字符的书写从基线的第一笔画开始,按照基线位置从左到右进行对齐排列,该隐线就是文本行的基线位置,其准确定位是文本行分割的重要保证。

根据藏文字母的长和短之分,定义乌金体手写藏文从基线向下延伸至短字符的高度位置为 X-height,如图 4-25(a)所示为四字丁的音节;一个音节中只有一个字符可以上下叠加。如果是一个字母的音节,正好也是长短字母之分。因此每个文本行都有其 X-height,乌金体藏文古籍文本充分体现了这一特点,图 4-25(b)为两个文本行的 X-height 高度位置 Mask 图像。

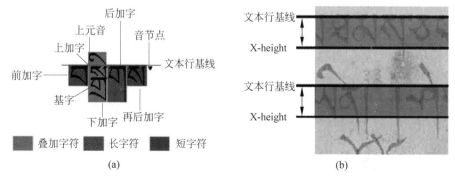

(a)　　　　　　　　　　　　(b)

图 4-25　藏文音节结构图及 X-height 定义(见文前彩图)

(a) 藏文音节结构;(b) X-height 定义

基线存在不同程度的波动,且每个字符均存在多个水平笔画,基线的提取需要准确定位每个字符的笔画,将给标注、提取带来一定的困难。因此,选择局部基线信息代替藏文字符基线位置,相对全局基线而言,局部基线更易获取且足以反映文本行扭曲和倾斜程度。在此基础上,进一步获取局部 X-height 进行基线位置标识,X-height 特征更明显,覆盖范围更大。即使局部基线出现了波动,X-height 位置仍相对稳定,一定程度上给局部基线标注提供了容错空间。相比基线信息,X-height 的容错率更高。

2. 版面分析数据集标注方案

藏文古籍通常以长条书的形式存在，电子化数据分辨率通常为 5300×1400 左右。若通过实例分割的方案对图像进行标注，标注速度约 3h/张图像。此外，藏文图像退化严重，字符边界出现了模糊、晕染的复杂显现，此类现象会造成标注界限的模糊化。因此，提出了一种辅助标注方案，以便快速准确地完成图像文档的信息标注，具体标注流程如图 4-26 所示。并由如下几步完成：

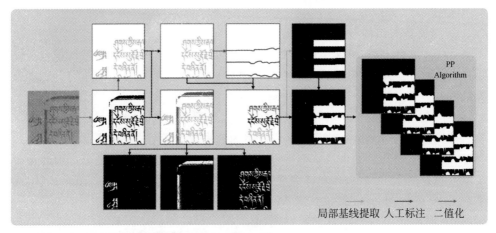

图 4-26　数据标注流过程图示（见文前彩图）

（1）图像二值化。图像二值化是版面分析中的重要一环，同时也是数据辅助工作的必要环节。笔画边界的像素点由于退化严重，此现象会因为显示设备以及个体对颜色敏感程度难以分辨，而图像二值化可以对褪色像素进行标准统一的处理。使用 Zhao 等[27] 所提出的二值化方案对图像进行二值化，并辅以少量人工校正。

（2）不同版面元素分割线标注。通过人工对不同版面元素之间的分割线进行标注，主要标注边框线与标题、边框线与文字区域的分割线，以及文本行与文本行之间的分割线，从而提取标题区域与文字区域，之后与二值图进行"非"运算，得到边框线位置信息。

（3）版面元素分割图制作。计算版面元素分割线与二值图像的位置完成元素分割图的制作。在计算文本 Mask 位置过程中，提出了一种 Push Or Pull 的方法，简称 PP 算法，用它进行样本集的标注。

在此处，定义某个水平方向上的横坐标为 i、P_i 以及 Q_i 分别表示相邻元素开始和结束的坐标位置，Max_{push} 代表最大的 $\text{Push}_{\text{dist}}$ 量，Min_{dist} 代表经过操作后的相邻元素需要保留的最小距离。

值得注意的是，Max_{push} 根据与相邻元素的距离动态调节，以保证挤压过程中不产生文本行 Mask 交叠的现象，在实际的挤压过程中，实际 $\text{Push}_{\text{dist}}$ 的像素距离可以由如下算法 4-2 计算得到。

算法 4-2 输入：Q_i、P_i、Max_{push}、Min_{dist}

输出：$\text{Push}_{\text{dish}}$

1：**if**$(Q_i - P_i) - (\text{Max}_{\text{push}} + \text{Min}_{\text{dist}}) * 2 >= 0$ **then**

2： $\text{Push}_{\text{dist}} = \text{Max}_{\text{push}}$

3：**else**

4：   **if**$(Q_i - P_i - \text{Min}_{\text{dist}})//2 > 0$ **then**

5： $\text{Push}_{\text{dist}} = (Q_i - P_i - \text{Min}_{\text{dist}})//2$

6：   **else**

7： $\text{Push}_{\text{dist}} = -\text{Min}_{\text{dist}}$

8：   **end if**

9：**end if**

10：**return** $\text{Push}_{\text{dist}}$

当版面元素发生粘连时，通过将原本的 Max_{push} 距离变成了 $-\text{Max}_{\text{push}}$，从而 Push 操作变成了 Pull 操作，以实现自动分割粘连区域的目的，从而使制作出的 Mask 具备完成粘连区域切分的能力。

此外，由于部分藏文文本行内存在较大空隙，如图 4-27(a)所示，两个字符间存在较大空隙，距离在 10～300px，图 4-27(b)为图 4-27(a)的二值图。

因此在进行文本行 Mask 制作过程中，采用 X-height(X-height 位置如图 4-27(c)所示)对文本行间隙进行了填充，从而去除大量空隙对文本行 Mask 制作的影响，(填充后的图像如图 4-27(d)所示，其中黄色区域为 X-hegiht)对填充过后的 Mask 进行 PP 操作，从而精准地控制文本行 Mask 的大小范围，如图 4-27(e)～(h)分别对应 $\text{Max}_{\text{push}} = -3, \text{Min}_{\text{dist}} = 3$；$\text{Max}_{\text{push}} = 0, \text{Min}_{\text{dist}} = 0$；$\text{Max}_{\text{push}} = 0, \text{Min}_{\text{dist}} = 3$ 以及 $\text{Max}_{\text{push}} = 3, \text{Min}_{\text{dist}} = 3$。当 Max_{push} 为负数时，所产生的 Mask 将会向文本行内部进行收缩，反之，则向外部扩张；而 Min_{dist} 的设置将对相邻文本行的粘连位置进行自动收缩。从而达到在非粘连区域可自适应扩增，而在粘连区域则进行收缩的处理，以自适应处理不同元素间的位置信息。图(e)～(h)中蓝色框区域为粘连区域，绿色框区域为断裂区域。可以明显看出所提算法对粘连区域进行了分割，对断裂区域进行了自动分配。此外，在该过程中，对于断裂笔画也进行了划分，将断裂笔画信息直接划分到所对应的文本行 Mask 中，从而保证在模型预测时，自动完成断裂笔画所属行的归属问题。

不同于 DBnet[32]、PSENet、Zhao 等数据处理方案，该方法对粘连区域、断裂区域以及非粘连区域进行自适应操作，从而得到更加精准的元素分割 Mask。自动化数据标注在节省工作量的同时，也可以减少因人工标注带来的个体差异。特别在处理过程中，仅对文本行 Mask 进行了 PP 操作，标题区域、边框线区域以及文本区域元素均以像素级结果作为基准 Ground Truth，如图 4-26 的二值图所示。

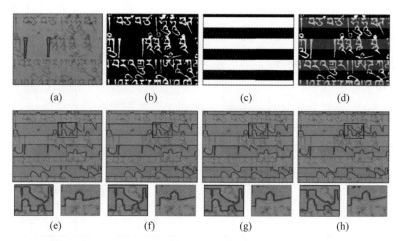

图 4-27　**X-height** 空隙填充及 **PP** 算法效果图（见文前彩图）

（a）字符间距图；（b）图（a）的二值图；（c）图（a）的 X-height 图；（d）二值图与 X-height 叠加图；（e）$\mathrm{Max_{push}} = -3$，$\mathrm{Min_{dist}} = 3$；（f）$\mathrm{Max_{push}} = 0$，$\mathrm{Min_{dist}} = 0$；（g）$\mathrm{Max_{push}} = 0$，$\mathrm{Min_{dist}} = 3$；（h）$\mathrm{Max_{push}} = 3$，$\mathrm{Min_{dist}} = 3$

4.6.5　文本行预测与切分

由于多分支 Mask 预测过程中，只是对于多个文本行的 Mask 进行预测，而没有对 Mask 进行分割，因此仍需要对文本行 Mask 预测结果进行划分。得益于 PP 算法，使得文本行预测结果在粘连、断裂以及非粘连区域均不存在明显梯度跃阶的现象，因此可以很好地运用分水岭算法对文本行 Mask 进行切分。具体步骤如图 4-28 所示。

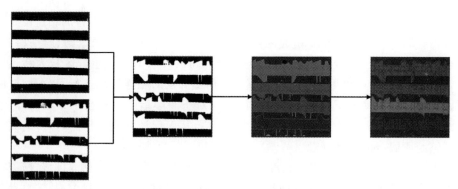

图 4-28　文本行切分流程图

首先，通过对文本行预测结果与 X-height 预测结果进行 add 操作，将同一文本行间空隙进行填充；其次，对 add 后的概率图进行分水岭变换，从而得到相邻文本行的分割线；最后，根据与文本行 Mask 之间的距离对过小连通域进行分配而完成文本行分割。

4.6.6 实验结果与分析

藏文古籍版面分析数据集为北京版《甘珠尔》挑选的 212 张版面情况差异较大的文档图像数据集 NMU_HTDU212(见第 2 章)图像尺寸大约为 5300×1400。

对数据分布按照复杂、退化、光照、噪声和正常五种类别的文档图像,其中复杂情况代表该图像同时存在退化、光照和噪声中至少两种情况,数据分类结果如表 4-10 所示,在模型训练过程中,按照 7∶1∶2 完成训练集、测试集以及验证集的划分。

表 4-10 藏文古籍文档图像数据分布

数据集情况	(1)	(2)	(3)	(4)	(5)	总和
训练集	31	39	14	24	27	135
验证集	6	7	3	4	5	25
测试集	11	16	5	9	11	52
总和	48	62	22	37	43	212

1. 实验细节

所提模型具有多个分支,其中每个分支所对应的基准 Ground Truth 如表 4-11 所示。

表 4-11 模型分支对应表

分支	1	2	3	4
基准 Ground Truth	文本区域检测	边框线检测	标题区域检测	X-height 检测
分支	5	6	7	8
基准 Ground Truth	文本行预测 $\text{Max}_{\text{push}}=2$ $\text{Max}_{\text{push}}=2$	文本行预测 $\text{Max}_{\text{push}}=3$ $\text{Max}_{\text{push}}=3$	文本行预测 $\text{Max}_{\text{push}}=0$ $\text{Max}_{\text{push}}=3$	文本行预测 $\text{Max}_{\text{push}}=-2$ $\text{Max}_{\text{push}}=3$

在这个实验中,通过选择不同的 BackBone 对 VGG-16、VGG-19[33] 和 ResNet-50[34] 等常用主干网络以及 MobileNetV3-Small 和 MobileNetV3-Large[35] 轻量型网络进行实验,为了加速模型训练,直接使用各个网络在 ImageNet[36] 数据集的预训练模型进行训练。特别的是,由于任务的特殊性,轻量型模型网络在训练过程中,多个任务的准确率反复跳动,并未收敛,因此并未对其进行结果分析。此外,分别对 U-Net[28]、Attention U-Net[37] 以及 SegNet[38] 进行了多任务改造,并进行了对比实验。在训练过程中,使用 Adam 优化器,固定学习率为 le-4,batch_size 设置为 18,在 3090GPU 服务器,共训练 30 个 Epoch,选择验证集多任务结果最优的模型进行模型测试。

由于 GPU 服务器显存限制,无法将整张图像进行训练。因此,对数据集图像进行了切片处理。在数据集切片过程中,首先通过顺序裁剪的方式对每张图像进行采样,以确保每张图像的全部位置都参与训练,然后对每张图像进行随机采样以满足训练样本的多样性。设置图像裁剪尺寸为 320×320,每张图像共采样 300 张,训练集共计 135 张图像,40500 个 patch,从而完成训练样本生成。

在模型推理的过程中,使用局部图像预测以及整张图像预测两种方案。在进行整张图预测时,采用 Overlap_tile[28] 的方法将输入图像的宽度和高度填充为合适的尺寸;在进行局部图像预测时,为了避免边界信息在预测时产生的笔画信息丢失的现象,且保证网络模型可以获取更大的感受野,采用滑动切片的方式进行,具体设置切片大小为 1024×1024,而每次仅采用切片内部的 960×960 作为预测结果,舍弃边界信息。

在评估阶段,若无特殊说明,则均采用固定阈值的方式对预测结果 Mask 进行二值化,阈值设置为 128。

2. 实验结果与分析

为保证分割粒度,在多项任务中,均采用了像素级的分割结果作为模型训练的基准 Ground Truth,因此采用了熟知的 P、R、$F1$ 以及 IoU 对模型进行评估。这样的评估方案显然有两个优点:得到像素级别的分割精度,减少由于背景信息的引入导致评价指标产生误差;作为 Baseline 更方便与传统阶段性算法进行评估比较。

为了更直观地从视觉上反映出 IoU 指标与预测结果的关联程度,选择标题区域在 IoU 为 0.85 时基准 Ground Truth 与预测结果的对比图,如图 4-29 所示。图 4-29(a)所示为原始图像中左侧标题与右侧标题区域,图 4-29(b)绿色区域为基准 Ground Truth,图 4-29(c)红色区域为预测结果,图 4-29(d)红色区域代表多检测结果,绿色区域为漏检测结果。

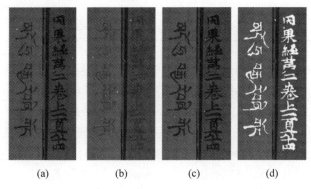

(a)   (b)   (c)   (d)

图 4-29　标题区域预测结果 IoU=0.85(见文前彩图)

(a) 原图;(b) 基准 Ground Truth 图;(c) 预测结果图;(d) 图(b)和图(c)差异图

可以明显看出，当 IoU 均值等于 0.85 时，将覆盖绝大部分的元素信息，这些信息完全可以支撑版面分析、文字识别的顺利进行。

3. X-height 的检测和准确率

由于 X-height 从基线位置向下延伸，因此 X-height 的准确率将直接反映基线检测的准确度，X-height 检测结果如表 4-12 所示。

表 4-12　X-height 检测结果

模 型 结 构	预测方式	P	R	$F1$	IoU	预测方式	P	R	$F1$	IoU
U-Net	Patch 预测	98.11	98.25	98.18	96.42	整张图 预测	98.28	92.10	94.73	90.63
Attention U-Net		98.00	98.36	98.18	96.42		97.87	98.27	98.07	96.21
SegNet		98.16	98.29	98.23	96.51		98.10	98.33	98.22	96.49
Proposed VGG-16		98.03	98.32	98.17	96.41		97.13	98.30	97.65	95.51
Proposed VGG-19		98.27	98.30	98.28	96.63		97.81	98.68	98.24	96.55
Proposed ResNet-50		98.15	97.86	98.01	96.09		98.61	97.29	97.95	95.98

X-height 检测的准确率与文字密度相关，当相邻字符存在较大距离的空白时，则会造成 X-height 检测不稳定现象，如图 4-30(a)所示。由于基线位置是由文字信息决定的，当无文字信息时所产生的 X-height 不稳定属于一种正常现象。

此外，局部基线可以代替基线使用，但仍不能代表每个字符的准确位置，从而导致基准 Ground Truth 结果不够平滑，如图 4-30(b)所示。从视觉角度来看，预测结果从基线位置进行延伸将更加平滑，显然也更符合 X-height 的定义。

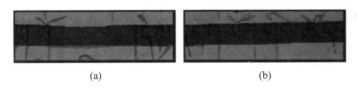

(a)　　　　　　　　　　(b)

图 4-30　X-height 预测与基准 Ground Truth 对比图（见文前彩图）

（a）X-height 预测；（b）基准 Ground Truth

通过 Patch 的方式进行预测，不同模型预测结果如图 4-31(a)所示，其中 ━◆━ 为 Proposed ResNet-50，━▲━ 为 Proposed VGG-16，━●━ 为 Proposed VGG-19，━✚━ 为 Attention U-Net，━▼━ 为 U-Net，━⊟━ 为 SegNet。Proposed VGG-19 预测结果 IoU 箱包如图 4-31(b)所示，不同类型情况下，X-height 预测结果处于 95% 以上，均值处于 95%～96%。

4. 文本行切分准确率

文本行分割任务中，不仅要保证单个文本行切分的准确性，还要保证文本行的分割顺序。这意味着，当某个文本行分割出现错误时，则会影响该页面其他文本行

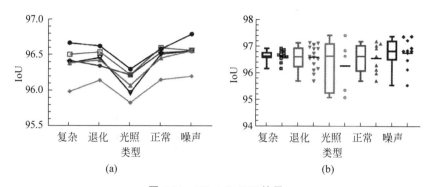

图 4-31　X-height IoU 结果

（a）不同模型预测结果图；（b）Proposed VGG-19 预测结果

的序列,从而降低该页面的 $F1$ 值。

在文本行的评估过程中,首先计算每行的 $F1$ 值,之后将整张图像文本行 $F1$ 的均值作为该图像的 $F1$ 值。为了对文本行分割精度进行准确评估,也便于与传统方案进行对比,仅选择文本行分割 Mask 中的字符区域作为基准 Ground Truth 进行评估。

由于当文本行完全分割错误时,$F1$ 值则无现实意义,因此引入文本行分割准确率,评估在分割过程中文本行的分割情况。文本行分割准确率的定义如式(4-5)所示。

$$\text{Line}Acc_{\beta} = n_{\beta}/m \tag{4-5}$$

其中,n_{β} 代表分割结果中 $F1$ 大于 β 的文本行个数,m 代表文本行总个数。文本行分割评价指标计算时,仅使用 $F1$ 大于 β 的文本行进行评估。在统计文本行分割准确率时,设置 $\text{Line}Acc_{\beta}$ 中 β 为 0.90。实验结果如表 4-13 所示。

与第一种基于全卷积神经网络的版面分析或者之前的方法[9]进行对比,对比结果如表 4-14 所示。第一种方法是将在版面分析理想状态下的二值图进行的文本行分割,并不考虑文档图像版面光照、噪声以及版面分析所带来的影响。而经过二值化的 Mask,不可避免会对字符边界造成一定的影响。因此,用 VGG-19、分支 6、Patch 预测对得到的 Mask 结果,使用 3×3 的卷积核进行膨胀处理。经过较少次数的膨胀,Mask 结果会进一步覆盖笔画边界信息,从而使 P 和 R 进一步提升;而更多次数的膨胀,会导致 Mask 无差别地包含其他结构元素导致 P 值下降。所以经过多次膨胀后,相比第一种方法,在 P、R 以及 $F1$ 值均有 0.3%～0.4% 的增加。这意味着所提方法在满足完全替换传统文本行切分方法的情况下性能还有一定的提升。

表 4-13　文本行对比结果

预测方式	Max$_{push}$,Min$_{dist}$	模型结构	P	R	F1	IoU	LineAcc0.90	模型结构	P	R	F1	IoU	LineAcc0.90
Patch预测	2.3	U-Net	99.95	96.66	98.28	96.62	99.52	Proposed VGG-16	99.92	96.19	98.02	96.11	100.00
	3.3		99.94	98.62	99.27	98.56	99.52		99.93	98.47	99.20	98.41	100.00
	0.3		99.94	98.46	99.20	98.41	99.52		99.91	98.28	99.09	98.20	100.00
	−2.3		99.96	92.63	96.15	92.60	100.00		99.96	92.56	96.12	92.53	99.52
	2.3	Attention U-Net	99.96	96.47	98.18	96.43	99.52	Proposed VGG-19	99.95	96.58	98.24	96.54	100.00
	3.3		99.95	98.31	99.12	98.26	97.59		99.92	98.58	99.25	98.51	100.00
	0.3		99.95	98.16	99.05	98.11	99.52		99.93	98.42	99.17	98.36	100.00
	−2.3		99.96	92.32	95.99	92.29	100.00		99.97	92.59	96.13	92.56	100.00
	2.3	SegNet	99.93	96.72	98.30	96.65	97.11	Proposed ResNet-50	99.94	96.52	98.20	96.47	99.52
	3.3		99.93	98.55	99.23	98.47	95.42		99.92	98.64	99.27	98.56	97.83
	0.3		99.92	98.39	99.15	98.31	95.90		99.92	98.44	99.18	98.37	99.52
	−2.3		99.94	92.73	96.20	92.68	98.31		99.95	92.46	96.06	92.42	98.80
整张图预测	2.3	U-Net	99.94	95.33	97.55	95.28	70.12	Proposed VGG-16	99.96	96.06	97.97	96.03	98.07
	3.3		99.91	96.73	98.26	96.65	67.47		99.92	98.55	99.23	98.47	98.07
	0.3		99.93	96.56	98.19	96.50	69.64		99.94	98.35	98.35	98.30	98.07
	−2.3		99.95	91.43	95.48	91.38	71.33		99.98	92.14	95.90	92.12	98.07
	2.3	Attention U-Net	99.93	95.98	97.91	95.91	100.00	Proposed VGG-19	99.95	96.36	98.12	96.32	100.00
	3.3		99.92	97.74	98.82	97.66	100.00		99.90	98.84	99.37	98.74	99.28
	0.3		99.93	97.53	98.71	97.47	100.00		99.92	98.55	99.23	98.47	100.00
	−2.3		99.94	91.81	95.70	91.76	100.00		99.97	92.29	95.98	92.27	100.00
	2.3	SegNet	99.94	97.08	98.49	97.02	98.31	Proposed ResNet-50	99.93	96.83	98.35	96.76	100.00
	3.3		99.92	98.55	99.23	98.47	98.31		99.91	98.58	99.24	98.49	99.52
	0.3		99.92	98.42	99.17	98.35	98.31		99.91	98.39	99.14	98.30	99.52
	−2.3		99.95	93.18	96.45	93.14	98.31		99.95	92.99	96.34	92.94	100.00

表 4-14　文本行对比结果

方　　法	P	R	F1	IoU	膨胀次数
基于局部基线的文本行切分方法[9]	99.57	99.48	99.51	—	—
Proposed VGG-19	99.92	98.58	99.25	98.51	0
	99.90	99.75	99.82	99.64	1
	99.88	99.85	99.86	99.72	2
	99.85	**99.88**	**99.86**	**99.73**	3
	99.80	99.90	99.85	99.70	4
	99.74	99.92	99.83	99.65	5
	99.63	99.93	99.78	99.56	6

通过 Patch 的方式根据分支 5 进行文本行分割，不同模型预测结果如图 4-32（a）所示，VGG-19 经过 3 次膨胀后不同类型图像箱包图如图 4-32（b）所示。其中 ━◆━ 为 Proposed ResNet-50，━▲━ 为 Proposed VGG-16，━●━ 为 Proposed VGG-19，━✦━ 为 Attention U-Net，━▼━ 为 U-Net，━⊟━ 为 SegNet。

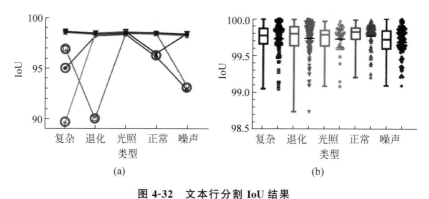

(a)　　　　　　　　(b)

图 4-32　文本行分割 IoU 结果

（a）不同模型预测结果；（b）Proposed VGG-19 预测结果

在文本行分割任务中，所提出的 VGG-19 在 Max_{push}，Min_{dist} 多种方案以及不同预测方式下均有较好的稳定性。而其他模型均由于对粘连区域的预测不稳定导致 IoU 结果出现异常，从而大幅降低 IoU 均值，如图 4-32（a）中圆圈所示。

5. 版面结构元素切分的分析

版面结构元素分割将对图像元素进行划分，其中包括文本区域检测、边框线区域检测以及标题区域检测子任务，检测结果分别如表 4-15～表 4-17 所示。

表 4-15 文本区域检测结果

模 型 结 构	预测方式	P	R	$F1$	IoU	预测方式	P	R	$F1$	IoU
U-Net		95.74	96.79	96.25	92.78		88.22	91.85	89.64	81.79
Attention U-Net		97.03	94.13	95.54	91.47		92.81	93.69	93.19	87.28
SegNet	Patch 预测	93.78	96.87	95.29	91.02	整张图 预测	89.14	97.18	92.97	86.88
Proposed VGG-16		94.69	97.59	96.11	92.51		91.14	97.77	94.24	89.22
Proposed VGG-19		95.87	96.88	96.36	92.98		95.89	95.12	95.49	91.37
Proposed ResNet-50		96.22	95.88	96.04	92.39		95.73	94.61	95.15	90.76

表 4-16 边框线区域检测结果

模 型 结 构	预测方式	P	R	$F1$	IoU	预测方式	P	R	$F1$	IoU
U-Net		95.16	96.09	95.60	91.61		79.90	90.01	84.04	73.31
Attention U-Net		97.21	93.11	95.09	90.68		90.30	89.09	89.58	81.37
SegNet	Patch 预测	93.62	95.72	94.64	89.87	整张图 预测	92.21	94.42	93.28	87.46
Proposed VGG-16		96.52	94.34	95.40	91.23		67.34	94.72	75.93	64.08
Proposed VGG-19		95.69	95.78	95.71	91.81		97.74	91.45	94.45	89.53
Proposed ResNet-50		97.69	92.05	94.76	90.08		98.53	84.69	90.99	83.60

表 4-17 标题区域检测结果

模 型 结 构	预测方式	P	R	$F1$	IoU	预测方式	P	R	$F1$	IoU
U-Net		94.27	90.12	91.96	85.18		—	8.70	—	8.59
Attention U-Net		90.59	93.99	92.10	85.39		92.63	56.81	66.63	53.36
SegNet	Patch 预测	83.72	95.94	89.21	80.66	整张图 预测	84.70	88.28	86.02	75.88
Proposed VGG-16		92.25	92.40	92.19	85.54		78.60	78.04	74.00	61.47
Proposed VGG-19		89.17	95.45	92.05	85.32		95.38	85.66	90.04	82.00
Proposed ResNet-50		96.36	85.16	90.25	82.35		94.51	67.53	78.42	65.02

由于不同结构元素样本比例差异较大,且在进行数据采样过程中,未对不同结构元素进行数据均衡,所以在相同条件下,IoU 精度均值呈现:文本区域检测＞边框线检测＞标题区域检测的现象。

通过 Patch 的方式进行预测,文字区域、边框线区域检测、标题区域检测在不同模型下,IoU 结果分别如图 4-33(a)、4-34(a)和 4-35(a)所示,所提出的 VGG-19 Patch 预测箱包图如图 4-33(b)、4-34(b)和 4-35(b)所示。图 4-33 中 ◆ 为 Proposed ResNet-50,▲ 为 Proposed VGG-16,● 为 Proposed VGG-19,◆ 为 Attention U-Net,▽ 为 U-Net,▣ 为 SegNet。图 4-34 中 ◆ 为 Proposed ResNet-50,▲ 为 Proposed VGG-16,● 为 Proposed VGG-19,◆ 为 Attention U-Net,▽ 为 U-Net,▣ 为 SegNet。图 4-35 中 ◆ 为 Proposed ResNet-50,▲ 为 Proposed VGG-16,● 为 Proposed VGG-19,◆ 为 Attention U-Net,▽ 为 U-Net,▣ 为 SegNet。

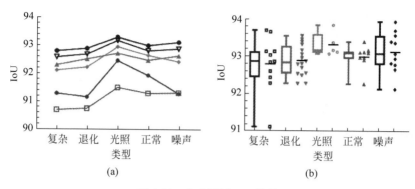

图 4-33　文本区域 IoU 结果

（a）不同模型预测结果；（b）Proposed VGG-19 预测结果

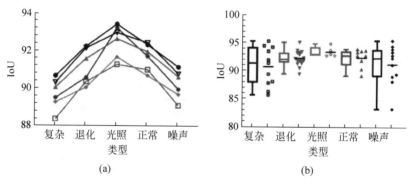

图 4-34　边框线区域检测 IoU 结果

（a）不同模型预测结果；（b）Proposed VGG-19 预测结果

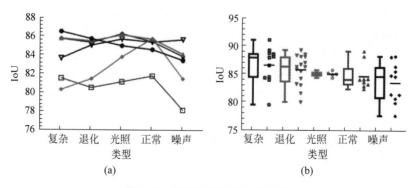

图 4-35　标题区域检测 IoU 结果

（a）不同模型预测结果；（b）Proposed VGG-19 预测结果

由于笔画退化严重,笔画边界信息模糊是导致版面结构元素分割准确率下降的主要原因,但其影响范围仅存在字符边界,如图 4-29 所示,并不会对后续文字识别造成影响;同时,噪声、污渍是引起标题区域和边框线区域准确率下降的主要原因。

6. 文档图像二值化分析

得益于多分支像素级 Mask 的制作,将文本区域检测、边框线区域检测以及标题区域预测的结果相加,则可以得到整张图像的二值化结果,如表 4-18 所示。

表 4-18　二值化结果

模 型 结 构	预测方式	P	R	$F1$	IoU	预测方式	P	R	$F1$	IoU
U-Net	Patch 预测	95.64	96.54	96.08	92.45	整张图 预测	90.07	94.16	92.00	85.25
Attention U-Net		96.99	93.97	95.44	91.28		92.83	92.28	92.48	86.06
SegNet		93.60	96.70	95.12	90.70		89.94	96.50	93.09	87.09
Proposed VGG-16		95.14	96.73	95.92	92.16		90.99	96.61	93.21	88.03
Proposed VGG-19		95.73	96.64	96.17	92.63		96.38	94.05	95.19	90.82
Proposed ResNet-50		96.66	94.76	95.69	91.73		96.46	91.66	93.98	88.65

通过 Patch 的方式进行预测,不同模型的预测结果如图 4-36(a)所示,VGG-19 预测结果 IoU 箱包图如图 4-36(b)所示。其中◆为 Proposed ResNet-50,▲为 Proposed VGG-16,●为 Proposed VGG-19,■为 Attention U-Net,▽为 U-Net,□为 SegNet。

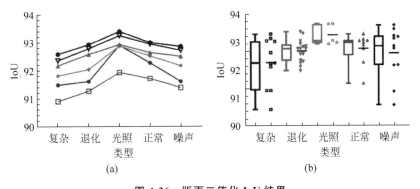

图 4-36　版面二值化 IoU 结果

（a）不同模型预测结果；（b）Proposed VGG-19 预测结果

版面二值化结果 IoU 均位于 90% 以上,集中于 92%～94%,$F1$ 值达到了 96%。

7. 实验总结

为了将所提模型与其他模型进行综合评估,分别从预测时耗(GPU3090 预测 320×320 的图像)、$m\mathrm{Line}Acc_{0.9}$ 与 mIoU 三个评价指标对所提模型进行综合评价,并与 U-Net、Attention U-Net 以及 SegNet 进行对比实验,结果如图 4-37 所示。其 $m\,\mathrm{Line}Acc_{0.9}$ 和 $m\,\mathrm{IoU}$ 的定义如式(4-6)~式(4-7)所示。

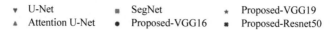

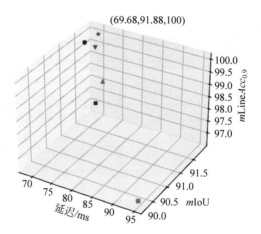

图 4-37 所提出的模型与其他模型的比较

$$m\,\mathrm{Line}Acc_{0.9} = \sum_{i=1}^{n} \mathrm{Line}Ac \tag{4-6}$$

$$m\,\mathrm{IoU} = \sum_{i=1}^{m} \mathrm{IoU} \tag{4-7}$$

其中 $n=4$,是($\mathrm{Max}_{\mathrm{push}}$,$\mathrm{Min}_{\mathrm{dist}}$)为不同值次数。$m=5$ 分别是标题区域 IoU、文字区域 IoU、边框线 IoU、X-height IoU 以及版面二值化 IoU 的均值。显然,所提方法在多项指标中均取得了最优结果。

在多项任务中,均采用 Patch 与整图两种方案进行模型预测,基于 Patch 的预测方案更稳定可靠。这主要包括两个原因:一是光照不均现象通常存在于图像边界与图像中心之间,因此在局部切片范围内,光照不均现象会明显减弱;二是当进行整张图像预测时,图像笔画退化边界信息将会产生严重的丢失现象。得益于所提数据集建设的方案,经过训练网络模型可以对文本行粘连区域进行自动规避,从而在粘连区域预测出平滑可分的文本行概率图,最终多分支融合后的版面分析结果如图 4-38 所示。

图 4-38(a)~(i)9 个不同的版面,左右两边红色区域为标题预测结果、绿色框区域为边框线的预测结果、绿色框线内正文不同颜色的掩膜 Mask 是经过切分后的不同文本行(主干网为 VGG-19,$\mathrm{Max}_{\mathrm{push}}=3$,$\mathrm{Min}_{\mathrm{dist}}=3$ 的预测结果),图中红色圈所示为粘连区域,蓝色矩形为笔画断裂区域。此外,为了说明该方法的有效性,在训练过程中没有增加任何的训练技巧,如进行图像数据增广、使用 focal loss 进行小样本的学习等方案。取得了这样的效果,说明了这个方法简单、通用性强,

且易于迁移。

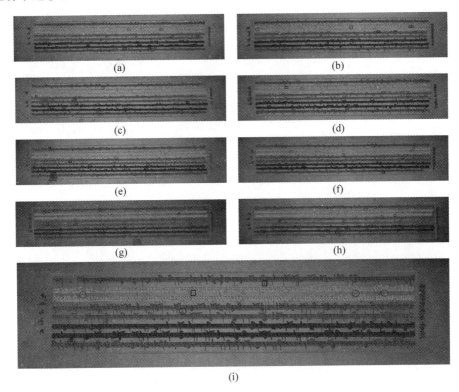

图 4-38 版面分析结果示例(见文前彩图)

为了解决乌金体藏文古籍版面分析与识别所面临的困难,提出了多分支网络的版面分析模型、结合深度学习的文本行分水岭算法以及快速的数据标注方案,如图 4-39 所示。

所提出的方法主要包括以下三个部分:

(1)提出一种多分支版面分析模型,该模型通过不同分支完成不同结构元素的检测。多分支网络模型通过多个任务相互监督学习从而学到更多的特征信息,同时多分支结构仅关注当前分支任务,可以为该任务提供更高的精度。

(2)提出一种结合分水岭算法的文本行切分算法。通过对文本行 Mask 任务的预测,结合分水岭算法对文本行 Mask 进行分割,从而自动解决文本行扭曲、字符粘连以及笔画断裂等多个问题。

(3)提出一种数据集标注、制作方案。通过对二值图像进行分割线标注之后逼近结构元素,从而得到精确的元素位置,该方案可以大幅降低数据标注工作量并提高版面元素标注的精度。

乌金体藏文古籍文档图像的实验表明:所提版面元素标注方案,减少了一半以上的数据标注工作量;所提多分支网络模型可以自动解决文本行粘连、断裂问

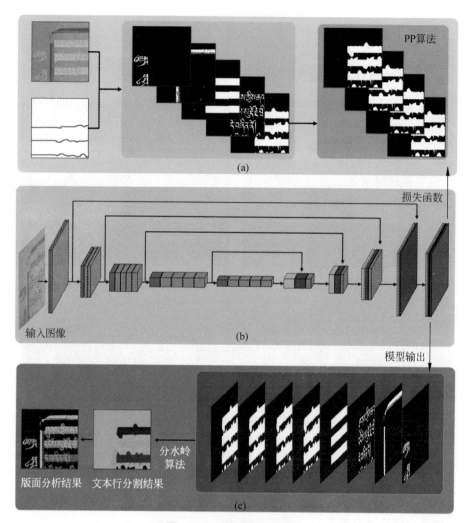

图 4-39　所提方法 Pipeline

（a）数据制作方案；（b）模型方法；（c）后处理

题,并在版面分析工作中取得了很好的效果。

　　总的来说,本节内容主要介绍以下 3 个方面:

　　(1) 提出了一个多分支网络,该模型通过多个分支完成不同版面元素的分割,从而完成版面分析工作,最终在多项任务中均取得了很好的效果。该模型基于 U-Net 网络的改进,因此在任何深度学习框架中可以被轻松快捷地实现。

　　(2) 提出了一个结合分水岭的文本行切分方法,通过对文本行 Mask 的制作,自动对行之间笔画粘连区域、断裂笔画进行处理,从而完成文本行的正确分割。

　　(3) 第一次提出了精细化版面分析标注方案,使用分割线对版面元素进行逼近,从而更加精确化地控制标注粒度(像素级别),此外,该方案减少了一半以上的数据标注工作量。

  虽然通过多分支分割完成了像素级藏文古籍版面分割任务,并在多项指标中取得了令人满意的结果,然而所提算法模型仍存在一些局限性。

  由于在文本行分割过程中引入了分水岭算法,需要保证文本行预测结果足够平滑,虽然通过 PP 算法对基准 Ground Truth 进行了处理,尽量解决了粘连区域所带来的影响。但由于"硬"粘连的存在,仍会出现文本行预测图发生错误的情况,如图 4-40(a)所示,可以看到图像粘连区域笔迹信息明显,导致分水岭算法无法将其准确切分,如图 4-40(b)所示。另外,当标题区域被大的污渍覆盖后,如图 4-40(c)所示,会导致预测结果出现错误,如图 4-40(d)所示,其中,红色区域为标题区域,绿色区域为边框区域,蓝色区域为文本区域。

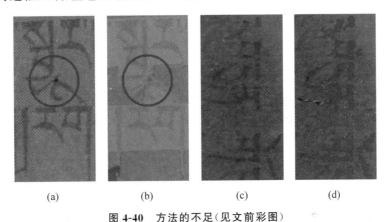

(a)   (b)   (c)   (d)

图 4-40 方法的不足(见文前彩图)
(a)"硬"粘连区域原图;(b)对预测结果进行分水岭算法;(c)污渍图像;(d)预测结果

  本节提出了 PP 算法作为数据集制作以及多分支版面分析模型。PP 算法在节省大量标注时间的同时,将数据集标注精细到像素级别,且可以自动对粘连、断裂、模糊以及污渍区域进行处理,从而生成如人工标注的结构元素 Mask;通过多分支模型的并行训练,提高模型特征提取能力的同时,完成不同类型任务像素级精度预测,使模型在多项任务中均取得令人满意的效果。此外通过任务分支的修改,可以使该模型完成更多项结构类型的判断,具有较好的普适性。

  虽然所提方法仅在藏文古籍上进行了实验,实际可以解决一系列存在以下属性的问题:①像素级数据集构建;②图像高精度结构元素分析;③像素与类别数存在一对多的关系。当然多分支网络模型完成的像素级粒度分割,同时也意味着庞大的算力依赖;分水岭算法所造成的文本行分割错误仍是文本行分割错误的主要原因。因此,在未来,将致力于研究模型压缩以及文本行分割后处理相关工作。

4.7　本章小结

本章介绍了四种深度学习版面分析方法。①基于全卷积神经网络的版面分析,可以对文档图像的版面布局进行分割,并对文字区域图像进行二值化。实验结果表明,该方法的 F1 指标达到 90.92%。②基于 DeepLab 语义分割网络,在数据集 THDID-LS 上训练适用于藏文图像版面分割的模型,最后对分割模型的效果做出了展示与分析。相较传统方法,该模型有效避免了藏文古籍图像复杂背景及版面质量不佳带来的影响,具有更高的鲁棒性和分割准确率,能够精准地将藏文古籍图像各版面元素分割出来。③基于实例分割的算法可以准确地对藏文古籍进行细粒度的版面分析,获得不同的文本行或者文本段实例,在输入图像为 2496×800、边界类型为 10-4 时的测试集上分辨率平均精确率值达到 72.7%。该方法的优点是直接在原始彩色图像上进行细粒度的版面分割,将版面分割成文本行或文本行段,但相比基于 DeepLab 的方法,细粒度的版面分析方法更依赖于较大工作量的文本行标注。④基于多任务语义分割的藏文古籍版面分析方法,针对乌金体藏文古籍版面退化严重、结构复杂、污渍严重,以及笔画存在不同程度的粘连、断裂现象,提出了一种数据标注方案和基于分割的多分支版面分析模型。首先在文档图像中完成元素分割线的标记,然后通过分割线对图像中的元素位置进行逼近,完成版面分析数据标注工作;利用基于分割的检测模型对不同版面元素定位,结合分水岭算法完成文本行分割,从而得到乌金体藏文古籍版面分析结果。实验表明,我们的标注方案可大幅提升标注效率和准确度,版面分析模型在文档二值化、文本区域检测、标题区域检测、边框线区域检测和文本行分割多项任务中 F1 指标分别达到了 96.17%、96.36%、92.05%、95.71%、99.86%。构建更加理想的多版本格式、多任务、细粒度藏文古籍版面分析模型也是正在进行的一项工作。

参考文献

[1] MA L L,LONG C J,DUAN L J,et al. Segmentation and recognition for historical Tibetan document images[J]. Access,2020(8):52641-52651.

[2] 陈园园,王维兰,刘华明,等.基于自适应游程平滑算法的藏文文档图像版面分割与描述[J].激光与光电子学进展,2021,58(14):8.

[3] LIU H M,BI X H,WANG W L,et al. Layout analysis of historical Tibetan documents[C]. International Conference on Artificial Intelligence and Big Data,Chengdu,2019,74-78.

[4] 张西群,马龙龙,段立娟,等.基于卷积降噪自编码器的藏文历史古籍版面分析方法[J].中文信息学报,2018,32(7):67-73,81.

[5] 张西群.面向藏文历史古籍的版面分割方法研究[D].北京:北京工业大学,2018.

[6] ZHANG X Q,DUAN L J,MA L L,et al. Text extraction for historical Tibetan document images based on connected component analysis and corner point detection[C]. Chinese

Conference on Computer Vision,Tianjin,2017,545-555.

[7] DUAN L J,ZHANG X Q,et al. Text extraction method for historical Tibetan document images based on block projections[J]. Optoelectronics Letters,2017,13(6)：457-461.

[8] XU Y,YIN F,ZHANG Z X,et al. Multi-task layout analysis for historical handwritten documents using fully convolutional networks[C]//IJCAI. 2018：1057-1063.

[9] HU P F,WANG W L,LI Q Q,et al. Touching text line segmentation combined local baseline and connected component for Uchen Tibetan historical documents[J]. Information Processing & Management,2021,58(6)：102689.

[10] CHEN L C,PAPANDREOU G,KOKKINOS I,et al. DeepLab：Semantic image segmentation with deep convolutional nets,Atrous Convolution,and fully connected CRFs[J]. IEEE Transactions on Pattern Analysis and Machine Intelligence,2017,40(4),834-848.

[11] CHOLLET F. Xception：Deep learning with depthwise separable convolutions[C]. IEEE Conference on Computer Vision and Pattern Recognition,Hawaii,2017,1251-1258.

[12] 陈园园. 藏文古籍版面分析系统的设计与实现[D]. 兰州：西北民族大学,2021.

[13] PRUSTY A,AITHA S,TRIVEDI A,et al. Indiscapes：Instance segmentation networks for layout parsing of historical indic manuscripts[C]//2019 International Conference on Document Analysis and Recognition (ICDAR). IEEE,2019：999-1006.

[14] 赵鹏海. 乌金体藏文文档版面分析与识别系统[D]. 兰州：西北民族大学,2022.

[15] WANG X L,KONG T,SHEN C H,et al. Solo：Segmenting objects by locations[C]// European Conference on Computer Vision. Springer,Cham,2020：649-665.

[16] WANG X L,ZHANG R F,KONG T,et al. SOLOv2：Dynamic and Fast Instance Segmentation[J]. 2020. DOI：10.48550/arXiv.2003.10152.

[17] LIN T,DOLLÁR P,GIRSHICK K,et al. Feature pyramid networks for object detection [C]//Proceedings of the IEEE conference on computer vision and pattern recognition. 2017：2117-2125.

[18] XIE S,GIRSHICK R,DOLLÁR P,et al. Aggregated residual transformations for deep neural networks[C]//Proceedings of the IEEE conference on computer vision and pattern recognition. 2017：1492-1500.

[19] WANG J D,SUN K,CHENG T H,et al. Deep high-resolution representation learning for visual recognition[J]. IEEE transactions on pattern analysis and machine intelligence,2020：1-23.

[20] HU P F,WANG W L,LI Q Q,et al. Touching text line segmentation combined local baseline and connected component for Uchen Tibetan historical documents[J]. Information Processing & Management,2021,58(6)：102689.

[21] SUZUKI S. Topological structural analysis of digitized binary images by border following [J]. Computer vision,graphics,and image processing,1985,30(1)：32-46.

[22] TEH C H,CHIN R T. On the detection of dominant points on digital curves[J]. IEEE Transactions on pattern analysis and machine intelligence,1989,11(8)：859-872.

[23] LIN T Y,MAIRE M,BELONGIE S,et al. Microsoft coco：Common objects in context [C]//European conference on computer vision. Springer,Cham,2014：740-755.

[24] HE K M,GEORGIA G,DOLLÁR P,et al. Mask r-cnn[C]//Proceedings of the IEEE international conference on computer vision. 2017：2961-2969.

[25] HUANG Z J,HUANG L C,GONG Y C,et al. Mask scoring r-cnn[C]//Proceedings of the

IEEE/CVF Conference on Computer Vision and Pattern Recognition. 2019：6409-6418.

[26]　BOLYA D，ZHOU C，XIAO F Y，et al. Yolact：Real-time instance segmentation[C]// Proceedings of the IEEE/CVF International Conference on Computer Vision. 2019：9157-9166.

[27]　ZHAO P H，WANG W L，CAI Z Q，et al. Accurate fine-grained layout analysis for the historical Tibetan document based on the instance segmentation. IEEE Access，2021（9）：154435-154447.

[28]　RONNEBERGER O，FISCHER P，BROX T. U-net：Convolutional networks for biomedical image segmentation. International conference on medical image computing and computer-assisted intervention，2015：234-241.

[29]　LI X，WANG W H，HOU W B，et al. Shape robust text detection with progressive scale expansion network. Proceedings of the IEEE/CVF conference on computer vision and pattern recognition，2019：9336-9345.

[30]　XU Y，YIN F，ZHANG Z X，et al. Multi-task layout analysis for historical handwritten documents using fully convolutional networks. Twenty-seventh international joint conference on artificial intelligence[C]//IJCAI-18，2018. DOI：10.24963/ijcai.2018/147.

[31]　LI X H，YIN F，XUE T，et al. Instance aware document image segmentation using label pyramid networks and deep watershed transformation[C]//2019 International Conference on Document Analysis and Recognition (ICDAR). 2019. DOI：10.1109/ICDAR.2019.00088.

[32]　LIAO M H，ZOU Z S，WAN Z Y，et al. Real-time scene text detection with differentiable binarization and adaptive scale fusion[J]. IEEE Transactions on Pattern Analysis and Machine Intelligence. 2022. DOI：10.48550/arXiv.2202.10304.

[33]　SIMONYAN K，ZISSERMAN A. Very deep convolutional networks for large-scale image recognition[J]. Computer Science，2014. DOI：10.48550/arXiv.1409.1556.

[34]　HE K M，ZHANG X Y，REN S Q，et al. Deep residual learning for image recognition[J]. IEEE，2016. DOI：10.1109/CVPR.2016.90.

[35]　HOWARD A，et al. Searching for mobilenetv3. Proceedings of the IEEE/CVF international conference on computer vision，2019：1314-1324.

[36]　DENG J，DONG W，RICHARD S，et al. Imagenet：A large-scale hierarchical image database [J]. 2009 IEEE conference on computer vision and pattern recognition，2009：248-255.

[37]　OKTAY O，et al. Attention u-net：Learning where to look for the pancreas. CoRR，vol. abs/1804.03999，2018，Available：http：/arxiv.org/abs/1804.03999.

[38]　BADRINARAYANAN V，KENDALL A，CIPOLLA R. Segnet：A deep convolutional encoder-decoder architecture for image segmentation. IEEE transactions on pattern analysis and machine intelligence，2017 12（39）：2481-2495.

第5章

乌金体藏文古籍文档图像行切分

5.1 引言

藏文古籍图像页面退化严重,文本行倾斜、扭曲和笔画断裂,以及字符与边框、上下行字符之间复杂的粘连形成的文本行粘连现象,是文本行切分的难点所在。对于汉文和英文来说,其单个字符结构形状较为规整,而一个藏文音节是通过字母的上下叠加、左右拼写而成,音节中的每个纵向单位的字丁不等高,再加上藏文古籍为手工刻版或书写,致使每一行所有文字的基线不在同一条水平线上。藏文古籍特殊的纸张类型、保存年代久远以及字体风格等原因,纸质文件出现了严重的退化、破损等,虽然预处理阶段可以抑制部分污渍,但对文档图像版面污渍严重、字迹模糊、笔画断裂和文本行之间存在大量的笔画粘连等复杂情况,使藏文古籍文本行切分变得更具挑战性。在第4章的乌金体藏文古籍文档图像版面分析中,基于实例分割的版面分析、基于多任务语义分割的版面分析已经含有文本行切分任务,且取得了较好的切分效果。其他版面分析结果的文本图像部分还需要专门的行切分。图5-1为二值化版面部分的文本示例图,文本行有整体倾斜或者局部倾斜、整行扭曲或者局部扭曲的现象,蓝色圈是行之间的字符笔画粘连,红色矩形框是笔画断裂,彩色折线是文本行的一个正确分割路径。

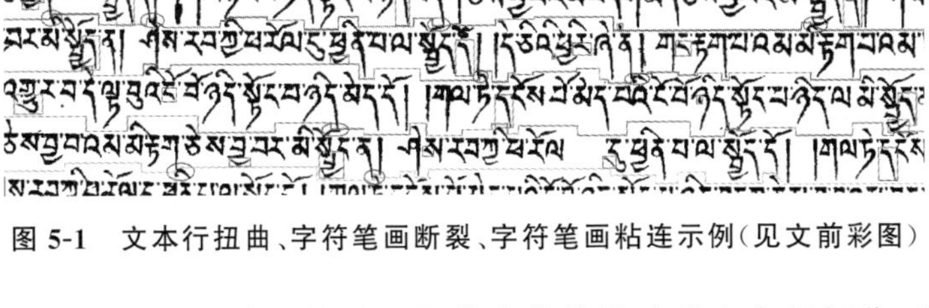

图5-1　文本行扭曲、字符笔画断裂、字符笔画粘连示例(见文前彩图)

本章主要介绍了基于连通域重心与轮廓曲线跟踪的文本行切分、基于连通域分析和局部基线位置的乌金体藏文古籍行切分、结合文字核心区域和扩展生长的藏文古籍文本行切分、基于局部基线检测的乌金体藏文古籍粘连行切分等 4 种方法,其分割准确率的情况如下:第 1 种方法在 36 页共 288 行的文档上切分率为 86.1%;第 2~4 种方法,都是在同一数据集数量为 212 个藏文古籍文档图像数 1696 行文本的切分结果。第 2 种方法达到 90.68%;第 3 种方法达到 98.96%;第 4 种方法达到 99.48%。

5.2 藏文古籍文本行切分研究进展

目前,古籍文档图像行切分的研究已经在多个文种上展开,运用传统的方法解决此类问题主要有两种思路:一是利用行与行之间的空白[1-3]。首先估算得到行间空白上的一个点,以该点为起始点,沿着文本行的方向以一定准则进行延伸,实现文本行的切分。二是基于文本行上的字符位置展开研究[4-5]。通过选择字符的某一个特征点作为字符的代表,沿着行的方向以一定准则连接所有的点,实现文本行的切分。随着深度学习技术的流行,Nhat Vo 等[6]利用一个全卷积网络预测文档图像中的文本行,从中构造出每个文本行中的字符,同时对粘连字符分配所属行,完成文本行的分割。近年来才逐渐开始了藏文古籍文本行切分的工作,而且集中在基于文本行基线展开研究[7-12]。例如,基于基线检测的藏文古籍文本行切分算法。该算法首先通过滑动窗口去除藏文上元音和某些突出笔画,限定阈值和闭运算获得文本行基线起始位置和文本行数;其次根据基线的起始位置使用像素追踪方法估计基线,利用估计的基线和先验知识在最小宽度的笔画位置处切割粘连区域;最后基于估计的基线和粘连区域的切割位置进行文本行切分。基于连通区域分析和轮廓曲线追踪的藏文古籍文本行切分方法。先计算所有连通域的重心,然后根据这些重心的连线将所有连通域串联起来,再用轮廓跟踪算法得到区域的轮廓线,完成文本行切分。基于文本行基线位置和连通区域分析的藏文古籍行切分算法,先用投影方式对图像进行倾斜检测和矫正,并估算出文本行的基线位置,之后根据连通区域的位置将其归属到对应的文本行中。因为藏文古籍是手写或者木刻版,文本行基线并非像印刷体那样是一条直线,往往只有局部是直线,故所提出的一种结合文字核心区域和扩展生长的藏文古籍文档图像的行切分方法,主要特点是检测文本行基线的范围,进一步扩展形成文本行文字核心区域,并基于广度优先搜索的扩展生长算法,解决行间笔画粘连切分的同时进行断裂笔画的文本行归属问题。而基于局部基线的乌金体藏文古籍粘连行切分方法,使用局部基线信息和连通域的分配完成文本行分割[13]。该方法的局部基线信息可以较为精准地表达藏文文本行局部位置,对粘连进行了详细的研究,并提出了粘连区域检测及切分方法,进而根据字符特征信息对连通域进行归属从而完成文本行分割。目前的一些文档图像版面分析的网络模型中含有文本行切分的过程,这个在第 4 章已经进行了研究和讨论。

5.3　基于连通域重心与轮廓曲线跟踪的文本行切分

对于二值文档图像,通过连通域分析、连通域外轮廓的计算、连通域分配等,提出了基于连通域重心与轮廓曲线跟踪的文本行切分算法,共包含 5 个步骤:①连接每行中相邻连通域的重心点,使每一行形成一个新的连通域;②求出连通域的轮廓曲线;③归属孤立点与音节点,形成完整的行连通域;④求出行连通域的轮廓曲线;⑤根据轮廓曲线,映射原二值图像中对应文本行的像素到空白图像中,完成行切分。切分算法的流程如图 5-2 所示,其中轮廓曲线是字符外接曲线与重心连线连在一起所形成的。

5.3.1　连通域分析

将文档中每个字符、相粘连的字符或者一个单独的笔画都作为一个连通域,求出每个连通域的轮廓,通过对轮廓上所有点进行求和运算,可以得到轮廓的一个粗略特征。用图像矩计算闭合区域(轮廓)即连通域的重心。轮廓的 $(p+q)$ 阶矩由式(5-1)计算:

$$m_{pq} = \sum_{x=1}^{M} \sum_{y=1}^{N} I(x,y) x^p y^q \tag{5-1}$$

其中,$p,q=0,1,2,3,\cdots$。p 对应 x 纬度上的矩,q 对应 y 纬度上的矩,$I(x,y)$ 表示字符或字符粘连块图像,M 表示 x 纬度的最大取值,N 表示 y 纬度的最大取值。

对于二值化图像,当 $p=1,q=0$ 时,即轮廓矩的水平矩 m_{10},由式(5-2)计算:

$$m_{10} = \sum_{x=1}^{M} \sum_{y=1}^{N} I(x,y) x \tag{5-2}$$

当 $p=0,q=1$ 时,轮廓矩的垂直矩 m_{01},由式(5-3)计算:

$$m_{01} = \sum_{x=1}^{M} \sum_{y=1}^{N} I(x,y) y \tag{5-3}$$

当 $p=0,q=0$ 时,即轮廓的面积 m_{00},由式(5-4)计算:

$$m_{00} = \sum_{x=1}^{M} \sum_{y=1}^{N} I(x,y) \tag{5-4}$$

令 x_c、y_c 为轮廓重心的横坐标与纵坐标,分别由式(5-5)、式(5-6)计算:

$$x_c = m_{10}/m_{00} \tag{5-5}$$

$$y_c = m_{01}/m_{00} \tag{5-6}$$

重心可表示为 $H_{c,s}(x_c,y_c)$,c 表示轮廓序号,s 表示行号,在一行内的 s 值相同。

将相邻字符的重心点连接起来,形成连通域。定义变量 l 为两个行连通域之

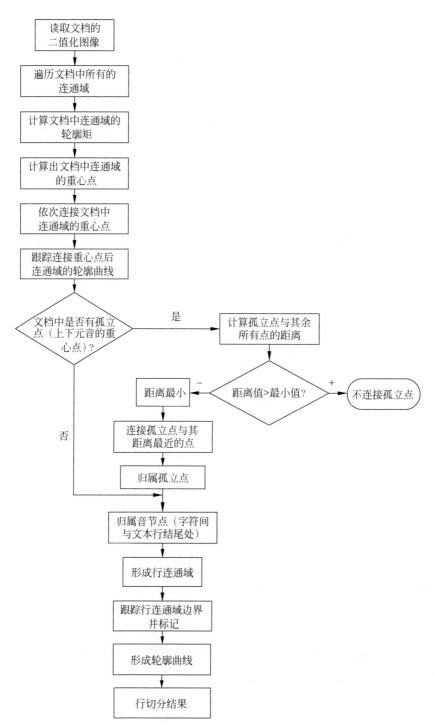

图 5-2 行切分流程图

间的距离，$\bar{y}_s$ 为第 s 行纵坐标的平均值，$\bar{y}_{s-1}$ 为第 $s-1$ 行纵坐标的平均值。纵坐标的平均值和两行之前的距离分别如式(5-7)、式(5-8)所示：

$$\bar{y}_s = \sum_{i=1}^{c} y_i / c \tag{5-7}$$

$$l = \bar{y}_s - \bar{y}_{s-1} \tag{5-8}$$

令连接相邻字符重心的直线为 L_{ab}，已知两点的坐标，求经过两点直线 L_{ab} 的方程如式(5-9)所示：

$$L_{ab}: y = ax + b \quad (y_c - y_{c-1} < l) \tag{5-9}$$

在乌金体藏文古籍图像文档中，行与行之间的距离总是在某一个值 l 的左右，因此当两个重心点的纵坐标之差的绝对值超过 l 的时候，不连接这两点，那些没有被连接的点，称其为孤立点。图 5-3(a)～(c)分别为原图、6 个点是孤立点的图和最后连接每行相邻重心点形成的连通域。

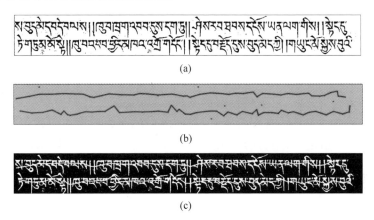

(a)

(b)

(c)

图 5-3　连通域分析示例图

(a) 二值化的图像文本；(b) 重心点的连接与孤立点；(c) 连接每行重心点形成的连通域

5.3.2　连通域外轮廓的计算

在乌金体藏文古籍的二值化文档图像中，设置背景区域的像素值为 0，目标区域的像素值为 1。从上到下、从左往右依次遍历文档的二值图像，直到遇到连通区域的一个点，以它为起始点，跟踪外边界，标记外边界的像素点，判断外边界像素点四邻域像素灰度值是否为 0。如果像素灰度值为 0，则将对应的原图像文档的外边界的像素值标记为另一种颜色，最后形成该颜色的轮廓线。重复上述操作，将图像中所有连通域的外边界标记。令 $f(x, y)$ 为原二值化图像，$f'(x, y)$ 为轮廓跟踪图像。轮廓曲线跟踪算法如下：

遍历轮廓跟踪图像 $f'(x, y)$，判断目标像素点四邻域像素信息并予以标记。

步骤 1：当被遍历像素点的灰度值为 1，且它的左邻域、右邻域像素灰度值分别为 0、1 时,标记在 $f(x,y)$ 中与被遍历点坐标对应的像素点。

步骤 2:当被遍历像素点的灰度值为 1,且它的上邻域、左邻域像素灰度值分别为 0、1,或者它的上邻域、右邻域像素灰度值分别为 0、1,或者它的上邻域灰度值为 1 时,标记在 $f(x,y)$ 中与被遍历点坐标对应的像素点。

步骤 3:当被遍历像素点的灰度值为 1,且它的右邻域、左邻域像素灰度值分别为 0、1 时,标记在 $f(x,y)$ 中与被遍历点坐标对应的像素点。

步骤 4:当被遍历像素点的灰度值为 1,且它的下邻域、上邻域像素灰度值分别为 0、1,或者它的左邻域像素灰度值为 1 或右邻域像素灰度值为 1 时,标记在 $f(x,y)$ 中与被遍历点坐标对应的像素点。

利用上述算法处理图 5-3(c),得到各行连通域的轮廓曲线如图 5-4 所示。

图 5-4　跟踪图 5-3(c)中连通域的外边界得到的轮廓曲线

5.3.3　连通域分配

利用一条一定宽度、贯穿整行的水平直线,该直线将行中的音节点都能覆盖,并且这条水平直线与基线有部分重合,进而可以达到将音节点包括到行所在连通域中的目的;发现部分文本行的结尾处有音节点且没有与基线相连接,如图 5-4 中文本行的结尾处,因此我们将基线两端延长,使文本行结尾处音节点被归属到行所在的连通域中。

1. 孤立点归属

对于没有归到行连通域的孤立点,一般都是上元音、下元音或字丁的叠加字符中最下边字符,这样就形成了关于上元音、下元音或最后叠加字符的归属问题。通过判断上元音与下元音(或字符)的重心点 $T(x_g,y_g)$(所有的孤立点数为 $G,g=0,1,2,\cdots,G$)到其余各重心点(不包括本身)的距离大小决定其归属。距离计算如式(5-10)所示:

$$\text{dist}\_i = |x_g - x_i| + |y_g - y_i|, \quad i = 1,2,\cdots,h \tag{5-10}$$

孤立点 $T(x_g,y_g)$ 到其余重心点的距离为 dist_1、dist_2、$\cdots$、dist_h,$h+1$ 为总的重心点数。比较 dist_1、dist_2、$\cdots$、dist_h 的大小,得到最小距离值 dist_min,再根据 dist_min 求出与 $T(x_g,y_g)$ 连接距离最短的点,则 $T(x_g,y_g)$ 归属到所连接的连通域。依次遍历并计算每一个孤立到其他重心点的最小距离,将它们归属到相应的行连通域,图 5-5 就是将图 5-3(b)的孤立点连接到相应行的结果。

因此,通过连接重心点以及归属孤立点等问题,将图像文档中的每一行形成一个连通域,如图 5-6 所示。

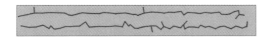

图 5-5 孤立点归属后的重心点连接图

图 5-6 图 5-3 中孤立点被归属后文档图像的连通域示例

2. 音节点归属

藏文文字是一种拼音文字,字与字之间以音节点为界。对文本行切分时,音节点应该在行所在的连通域中,否则行切分就没有实际意义。如图 5-7 所示,圈内的黑点即部分音节点。在图 5-4 中,可以看到音节点的轮廓曲线不在连通域轮廓曲线内,也就是说音节点没有被归属到行所在的连通域中。

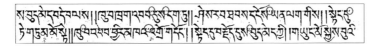

图 5-7 文档图像中的音节点

可以观察到每个文本行的音节点就局部而言,几乎都在同一水平线上,即局部的基线位置近似在一条直线上。利用一条一定宽度贯穿整行的水平直线将行中的音节点与之粘连,并且这条水平直线与基线有部分重合,进而可以达到将音节点被包括到行所在连通域中的目的。具体算法步骤如下。

步骤 1:跟踪二值化图像行连通域的外边界,求出轮廓曲线,得到构成曲线的点集合 $V1$。

步骤 2:遍历点集合 $V1$,求出点集合中的 Y 坐标,并按从小到大的顺序排序,得到集合 $V2$。

步骤 3:遍历点集合 $V2$,对 Y 的相同值进行判断,求出个数 NUM_i,得到集合 $V3$,$V3$ 中包括 NUM_i 以及对应的 Y。

步骤 4:遍历点集合 $V3$,求出 $V3$ 中 NUM_i 的最大值 NUM_max 及对应的 Y 值。

步骤 5:遍历点集合 $V1$,根据步骤 4 中得到的 Y 值,求出与之对应的 X 值,得到 NUM_max 个坐标点,得到点集合 $V4$。

步骤 6:遍历点集合 $V4$,连接相邻两点求出图像文本行基线,如图 5-8 所示。

图 5-8 音节点被归属后图像文档的连通域

通过对所得结果进行分析,可以发现部分文本行的结尾处有音节点且没有与基线相连接,如图 5-8 中文本行的结尾处所示。因此我们将基线两端延长,使文本行结尾处音节点被归属到行所在的连通域中,如图 5-9 所示。

图 5-9 归属文本行末的音节点形成行连通域示例图

5.3.4 文本行切分

根据上述算法跟踪已归属文本行关键部分的行连通域,求出轮廓曲线,遍历文档中文本行的轮廓曲线,将每行轮廓曲线内的像素信息映射到空白图像中,达到切分行的目的。行切分算法 5-1 如下。

算法 5-1 行切分算法

输入:构成轮廓曲线的点集合 U_1

输出:图片 RST

for u in U_1 do

$u_2 = \mathrm{SortByXcord}(u)$ //对 u 中的点的 X 坐标按从小到大的顺序进行排序

$Y_{\min}, Y_{\max} = \mathrm{get\_Y}(u_2)$ //对相同 X 坐标对应的 Y 坐标按从小到大的顺序进行排序,求出 Y 的最大值与最小值。

$\mathrm{IMG} = \mathrm{copy}(\mathrm{original\_IMG})$ //创建一张与原二值图像相同大小的空白图像。

$\mathrm{mapping}(\mathrm{IMG})$ //映射原二值化图像中 $(X, Y_{\min}), \cdots, (X, Y_{\max})$ 坐标区间内的像素信息到空白图像所对应的坐标位置,将文档的每一行映射到空白图像中。

end for

$\mathrm{RST} = \mathrm{get\_Rect}()$ //对已映射的行求外接矩形框

5.3.5 实验结果与分析

为了说明本方案的优点,以文本图像为例介绍具体的过程。图 5-3(a) 为乌金体藏文二值文档图像的部分,图 5-9 为图像文档两行文字的行连通域,图 5-10 为最后标记出的行轮廓曲线,图 5-11 为文本行的切分结果。

图 5-10 图 5-3 中文本行图像连通域的轮廓曲线标记

图 5-12 为进一步说明乌金体藏文二值文档图像,其行切分过程如下。

步骤 1:对图 5-12 文字区域每个连通域重心坐标的计算,重心点的分布图如

图 5-13 所示。

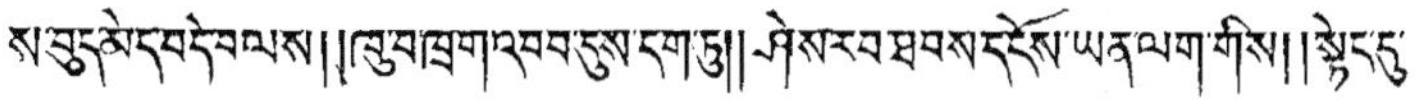

ས་བྱུང་སྨེ་དག་དེ་ལ་སོ།།ལུ་བ་གག་གི་ད་བ་ལུ་དག་ཀྱ།།ཤེ་སར་བ་ཐབས་ར་དེ་ར་ཡ་ན་ལག་ཀྱིས།།སྲེ་དུ

(a)

དེ་གཉིས་མེ་སྟེ།།ལུ་བ་བར་བ་ཙི་ར་ལབ་ན་འགྲོ་གར་རོ།།སྲེ་དུ་བ་རྟོ་རྒྱས་བུ་ར་མེ་ཀྱི།།ག་ཡུ་མེ་འི་སྐྲུ་བ་བུ་འོ

(b)

图 5-11 根据图 5-10 中的轮廓曲线对图 5-3 中图像文本行切分的结果

（a）图 5-10 中的轮廓曲线内获取的第一行；（b）图 5-10 中的轮廓曲线内获取的第二行

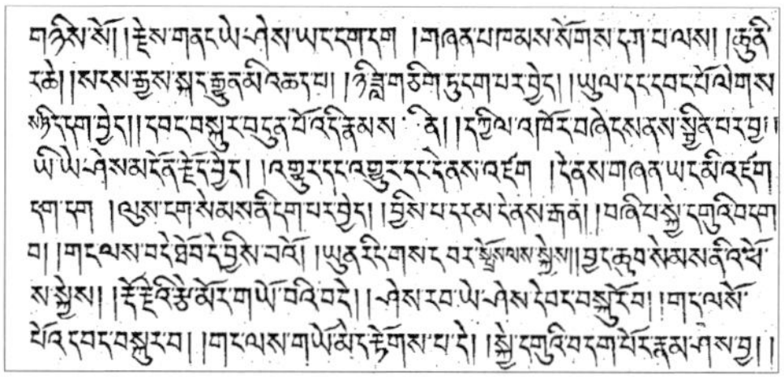

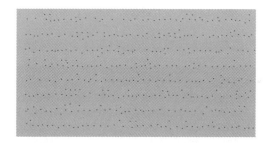

图 5-12 二值化的图像文本

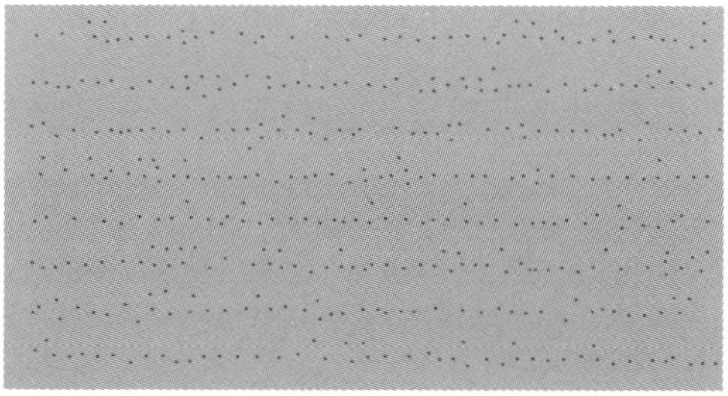

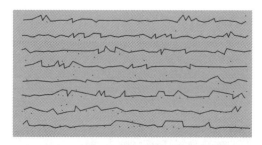

图 5-13 图 5-12 的文字连通域重心点分布

步骤 2：连接相邻字符的重心点，使相连字符形成新的连通域，连接各重心点如图 5-14 所示，显示在原图像文本中，如图 5-15 所示。

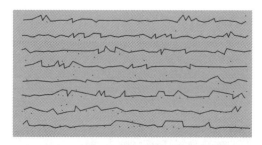

图 5-14 行重心点的连接与孤立点

步骤 3：将所有重心孤立点连接到第二步形成的连通域折线上，如图 5-16 所示，结果中很多没有被归属的点是字丁在文本行中偏上或偏下位置处的重心点，但字丁已属于行连通域的一部分。

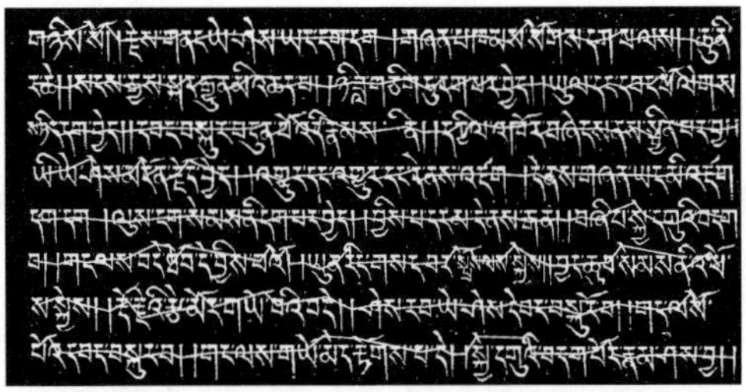

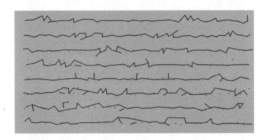

图 5-15　连接字符形成新的连通域

图 5-16　孤立点归属后的重心点连接图

步骤 4：在原文档图像中显示孤立点的归属效果，如图 5-17 所示。

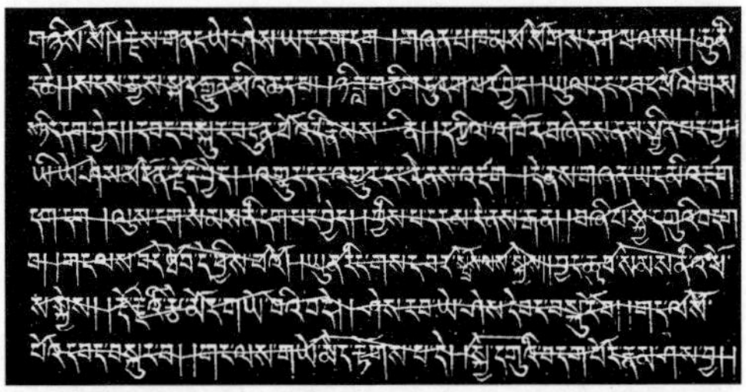

图 5-17　原图像文档中显示孤立点的归属效果

步骤 5：归属字符之间及文本行结尾处的音节点，如图 5-18 所示。

图 5-18　归属图像文档中的音节点形成行连通域

步骤 6：跟踪图 5-18 中行连通域外边界，求出轮廓曲线，如图 5-19 所示。

图 5-19　图 5-18 所示文本图像的行连通域轮廓曲线标记

步骤 7：获取图 5-19 中的轮廓曲线内图像，完成对乌金体藏文图像文本行的切分，如图 5-20 所示为一个个文本行图像。

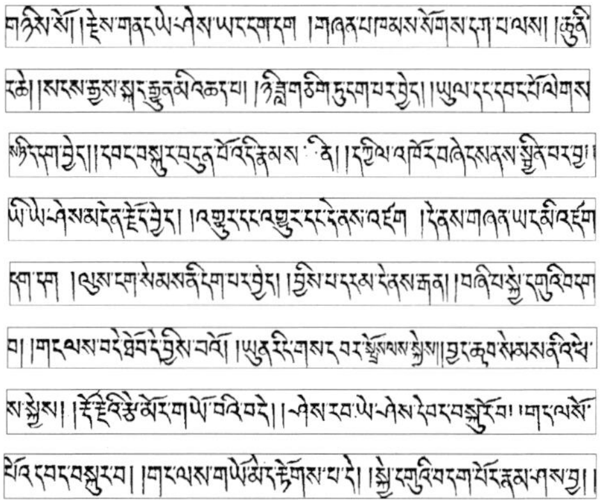

图 5-20　从图 5-19 轮廓曲线内读取的文本行

这种针对藏文古籍文本行的切分方法有以下优点：①不需要判断文本行的方向，对行不做倾斜矫正，行作为一个整体一次性切分；②能够解决相邻行之间在水平方向投影后产生重叠的问题，如图 5-21 所示，圈内上下行笔画交叠、各行有封闭的轮廓曲线、读取后是正确切分的文本行；③避免了矩形框分割带来的越界切分的问题，利用外接矩形框对行切分不能得到理想的结果，将不属于一行的部分笔画切入，如图 5-22 所示；④具有图像文本行清洗的作用，比较图 5-12 与图 5-20，切分出的文本行消除了各种干扰噪声点。

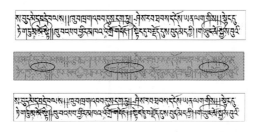

图 5-21　水平方向上投影后上下行会产生重叠的地方

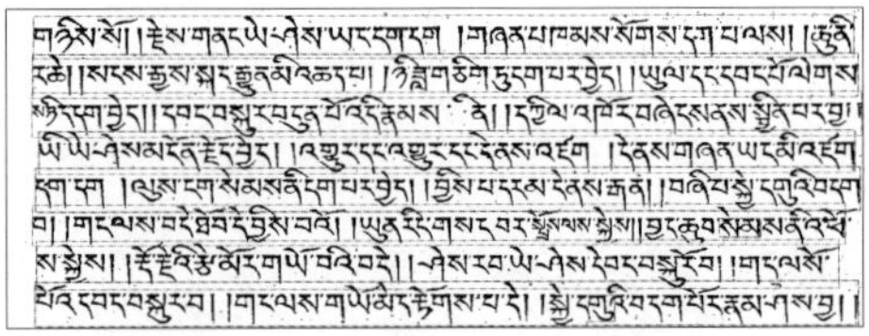

图 5-22   外接矩形框切分行

采用本方法,我们在 36 个文档图像数据集上,总共包含 288 行的乌金体藏文古籍木刻版图像文档,用人工比对的方法对所提出的方法进行测试。这些图像文本从古籍中随机抽取。在 288 行文本中,总行数为 NL,没有成功切分的行数为 DL,切分率为 PL,如式(5-11)所示,切分率如表 5-1 所示。该方法切分率为 86.1%,即错误率为 13.9%。基于连通域重心与轮廓曲线跟踪的文本行切分方法也有其局限,主要有两点:①当相邻行的文字有笔画粘连时,将不能正确切分目标行,如图 5-23 所示,上下行之间有笔画粘连(圈标记)、对应的轮廓曲线和读取结果。②当笔画断裂、相邻行之间笔画的重心离两行距离相等时,有些笔画不能被正确地归属,造成行切分不准确。所以,行之间的笔画粘连和笔画断裂等复杂情况需要进行更深入地研究。

$$PL = \frac{NL - DL}{NL} \tag{5-11}$$

表 5-1   切分率

NL	DL	NL−DL	PL
288	40	248	86.1%

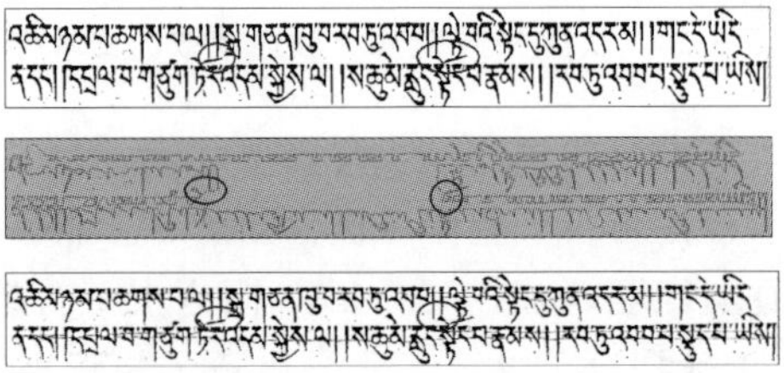

图 5-23   相邻行笔画粘连时不能正确切分示例图

本节的藏文古籍文本行切分方法的研究,直接用北京版《甘珠尔》文档图像的二值化、去边框后的藏文正文文字部分的行切分,因为实际的部分藏文古籍版面也有相对简单、仅有若干文本行的情况,所以本节的研究也具有一定的适应范围。

5.4   结合文字核心区域和扩展生长的藏文古籍文本行切分

5.4.1   结合文字核心区域和扩展生长文本行切分流程

藏文古籍文档图像中通常存在相邻文本行之间粘连和重叠的情况,使得文本行切分成为一项艰巨的任务。本节对所提出的一种结合文字核心区域和扩展生长的藏文古籍文档图像的行切分方法进行讨论,流程图如图 5-24 所示。

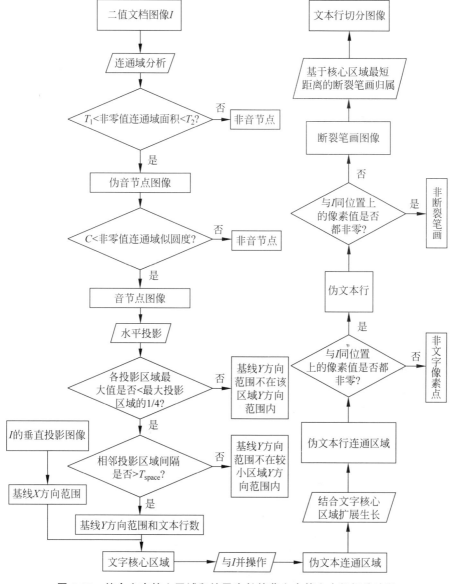

图 5-24 结合文字核心区域和扩展生长的藏文古籍文本行切分流程

（1）文本行基线范围获取。进行连通域分析,通过阈值 T_1、T_2 和 C,去除面积大、面积过小和似圆度小的连通域,获得音节点图像。对音节点图像沿水平方向进行投影和二值原图 I 沿垂直方向进行投影,消除音节点水平投影图中投影值小以及相邻投影区域间隔小于 T_{space} 的区域,得到每行基线范围和文本行数。根据每行基线范围和文本行数生成文字核心区域。

（2）伪文本连通区域的形成。将文字核心区域和二值原图 I 进行或运算，这样将每行基线所在的字符连接合并成大的连通域，称为伪文本连通区域。

（3）结合文字核心区域和扩展生长的文本行切分。基于广度优先算法从文字核心区域扩展生长为伪文本连通区域，得到伪文本行连通区域，再去除其中的非文字部分，获得伪文本行。对未合并到伪文本连通区域的断裂笔画根据其连通域的位置归到正确的文本行中，完成对整个藏文古籍文档图像的行切分。

5.4.2　文本行基线范围获取

由于藏文古籍文档图像存在行倾斜、扭曲、粘连和重叠等特点，文本行的基线并非像印刷体文档一样在一条直线上，而是在一条倾斜或者弯曲的线上。音节点在基线位置上，且音节点形状、大小相似。据此，通过检测音节点，对这些音节点图像进行水平投影，可以获取文本行基线 y 方向的取值范围和文本行数。而文本行基线 x 方向的取值范围可直接根据垂直投影二值化的文本图获得。

我们所提出的获取文本行基线范围的算法步骤具体如下。

步骤 1：音节点检测。使用前面进行预处理、去除文档图像中的边框和边框外的内容，获得藏文古籍二值原图像集 NMU_THDB212，为更好区分整体和局部，整体二值图的背景显示灰色（像素值为 128），前景显示为白色（像素值为 255），实际过程中，二值原图背景是黑色（像素值为 0）。以局部藏文古籍二值图 5-25(a) 黑色背景区域为例。

(a)

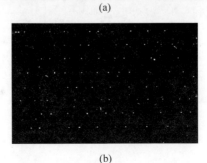

(b)

图 5-25　藏文古籍音节点检测示例

（a）版面处理后的二值图（黑色背景区域为局部二值图）；（b）音节点图像

（1）对图像进行整体的倾斜矫正。基于线性回归和获得倾斜角度的方法[14]，然后利用仿射变换进行旋转，用 OpenCV 中 minAreaRect 方法获得文本区域倾斜角度,再使用仿射变换将图像校正。具体步骤如下:①获得二值原图中文本区域的点集,即非 0 值像素点集;②求点集的最小外接矩形框,获得旋转角度;③对二值原图进行仿射变换,将图像旋转矫正。

(2) 获得音节点图像。除去与字符粘连在一起的音节点,剩余音节点与其他字符、符号,在大小、面积和似圆度上存在明显差异,因而可利用连通域的面积特征和似圆度特征得到音节点。连通域 c 的面积 A_c 就是其像素点数目,计算公式如式(5-12)所示。而且 A_c 满足条件 $T_1 < A_c < T_2$,即如果连通域的像素数大于 T_1(实验证明取值 10),小于 T_2(实验证明取值 100),则认为该连通域可能为音节点。阈值 T_1 的作用是去除连通域面积小于该值的噪声点,阈值 T_2 的作用是将连通域面积大于该值的藏文字符或断裂笔画过滤掉。然后计算剩下连通域的似圆度大小,通过实验统计与总结,获得阈值 C(实验证明取值 0.7),用来消除一些似圆度大于该阈值的长条形噪声来获得音节点图像,如图 5-25(b)所示。连通域似圆度的计算公式如式(5-13)所示。

$$A_c = \sum_{i=1}^{N} f_i \tag{5-12}$$

$$C_c = 1 - \frac{4\pi A_c}{P_c^2} \tag{5-13}$$

其中,A_c 为非 0 值的连通域 c 的面积;N 为所有非 0 值的连通域的数量;f_i 为连通域图像中像素值为 i 的像素点;C_c 为连通域 c 的似圆度,取值范围为 $[0, 1]$,其值越接近 0,说明似圆度越高,代表连通域形状与圆形差距越小,反之则形状越不规律,与圆形的差距越大;P_c 为连通域 c 的轮廓周长。这里 P_c 是非 0 值的连通域 c 外轮廓点的数量。

步骤 2:获取基线 y 方向范围。对所得到的音节点图像沿水平方向进行投影,进而计算每行文本基线 y 方向所在范围。设图像大小为 $w \times h$,$\boldsymbol{I}(x, y)$ 表示点 (x, y) 的灰度值,则投影向量 $\boldsymbol{P}$ 为 h 维纵向量:

$$\boldsymbol{P} = (p_0, \cdots, p_{h-1}) = \left(\sum_{j=1}^{w} \boldsymbol{I}(j, 0), \cdots, \sum_{j=1}^{w} \boldsymbol{I}(j, h-1) \right) \tag{5-14}$$

音节点图像沿水平方向的投影如图 5-26(a)所示,可以看到行与行之间的音节点投影有比较大的间隙,同一行音节点的投影则有多个峰值,对其进行有效的峰值检测得到文本行数和文本行基线的 y 方向取值范围:

(1) 获取投影图中连续投影值不为 0 的区域,投影值为向量 $\boldsymbol{P}$ 中的值。计算每个区域的最大投影值,用 $\{q_0, q_1, \cdots, q_n\}$ 表示所有投影区域最大值集合,$n+1$ 为投影区域数量。

(2) 计算集合 $\{q_0, q_1, \cdots, q_n\}$ 的最大值 $q_{\max}$,在投影图中,不同文本行音节点之间的距离相差较大,同一文本行音节点之间的水平方向投影区域集中且每行文本行都有一个较大投影值的投影区域,所以将投影区域中最大投影值小于 $q_{\max}/4$

的区域置为背景色,以滤除一些似音节点的独立噪点;判断相邻两个投影区域的间隙是否小于限定的阈值 T_{space}(取值为 20 个像素),若间隙小于等于 T_{space},则将投影区域最大值较小的那个投影区域置为背景色,以获得投影到最多音节点的投影区域。剩下的投影区域的个数即为文本行的行数 k。

(3)通过剩下的 k 个投影区域的最大峰值点所在的 y 方向坐标为起点向上和向下搜索分割点,当向上搜索达到边界点 0 时,取该点 $h_s^{(l)}$ 为 l 行的 y 方向起始分割点;当向下搜索达到边界点 0 时,取该点 $h_e^{(l)}$ 为 l 行的 y 方向终点分割点。

(4)最终第 l 行基线 y 方向的取值范围为 $\left[h_s^{(l)}, h_e^{(l)}\right]$。其中,$l \in \{1,2,\cdots,k\}$,$k$ 为文本行总数量。

步骤 3:获取基线 x 方向的范围。由于藏文古籍中每行文本的长度相差很小,因此假设每行文本的基线长度是相等的,则每行基线 x 方向的取值可以通过二值原图的垂直投影获得,如图 5-26(b)所示。显然,投影图中左边起第一个非 0 点的 x 坐标值 v_s 到右边起第一个非 0 点的 x 坐标值 v_e 就是每行文本行基线 x 方向的取值范围,即 $x \in [v_s, v_e]$。

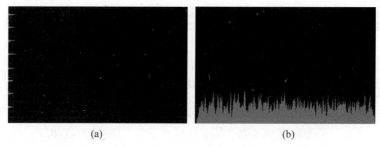

(a)   (b)

图 5-26 图 5-25(b)音节点图像的水平与垂直投影示例

(a)音节点图像水平投影图;(b)二值原图垂直投影图

5.4.3 文字核心区域和伪文本连通区域形成

实际上藏文文本行基线的范围就在其文字核心区域内,根据前面获得的文本行基线 x 方向和 y 方向的取值范围生成二值文字核心区域图像,如图 5-27(a)所示。为避免有些文本行的核心区域高度过小,不足以代表文字核心,将其范围向下增加了 10 个像素点,即文字核心区域图像 $f(x,y)$ 可表示为

$$f(x,y) = \begin{cases} 1, & v_s \leqslant x \leqslant v_e, h_s^{(l)} \leqslant y \leqslant h_e^{(l)} + 10 \\ 0, & \text{其他} \end{cases} \tag{5-15}$$

其中,$l \in \{1,2,\cdots,k\}$,k 为文本行总数量。

伪文本连通区域的形成过程:

(1)输入藏文古籍的二值图像和文字核心区域图像。

(2)建立与二值原图一样大小的二进制掩膜图像,并将所有像素初始化为 0。

（3）遍历二进制掩膜图中所有点，如果当前点在藏文文本行核心区域集合中，则将当前点像素值设置为1；如果当前点是原二值图中像素值为1的点，仍然设置其像素值为1，最后得到并输出最大文本行连通域图像，如图5-27(b)所示。

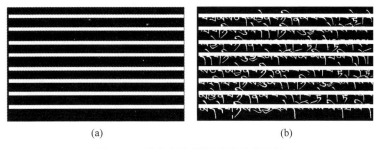

(a)　　　　　　　　　　　　　　(b)

图 5-27　伪文本连通区域的形成示例

（a）文字核心区域图；（b）伪文本连通区域图

5.4.4　文本行切分

前面获得了藏文古籍文字核心区域和伪文本连通区域。文字核心区域代表文本行的主要部分，区分相邻文本行，而伪文本连通区域连接了文本行基线上的字符笔画。为了正确切分出文本行，提出了两个算法，一个是基于广度优先搜索（breadth-first search，BFS）的扩展生长算法，解决行间笔画粘连切分的同时进行断裂笔画的文本行归属问题。该算法在遇到行粘连的情况时，不凭借经验参数处理所在的行归属；另一个是基于核心区域最短距离的断裂笔画归属算法，解决了断裂笔画的行归属问题。

1. 基于广度优先搜索的扩展生长（expansion growth，EG）算法

该算法具体步骤如下。

步骤1：选取文字核心区域中像素值不为0的像素作为种子点。

步骤2：将种子点按从左到右，从上到下的顺序依次放入队列中，从队列中取一个种子点。

步骤3：如果该种子点的4邻域（上下左右）是非0像素，则将该邻域点加入文字核心区域中以此来扩展文字核心区域，并将该邻域点放入队列中。如果该种子点的4邻域是0像素，则从队列中取出下一个种子点，重复本步骤。

步骤4：当文字核心区域扩展到伪文本连通区域时，即当队列为空时，扩展生长停止。

对于相邻两行之间粘连的部分，如图5-28(a)深色框所示。解决办法是"先到先得"的规则。即标记1的区域和标记2的区域是文字核心区域，灰色区域是伪文本连通区域。很明显，当标记1的区域和标记的2区域在扩展的时候会在相邻行粘连的地方出现冲突的情况。此时，这两个区域的每个像素逐个向上下左右扩展，如图5-28(b)所示。其中哪一行的核心区域先扩展到粘连的部分就将其归属到自己的区域中，如图5-28(c)所示。

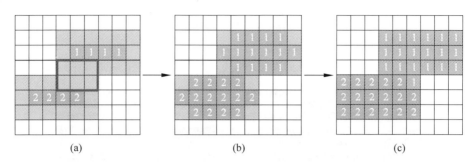

图 5-28 像素点渐进扩展生长过程示意

（a）像素点未扩展；（b）像素点正在扩展；（c）像素点完成扩展

使用文字核心区域内的像素点作为种子点，经过扩展生长后的伪文本行连通区域如图 5-29（a）所示，再去除其中的非文字像素点，就可以获得如图 5-29（b）所示的切分好的伪文本行。去除非文字像素点的操作刚好和前面操作相反，在扩展生长完后的图像中遍历所有像素点，比较每个像素点的值和二值原图中相同位置像素点的值是否都是非 0 或者都是为 0，如果不是，则说明在扩展生长完后的图像中该位置像素点为非文字像素点，将该像素点的值置为 0，最后得到伪文本行图像。

图 5-29 伪文本行获取示例

（a）扩展生长结果；（b）伪文本行

如图 5-29（b）所示，和文字核心区域连通的字符都已经被分到行了。但研究发现，有些情况下，一些断裂笔画会有丢失现象。伪文本行中如局部图 5-30（b）所示，图 5-30（a）红色圈内的断裂笔画最终在其伪文本行中都不见了。这是因为这些断裂笔画不在文本连通区域内，出现这种情况的往往是一些倾斜或者扭曲严重的文本行。通过判断断裂笔画的质心与文字核心区域边界的距离将丢失的断裂笔画进行一次行归属，图 5-30（b）经过断裂笔画归属算法后的效果如图 5-30（c）所示。

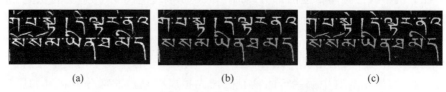

图 5-30 断裂笔画归属过程的局部示例（见文前彩图）

（a）待切分文本行；（b）伪文本行；（c）完整切分行

2. 基于核心区域最短距离的断裂笔画归属算法

该算法具体步骤如下。

步骤1：遍历古籍二值原图，如果当前位置的像素值大于0，而在扩展生长完的结果中该位置的像素值为0，则说明该像素点位于断裂笔画所属的连通域中，将该连通域的质心坐标表示为(x_0,y_0)。

步骤2：求y_0与文本行基线范围y方向所有取值y'的差的最小值所在的取值y'^*，y'^*的计算如式(5-16)所示。目的是在文字核心区域中找到离当前断裂笔画质心最近的文本行l。

$$y'^* = \min_{y'}\{\mathrm{abs}(y' - y_0)\} \tag{5-16}$$

其中，$y' \in [h_s^{(l)}, h_e^{(l)}]$，$l \in \{1,2,\cdots,k\}$，$k$为文本行总数量。

步骤3：最后把该断裂笔画归属到离质心点(x_0,y_0)最近的第l行中。

伪文本行经过判断断裂笔画的行归属，获得最终的切分结果，如图5-31(a)所示。可以看到，与伪文本行图5-31(b)相比，其中很多伪文本行中没有出现的一些断裂笔画(主要是上元音和基线之间不连接的情况)已找回并且得到了有效的行归属，说明断裂笔画归属算法的有效性。与原图相比，文本行已经切分出来了，而且保留了和原图相同的全部信息，说明该方法可以较好地切分粘连文本行。

| (a) | (b) |

图5-31　最终切分结果图(局部图)

(a) 最终的行切分结果；(b) 伪文本行

5.4.5　实验结果与分析

1. 文本行切分准确率及示例分析

由于目前未有公开的标准藏文古籍文档行切分数据集以及统一评价算法性能优劣的方法，因此，借鉴文献[4]的评价标准，用N表示实际文本行总数，R为正确分割的文本行数，将文本行正确分割率定义为PL，则PL如式(5-17)所示。

$$\mathrm{PL} = \frac{R}{N} \tag{5-17}$$

我们将分割率(PL)作为行切分准确性的评价指标，其值越高越好。

这个实验采用212张藏文古籍文档图像作为实验数据集，该数据集的总文本行数为 1696。用该方法对这个数据集进行了行切分,图 5-32(a)、(c)、(e)分别为文本行质量较好、文本行倾斜和文本行扭曲的 3 个二值文档图像,对应的切分效果如图 5-32(b)、(d)、(f)所示,其中每个文档图像中切分出的文本行以不同的颜色渲染。可以看出,该方法取得了不错的藏文古籍文本行切分效果。

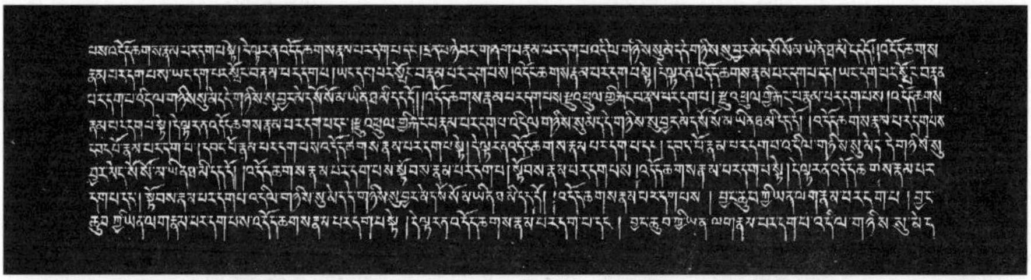

(a)

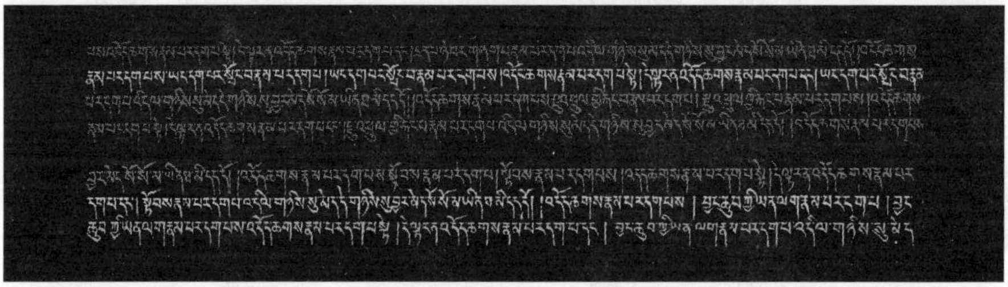

(b)

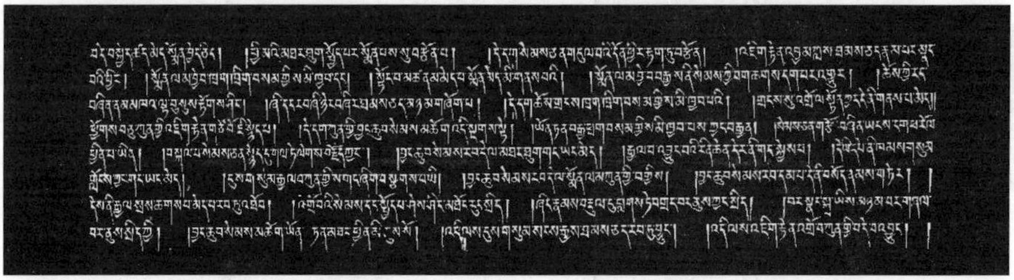

(c)

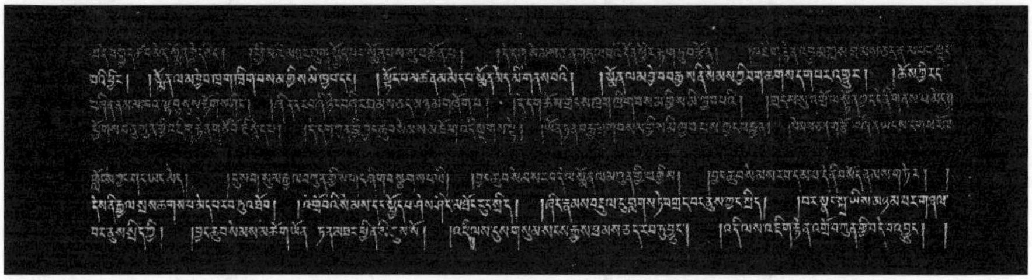

(d)

图 5-32 文本行切分及其结果

(a)二值化的文档图像;(b)图(a)的文本行切分效果图;(c)二值化的文档图像;(d)图(c)的文本行切分效果图;(e)二值化的文档图像;(f)图(e)的文本行切分效果图

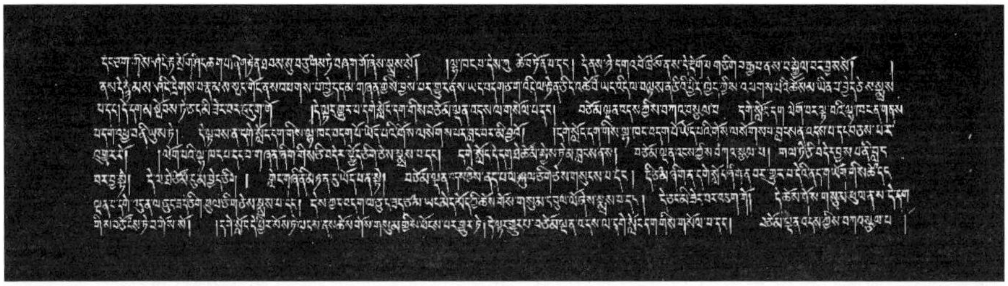

(e)

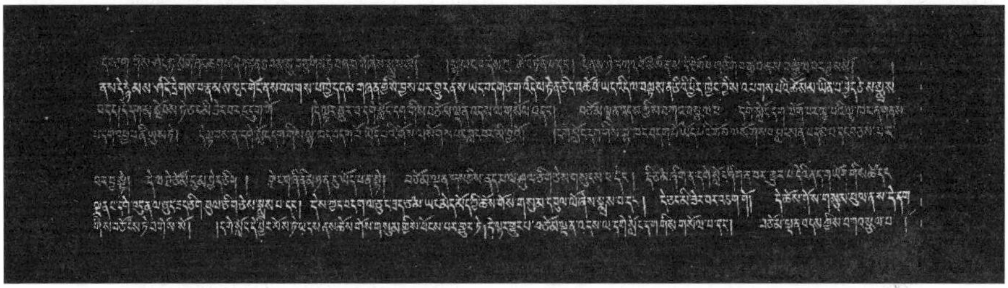

(f)

图 5-32 （续）

本节提出的方法使用不同参数(连通域面积最小取值 T_1 ,连通域面积最大取值 T_2 ,连通域似圆度阈值 C ,每行音节点水平投影区域距离 T_{space})在 212 个藏文古籍文档图像数据集上的 1696 行文本的切分结果如表 5-2 所示,取得最好的分割准确率为 90.68%。说明使用该方法对藏文古籍文档图像进行行切分准确性高,而且通过获取基线范围生成文字核心区域的方法,对文本行的扭曲和小的倾斜不敏感。

表 5-2 不同参数下的文本行分割实验结果

T_1	T_2	C	T_{space}	R	PL/%
5	80	0.6	18	1514	89.26
5	80	0.6	20	1521	89.68
5	80	0.6	23	1511	89.09
5	80	0.7	18	1524	89.85
5	80	0.7	20	1535	90.50
5	80	0.7	23	1519	89.56
10	100	0.6	18	1509	88.97
10	100	0.6	20	1516	89.38
10	100	0.6	23	1503	88.62
10	100	0.7	18	1526	89.97
10	100	0.7	20	1538	90.68
10	100	0.7	23	1523	89.79

　　使用所提出的结合文字核心区域和扩展生长的方法,上下两行字符笔画交叠问题可以得到很好的切分,如图 5-33(a)所示,行切分结果如图 5-33(b)两个红色圈内所示。对文本行扭曲和倾斜程度不严重情况下的字符粘连也可以得到有效的处理,如图 5-33(c)所示,行切分结果如图 5-33(d)所示,达到很好的效果。对于断裂笔画,主要是上元音与字符基线不粘连、下元音或下加字与字符主体部分不粘连等情况,如图 5-33(e)所示的下行元音断裂且与其基字不连接,其中一笔与上行粘连,大部分这样的情况都可以得到很好的解决,如图 5-33(f)红色圈中所示,虽然不是恰好的位置切分,但只有一点多余的笔画切到了下一行字符,这点瑕疵还是可以接受的。说明本节的方法对于行间笔画交叠、粘连和笔画断裂的情况,文本行可以得到较好的切分。

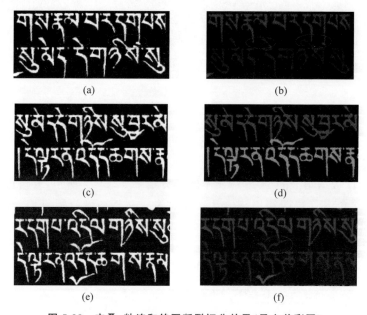

(a)　　　　　　　　　　　　　(b)

(c)　　　　　　　　　　　　　(d)

(e)　　　　　　　　　　　　　(f)

图 5-33　交叠、粘连和笔画断裂切分效果(见文前彩图)

(a) 有笔画交叠的局部图;(b) 图(a)的切分效果;(c) 行间笔画粘连的局部图;
(d) 图(c)的切分效果;(e) 行间粘连+笔画断裂的局部图;(f) 图(e)的切分效果

2. 文本行切分准确率及示例分析

　　虽然我们的方法在实验数据集上的分割率达到 90.68%,但对部分文本行扭曲和倾斜较严重情况下的上下行字符或标点符号粘连,以及一些特殊位置上的断裂笔画等,还有待进一步完善。

　　分析具体情况,结合所提出的结合文字核心区域和扩展生长的藏文古籍文本行切分方法,得出出现切分错误的 3 个主要原因如下:

　　(1) 文本行扭曲严重导致生成的核心区域较宽。在扩展生长的时候,粘连区域是按先到先得策略进行文本行归属,当同时按上下左右顺序扩展生长相同的像素时,如果行之间存在粘连,那么核心区域比较宽的行会最先扩展到粘连处,然后继续生长。如图 5-34(a)所示,上行字符的下加字笔画成为下一行的内容。

(2) 上下行笔画粘连、与所属行断裂。当两行之间笔画存在粘连,且笔画又和所属行断裂的时候,断裂笔画区域与正确的文本行区域没有连接,就会出现如图 5-34(b)所示圈内下行的上元音被错切分到上一行。

(3) 笔画断裂位置距离所属行的基线较远。如图 5-34(c)所示切分错误情况,原因是断裂笔画距其文本行基线较远,而距其非所属的文本行基线更近,在判断其位置和文字核心区域的距离时,依据断裂笔画归属算法的规则,将其归属到较近基线所属的行中。图 5-34(a)～(c)所示的局部文本行错切分示例,对应正确的切分应该分别如图 5-34(d)～(f)所示。

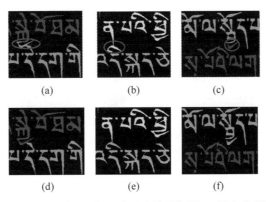

(a)　　　　(b)　　　　(c)

(d)　　　　(e)　　　　(f)

图 5-34　行的错切分与正确形式的局部图示(见文前彩图)

因此,尽管该方法可以解决藏文古籍文档图像行切分任务中的行间笔画交叠、粘连和断裂问题,但由于藏文古籍文档一些版面文字笔画粘连的特殊性,使得有些既粘连又断裂的问题还不能完全给予正确的归属。

5.5　基于连通区域分析和基线位置的文本行切分

5.5.1　方法框架

文档的页面由一系列不同类型的元素构成,对于其中的文本来说,又可以按照段落、文本行、词、字符的层次结构进行分解,对文本行进行行切分是文档识别的重要步骤。在一个文字段落中,文本行之间满足式(5-18)所示的关系:

$$f_{\text{LD}}(L_i, L_{i-1}) \geqslant \alpha, \quad \alpha \geqslant 0 \qquad (5\text{-}18)$$

其中,f_{LD} 表示不同行之间的距离度量,L_i 表示段落中的第 i 行,α 是一个非负数,表示行间距的下限。对于属于同一行的不同字符,满足式(5-19)所示的关系:

$$f_{\text{CD}}(C_i, C_{i-1}) \leqslant \beta, \quad \beta \geqslant 0 \qquad (5\text{-}19)$$

其中，f_{CD} 表示不同字符之间的距离度量，C_i 表示文本行中的第 i 个字符，β 是一个非负数，表示字符之间距离的上限。当 α 较大且 β 较小时，文档行与行之间的间隔很大，且文本行内所有相邻的字符排列紧密。现代的印刷体文档就属于这类情况，文字的布局非常规范、行与行之间有清晰的间隔。对这类文档进行行切分较为简单，可以直接沿着文字的方向进行投影，投影得到的波谷位置就是切分点。

近年来，古籍文档识别是一个研究的热点，对古籍文档进行行切分难度较大。一方面，由于书写或印刷的不规范，古籍文档行的扭曲没有一个固定的规律，在文档的不同区域扭曲程度各不相同，这就导致了部分相邻字符间距较大且分布不均匀，导致 β 增大；另一方面，部分古籍文档行之间的粘连情况异常严重，部分相邻行之间的距离为 0，导致 α 也为 0。此外，由于古籍文档图像本身质量较差，也给行切分工作带来很多困难。

图 5-35(a)就是一页乌金体藏文古籍的局部区域，将基线位置以红色标出，蓝色线段表示字符的头部。和乌金体相对应的另一种字体是乌梅体，如图 5-35(b)所示，这种字体又被称无头体。本研究工作主要针对乌金体古籍文档展开。

(a)   (b)

图 5-35　不同字体类型的藏文古籍（见文前彩图）

(a) 乌金体文档；(b) 乌梅体文档

行切分的过程可以看作对式(5-18)和式(5-19)中的约束项 α 和 β 进行调整的过程。调整的目标是在保持页面结构的前提下，使 α 最大且 β 最小。由于缺乏有效的表示，这个优化问题无法进行解析求解，但可以依据具体问题的特点进行逼近。

不同的文字在进行书写时有各自的特点，如文字的书写方向，不同字符的大小以及位置关系、文字的分词和断句方式等。在切分时充分考虑文字本身的特点，能有效提高切分的准确率。对于乌金体藏文来说，基线是其在页面结构中的最显著特征。基线之间的间隔可以看作行之间的间隔，利用基线将粘连部分截断，则可将式(5-18)中的 α 从 0 变为一个正数；同一行上所有的字符都在一条基线上可以看作是行内部的联系，将同一行上相邻字符之间的距离定义为是否沿着基线可达，则可将式(5-19)中的 β 从正数变为 0。基于以上分析，可以得出这样的结论：在乌金体藏文古籍中，基线是每一行在页面结构中的核心，使用基线信息可以更好地完成文本行的切分工作。

在上述动机的支持下，提出的基于基线位置的乌金体藏文古籍文档行切分方法主要有两个：①准确且具有鲁棒性的乌金体文档基线位置检测方法；②基于基线位置和连通区域分析的文本行切分方法。方法的框架如图 5-36 所示。

```
          ┌─────────────────┐
          │   二值文档图像    │
          └─────────────────┘
                   ↓
          ┌─────────────────┐
          │    边缘检测       │
          └─────────────────┘
                   ↓
   ┌ ─ ─ ─ ─ ─ ─ ─ ─ ─ ─ ─ ┐
   │  ┌─────────────────┐  │
      │   上边缘检测      │    基
   │  └─────────────────┘  │ 线
            ↓                检
   │  ┌─────────────────┐  │ 测
      │   基线段分组      │
   │  └─────────────────┘  │
            ↓
   │  ┌─────────────────┐  │
      │    基线选择       │
   │  └─────────────────┘  │
   └ ─ ─ ─ ─ ─ ─ ─ ─ ─ ─ ─ ┘
                   ↓
   ┌ ─ ─ ─ ─ ─ ─ ─ ─ ─ ─ ─ ┐
   │  ┌─────────────────┐  │
      │   文本行截断      │    文
   │  └─────────────────┘  │ 本
            ↓                行
   │  ┌─────────────────┐  │ 切
      │  粘连检测和截断    │  分
   │  └─────────────────┘  │
            ↓
   │  ┌─────────────────┐  │
      │   连通区域归属     │
   │  └─────────────────┘  │
   └ ─ ─ ─ ─ ─ ─ ─ ─ ─ ─ ─ ┘
                   ↓
          ┌─────────────────┐
          │     文本行       │
          └─────────────────┘
```

图 5-36　文本行切分方法框架

　　输入为二值化后的文本图像,之后检测并去除文档页面的边框,得到正文文本内容。后续的工作分为两个部分,即基线检测及行切分。在进行基线检测时,首先对图像进行边缘检测,得到文档中的所有上边缘线段;其次定义了这些线段的连通关系,将整个线段集合划分为互不连通的子集,每个子集作为一个线段分组,构成了一条待选基线;最后根据基线的特点,从所有待选基线中选出实际的基线。在进行文本行切分时,首先在基线位置上对原始图像进行了截断;其次判断每一个连通区域是否存在粘连,对于粘连区域,再次进行截断;最后根据连通区域和基线的位置关系,将所有的连通区域归属到不同的基线所属的行中,就得到了切分好的文本行。

5.5.2　边框检测和移除

　　藏文古籍版式多样,但是其最常见的版式如图 5-37(a)所示,即页面中央为多行文本,周围以一个大框将文本框起来,框线周围可能还有页面、章节号等其他内容。在研究初期仅针对这类最常见的文档图像进行处理。

　　研究的预期目标是保留边框内部的文本部分,去除边框以及边框外部区域。为了达到上述目标,就需要对边框的位置进行检测。在这个过程中,有这样几个待处理的难点问题:

1）边框断裂问题

如果图像边框是连续的,那么面积最大的连通区域就是边框。但由于原始图像质量较低,得到的二值化图像在边框位置通常存在较多的断裂(这些断裂的位置在图 5-37(a)中都用椭圆形圈出),无法使用连通区域获取边框位置。在进行检测时,需要对断裂问题进行处理。

2）粗边框和细边框

在图 5-37(a)中,长方形框标出的区域为图像的局部放大,从该区域可以看出在古籍文档中,通常有两个边框,一粗一细,细边框在粗边框内部。细边框上的断裂情况比粗边框更加严重,特征不明显,易被误判为其他噪声。

3）页面扭曲

从图 5-37(a)可以看出,文档整体向右上方倾斜,不同位置的倾斜程度各有不同,整个页面呈现扭曲状态。

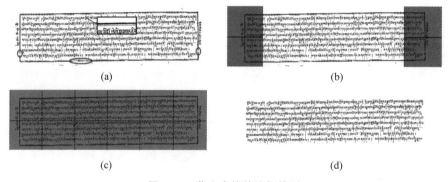

(a)   (b)

(c)   (d)

图 5-37　藏文古籍的边框检测

基于上述分析,提出了一个藏文古籍的边框检测方法,步骤如下。

步骤 1:图像分块。藏文古籍中的文字从左到右依次书写,古籍图像宽度较大而高度较小,为了对图像局部进行更好的处理,对原始图像进行了分块,后续的处理都是基于分块进行的。

边框线的位置有两类,第一类分块针对垂直边框线进行,首先估计竖直边框位置,然后截取该边框左右一定范围中的图像,最后沿着高度的中点将其分为两部分。基于该方法得到了 4 个分块,如图 5-37(b)中的左右区域所示。第二类分块针对水平边框线进行,首先估计竖直边框位置,删除明显位于竖直边框线外侧的部分,将剩下的图像沿水平方向均匀分为 6 个部分,再沿竖直方向均匀分为 2 个部分,一共得到 12 个分块,如图 5-37(c)中的 12 个区域所示。

根据边框在图像块中的相对位置,所有的图像块可以分为四类,即边框在左侧、边框在右侧、边框在上侧以及边框在下侧。为了便于后续处理,将不同类型的块进行旋转,统一归一化到边框在图像左侧。图 5-38(a)就是图 5-37(c)第一行第四个图像块的旋转归一化结果。

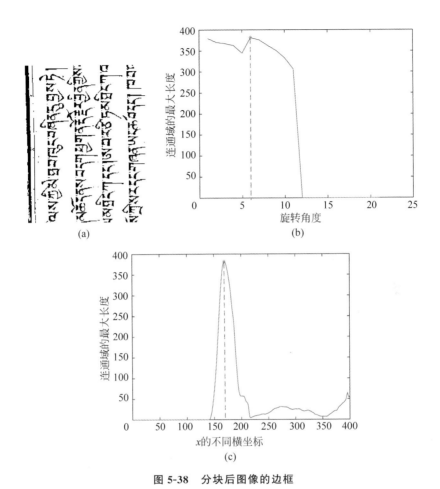

图 5-38　分块后图像的边框

（a）旋转归一化后的图像块；（b）不同旋转角度下的 maxLen；（c）不同横坐标下的 maxLen

　　步骤 2：左边框去除。将藏文古籍文档分割成小块后扭曲程度减弱，但仍然存在一定的倾斜。为了找出倾斜角度，使用一条扫描线在图像块上进行旋转，并沿着水平方向从左到右进行扫描。每次扫描时，计算在扫描线位置上图像连通区域的最大长度 maxLen，如式（5-20）所示。

$$\text{maxLen} = \max(y_{\text{end}} - y_{\text{start}}) \tag{5-20}$$

　　其中，y_{end} 和 y_{start} 分别是一组坐标值，表示当前扫描线上像素从前景转变为背景以及从背景转变为前景的 y 坐标值，即代表前景的结束位置和开始位置。这个差值即为扫描线位置上的连通区域长度。选择最大长度 maxLen 作为当前扫描线的特征参数。另一种常见的扫描线特征为扫描线上的前景像素数目，但由于乌金体藏文古籍存在基线，当边框位置断裂较多的时候容易将基线误判为边框，因此专门提出式（5-20）进行计算。

　　遍历扫描线的所有可选角度，maxLen 最大角度就是当前图像块的倾斜角度。

以该倾斜角度旋转扫描线,然后沿着 x 坐标递增对图像进行扫描,maxLen 最大的坐标位置就是最优扫描线位置。图 5-38(b)、(c)分别是不同倾斜角度以及不同 x 坐标的时候 maxLen 的大小,可以看出最佳的旋转角度为 -0.4 度(从 -1 度到 1 度遍历,索引为 6 时角度为 -0.4),最佳的扫描线 x 位置为 170,该扫描线位于粗边框中央位置。

为了将粗边框和细边框同时移除,需要将扫描线向右进行水平移动,由图 5-38 (c)可知,移动的位置为下一个波谷处,即坐标 217 处。删除扫描线左侧所有内容,得到去除边框的分块图像。将图像按照其旋转归一化的方向进行逆向旋转,并将其放回在原始图像上的位置。

步骤 3:所有边框的移除。对文档图像进行分块,一共得到 16(4+12)个子块,按照步骤 2 所述的方法分别移除所有子块的单个边框线,合并之后就得到了移除边框后的二值图像,如图 5-37(d)所示,其算法 5-2 所示。

算法 5-2　input:BWImg,output:BWImg_nb

```
BWImg_nb = BWImg
for i = 1:2
    imgBlocks = imgToBlocks(BWImg_nb,i)    # i=1:vertical; i=2:horizontal
    for oneBlock in imgBlocks
        normRotation(oneBlock)
        removeLeft(oneBlock)
        reRotation(oneBlock)
        blockToImg(BWImg_nb,oneBlock)
    end
end
```

5.5.3　基线检测

1. 基线段及其特征分析

基线是乌金体藏文文档的一个显著特征,其位置如图 5-35(a)中的红色直线所示。但在实际的文档中,基线并非如图示的红色直线那样是连续且可见的,而是离散且隐式的。基线隐含于每个字符的字头中,这些字头如图 5-35(a)中的蓝色线段所示,我们将这些线段称为基线段。从这个角度出发,基线检测的过程就是找到所有基线段并将其连接起来的过程。通过对文档页面结构的分析研究,我们发现基线段有如下 3 个特性:

1)基线段的位置

乌金体藏文又被称为有头字,所有的字符都沿着字头位置对齐,基线段就在每个字符的字头上。从图像的角度来说,基线段位于图像前景的水平上边缘。

2）基线段之间的位置关系

藏文字符从左到右水平书写,相邻字符之间的间隔较小,相邻行之间的间隔较大。属于同一行的相邻基线段在水平方向的位置差较小,属于不同行的基线段在垂直方向上的位置差较大。

3）基线段的分布

藏文在书写时,一句话内部的字符较为紧凑,句子和句子之间有一定间隔。因此基线段的分布也呈现类似规律。

2. 基线检测方法

在对上述特性进行分析研究的基础上,提出了一个基线检测方法。首先获取图像中的所有上边缘,即所有可能的基线段位置;其次利用上边缘的连通性关系将它们划分为互不连通的子集;最后利用基线段的分布特性,筛选出基线段集合并将其连接为基线。检测的过程如图 5-39 所示,其中图 5-39(a)为二值化的藏文古籍文档的局部图。

1）上边缘检测

利用梯度算子得到图像中所有像素在垂直方向的梯度值,其中上边缘的梯度方向向上,为正值;下边缘的梯度方向向下,为负值。在图像中保留梯度为正的像素,就得到了上边缘,如图 5-39(b)所示。

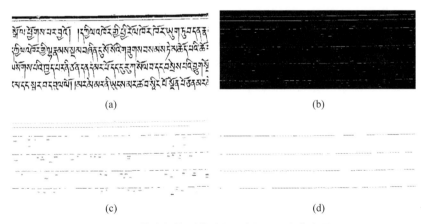

(a)　　　　　　　　　　　　(b)

(c)　　　　　　　　　　　　(d)

图 5-39　基线段检测的过程示例图(见文前彩图)

(a)二值图像;(b)笔画上边缘水平方向二值图;(c)同一水平方向笔画边缘图;

(d)过滤掉较短水平边缘线得到基线段

这些上边缘又分为三类,第一类位于藏文字符的字头上,是基线段;第二类位于古籍文档的边框上,数量少且单个边缘较长;第三类位于非字头位置的其他笔画上,位置分布较为随机,这和文档中字符的笔画有关。

2）上边缘的分组

在得到一个古籍文档图像所有的上边缘后，需要将它们根据位置关系进行分组。为了便于对其进行描述，首先做如下定义。

（1）任意两个上边缘之间的相对水平距离为从任意上边缘 A 到 B 水平方向的相对距离 Δx 为 B 的左侧减去 A 的右侧，如式（5-21）所示。其中，x_A、x_B 分别代表边缘 A 和 B 上任意一点的横坐标，如图 5-40（a）所示。

$$\Delta x = \min(x_B) - \max(x_A) \tag{5-21}$$

（2）任意两个上边缘之间的垂直距离为任意上边缘 A 和 B 垂直方向的距离 Δy 为 A 和 B 竖直方向中点的差值，如式（5-22）所示。其中，y_A 和 y_B 分别代表边缘 A 和 B 上任意一点的纵坐标，如图 5-40（b）所示。

$$\Delta y = \text{abs}\left(\frac{\max(y_A) + \min(y_A)}{2} - \frac{\max(y_B) + \min(y_B)}{2}\right) \tag{5-22}$$

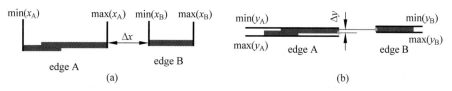

图 5-40　边缘之间的水平距离和垂直距离

（3）任意两个上边缘之间的距离为仅当任意上边缘 A 到 B 的相对水平距离为正数（即边缘 A 在边缘 B 的左边），且它们之间的垂直距离小于阈值 t 时，它们之间的距离为其相对水平距离，否则它们之间的距离为无穷大，如式（5-23）所示。

$$D = \begin{cases} \Delta x, & \Delta x > 0 \text{ 且 } \Delta y < t \\ \infty, & \text{其他} \end{cases} \tag{5-23}$$

（4）任意两个上边缘的连通性为仅当任意上边缘 A 和 B 的距离不为无穷大时，它们是连通的。

根据以上定义，可以得知任意两条上边缘之间是否可以连通。属于同一条基线的基线段可以看作是一组内部连通、外部不连通的上边缘的集合。这样上边缘的分组问题就转换为上边缘集合的子集划分问题。

算法 5-3 是前述过程的具体实现，它的输入为上边缘集合，输出为分组后的上边缘。首先计算整个上边缘集合的距离矩阵 DM；之后遍历集合中的所有上边缘，以该边缘连通的所有边缘构成一个集合，遍历完毕后得到一个边缘集合_edgeSets；最后移除总集合中的重复部分，就得到一组互不连通的子集，如图 5-39（c）所示。其中相同颜色的上边缘属于同一个集合，这个集合的内容可能是基线段、边框线或者字符的其他笔画边缘。为了便于显示，对图中某些较小的上边缘进行了加粗。

算法 5-3　input：**upEdges**，output：**edgeSets**

DM ＝getDistanceMatirx（ **upEdges** ）

_edgeSets　// Temporary variables that store the sets of edges

For edge in upEdges

　edgeNear ＝getNearestEdge（ edge，DM ）

　while ！ isNull（ edgeNear ）

　　Put edgeNear to _edgeSets［ edge ］

　　edgeNear ＝getNearestEdge（ edgeNear，DM ）

　end

End

edgeSets＝ removeSubSet（ _edgeSets ）

3）基线的选择

上文的分析指出，edgeSets 中上边缘集合的内容可能是基线段、边框线以及字符的其他笔画边缘。为了对这三类集合进行区分，提出了这样两个特征：集合内上边缘的数目 nue 以及集合水平方向的占空比 dr，其定义如式(5-24)所示。

$$\mathrm{dr} - \mathrm{emptyNum}/(\max(x_{\mathrm{edgeSet}}) - \min(x_{\mathrm{edgeSet}})) \tag{5-24}$$

其中，x_{edgeSet} 代表当前边缘集合中所有点的横坐标值，empytNum 表示在横坐标的最小值到最大值这个范围中边缘集合未占用的点的数目。

在由文本边框构成的上边缘集合中，单个边缘较宽，集合中水平方向的空白较少，占空比 dr 低。在由其他笔画上边缘构成的集合中，边缘位置较为随机，集合内部边缘数量 nue 较少。因此满足式(5-25)条件的集合即为基线段所在的集合。其中 t_1 和 t_2 分别是两个阈值，在本文中，t_1 取值为所有边缘集合中最大边缘数目的三分之一，t_2 取 0.3。

$$\mathrm{edgeSet}_{\mathrm{baseLine}} = \begin{cases} 1, & \mathrm{nue} > t_1 \text{ 且 } \mathrm{dr} > t_2 \\ 0, & \text{其他} \end{cases} \tag{5-25}$$

经过筛选后，所有的基线段集合被保留了下来。在集合内部，按照从左到右的顺序依次将所有边缘进行连接，就得到了基线（基线段的连接线，由于文本行局部倾斜或者扭曲，整个基线一般并非一条直线），如图 5-39(d)所示，其中不同的颜色代表了不同的基线。

5.5.4　文本行切分

如果将古籍文档图像前景中的每一个连通区域看作是一个独立的单元，那么行切分过程就可以看作是将这些连通区域聚类的过程。在乌金体藏文中，基线是文档结构的核心，是每一行文档的聚类中心。按照最近邻原则，将所有连通区域划分到对应基线所属的行中，就完成了文本图像的行切分。当能够准确检测基线时，基线位置的变化和文档在不同位置的扭曲是匹配的，因此基于基线进行行切分可以克服文档的扭曲。

在藏文古籍中，藏文字符由多个部件在垂直方向叠加构成，而且某些字符较长，它们与下一行的字符产生了交叠，导致文本行的粘连。图 5-41（a）是一张古籍文档图像二值化后上下行笔画粘连的局部图，红色圈出的位置就是上下行粘连的部分，红色直线表示在前文中检测得到的基线位置。在已知相邻基线的位置关系情况下，可以对行之间是否存在粘连进行判断并进行粘连处理。基于上述分析，提出了基于连通区域分析和基线位置的文本行切分方法，如算法 5-4 所示。

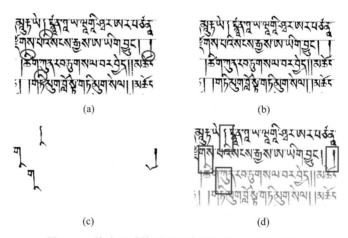

图 5-41　粘连区域检测和文本行切分（见文前彩图）

算法 5-4　input：DocImg，BaseLines，output：TextLineImg

DocImg［**BaseLines**］= 0

allCR ＝ConnectedRegionAnalysis（DocImg）

DocImg ＝ 0

for cr in allCR

 if（isAdhesion（cr））

  cr ＝cutCR（cr）

 end

 DocImg［cr］= 1

end

allCR ＝ConnectedRegionAnalysis（DocImg）

for cr in allCR

 nearestID ＝findNearestBaseLine（cr，**BaseLines**）

 TextLineImg［cr］= nearestID

end

在算法 5-4 中，输入为二值化后的文档图像以及基线位置，输出为按行标记的文本图像。首先利用基线位置对文本行进行截断。在二值图像上，删除所有位于基线位置的像素，将所有的跨行以及跨基线的连通区域全部截断，如图 5-41（b）所

示,其中断开位置以红色加粗直线表示。

对得到的图像进行连通区域分析,满足式(5-24)的连通区域存在粘连情况。其中 h 为连通区域高度,y_a 和 y_{a+1} 分别代表相邻两条基线在当前位置的纵坐标,其差即为当前的行高。如果某个连通区域的高度超过其所在位置行高的十分之九,那么就认为这个连通区域是粘连区域。图 5-41(c)为使用式(5-24)条件判断得到的粘连区域,一共有四个,和图 5-41(a)中手工标记的粘连区域是匹配的。

在藏文古籍中,这种粘连通常是由于上一行字符过长,且下一行字符在对应位置有上元音造成,因此粘连区域既有一部分属于上一行,还有一部分属于下一行。将粘连区域截断,划分为两个新的连通区域。通过对古籍文档行间距的统计分析,我们的方法中使用的截断位置为当前行高的 2/3 处,如图 5-41(d)所示。

在执行完上述流程后,得到了一个新的图像,这个图像的连通区域中包括原始的连通区域、文本行截断后的连通区域以及粘连区域截断后得到的连通区域。依照这些连通区域和基线的位置关系,它们可以被分为 3 类:和基线相交的、位于基线上方的以及位于基线下方的。和基线相交的连通域直接归为该基线所属的行,不相交的部分则按照最近邻原则进行归属划分。在计算连通区域和基线之间的距离时,由于部分藏文字符较高,因此不宜使用连通区域重心点坐标作为起始点进行计算,而是使用当前连通区域的上下边界进行计算。使用连通区域的上边界计算和上一条基线的距离,而使用连通区域的下边界计算和下一条基线的距离。将所有连通区域分配到各行上,就得到了古籍文档的行切分结果,如图 5-42 所示,每一种颜色代表了文本中的一行,每一行按照行的编号进行了标记。

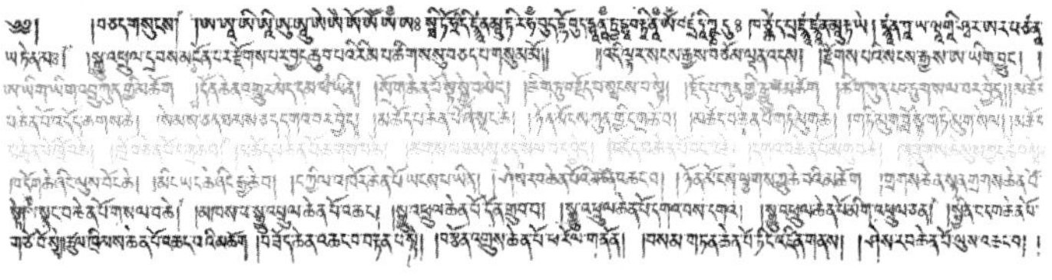

图 5-42 文本行切分结果

5.5.5 实验结果与分析

1. 样本集上的切分准确率

藏文古籍文档图像的行切分,按照一张图像从上到下的顺序依次给每一行编号,使用行的序号对行中的像素进行标记得到了切分图像。把切分图像相对于标准图像上每一个像素的精准率、召回率以及 F-measure 值作为行切分准确性的评价指标,其值越高越好。

我们对库 NMU-THDTL 中的所有样本都进行了切分,结果如表 5-3 所示。按照所使用的模板的扭曲程度分为两组,1~10 为扭曲程度较大的模板,11~20 为扭曲程度较小的模板,表中的数据为各组的均值。对于所有样本,都存在 precision＞F-measure＞recall 的数值关系,这三项指标的值较大且它们之间的差异非常小。扭曲较大的模板生成的样本图像,切分的准确性低于扭曲较小的模板生成的样本图像,但数值差距非常小。这说明使用该方法对乌金体藏文古籍文档进行切分准确性高,且对文档的扭曲不敏感。

表 5-3   文本行检测的准确率

Template ID	precision	recall	F-measure
1~10	0.9894	0.9892	0.9893
11~20	0.9897	0.9894	0.9896
全部	0.9896	0.9893	0.9894

所有样本图像的切分结果分布如图 5-43 所示,其中红色点代表样本的 F1-score,绿色点代表样本的精准率,蓝色点代表样本的召回率。从图中可知样本的分布异常紧凑,绝大多数的值都在 0.985~0.995,只有少量存在偏离。说明本节方法的鲁棒性高,对各种不同的样本都有很好的适应能力。

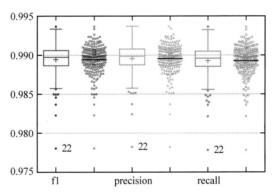

图 5-43   行切分结果的分布(见文前彩图)

2. 错切分的分析

在本节的方法中,导致切分错误的原因有 3 类:①绝大多数的错误都发生在对粘连区域的处理上。目前粘连区域的截断位置是在行高的 2/3 处,这是一个经验参数,能够适应大多数的情况,但不够精确。例如,在图 5-44(a)中,红色线段所示为截断位置,导致上一行的一部分被错误地归属到下一行。②第二类错误发生在对连通区域的归属判断上。尽管在计算连通区域和基线距离时已经根据藏文字符的特殊性进行了专门处理,但是依然有少量偏离所属基线较远的连通区域被错误地归属到其他行中。例如,在图 5-44(b)中,蓝色圈出的连通区域被错误地归属到下一行。③最后一类错误是由于基线检测的错误导致。这类错误对整体性能的影响很大,如图 5-44(c)所示,其中蓝色线是检测出的基线,可以看出基线位置明显偏移,导致一定量的行切分错误。

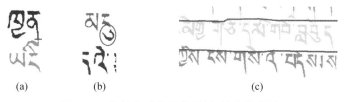

(a)　　(b)　　(c)

图 5-44　行切分时的部分错误(见文前彩图)

在藏文古籍文本行的切分工作中,由于木刻版属于手写文档,行的扭曲及粘连是始终存在的两个挑战,进一步的工作可以从两个方面进行。第一,基于学习的行切分方法。利用现有的机器学习方法,对文档的前景设计合理的特征,将属于同一行的内容进行聚类,达到行切分的目的。第二,加入语义条件的行切分。当行的扭曲或者粘连异常严重时,单纯使用图像信息已经无法对粘连情况进行处理,这时加入上下文的语义关系对粘连进行处理能够提高切分的准确性。

5.6　基于局部基线检测的乌金体藏文古籍粘连行切分

5.6.1　方法框架

现有的大多数方法从不同的角度对藏文古籍文本行切分进行了研究,上面的方法各有优点和缺点。这一节就乌金体藏文古籍的行切分中,关于行粘连、字符笔画断裂等问题继续进行全面和深入的分析。提出了一种基于局部基线的乌金体藏文古籍文献文本行切分方法,首先利用局部基线信息可以较为精准地表达藏文文本行的局部位置;其次对粘连问题进行了详细的研究,并提出了粘连区域检测及切分方法;最后根据字符特征信息对连通域进行归属从而完成文本行切分。基于局部基线的乌金体藏文古籍粘连文本行切分方法的框架如图 5-45 所示。

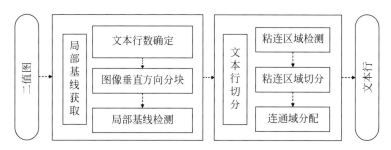

图 5-45　基于局部基线的乌金体藏文古籍粘连行切分方法框架图

5.6.2 局部基线检测

1. 文本行局部基线

前面的章节已有介绍,乌金体是藏文的一种书写风格,"乌金体"也叫"有头字"。所研究的古籍文档,由于手写或手工木刻的原因,整个文本行会出现不同幅度的倾斜或者扭曲等,如图 5-46(a)、(b)所示分别是文本行倾斜和扭曲的实例图,所以藏文古籍文本行基线并不是一条水平直线。

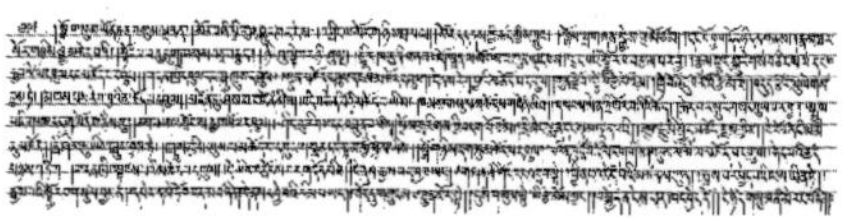

| (a) | (b) |

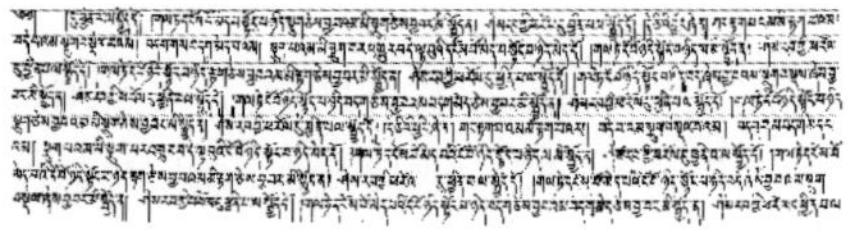

图 5-46 文档图像倾斜或文本行扭曲
(a)倾斜现象的藏文古籍;(b)扭曲现象的藏文古籍

观察和分析发现文本行内存在局部基线,局部基线有如下特点:①位置。因乌金体字符"头部"上边缘为水平直线段,字符头部笔画位置在局部范围沿水平直线排开。从图像处理的角度来看,局部基线位置投影值较大、水平方向直线段长度较长。②位置关系。扭曲、倾斜导致的文本行波动幅度小于字符的平均高度,局部范围内同一文本行的基线在垂直方向差异较小,不同文本行的局部基线差异较大。

因此提出了一个启发式局部基线检测方法。首先对文本行"头部"范围所在区域进行检测并分组,得到文档图像的文本行数和局部基线范围;然后对每个分组结果沿水平方向上进行垂直分块处理,并在块内进行水平投影得到局部基线信息;最后对所得的局部基线信息进行校正,从而完成文本行局部基线检测。

2. 文本行数量的确定

1) 连通域检测、文本行平均高度计算

每一个字符、单独的笔画、噪点在图像中都是一个连通域,为了得到文本行的高度信息,根据图像中连通域的高度、面积进行过小断裂笔画和噪点的过滤,剩下的连通域平均高度作为文本行高度,连通域检测结果如图 5-47 中淡色矩形框所示,计算方法如式(5-26)所示。

$$\text{aveHeight} = \left(\sum_{k=0}^{K} \text{conHeight}_k \right) / K \tag{5-26}$$

其中,K 代表过滤后的连通域总个数,conHeight_k 代表第 k 个连通域高度。

2) 直线检测与水平投影

每行水平方向的投影结果是该方向上所有前景色像素的总和,可以客观地反映图像中文字的分布情况,并使用 projection_i 记录垂直方向上第 i 个位置前景色像素数之和。图像水平投影结果如图 5-47 中的淡灰直方图所示。但该直方图无法直接反映"头部"所在位置。

图 5-47 连通域检测与水平投影直方图

由于乌金体"头部"上边缘为水平直线段，因此"头部"边缘所产生的直线段较为集中的分布在某个垂直方向范围。直线检测得到图像中的所有水平直线段，检测结果如图 5-48 所示，其中红色直线段为字符"头部"边缘，绿色直线段为字符其他横向笔画所产生的直线段。统计每个水平方向上所检测到的直线段长度之和，如式(5-27)所示。

$$\text{linelength}_i = \sum_{j=0}^{n} \text{linelength}_{i,j} \qquad (5-27)$$

其中，linelength_i 表示在垂直方向第 i 个位置所有水平直线段之和，n 表示直线段数量。根据 linelength_i 绘制成直方图，如图 5-48(a)左侧所示。

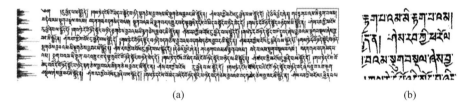

(a)   (b)

图 5-48 文本直线段检测及其直方图（见文前彩图）

(a) 直线段检测结果及其直方图；(b) 图(a)的局部放大图像

虽然倾斜、扭曲的文本行不存在整体基线，但一行的"头部"直线段仍较为集中地分布在投影值较大的范围。使用算法 5-5 确定"头部"范围。

算法 5-5 输入：projection，linelength，imgheight
 　　　　　 输出："头部"范围

_"头部"范围// 存储"头部"范围
投影中位数 ＝ 得到中位数(projection)
直线长度中位数 ＝ 得到中位数(linelength)
for $i=0$ to **toimgheight**：
　　if projection_i＞投影中位数且 linelength_i＞直线长度中位数：
　　　Put i to_"头部"范围
　　end
end

在算法 5-5 中，输入为水平投影值集合 projection、直线长度集合 linelength，以及图像高度 imgheight，输出为"头部"范围。首先获取 projection 的中位数 pmv 以及 linelength 的中位数 lmv，如果 $projection_i$ 大于 pmv 且 $linelength_i$ 大于 lmv，则判断该位置为"头部"。记录所有垂直方向上判定为"头部"位置集合为 Ω。经过划分后的"头部"范围如图 5-49 覆盖文本的红色直线所示。左、右两侧分别为投影直方图与直线长度直方图，其中绿色位置小于中位数。

图 5-49　"头部"区域示意图（见文前彩图）

如果某个"头部"位置不存在连通域上边界（图 5-50(a)），或者"头部"位置仅存在一个连通域上边界且在其垂直方向 aveHeight/2 范围内存在连通域上边界的个数大于 1 的"头部"，如图 5-50(b)、(c)所示，则认为该位置是错误的"头部"，"头部"区域判断方法如式(5-28)所示。

$$isHead_i = \begin{cases} 0, & \text{当}(uen_i = 0) \text{ 或}(uen_i = 1 \text{ 且 } \Delta y < aveHeight/2) \\ 1, & \text{其他} \end{cases} \quad (i \in \Omega)$$

$$(5\text{-}28)$$

其中，uen_i 代表在垂直方向第 i 个位置连通域上边界的个数，Δy 代表 i 位置到最近的连通域上边界个数大于 1 的"头部"距离。使用该方法进一步完成"头部"的信息筛选，如图 5-51 所示。

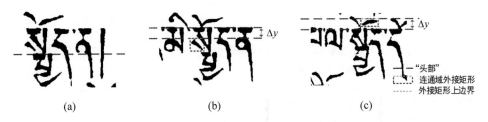

(a)　　　　　　　　　　(b)　　　　　　　　　　(c)

图 5-50　错误"头部"位置示意图

（a）不存在连通域上边界的"头部"；（b）、（c）仅存在一个上边界且其附近存在正确"头部"

3）确定伪文本行

经过筛选后的文本行"头部"更加稀疏，在此基础上，根据藏文字符结构对"头部"位置进行分组。如果相邻"头部"的距离大于 aveHeight/3，则相邻"头部"的平均值作为分组线，该图像文字区域起始位置到第一条分组线之间形成第一组伪文本行，如图 5-52(a)所示；以此类推形成其他的伪文本行分组，如图 5-52(b)所示；

最后一条分组线与图像文字区域结束位置形成一组伪文本行,如图 5-52(c)所示。至此,完成所有伪文本行分组。

图 5-51　最终"头部"区域

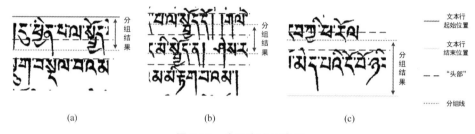

(a) (b) (c)

图 5-52　分组方式示意图

(a) 第一组文本行分组；(b) 中间组文本行分组；(c) 最后一组文本行分组

　　当图像出现较为严重的扭曲、断裂现象时,伪文本行分组结果会出现小部分的错误,导致出现过分组或漏分组现象,因此需要进行校正。如果一个组高度小于 0.75 倍的 aveHeight,则将该组均分给相邻的两个组；如果一个组高度大于 2.2 倍的 aveHeight,则将该组平均拆分为 G 组,G 的计算方式如式(5-29)所示。

$$G = \lfloor D/\text{aveHeight} \rfloor \tag{5-29}$$

　　其中,D 为组高度,$\lfloor \ \rfloor$ 表示向下取整。经过校正后的分组结果如图 5-53 所示。由此可见,对倾斜或扭曲文本的分组所得到的伪文本行,可以准确得到一页文档图像的文本行数,且一行所有字符的"头部"均在组内但却不是完全正确的文字行。

图 5-53　文本行分组结果

3. 文档图像垂直分块

对分组后的文本行进行全局水平投影得到投影值最大的一条直线。当文本行水平对齐时,则为文本行基线,如图 5-54 直线段所示。当文本行整体发生了不同程度的扭曲、倾斜时,该基线不能准确表达出文本行基线的位置信息。

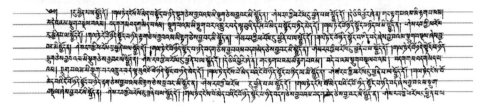

图 5-54 全局基线位置图

还可以发现在文本行起始位置和结束位置范围内会出现较为严重的扭曲,致使与文本行整体位置存在较大的误差,通过大量统计发现该范围通常出现在图像左侧以及右侧 1/8 的图像平均宽度内,如图 5-55 所示,因此首先划分出文本行图像的两侧,再对图像中间区域进行分块。

图 5-55 文档图像垂直分块

对图像中间区域分为 4、6、8、10、12、14 块分别进行了实验,当分段不同时,局部基线的准确率如图 5-56 所示,局部基线的准确率为准确的基线个数除以总基线个数。

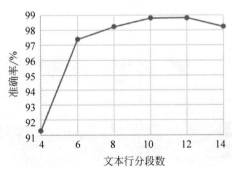

图 5-56 不同块时局部基线准确率

结果表明,当图像中间区域分块较少时,对于局部扭曲严重的情况就无法很好地进行拟合(如图 5-57(a)所示的局部图),而当图像中间区域分块越多时,一方面会使局部基线位置偏移至"头部"下边缘，另一方面会大大增加局部投影获取基线的错误率，如图 5-57(b)的局部图所示。

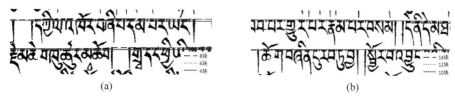

(a)　　　　　　　　　　　　　(b)

图 5-57　不同分块情况下的基线位置示意图

(a) 图像内部分为 4、6、8 块；(b) 图像内部分为 10、12、14 块

综合考虑基线的精准度以及所研究的问题，将图像内部均分为 12 块，即将整个图像分为 14 块。

4. 局部基线的检测

在每个文本行范围内选取每块中投影值最大的位置作为局部基线。但由于部分图像基线位置破损严重，笔画间交叠区域复杂，所以使用局部投影峰值位置作为局部基线在小部分情况下会产生误差。

文本行在局部内会出现轻微的扭曲，但同一文本行的局部基线位置并不会存在过多的差异，同时也意味着相邻文本行的局部基线距离相差不大。基于此，通过以下方法进行校正，首先计算相邻文本行局部基线距离的平均值 $\text{bsaveHeight}_{i,i+1}$，如式(5-30)所示。

$$\text{bsaveHeight}_{i,i+1} = \frac{\sum_{j=1}^{T}(\text{bsline}_{(i+1,j)} - \text{bsline}_{(i,j)})}{T} \tag{5-30}$$

其中，$\text{bsline}_{(i,j)}$ 代表第 i 个文本行的第 j 块局部基线，T 为图像分块的总块数。如果相邻局部基线的距离 $\text{bsaveHeight}_{i,i+1}$ 大于 1.15 或者小于 0.85 时，则判定局部基线存在错误，并使用最近的正确局部基线进行校正，再根据同一文本行相邻局部基线的高度差进行校正，从而完成所有局部基线校正。按照水平方向分成了 14 块，局部基线位置如图 5-58 所示。

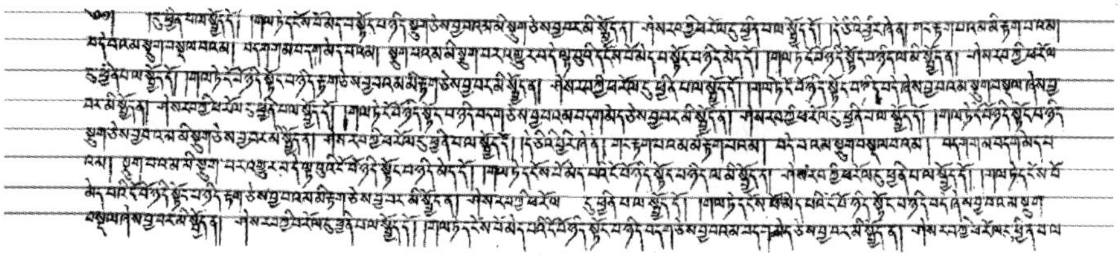

图 5-58　局部基线位置图（见文前彩图）

5.6.3　笔画粘连区域检测

藏文字丁由一个或多个辅音字母上下叠加构成,且部分字符较长,致使木刻版的上、下两个文本行笔画粘连现象非常普遍。

本节介绍一种文本行分割算法,首先对行粘连笔画进行检测。粘连现象可分为两类:第一类是笔画与下一个文本行字符粘连,如图 5-59(a)、(b)、(c)所示;第二类是笔画与下一个文本行的上元音粘连,如图 5-59(d)、(e)、(f)所示,图中虚线为局部基线位置。然后使用分水岭算法对粘连区域进行切分。最后根据局部基线位置与连通域质心完成连通域所属行的分配。

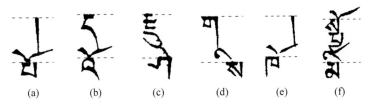

(a)　　　(b)　　　(c)　　　(d)　　　(e)　　　(f)

图 5-59　粘连类型示意图

(a)、(b)、(c) 第一类粘连类型;(d)、(e)、(f) 第二类粘连类型

对于任意一个连通域,u 表示为该连通域垂直方向的起始位置,h 代表连通域的高度,其基线所在位置为 $\text{bsline}_{(i,j)}$,其下行基线所在位置为 $\text{bsline}_{(i+1,j)}$。如果连通域同时经过 $\text{bsline}_{(i,j)}$ 和 $\text{bsline}_{(i+1,j)}$ 则为第一类粘连。但是由于"头部"所在部分与字符其他笔画间存在断裂,如图 5-59(c)所示,因此需要将 $\text{bsline}_{(i,j)}$ 进行偏移,偏移后所在位置为 $\text{bsline}_{(i,j)\_\text{new}}$,由式(5-31)计算。

$$\text{bsline}_{(i,j)\_\text{new}} = t \times (\text{bsline}_{(i+1,j)} - \text{bsline}_{(i,j)}) + \text{bsline}_{(i,j)} \tag{5-31}$$

其中,t 为偏移倍数。满足式(5-32)的连通域为第一类粘连类型。

$$CC_{\text{touch}} = \begin{cases} 1, & \text{当 } u \leqslant \text{bsline}_{(i,j)\_\text{new}} \text{ 且 } u+h \geqslant \text{bsline}_{(i+1,j)} \\ 0, & \text{其他} \end{cases} \tag{5-32}$$

第二类粘连情况为笔画与下方文本行元音粘连,此类粘连情况通常位于下方文本行基线上方三个"头部"宽度范围内,即如果连通域满足 $u+h \geqslant \text{bsline}_{(i+1,j)} - 3 \times \text{hsw}$,则可能为第二类粘连,其中 hsw 为平均"头部"高度。由于藏文书写时,部分笔画过长、叠加层数过多,导致该范围内存在大量非粘连区域,而且部分粘连情况较为复杂。因此,我们选取所有满足条件的连通域,并构建 CNN 网络模型将所有连通域分为粘连与不粘连两类。在数据集中满足条件的连通域个数共有 50493 个,其中非粘连个数为 49296 个,粘连个数为 1197 个。由于正负样本数量极不平衡,因此选取 Focal loss[15] 作为 loss 函数,并按照 8∶2 完成训练集与测试集划分。网络模型结构如图 5-60 所示。

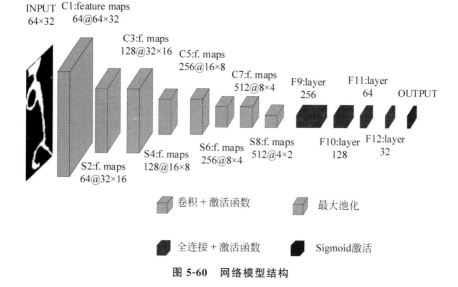

图 5-60　网络模型结构

5.6.4　粘连区域切分

为了使粘连区域分割更加精准,提出了一个基于骨架信息的文本行笔画粘连分割算法,如算法 5-6 所示。

算法 5-6　输入:粘连图像,基线位置,平均文字高度　输出:切分结果图像

_骨架段集合 // 存储分配后的骨架段

粘连区域 = 连通域粘连类型分析(**粘连图像,基线位置,平均文字高度**)

骨架分支点 = 骨架化并获取分支点(粘连区域)

if 个数(骨架分支点) = 0:

　投影最小值位置 = 最小值位置(水平投影(粘连区域))

　骨架分支点= 粘连区域骨架(投影最小值位置)

　ALL 骨架段　= 断开切分点(骨架分支点)

else if 个数(骨架分支点) =1:

　ALL 骨架段 = 断开切分点(骨架分支点)

else:

　骨架分支点= 骨架化剪枝并获取分支点(粘连区域)

　ALL 骨架段　= 断开切分点(骨架分支点)

end

for 骨架段 in ALL 骨架段:

　基线 ID = 骨架段分配(骨架段,**基线位置**)

　Put 骨架段 to _骨架段集合[基线 ID]

end

切分结果图像 = 分水岭算法[粘连图像,_骨架段集合]

在算法 5-6 中,输入为粘连图像、基线位置以及平均文字高度,输出为粘连分割结果图像。首先根据藏文书写规则,第一类粘连区域的粘连位置范围通常位于下方文本行基线上方 1/6 平均文字高度至 1/2 平均文字高度之间;第二类粘连区域的粘连位置范围通常出现在连通域下边界上方 1/8 平均文字高度至 2/5 平均文字高度之间,如图 5-61(a)、(f)所示。然后对粘连图像进行骨架化处理,并记录粘连区域范围内骨架分支点,如图 5-61(b)、(g)所示。若仅存在一个分支点,则从骨架上删除该分支点;若存在多个分支点,则首先进行去骨刺处理,之后从骨架上删除所有分支点;若不存在分支点,则对粘连图像进行水平投影,删除投影最小值所在垂直方向上的骨架点,如图 5-61(c)、(h)所示;并根据骨架段与上下两行之间的距离,完成骨架段分配,如图 5-61(d)、(i)所示。最后,根据骨架段分配结果使用分水岭算法对每一个像素点进行分配,如图 5-61(e)、(j)所示。

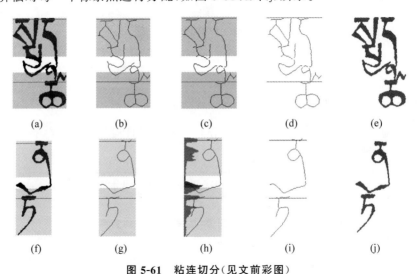

图 5-61　粘连切分(见文前彩图)

(a)、(f)原始图像;(b)、(g)骨架图;(c)、(h)断开骨架点图;(d)、(i)骨架分配图;(e)、(j)粘连切分图

5.6.5　连通域分配

上下行笔画粘连需要检测与切分,而对于断裂的笔画,则需要分配到正确的行。我们根据连通域与基线的位置关系完成连通域所属行的分配。分析发现,连通域与基线的位置关系分为以下 4 种:①位于第一条基线之上;②位于最后一条基线之下;③经过某一条基线的连通域;④处于两条基线之间的连通域。如图 5-62所示,图(a)为情况①、③、④,图(b)为情况②、③、④。针对不同的位置关系,给出了不同的分配方法。情况①分配给第一个文本行;情况②分配给最后一个文本行;情况③分配给该基线所在文本行。

情况④较为复杂,如图 5-62 中的红色标记所示。我们提出一个基于规则的分配方法。统计情况①、②、③已分配连通域上边界距离与基线的距离 VowHeight,

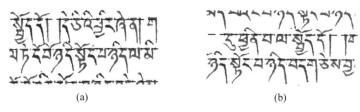

图 5-62   连通域与基线的位置图（见文前彩图）

（a）三种关系①、③、④，粉色为情况①，绿色为情况③，红色为情况④；

（b）三种关系②、③、④，粉色为情况②，绿色为情况③，红色为情况④

计算 VowHeight 的平均距离 AveVowHeight，选取 VowHeight 中的最大值 MaxVowHeight，定义对于任意一个连通域，u 表示为该连通域垂直方向的起始位置，v 表示为该连通域质心垂直方向所在位置，h 代表连通域的高度，w 代表连通域宽度，其上方基线位置为 $\text{bsline}_{(i,j)}$，其下方基线为 $\text{bsline}_{(i+1,j)}$，分配流程如图 5-63 所示。

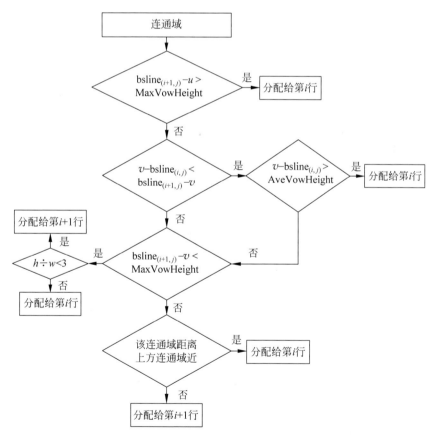

图 5-63   文档图像中连通域分配流程图

通过分配的连通域,仍会有一些元音无法被正确地分配,因此,通过分析已完成分配的文本行结果,构建了一个类似图 5-60 所示的小型 CNN 网络模型对元音与破损笔画进行识别,从而完成分配错误的连通域后处理工作。通过将图像中所有连通域分配到每一个文本行,可以得到文本行分割的结果。

5.6.6　实验结果与分析

1. 文本行切分评价标准

通过人工标注等方式得到图像的文字区域,并使用 Precision、Recall 以及 F1-score 作为评价标准,分别如式(5-33)、式(5-34)以及式(5-35)所示。其中,TP 代表 true positive,FN 代表 false negative,FP 代表 false positive。

$$Precision = \frac{TP}{TP + FP} \tag{5-33}$$

$$Recall = \frac{TP}{TP + FN} \tag{5-34}$$

$$F1\text{-}score = \frac{2 \times Precision \times Recall}{Precision + Recall} \tag{5-35}$$

2. 文本行及基线检测准确率

实验中将数据集图像分为 4 种情况:图像倾斜严重、字符笔画粘连严重、图像文本行扭曲严重、文档笔画断裂严重。

文本行检测直接影响文本行的分割结果,在该任务中,分别使用文本行级别和局部基线级别进行算法评价。文本行级度量评估已检测到的文本行数量,在这种情况下,TP 代表正确检测到的行数,FP 代表额外的行数,FN 代表缺失的行数。局部基线级度量评估局部基线的准确率,通过准确的局部基线个数除以总的局部基线个数得到。如果局部基线不经过"头部"则为不准确的局部基线。在所用的数据集中共有 2576 个文本行,按照上述的方法将图像按水平方向分成了 14 块时,共计 36064 个局部基线信息,具体实验结果如表 5-4 所示。

表 5-4　文本行及基线检测结果

文本行级检测结果			局部基线级检测结果
Precision/%	Recall/%	F1-score/%	Accuracy/%
100	100	100	100

实验结果表明,所提出的文本行检测方法,对于扭曲和倾斜较为严重的文档图像取得了较好的效果,具有良好的鲁棒性。

3. 粘连区域检测准确率

在粘连检测中,TP 代表正确检测到的粘连个数,FP 代表额外的粘连个数,FN 代表缺失的粘连个数。对于第一类粘连类型,当式(5-31)中的偏移倍数 t 取不同值时,实验结果如表 5-5 所示。对于第二类粘连类型,所提出的网络模型实验结果如表 5-6 所示。

表 5-5　第一种粘连类型检测率

t	Precision/%	Recall/%	F1-score/%
0.49	100.00	98.18	99.08
0.50	99.89	98.35	99.11
0.51	99.83	98.46	99.14
0.52	99.83	98.51	99.17
0.53	99.78	98.62	99.20
0.54	99.72	98.84	99.28
0.55	99.61	98.95	99.28

表 5-6　第二种粘连类型检测率

激活函数	损失函数	Precision/%	Recall/%	F1-score%
tanh	binary cross-cntropy	97.06	89.80	93.29
tanh	focal loss	97.83	89.40	93.42
Mish	binary cross-entropy	97.18	91.39	94.20
Mish	focal loss	97.81	88.74	93.06
PReLU	binary cross-entropy	99.27	90.07	94.44
PReLU	focal loss	97.18	91.39	94.20
ReLU	binary cross-entropy	98.54	89.40	93.75
ReLU	focal loss	97.20	92.05	94.56

4. 文本行分割准确率

为了评价所提方法的性能,我们使用了与 ICDAR2013 手写分割比赛相同的评价方法[16],该评价方法基于检测到的实体与真实实体之间的匹配数量,使用一个匹配分数表示检测结果像素集与基准 Ground Truth 的交集计算出的匹配得分,如式(5-36)所示。

$$\text{MatchScore}(i,j) = \frac{T(G_j \bigcap R_i \bigcap I)}{T((G_j \bigcup R_i) \bigcap I)} \tag{5-36}$$

其中,I 为图像中所有的点集合,G_j 为基准 Ground Truth 中所有的点集合,R_i 为分割结果中所有的点集合,$T(s)$ 为一个计算 S 集合中所有点个数的函数。只有当匹配分数 T_a 大于或等于阈值时,才认为区域是一对一匹配,设 N 为基准

Ground Truth 的总个数,M 为分割结果的总个数,$o2o$ 为一对一匹配的总个数,则检测率(DR)和识别准确率(RA)的定义如式(5-37)所示。

$$DR = \frac{o2o}{N}, \quad RA = \frac{o2o}{M} \tag{5-37}$$

使用 FM 作为均衡 DR 与 RA 的综合评价指标,如式(5-38)所示。

$$FM = \frac{2 \times DR \times RA}{DR + RA} \tag{5-38}$$

当 T_a 不同时,所提出方法的分割结果如表 5-7 所示。

表 5-7　不同阈值下文本行分割结果

T_a	$o2o$	$DR/\%$	$RA/\%$	$FM/\%$
0.965	2544	98.75	98.75	98.75
0.970	2497	96.93	96.93	96.93
0.975	2407	93.43	93.43	93.43
0.980	2221	86.21	86.21	86.21
0.985	1910	74.14	74.14	74.14
0.990	1432	55.59	55.59	55.59

因为 $M = N$,ICDAR2013 中的该评价方法并不能清楚地反映所提算法的性能,所以进一步采用 Precision、Recall 以及 F1-score 作为评价指标。对于任一文本行,则 TP 为正确检测的像素个数,FP 为额外的像素个数,FN 为缺失的像素个数。实验结果如表 5-8 所示。

表 5-8　文本行分割结果

方　　法	Precision/%	Recall/%	F1-score/%
Contour curve tracking[8]	79.53	82.45	80.96
Connected component analysis[9]	90.12	90.95	90.53
Baseline detection[10]	96.56	96.52	96.54
本节基于局部基线检测的方法	**99.48**	**99.43**	**99.46**

文档图像的行分割结果如图 5-64 所示,由图中可以看出所提方法对各种类型的图像都可以取得较好的分割效果。这 4 张文档图像都存在行粘连,根据倾斜、扭曲、粘连、断裂的严重程度,分别列出了 4 类文档图像的切分结果,可见其切分效果非常好。

5. 错误分析

(1) 粘连检测有误的情况:首先如果粘连检测错误则必然导致切分错误。对于第一类粘连类型,由于部分产生粘连的笔画断裂位置过于复杂,使得个别粘连情况难以仅通过位置关系进行判断,如图 5-65(a)、(b)所示。

对于第二类粘连类型,由于图像中粘连区域过小,如图 5-65(c)、(d)所示,因此神经网络难以对其进行正确判断,而对于额外的粘连都是因为过多的噪声导致,如图 5-65(e)、(f)所示。

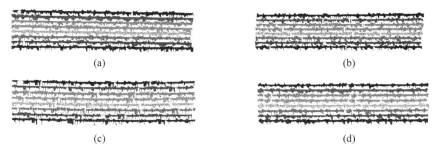

图 5-64 不同类型图像文本行分割示意图

(a) 倾斜严重的文本图像行切分;(b) 粘连严重的文本图像行切分;

(c) 扭曲严重的文本图像行切分;(d) 断裂严重的文本图像行切分

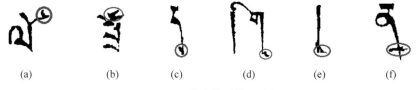

图 5-65 粘连检测错误分析

(a)、(b) 第一类粘连类型漏检测图;(c)、(d) 第二类粘连类型漏检测图;(e)、(f) 第二类粘连类型检测错误图

(2) 切分有误的情况:虽然本节所提出的方法取得了非常好的行切分效果,但仍然有错分情况。通过分析发现,导致分割有误的 3 个主要原因:一是由于部分粘连区域复杂,粘连检测有误则导致此类粘连不能被正确或者没能得到切分;二是在进行粘连切分时,仍有一些笔画位置过于接近下一行导致无法正确分配,如图 5-66(a)、(b)所示,部分笔画被错分到下一行;三是由于部分笔画断裂过于严重,导致断裂笔画没有明显的特征难以保证其被正确分配到所属行,如图 5-66(c)、(d)蓝色框中的笔画没有被正确分到上一行的红色文本行。

图 5-66 文本行分割错误示意图(见文前彩图)

(a) 粘连切分有误;(b) 粘连切分有误;(c) 笔画断裂连通域分配有误;(d) 笔画断裂连通域分配有误

5.7　本章小结

文档图像分析与识别过程中,无论是传统方法还是深度神经网络方法,文本行切分都是重要的研究内容。在传统方法中,文本行的正确切分是后面字符切分的基础;在神经网络方法中,端到端的行识别也依赖于正确的行切分结果。通过分析乌金体藏文古籍文本行切分所面临的挑战,提出了基于连通域重心与轮廓曲线跟踪的文本行切分、基于连通区域分析和基线位置的文本行切分方法、结合文字核心区域和扩展生长的藏文古籍文本行切分、基于局部基线检测的乌金体藏文古籍粘连行切分等方法。这些行切分方案利用连通域分析、区域生长、粘连区域检测与切分等不同的算法,有效解决了乌金体藏文古籍文本行的切分问题,具备较好的切分效果。本章所提出的 4 种行切分方法的鲁棒性、准确性较高,也具有一定的泛化性,可以应对藏文古籍文档图像行切分中的种种挑战。

参考文献

[1]　RAHUL G,NARESH K G. An algorithm for text line segmentation in handwritten skewed and overlapped devanagari script[J]. International Journal of Emerging Technology and Advanced Engineering. 2014,4(5):114-118.

[2]　ANUSREE M,DHANYA M D. Text line segmentation of curved document images[J]. International Journal of Engineering Research & Applications,2014,4(5):332-343.

[3]　ALDAVERT D, RUSINOL M. Manuscript text line detection and segmentation using second-order derivatives[C]//2018 13th IAPR International Workshop on Document Analysis Systems (DAS),Vienna,Austria,2018:293-298.

[4]　SETITRA I, MEZIANE A, HADJADJ Z,et al. Text line segmentation in handwritten documents based on connected components trajectory generation[C]// International Conference on Pattern Recognition Applications and Methods. Springer, Cham, 2017:222-234.

[5]　JINDAL P,JINDAL B. Line and word segmentation of handwritten text documents written in Gurmukhi Script using mid point detection technique[C]// International Conference on Recent Advances in Engineering & Computational Sciences. IEEE,2016:1-6.

[6]　VO N, KIM S H, YANG H J,et al. Text line segmentation using a fully convolutional network in handwritten document images[J]. IET Image Processing,2017,12(3):438-446.

[7]　LI Y X,MA L L,DUAN L J,et al. A text-line segmentation method for historical Tibetan documents based on baseline detection[C]//CCF Chinese Conference on Computer Vision,2017:356-367.

[8]　ZHOU F M,WANG W L,LIN Q. A novel text line segmentation method based on contour curve tracking for Tibetan historical documents [J]. International Journal of Pattern Recognition and Artificial Intelligence,2018,23(10):1854025-1-1854025-21.

[9]　WANG Y Q,WANG W L,LI Z J,et al. Research on text line segmentation of historical

Tibetan documents based on the connected component analysis[C]//PRCV 2018: Pattern Recognition and Computer Vision,Guangzhou,2018:74-87.

[10] LI Z J,WANG W L,CHEN Y,et al. A novel method of text line segmentation for historical document image of the uchen Tibetan[J]. Journal of Visual Communication and Image Representation,2019,5(61):23-32.

[11] MA L L,LONG C J,DUAN L J,et al. Segmentation and recognition for historical Tibetan document images[J]. IEEE Access,2020(8):52641-52651.

[12] 李金成,王筱娟,王维兰,等.结合文字核心区域和扩展生长的藏文古籍文本行切分[J]. 2021. DOI:10.3788/LOP202158.0210008.

[13] HU P F,WANG W L,LI Q Q,et al. Touching text line segmentation combined local baseline and connected component for Uchen Tibetan historical documents[J]. Information Processing & Management,2021,58(6):102689. DOI:10.1016/j.ipm.2021.102689.

[14] ZHANG X H,ZHANG Y F,ZHANG F. Skew detection of scanned document image based on shearlet transform[J]. Laser & Optoelectronics Progress,2018,55(1):235-242.

[15] LIN T Y,GOYAL P,GIRSHICK R,et al. Focal loss for dense object detection[C]// Proceedings of the IEEE international conference on computer vision. 2017:2980-2988.

[16] STAMATOPOULOS N,GATOS B,LOULOUDIS G,et al. ICDAR 2013 handwriting segmentation contest[C]//2013 12th International Conference on Document Analysis and Recognition. IEEE,2013:1402-1406.

第6章

乌金体藏文古籍文档字符切分

6.1 引言

藏文古籍文本行存在不同程度的倾斜和扭曲,文本行内的字符笔画间交叠、交叉、粘连、断裂严重,甚至存在笔画模糊、丢失等情况,乌金体藏文古籍也不例外,这些复杂情况给字符切分带来极大挑战。本书以北京版《甘珠尔》古籍中的小部分代表文档页面为研究对象,在前面章节的藏文古籍文档图像预处理、版面分析、行切分研究基础上,进一步进行文本行的字符切分研究,所以本章的内容上接文本行切分,下接字符样本集建设和字符识别等。为藏文古籍文档图像研究的字符识别和语义识别提供数据支撑,为藏文古籍文字"活"起来奠定基础,进一步促进藏文古籍文档图像分析与识别研究向前发展。

藏文的"字"严格意义上是"音节字",由于藏文文字结构的特殊性,长期以来大都以"字丁"为识别单元,也就是音节中的一个纵向单位。关于藏文的音节、字丁等在第 1 章已经做了详细介绍。本章文本行的字符切分中的"字"就是字丁。研究方法中的几个关键词主要是:局部基线、粘连笔画的检测与切分、断裂笔画检测与归属,也就是每个文本行按照一定的计算方式进行切分再将笔画归属形成一个个字丁,即完成字符切分。在检测字符局部基线时提出基于音节点位置信息或结合水平投影与直线检测的局部基线检测方法,有效提升了局部基线检测的准确性。在笔画粘连类型及数量的检测上,归纳整理出乌金体藏文古籍字符基线上方常见的粘连类型以及其组成的笔画,利用动态模板匹配算法检测基线上方粘连情况;基线下方笔画粘连类型多、粘连程度严重,利用粘连笔画骨架图的分叉点、端点以及它们之间的位置关系检测粘连情况。字符粘连笔画切分上,针对基线上方粘连笔画提出多方向、多路径的粘连切分算法;针对基线下方粘连笔画分别提出字符头粘连检测与切分算法、字符头下方笔画粘连检测与切分算法。基于结构属性方法进行了字符切分研究,在藏文古籍文档图像样本集 NMU_THDTL212 切分基础上,构建了一个 610 类的真实字符数据集。此外,结合基线信息,基线上下分别切分,一方面降低了切分难度,另一方面大大降低了字符识别的类别。

6.2 藏文古籍文档字符切分研究进展

藏文属于一种低资源语言文字,难以获取大量的文档图像数据,而藏文古籍文档更是如此,导致其相关研究起步较晚。藏文古籍文档图像的研究开始于 20 世纪 80 年代。在 1991 年日本东北工业大学的 Kojima 就开始了对木刻版藏文文档识别的研究,分析了识别的过程以及用到的技术手段[1],使用了一种基于逻辑推断的方法对文档中的字符进行了切分和识别[2],并对文档中字符的特征提取[3]、相似字符的识别开展了研究[4]。在 2000 年实现了一个刻版藏文文档识别系统[5-6],由于当时的技术条件所限,该系统需要用人工方式将每一个字符分开,本质上并不是一个文档识别系统,而是一个字符识别系统。这项研究工作中处理的对象都是影印的北京版《甘珠尔》,因此也不涉及图像的二值化、版面分析、行切分等一系列的问题。

在这之后的十多年时间,研究者的兴趣转移到印刷体和联机手写藏文的识别上,关于藏文古籍文档识别的研究没有相关的报道。一直到 2011 年,美国加州大学伯克利分校的 Hedayati 提出了一个关于刻版藏文古籍识别的完整方案[7],文中详细阐述了藏文古籍识别过程中的难点,包括了基线检测、行字切分以及在识别中面临的各种问题,并给出了解决方案。最后作者在一个自建数据集上进行了相关实验,该数据集包括 7 页木刻版数据,源于德格版的《甘珠尔》,其中有 6555 个标记的字符,被划分为 168 类。在此之后又是一个研究的空档期,仅有零星的关于藏文古籍木刻版文字识别方面的研究,如 Ngodrup[8]、Hedayati[9]、赵栋材[10]的相关工作。近些年研究者包括我们团队分别在藏文古籍文档图像的预处理包括图像增强[11-15]和二值化[16-17]、版面分析[18-20]、文本行切分[21-27]、字符切分[28-34]、字符数据集建设[35-36]、字符识别[37-38]等方面开展了研究。

总体来看,藏文古籍文档图像字符切分成果较少。就上面提到的几篇涉及字符切分的论文而言,西藏大学 Ngodrup 等在木刻经书藏文字符切分研究中,对木刻经书藏文字的特点进行了分析,其中包括高度特征、基线特征、方向特征以及变形特征,利用滴水方法对粘连字符上方的模拟水分子进行重力压迫,根据像素的受力情况得到字符切分路径,水滴重力渗透后再利用连通域拆分整合规则,得到最终的字符切分结果,字符切分正确率更高,可以达到 95%。西藏大学刘芳在其学位论文工作中专门研究字符切分算法(文献[28]),其中对藏文经书(本文统称为藏文古籍)中字符切分开展了研究,将藏文经书文档情况总结出五种,即文本弧度、字符粘连、字符分离、tsheg 点粘连以及各行字符数不一,其中文本弧度会使文本行间元音部分在横向方向上产生重叠,字符分离给元音位置笔画的判断造成困难。具体的字符切分采用水滴渗透算法,即通过计算字符像素的受力情况来判断该像素是否被渗透,水滴的滴落路径就是字符的切分路径。藏文经书文档字符粘连和断裂严重,水滴渗透算法切分效果并不好,因此作者采用水滴渗透算法切分后,还设计了字符笔画连通域整合和拆分规则,最终得到字符切分结果,其字符切分正确率为85%。这些研究实验数据偏少,且所涉及的字符笔画粘连情况不全,比如两个字丁的笔画交叉粘连的情况。

北京工业大学 Zhao 等为研究解决乌金体藏文古籍粘连字符切分(文献[24]),构建了一个粘连藏文字符串数据集 TTCS-DB(touching Tibetan character strings database),该数据集中包含 5844 个双粘连字符串图像和 1399 个三粘连字符串图像。提出一种基于特征点信息的字符切分方法。该方法先就粘连检测出前景轮廓和骨架,并提取特征点和基线信息;然后结合 SVM(support vector machine,支持向量机)分类器与距离规则,移除上元音和辅音骨架端点附近的无用特征点,得到所有候选切分点;最后利用切分图方法获得粘连切分后的字符。

虽然 Ngodrup 等研究了木刻板藏文古籍字符切分中的笔画交叠、粘连问题,但切分数量较少,切分正确率有待提高;Zhao 等[14]研究了藏文古籍文档图像粘连字符切分与识别,但该方法未涉及基线上方笔画交叉的情况且粘连类型偏少,不能很好解决基线上方笔画存在粘连的字符切分问题;在字符识别方面,该方法只选取了 142 类字符作为训练类别,类别数量较少。所以藏文古籍文档图像字符切分仍有待继续深入研究。我们在藏文古籍文档图像字符切分方面也有一些初步的实验研究成果,如文献[32-34],主要是结合基线信息、基线上下分别进行切分,包括粘连笔画的检测、切分,以及切分后笔画的归属进而完成字符的切分。相对而言,我们的方法涉及了粘连笔画的多种类型,有效解决了乌金体藏文古籍文档图像行内字符之间笔画交叠、粘连和笔画断裂等复杂情况的字符切分问题。

然而就藏文古籍字符切分的研究,可以从部件、字丁、音节等不同的粒度层次进行,目前大部分的研究都是字丁层面。实际上,在深度神经网络应用于文档图像分析与识别时,为了避免字符切分的问题,可以进行文本行的端到端识别。但是字符切分还有一个最直接的用途就是建立真实的字符样本数据集。

6.3　结合基线位置信息的乌金体藏文古籍字符切分

6.3.1　字符切分框架

1. 字符间粘连笔画切分、字符中断裂笔画的归属

藏文古籍文档字切分环节中最重要的是解决粘连字符切分,实际上对于任何文字识别系统来说,粘连字符切分都是一个困难任务。字符之间一旦发生粘连,其独立性被破坏,从连通域角度来看,粘连字符的形状与任何一个正常字符形状都不同,对粘连字符进行切分首先要解决粘连检测的问题;其次,粘连字符的长度未

知,粘连字符由两个及两个以上的字符粘连而产生,因手写体的字符宽度差异较大,判断形成粘连字符的字符数量也有困难;另外,字符之间粘连位置变化大,粘连位置无任何规律,如何找到合理切分路径是粘连字符切分面临的主要挑战。

除了字符间粘连笔画的切分外,藏文古籍文档字符提取环节还有两个困难需要解决。一是音节点分离困难,受到古籍文档质量退化的影响,文档图像经二值化处理后仍大量分布着小面积的噪声点,其形态与音节点类似,对音节点需要专门的提取方法,避免噪声点与音节点混淆;二是断裂笔画分配困难,古籍文档中一个字符的笔画大量断裂,合理的断裂笔画归属可以恢复字符的完整性。

2. 字符提取方法框架

从字符提取的目标出发结合藏文字符切分的难点,利用基线位置将文本行分为上下两部分分别进行字符提取。乌金体藏文古籍文档中字符沿着基线分布,将文本行沿基线分为基线以上部分和基线以下部分,可以有效降低字符提取的难度。一方面,文本行分为基线上部分和基线下部分可以大幅降低待识别字符类型的数量,以常见字符为例,字符数量是 584 类,分为上元音和基线下两部分后,基线以上的符号类型有 8 类,基线下字符类型 245 类,大幅降低了识别字符的类型数量;另一方面,分为基线上部分和基线下部分后可以针对字符的特点分别设计更有效的提取方法。

本节提出的字符提取方法框架如图 6-1 所示,其输入为文本行切分环节得到的文本行图像以及文本行基线位置。首先对文本行基线位置进行校正,让基线完全准确地沿着乌金体字符的"字头"上边缘分布,然后将文本行沿校正后的基线分为基线上部分和基线下部分,对两部分分别进行切分。

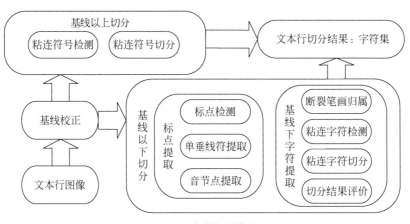

图 6-1 字符切分框架

对基线上部分切分时,建立基线以上正常符号与粘连符号样本集,对基线上的连通域提取方向梯度直方图特征,训练 SVM 分类器对粘连符号进行检测,然后对粘连符号进行切分。

提取基线下字符时,按照藏文标点提取、断裂笔画归属和字符切分分步进行。第一步,提取藏文标点:首先分析连通域的属性得到可能是音节点、噪声点和断句符的连通域,通过断句符的类型和属性判断确定合理符号,然后根据音节点到基线的距离对音节点和噪声点进行区分。第二步,基线以下切分的字符,首先对断裂笔画进行归属判断,目的是恢复字符的完整性,避免断裂笔画进入粘连字符识别环节;检测基线以下的字符间粘连情况,建立基线下字符样本数据库,训练卷积神经网络通过分类的方式检测字符间的粘连。第三步,通过多种方法切分粘连笔画,并用特征相似度度量对切分结果进行评价。

6.3.2 基线上方字符部件的切分

1. 基线以上连通域数据集

1) 基线以上连通域类型统计与分析

基线以上的连通域从符号意义和是否粘连 2 个维度上分成 3 大类型 11 种小类(没有构成粘连的符号不在其中)。第一大类:藏文基线以上常见符号类型有 8 种,其中包含了 3 个现代藏文上元音ཿ、ི、ེ,3 个梵音藏文元音符号ཽ、ཻ、ཾ以及 2 个梵音藏文辅音符号ཿ、ཿ。第二大类:它不是单独的符号,对它进一步划分又可以分为 3 种类型。第 1 种连通域图像如 ,其图像形状与火苗类似,它是三个字母ཀ、ཁ、ཉ在基线之上的部分,因为从基线位置处切分也成为断裂笔画;第 2 种连通域图像如 ,这种连通域不是独立的符号,它是角形上元音ཻ笔画断裂后的右半部分,属于角形上元音的一部分;第 3 种连通域形状如 和 ,此类型的连通域是元音ཻ和辅音符号ཿ书写时发生粘连形成的,它不是独立的符号类型,因为该类型连通域数量相对较多而被列为单独一类。第三大类:是基线以上粘连符号类型,由于手写体的原因,基线以上的符号出现搭接或笔画交叉而形成了粘连符号。基线以上各类型连通域数量统计见表 6-1。

表 6-1 基线上连通域数量统计

类型	ཨ	ཙ	ཐ	ཏ	ཛ	ཚ	ཛྷ			ཀ	粘连
数量	12379	5956	12748	127	0	15	93	10	223	4440	15	330

对基线以上不同类型的连通域进行统计,属于现代藏文上元音类型的数量最多,占总数的 97.77%,属于梵音藏文符号的连通域占总数的 0.72%,属于字母基线之上部分的连通域占总数的 0.61%,粘连字符占总数的 0.90%。而难度最大、影响切分结果就是这 0.90%。所以后面将主要问题放在粘连的检测、切分与归属的方法方面。

2) 基线以上连通域数据集

为了从基线以上的连通域中准确检测粘连区,建立了基线以上符号连通域数据集。选择数量较多的连通域类别作为单独的类,如ᠨ、ᠳ、ᠵ、ᠶ、ᠺ等符号,以及形如ᠠ和ᠰ的断裂笔画;将数量较少的符号ᠩ以及形如ᠪ和ᠮ的连通域合并作为一类;对基线以上的粘连符号连通域,按照形成连通域种类分为两个类别,一种类别的粘连符号连通域是由角形上元音ᠲ、折线形上元音ᠣ或角形上元音的断裂笔画之间发生粘连形成,如图6-2(a)~(e)所示;另外一类粘连字符连通域是角形上元音ᠣ与任意种类的连通域粘连形成,如图6-2(f)~(j)所示。

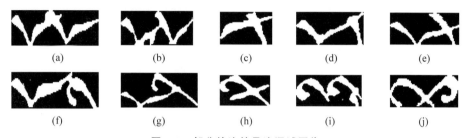

(a)   (b)   (c)   (d)   (e)

(f)   (g)   (h)   (i)   (j)

图6-2 部分粘连符号连通域图像

最后确定基线上连通域图像数据集共有10个类别,对数量较少的类别进行数据增广,通过旋转和几何变形对样本进行了形变处理,最后的数据集大小为10×400。基线上连通域部分样本图像如图6-3所示。

数据集共包含了5种单独符号类型连通域,有现代藏文的3种上元音和2种梵音藏文符号ᠣ、ᠤ,如图6-3(a)~(e)所示;1类由梵音藏文符号ᠩ及与它形状相似的连通域组成,如图6-3(f);2类断裂笔画连通域,如图6-3(g)、(h)所示;2类粘连符号连通域类型,如图6-3(i)、(j)所示。

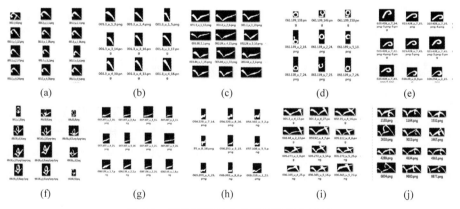

(a)   (b)   (c)   (d)   (e)

(f)   (g)   (h)   (i)   (j)

图6-3 部分基线以上连通域数据集示例

2. 基于骨架线走势分解和粘连位置分析的切分方法

构建了基线以上符号的连通域数据集后,使用支持向量机对基线上连通域类型进行检测。提取连通域的方向梯度直方图特征,分类器选择 Cubic SVM,将符号连通域数据按 7∶3 的比例分为训练集与测试集,测试集的识别准确率为 96.1%。通过识别的方式对基线上的粘连符号进行检测,之后对粘连字符进行切分处理。

基线上粘连符号大部分是由于角形上元音ཿ右侧笔画过长与其他符号粘连形成,粘连处呈现"T"型粘连或"X"型交叉,形成粘连的笔画分为斜向上走势的笔画和斜向下走势的笔画。针对基线上粘连符号的粘连特点,本节提出基于骨架线笔画分解和粘连形状分析的切分方法。首先将粘连符号的骨架线分解为斜向下走势的笔画和斜向上走势的笔画,然后分析粘连字符形状确定笔画粘连的位置,最后按照粘连位置和笔画走势对粘连字符进行切分。

1)骨架线走势分解

粘连字符中形成粘连的笔画以斜向上走势和斜向下走势为主,检测斜向上的笔画和斜向下的笔画有助于粘连符号的分解。为了便于对笔画走势进行描述,首先做如下定义:

4	3	2
5	P	1
6	7	8

图 6-4 点 P 的邻接点

(1)像素点的邻接点:像素点的 3 邻域范围内的像素点,且对不同位置的邻接点赋予不同的权值,如图 6-4 所示。

(2)斜向下的点:若 P 点的 3 邻域范围内,下一像素点权值为 1、7、8 之一者。

(3)斜向上的点:若点 P 的 3 邻域范围内,下一像素点权值为 1、2、3 之一者。

(4)斜向上线段:骨架线中由斜向上的点组成的笔画,称该线段是斜向上的线段。

(5)斜向下线段:骨架线中由斜向下的点组成的笔画,称该线段是斜向上的线段。

2)骨架线平滑

首先对基线上粘连符号生成前景骨架线,对骨架线进行平滑处理。获取骨架线的分支点和端点,移除分支点将骨架线分解为若干线段,对所有线段进行端点判断,如果某条线段的两个端点分别是骨架线的端点和分支点,且该线段长度小于 2 倍笔画宽度,则将该线段从骨架线中移除。骨架线平滑效果如图 6-5(b)所示。

从骨架线最左侧端点开始遍历字符骨架线,标记骨架线上所有像素点的权值,按照像素点的权值提取骨架线中的斜向上线段和斜向下线段,斜向上线段如图 6-5(b)红色线段所示,斜向下线段如图 6-5(b)绿色线段所示。

3)粘连位置分析与切分

对斜向下线段与斜向上线段是否邻接进行判断,判断两条线段是否相连的条件如式(6-1)所示。其中,x_{top} 和 y_{top} 为倾斜向上线段端点的行、列坐标,x_{down} 和 y_{down} 为倾斜向下线段端点的行、列坐标。

$$\text{isClosed} = \begin{cases} 1, & \min(|x_{top} - x_{down}| + |y_{top} - y_{down}|) = 1 \\ 0, & \text{其他} \end{cases} \quad (6\text{-}1)$$

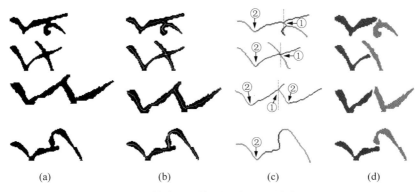

（a）　　　　　　　（b）　　　　　　　（c）　　　　　　　（d）

图 6-5　基线以上粘连切分（见文前彩图）

（a）粘连符号；（b）字符骨架平滑；（c）粘连位置分析；（d）切分结果

对邻接的斜向下线段与斜向上线段进行粘连位置分析,用条件式(6-2)予以判断,其中,x_{tc} 是粘连点的横坐标,x_{down} 是斜向下线段的横坐标。如果粘连点横坐标在斜线上点段底部五分之一之下,就认为斜向上线段与斜向下线段发生的粘连位置属于 2 型粘连,否则粘连位置属于 1 型粘连。图 6-5(c)为判断得到的粘连类型。

$$\mathrm{TouchType} = \begin{cases} 1, & x_{tc} < 0.8 \times \max(x_{down}) \\ 2, & x_{tc} \geqslant 0.8 \times \max(x_{down}) \end{cases} \qquad (6\text{-}2)$$

对构成 1 型粘连的斜向上线段进行截断处理,仅保留斜向上左端点到粘连点区间范围之间的笔画,2 型粘连属于角形上元音的不同方向笔画之间的粘连,对只有 2 型粘连没有 1 型粘连的情况,将角形上元音从图像中分离,基线以上粘连切分结果如图 6-5(d)所示。

6.3.3　基线以下字符部件的切分

文本行图像经过基线以上字符切分和标点提取后,基线之上的符号、藏文标点和基线下字符得到了分离,不同类型的连通域如图 6-6 的不同颜色所示,其中字丁的基线以下为黑色部分,该图像是编号为 006 卷第 187 页第 5 文本行部分区域。

基线以下图像连通域分为字丁（没有基线以上部分的字丁）、断裂笔画和粘连字符 3 种类型,断裂笔画和字符间笔画粘连是影响字符切分效果的主要问题。字丁是指笔画完整且没有粘连的独立字符,不需要进行任何过多的处理,如图 6-6(b)中的黑色部分。断裂笔画是属于一个字丁的但不连接的部件或者是笔画出现了断裂,需要对断裂笔画进行归属以重构完整的字丁,如图 6-6(b)中的绿色部分。粘连字符是指邻接的字符笔画有搭接或者字符间共享了部分像素,粘连字符破坏了字丁的独立性,需要粘连字符切分来恢复字丁的独立性,粘连字符如图 6-6(b)中的红色部分,都是两个字符的粘连。

(a)

(b)

图 6-6　文本行不同类型的连通域（见文前彩图）

(a) 基线以上部分、标点符号与基线以下部分；(b) 基线以下断裂笔画与粘连字符

　　粘连字符检测是字符切分前的一个必要步骤，如何实现粘连字符的准确检测是决定基线下字符切分效果的关键，为了避免笔画断裂对粘连字符检测的干扰，提出的基线下字符提取方法由断裂笔画归属、粘连字符检测和粘连字符切分 3 部分组成。首先对断裂笔画进行判断和归属，恢复字丁的完整性，避免断裂笔画影响粘连字符检测效果；其次对粘连字符进行检测，通过建立字丁与粘连字符数据库并用分类的方式对粘连字符进行检测；最后对粘连字符进行切分，提出一种基于多方法切分和相似度度量的粘连字符切分方法。

1. 断裂笔画归属

　　藏文字使用竹笔进行书写，文字中竖直笔画比水平笔画细，断裂也多发生在竖直笔画处，但是在古籍中断裂笔画位置随机，形状各异，其特征没有共性，如不借助识别的方法或辅助相似度评价对断裂笔画进行判断，归属结果的可靠性不高。鉴于断裂笔画难以直接进行判断，可以通过判断哪些连通域是字丁，不满足字丁性质的连通域就是断裂笔画，然后对断裂的笔画进行归属判断。

　　藏文字丁由部件垂直叠加而成，字丁连通域在文本行中是上下贯通的垂直块。观察基线以下图像发现，字丁或者粘连字符连通域同时满足以下两个条件：第一，连通域的宽度应大于字符平均宽度，字丁的高度不低于字符平均高度；第二，字丁连通域是上下贯通的垂直块，即字丁连通域在其垂直方向的上下没有其他的连通域。

　　如果一个连通域不能同时满足以上两个条件，则该连通域是一个断裂笔画，需要对其进行归属。其中第二个条件可以进一步细分为两个规则。规则 1：字丁连通域顶部到文本行的顶之间没有其他连通域，也就是连通域顶部距离基线较近甚至与基线有交点；规则 2：字丁连通域底部到文本行底部没有其他的连通域。

　　为了检测和归属断裂笔画，本节提出结合背景骨架和连通域属性的断裂笔画归属方法。首先对文本行基线以下的图像生成背景骨架图，每一个连通域处在一个由背景骨架线构成的环中，分析包围连通域的骨架线，判断连通域是否具备垂直贯通的性质，再结合连通域的高度和宽度判断该连通域是否是断裂的笔画，如果一个连通域是断裂笔画，则根据其相对位置关系进行归属判断。

1) 基于背景骨架线的连通域分类

生成基线以下字丁图像背景区域的骨架图,如图 6-7(a)所示。对骨架线进行处理,去掉骨架线上的端点,仅保留构成环的像素点,平滑后的骨架线如图 6-7(b)红色部分所示。平滑后的骨架线构成了若干环,每个环内包围了一个连通域,如图 6-7(c)所示。骨架线所形成环的数量与前景连通域数量可能不一致,这是在定义连通域时采取 8 邻域引起的,骨架环的数量和位置不影响连通域的分布和相对位置关系。骨架线粗细为 1 个像素,相邻环间距极小,采取骨架环分析相对位置可以更准确地描述连通域的位置关系。

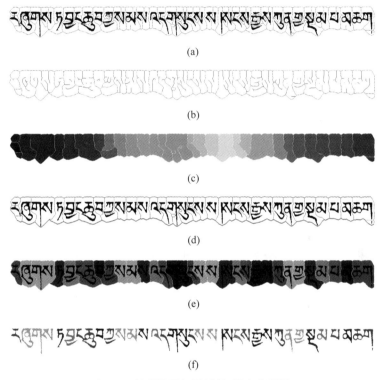

(a)

(b)

(c)

(d)

(e)

(f)

图 6-7 断裂笔画归属判断(见文前彩图)

(a)基线下图像及背景骨架图;(b)背景骨架环;(c)骨架环区域;
(d)骨架线顶部、底部线及基线;(e)合并后的骨架环;(f)完整字符图

如果一个前景连通域是字丁或者粘连字符连通域,则其所对应的骨架环区域是上下贯通的,环的顶部之上和底部以下没有其他环遮挡,而断裂笔画所处的环则没有这个性质。骨架环区域的上下贯通性可以通过骨架环像素的顶部点和底部点进行判断,骨架线顶部如图 6-7(d)的绿色线所示,底部线如图 6-7(d)的红色线所示。

骨架线的顶部点和底部点定义如下。

(1)骨架线的顶部点:如果某个骨架像素点,从其垂直位置之上到文本行顶部没有其他骨架线像素点,且在其垂直位置以下有骨架像素点,则该像素点是骨架线的顶部点。

(2)骨架线的底部点:如果某个骨架像素点,从其垂直位置之上有其他骨架线像素点,且在其垂直位置以下到文本行的底部之间没有其他骨架像素点,则该像素点是骨架线的底部点。

通过判断一个构成骨架线环的像素点是否包含骨架线顶部点和底部点,将环区域分为四种类型。第一类是字丁连通域,其对应的骨架环上同时有骨架线的顶部点和底部点;第二类是顶部断裂笔画,其对应的骨架环中只有骨架线的顶部点,没有骨架线的底部点;第三类是底部断裂笔画,其对应的骨架环只有骨架线的底部点,没有骨架线的顶部点;第四类是中间断裂笔画,其对应的骨架环中既没有骨架线的底部点,也没有骨架线的顶部点。这四类环区域属性与顶部点、底部点的对应关系见表 6-2。

表 6-2　环区域类别与顶部点、底部点关系

类　　别	顶　部　点	底　部　点
字丁连通域	相交	相交
顶部断裂笔画	相交	不相交
底部断裂笔画	不相交	相交
中间断裂笔画	不相交	不相交

2)断裂笔画归属字符的类型

断裂笔画分为 3 种类型,每种类型的相邻的区域各自不同。断裂笔画的邻接关系可以分为 5 类,如图 6-8 所示。

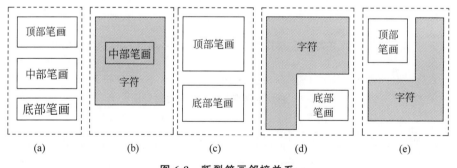

图 6-8　断裂笔画邻接关系

中间断裂笔画的邻接关系有两种情况,第一种是中间断裂笔画处在顶部断裂笔画和底部断裂笔画之间;第二种是中间断裂笔画被字丁区域包围,中间断裂笔画的归属需要对其邻接环数量以及顶部笔画和底部笔画区域一起判断。底部断裂笔画之上可以是字丁、顶部断裂和中间断裂笔画的任意一类,对它的归属需要根据垂直方向重叠率来判断。顶部断裂笔画类型中可能包含了部分字丁,由于部分字

丁的高度偏低,其所对应的环被包裹,字丁的环没有底部点而被划分到顶部断裂笔画类中,在判断顶部断裂笔画归属时,需要加入连通域的高度和宽度信息进行区分。

对断裂笔画进行归属判断,以中间断裂笔画、底部断裂笔画和顶部断裂笔画的顺序进行。获取每个断裂笔画的邻接环矩阵,如果邻接区域类型简单则按照规则进行判断,如果有多个可选项,则计算垂直方向的重叠率(overlap ratio,OR)进行归属判断。断裂笔画的邻接环矩阵和垂直重叠率定义如下。

(1) 定义断裂笔画区域的邻接环矩阵:如果一个环区域到当前环区域的连通域距离 D_{ij} 小于或等于 3 个像素,则该环区域是当前区域的邻接环,连通域距离是两个连通域像素点集合曼哈顿距离的最小值,如式(6-3)所示:

$$D_{ij} = \min(\mid x_i - x_j \mid + \mid y_i - y_j \mid) \tag{6-3}$$

其中,D_{ij} 表示环区域 i 到环区域 j 的连通域距离,x_i 和 x_j 是环区域 i 和 j 的行坐标,y_i 和 y_j 是环区域 i 和 j 的列坐标。

(2) 定义断裂笔画的垂直重叠率:断裂笔画的垂直重叠率 OR_{ij} 是第 i 个环区域与当前断裂笔画在垂直方向的重叠率,如式(6-4)所示:

$$OR_{ic} = \frac{\mathrm{len} \mid y_i \bigcap y_c \mid}{\mathrm{len}(y_c)} \tag{6-4}$$

其中,y_i 是环区域 i 的列坐标,y_c 是当前断裂笔画所在环区域的列坐标。

具体的归属判断过程如下:

(1) 中间断裂笔画归属。计算中间断裂笔画的邻接环矩阵,如果邻接环数量是 1,说明该中间断裂笔画属于被字丁区域包围,属于图 6-8(b)所示的情况,直接将该笔画区域与字符区域合并。如果邻接环数量超过 2 个,说明该中间断裂笔画属于图 6-8(a)所示的情况,首先合并邻接环中的顶部断裂笔画区域,如果只有 1 个顶部断裂笔画,则将中间断裂笔画与顶部断裂笔画所在环进行合并;如果有 2 个以上顶部断裂笔画,则计算顶部断裂笔画所在环与当前中间断裂笔画所在环的垂直重叠率,将该断裂笔画所处环与垂直重叠率最大的环进行合并。最后再合并邻接环中的底部断裂笔画区域,根据不同数量执行不同的合并规则,底部的断裂笔画归属方式与顶部断裂笔画合并规则相同。

(2) 底部断裂笔画归属。中间断裂笔画归属完成后,底部断裂笔画上部有顶部断裂笔画和字丁,对应图 6-8(c)、(d)所示的位置关系。计算底部断裂笔画的邻接环矩阵,如果邻接环数量为 1,直接将二者合并;如果有多个邻接环,计算邻接环与底部断裂笔画所在环的垂直重叠率,将其与最大重叠率对应的环进行合并。

(3) 顶部断裂笔画归属。经过以上两步的归属后,顶部断裂笔画下方只有字丁连通域所在环区域,属于图 6-8(e)所示的位置关系。对顶部断裂笔画环内的前景连通域的高度和宽度做判断,如果前景连通域的高度大于字符平均宽度且高度大于字符平均高度,则认为该连通域是一个单独的字丁,不对其进行归属判断,否则对顶部断裂连通域进行归属判断。与之前的规则一样,如果顶部断裂笔画环的邻接环数量为1,直接合并;否则计算邻接环与当前断裂笔画的垂直重叠率,将断裂笔画所处环与垂直重叠率最高的环合并。

断裂笔画归属完成以后,背景骨架线中断裂笔画环间的线段被合并,字丁或粘连字符被一个背景骨架环包围,字丁及骨架环见图 6-8(e)。取出环内的所有前景像素得到完整字符图像,如图 6-8(f)所示,此时字符是完整的但并不一定是独立的。

2. 粘连字符检测

切分粘连字符首先要对基线以下的连通域进行检测。粘连字符检测最常用的方法是通过设定宽度阈值对连通域是否属于粘连字符进行判断,这种通过宽度阈值判断粘连字符的方法适用于字符宽度固定情况,如印刷体文档,或者有约束的手写字体如汉字、英文字母等。藏文古籍文档文字属于手写体文字,文字书写的约束性低,文字书写时若文档空间足够则字符的宽度也较大,如图 6-9(a)～(d)所示;而当文档空间不足时字符的宽度很小,如图 6-9(e)、(f)所示;由于空间有限,过窄的字符之间易发生粘连,粘连后形成的连通域其宽度与宽度较大字符的宽度相似,如图 6-9(g)、(h)所示。由以上分析可知古籍藏文字符的宽度差异性巨大,仅依靠宽度信息无法对粘连字符进行准确检测。

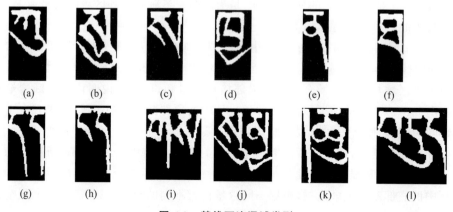

图 6-9　基线下连通域类型

(a)～(d) 宽度正常的单字符;(e)、(f) 宽度较窄的单字符;(g)、(h) 窄字符顶部粘连;

(i) 中间粘连;(j) 底部粘连;(k) 断句符粘连;(l) 多字丁粘连

基线下常见的字符类型有 245 类,粘连字符可能由 245 类字丁中任意一类或几类字丁相互粘连而形成。粘连的位置可能出现在基线附近、字符的中间区域或者底部区域,如图 6-9(g)～(j)所示均为两个字丁粘连;粘连字符可能由断句符与字丁引起,如图 6-9(k)所示;粘连字符也可能由多个字丁产生,如图 6-9(l)所示为三个字丁。粘连字符形成的连通域形状复杂多样,粘连位置没有任何规律,因此本文选择分类的方法对粘连字符进行检测。建立了"藏文基线下连通域数据集"作为训练分类器的数据集,该数据集包括基线以下常见字符类型以及粘连字符类型。

1)粘连字符收集

人工收集基线以下图像中的粘连字符,得到 5818 个粘连字符连通域,按粘连字符连通域中字符的种类和数量将粘连字符分为 4 类,分别是断句符粘连、双字符粘连、三字符粘连和多字符粘连。断句符粘连指 1 个或多个字符与断句符发生粘连形成的粘连字符连通域;双字符粘连和三字符粘连指由 2 个字符或 3 个字符粘连而形成的粘连字符连通域;多字符粘连指由 4 个及 4 个以上字符相互粘连而形成的连通域。粘连字符连通域数量统计如表 6-3 所示。

表 6-3 不同类型粘连字符数量统计

断句符粘连	双字符粘连	三字符粘连	多字符粘连
80	5284	380	74

4 类粘连字符类型中多字符粘连最为复杂,粘连符连通域中字符数量差异很大,字符数量少的有 4 个,最多的可以达到 13 个。粘连字符中断句符粘连、三字符粘连和多字符粘连数量较少,可以单独划分为一类。双字符粘连数量最多,占粘连字符总量的 90.82%,需对双粘连字符进行细分。

2)双粘连字符聚类

样本需遵循类内相似度高、类间差异性大的原则进行聚类。根据双粘连字符连通域的形状对其进行聚类,通过粗聚类进行初次划分,再进行细聚类确定类别数量。

(1)粗聚类。尺寸归一化,为了保留连通域的高度差异特征,保存连通域从基线位置到文本行底部的图像,然后图像归一化到 64×64 大小,将图像分为 4 个相等大小的正方形区域,分别提取 4 块区域内的像素点数量占全部像素点数量之比,得到 4 维特征,使用聚类算法 K-means 对图像进行聚类,粗聚类的类别数设为 8 类。

(2)细聚类。粗聚类得到了 8 类图像,对每一类再进行细聚类。本轮聚类仅保留图片前景像素真实分布范围,然后将图像尺寸归一化到 64×64,提取图像的方向梯度直方图特征作为图像的特征。计算 HOG 特征时需进行参数设置,设置参数块的大小为 12×12,子区域由相邻的 4 个块组成,块之间的相互交叠比例为 0.5,梯度统计方向为 8 个方向。生成图像的特征维度为 512 维,再使用聚类算法 K-means 进行聚类,细聚类的类别数设为 10 类。

在聚类的基础上对错误样本进行人工校正,把样本数量特别少且形状相似的类别进行合并,得到 56 种双粘连字符类型。加上断句符粘连、三字符粘连和多字符粘连,共得到 59 类粘连字符类型。

3)藏文基线下字符数据集

在第 2 章的 NMU_HTCU_ML 数据集,位于基线下方的样本一共有 2908 类。

4）粘连字符检测模型

藏文字符粘连情况异常复杂,字符的宽度变化巨大,为了得到较好的检测效果,基于文中所建立的基线连通域数据集,训练了一个卷积神经网络作为连通域是否存在粘连的检测器。对模型的训练采取基于模型的迁移训练方式,具体表现为将在 ImageNet 数据集上预训练好的 InceptionV3[39] 模型保存并对模型结构进行调整,之后迁移到基线下连通域数据集进行训练,对模型的参数进行微调以更好地适应藏文字符的特点。

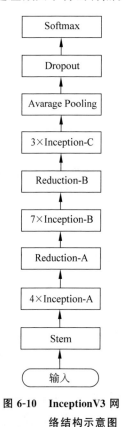

图 6-10　InceptionV3 网络结构示意图

InceptionV3 的核心结构如图 6-10 所示,该模型原始的数据输入大小为 $299 \times 299 \times 3$,训练图像的高宽比为 $1:1$。为了匹配当下的藏文粘连字符检测任务,对输入图像的尺寸进行调整。乌金体藏文字符的高宽比为 $2:1$,在进行模型的迁移训练时将输入图片的大小调整为 $320 \times 160 \times 3$,图像的 RGB 通道与原字符图像相同。同时仅保留了 InceptionV3 模型中平均池化之前的所有卷积层权重,并加入了一个节点数目为 500 的全连接层。

5）字符特征库

使用 InceptionV3 卷积神经网络对藏文基线下字符数据集进行分类,数据按 $8:2$ 分为训练集和测试集。为了保留藏文字符自身的形状特征,样本被归一化为 $320 \times 160 \times 3$,模型的学习率设置为 0.01,冲量为 0,每批次有 700 张图像,经过多轮训练后,测试集上的平均识别率达到 95.73%。为了计算后续切分结果与基线下字符的特征相似度,提取基线下常见字符类型的特征库,把 InceptionV3 网络的平均池化层的输出作为特征进行保留,得到 $700 \times 245 \times 2048$ 大小的特征库,其中 700 是特征库中每一类样本的样本数目,245 是常见字符类别数,2048 为迁移训练后 InceptionV3 模型输出的字符特征维度。

得到 245 类基线下常见字符的特征库后,对每一类字符的样本数量进行压缩,在每一类 700 个特征中选择 100 个特征作为该类型样本的特征。选择标准为:对每一类字符样本计算特征的平均值;之后计算所有特征到特征均值的 2 范数,选择 49 个距离最大的特征;然后在剩余 651 个特征中随机选 51 个特征,共 100 个特征作为该类样本的特征库。基线下常见字符特征库被压缩后其大小由原来的 $700 \times 245 \times 2048$ 缩小到 $100 \times 245 \times 2048$,减少了加载特征库对内存的占用。

6）卷积神经网络的作用

在粘连字符切分环节引入卷积神经网络起到两个作用:第一,可以借助卷积神经网络对粘连字符进行识别。在真实的文档识别过程中，尤其对于字符切分任务来说，粘连字符是否能被准确判断与切分方法同样重要，通过训练神经网络得到较高准确率的分类结果可以对粘连字符实现快速准确的判断。第二，无约束手写文档中粘连字符数量多且形状复杂，借助识别或者结果相似度评价可以选择最佳的切分结果，而卷积神经网络强大的特征表征能力可以为基于相似度评价的切分方法提供保障，通过计算切分结果与待识别对象的相似度，可以大幅提高切分方法的准确性。卷积神经网络在粘连字符切分环节的作用如图 6-11 所示。

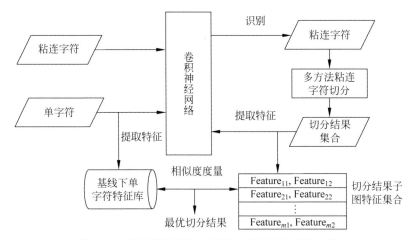

图 6-11 卷积神经网络在粘连字符切分环节的作用

3. 粘连字符切分

粘连字符切分常见的方法有基于垂直投影切分的切分方法、基于滴水算法的切分方法、基于连通域分析的切分方法。每种方法的适用范围不同，如垂直投影切分方法，可以针对左右粘连且粘连处像素点较少的类型取得不错的效果；滴水算法的方法从切分初始点出发按照预设规则寻找切分路径，针对顶部无粘连且笔画边缘平滑的类型可以取得较好的切分效果；连通域分析的方法通过分析连通域的形状、轮廓，字符分布密度等信息来规划切分路径。

将以上方法用于藏文古籍基线下的粘连字符切分能够发现，垂直投影方法可以解决字符左右搭接形成的粘连现象，对于非左右搭接形成的粘连，该方法不能找到合适的切分路径。滴水算法的本质是贪心算法，由于古籍中字符边缘不平滑，笔画边缘毛刺较多，滴水算法容易陷入局部而得到错误的路径。连通域分析的方法需要设定切分的规则，而基线下粘连字符类型复杂、形状多样、没有任何规律，无法通过分析形状、轮廓特征找到准确的切分路径。

针对基线以下粘连字符的多样性，无法用单一方法得到合理的切分路径，本节提出基于多方法切分和相似度度量的粘连字符切分方法。方法的核心思路是：每一种基于规则的切分方法都有其所适应的粘连类型，使用多种方法对粘连字符图

像进行切分,可以最大限度保证在多个结果中有正确的切分结果。由于多方法切
分必然得到多个不同切分结果,需要对多个切分结果进行评价,从中选出最合理的
切分结果。首先使用合理性规则对切分结果进行分析,排除不合理的切分结果,再
使用特征相似度对剩余的切分结果进行相似度度量评价,选择得分最高的切分结
果作为粘连字符最后的切分结果。基线下粘连字符切分过程如图 6-12 所示。

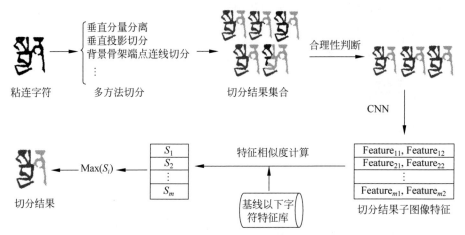

图 6-12　基线以下粘连字符切分流程图(见文前彩图)

　　双字丁粘连数量最多,本节提出的粘连字符切分方法主要解决双字丁粘连和
断句符粘连类型,三字丁粘连和多字丁粘连可以在本节的方法基础上进行扩展。
结合藏文字丁的结构和笔画特征,设计融合不同规则的切分方法实现粘连字符的
切分。

　　1) 方法一:垂直分量分离

　　针对断句符粘连的类型,断句符因其形状竖直成为此类型粘连字符的典型特
征,如图 6-13(a)、(e)所示。使用形态学操作提取字符中的垂直分量,结构算子是
90°垂直的直线,高度为 2 倍笔画宽度,粘连字符连通域的垂直分量如图 6-13(b)、
(f)所示。对垂直分量的位置、高度进行判断,如果同时满足以下两个条件,说明形
态学操作得到的垂直分量可能是断句符,可以将垂直分量从粘连字符分离,否则不
做切分处理。

　　(1) 条件一:垂直分量的顶部行到粘连字符连通域的顶部距离小于 2 倍笔画
高度;

　　(2) 条件二:垂直分量的高度大于 1.5 倍字符平均高度,满足条件的垂直分量
如图 6-13(c)、(g)所示。

　　对垂直分量进行分离,需要注意的是形态学得到的垂直分量可能是断句符,如
图 6-13(d)、(h)所示,也有可能是藏文长腿字符的过长笔画,如图 6-13(i)所示,对
于这种情况用条件判断无法对二者进行区分,需要对结果与单字符的相似度度量

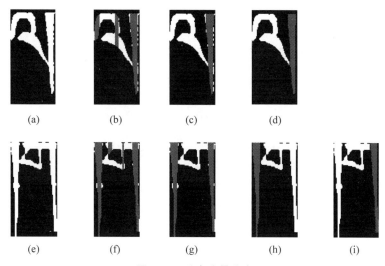

图 6-13　垂直分量分离

（a）粘连字符；（b）垂直分量；（c）垂直分量判断；（d）垂直分量分离；

（e）粘连字符；（f）垂直分量；（g）垂直分量判断；（h）、（i）垂直分量分离

挑出最合理的切分结果。

2）方法二：垂直投影切分

藏文字符从左到右水平排列，大量粘连字符的粘连位置处于粘连字符中间区域，粘连发生在字符的边缘处，字符之间相互侵入较少。对于这一类型的粘连字符，垂直投影可以取得较好的切分效果。如图 6-14(a)、(e)所示类型。对粘连字符连通域图像做垂直投影，求图像中间 $25\%\sim75\%$ 背景投影最大值对应的位置，如图 6-14(b)、(f)所示；以背景投影最大值的列位置作为切分位置，如图 6-14(c)、(g)所示；用直线对连通域进行切分，最后的切分结果如图 6-14(d)、(h)所示。

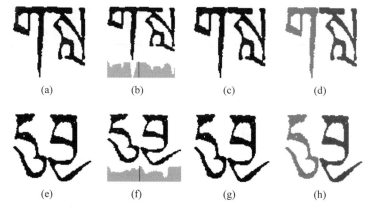

图 6-14　垂直投影切分

（a）粘连字符；（b）背景垂直投影；（c）垂直切分；（d）切分结果；

（e）粘连字符；（f）背景垂直投影；（g）垂直切分；（h）切分结果

3) 方法三：背景骨架端点连线切分

文字形成的粘连与其他类型粘连最显著的区别是文字的笔画锐利，笔画粘连处背景形状尖锐，粘连位置附近有背景骨架线端点存在，将粘连位置附近的背景骨架方向朝上的端点和方向朝下的端点进行连接，可能得到合理的切分路径，适合背景骨架端点连线切分方法的粘连字符连通域如图 6-13(a)、(e)所示。

背景骨架端点连线切分方法过程如下：首先生成粘连字符背景区域的骨架线，获取背景骨架线的端点位置，根据端点在端点邻域的位置关系进行方向判断。为了便于对端点方向进行描述，首先做如下定义。

(1) 端点邻域：由背景骨架线的端点及其附近 4 个背景骨架线像素点组成的集合，称为端点邻域。端点邻域的坐标组成端点邻域坐标集合，x_s、y_s 分别代表端点邻域所有点的行坐标和列坐标。

(2) 端点邻域的高度：端点邻域的高度 DH 为端点邻域坐标集合中的行最大值到行最小值的距离，如式(6-5)所示。

$$DH = \max(x_s) - \min(x_s) + 1 \tag{6-5}$$

(3) 端点邻域的宽度：端点邻域的宽度 DW 为端点邻域坐标集合中的列最大值到列最小值的距离，如式(6-6)所示。

$$DW = \max(y_s) - \min(y_s) + 1 \tag{6-6}$$

(4) 背景骨架线端点方向：当端点邻域的高度 DH 大于或等于端点邻域的宽度 DW 时，如果端点的行坐标是端点邻域坐标集合的最小值，则该端点的方向朝下；如果端点的行坐标是端点邻域坐标集合的最大值，则该端点的方向朝上，如式(6-7)所示的条件。其中，x_d、y_d 是骨架线端点的行坐标和列坐标。

$$D = \begin{cases} up, DH \geqslant DW & x_d = \min(x_s) \\ down, DH \geqslant DW & x_d = \max(x_s) \\ 其他 \end{cases} \tag{6-7}$$

根据以上定义，对粘连字符连通域的背景骨架线端点进行分类，方向朝下的端点如图 6-15(b)、(f)蓝色部分所示；方向朝上的端点如图 6-15(b)、(f)红色部分所示。

背景骨架线的端点分类后，在方向朝上的端点集合与方向朝下的端点集合中寻找满足位置要求的点对。如果方向朝下的端点行坐标比方向朝上的端点行坐标小，那么该点对满足位置要求。对满足要求的上下端点对进行连接，形成切分路径，否则不进行连接。通过背景骨架端点连接得到的切分路径并不唯一，可能得到的多条切分路径如图 6-15(c)、(g)中不同颜色的线段所示。需要对多条切分路径的切分结果进行评价，保留最合理的切分结果。最合理的切分路径及对应的切分结果如图 6-15(d)、(h)所示。

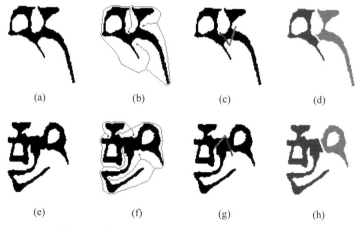

图 6-15 背景骨架线端点连接切分（见文前彩图）

（a）粘连字符；（b）背景骨架与端点；（c）端点连线切分；（d）合理切分结果；

（e）粘连字符；（f）背景骨架与端点；（g）端点连线切分；（h）合理切分结果

6.3.4 实验结果分析与评价

1. 切分结果分析

对实验采用第 2 章介绍的 212 页乌金体藏文古籍文档图像，文本行切分数据集 NMU_THDTL212，共 1696 行。

通过以上多方法切分得到的切分结果并不唯一，需要对切分结果集合中的每张图像进行评价来确定最为合理、效果最好的切分结果。

结果评价分为两步：第一步对切分结果的子图进行合理性判断，排除不合理的切分结果；第二步对通过合理性判断后的切分结果进行相似度评价，选择相似度得分最高的作为最终切分结果。

1）切分结果合理性判断

粘连字符连通域被多方法切分后得到多个切分结果，每张切分结果图像有多个子图像，合理的切分结果中的子图像应该满足以下条件：

（1）子图像数量要求。切分结果图像中的子图像数量比粘连字符连通域数量多，如果粘连字符图像中连通域数量为 N，切分结果图像中子图像的数量应为 $N+M-1$。其中，M 是发生粘连的字符数量。

（2）子图像宽度要求。藏文字符左右排列，字符粘连后形成的粘连字符连通域的宽度必然增加，因此合理的切分结果图像中子图像的宽度应比原粘连字符图像中连通域最大宽度要小，且至少小于连通域最大宽度与 2 倍笔画宽度之差，子图像宽度应满足式（6-8）的条件。

$$\max(W_i) < \max(W_{tcj}) - 2SW \tag{6-8}$$

其中，W_i 是切分结果图像中第 i 个子图像的宽度，W_{tcj} 是粘连字符图像中第

j 个连通域的宽度,SW 为笔画宽度。

(3) 子图像位置要求。乌金体藏文字符在基线附近必存在"字头",因此合理的切分结果新生成的字符都必须有顶部区域,子图像的位置应满足式(6-9)的条件。

$$CC_{ix} \cap X \neq \varnothing, \quad X \in [1,3\mathrm{BH}] \tag{6-9}$$

其中,CC_{ix} 是切分结果图像中第 i 个子图像的像素行坐标区间,X 是粘连字符图像顶部以下 3 倍笔画宽度范围。

切分结果集合中,子图像不能同时满足以上 3 个条件,说明切分结果不合理,将该切分结果图像从集合中删除。部分不合理的切分结果子如图 6-16 所示。

通过切分结果的合理性判断,将明显不合理的切分结果进行排除。不符合条件(1)的切分结果如图 6-16(a)所示,原粘连字符图像的连通域数量为 1,该切分结果中子图像数量为 3;不符合条件(2)的切分结果如图 6-16(b)、(c)所示,切分结果中子图像的最大宽度与原粘连字符连通域宽度相等;不符合条件(3)的切分结果如图 6-16(d)所示,其中深灰色标注子图像在图像顶部向下 3 个笔画宽度区间范围内没有像素。

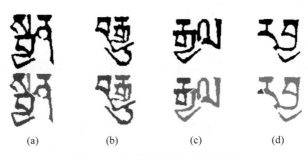

(a)　　　　　(b)　　　　　(c)　　　　　(d)

图 6-16　部分不合理的切分结果

(a) 不满足子图数量要求;(b)、(c) 不满足子图宽度要求;(d) 不满足子图位置要求

2) 相似度评价

切分结果子图像被归一化为 320×160 大小,将 InceptionV3 网络的平均池化层输出作为特征进行保留,每个双粘连切分结果对应 2 个 2048 维度的特征向量。每个粘连切分结果相似度为子图像特征与基线下字符特征库的特征相似度之和,特征相似度 S 的计算如式(6-10)所示:

$$S = \sum_{i=1}^{2} \max \left(\frac{F \times V_i'}{\|F\| \times \|V_i\|} \right) \tag{6-10}$$

其中,F 是基线下字符特征库,大小为 24500×2048;V_i 是切分结果中第 i 个子图的特征;$\|F\|$ 是字符特征库行向量的 2 范数,大小为 24500×1;$\|V_i\|$ 是第 i 个切分子图特征的 2 范数。对粘连字符连通域多方法切分的所有切分结果计算特征相似度,保留相似度最大值对应的切分结果,作为该粘连字符连通域的最终切分结果。

2．切分正确率评价

为了对粘连字符切分算法进行评价,使用字符正确切分率对粘连字符切分算法的结果进行评价,用 N 表示实际粘连的字符总数,R 表示正确切分的粘连字符个数,粘连字符正确切分率(proper segmentation rate,PSR)的定义如式(6-11)所示:

$$PSR = \frac{R}{N} \tag{6-11}$$

粘连字符正确切分率作为评价粘连字符切分的唯一指标,其值越高越好。本节粘连字符切分结果统计如表 6-4 所示。

表 6-4　粘连字符切分正确率

基 线 位 置	粘 连 类 型	总　　数	正确切分个数	PSR
基线以上	粘连符号	330	301	91.20%
基线以下	断句符粘连	80	80	100.00%
	双字符粘连	5284	5111	96.73%

对垂直投影切分方法和背景骨架端点连线切分方法的正确率进行统计,切分对象仅针对双字符粘连类型。两种切分方法对基线下双字符粘连类型的切分正确率如表 6-5 所示。

表 6-5　单规则切分方法正确率

切 分 方 法	正确切分个数	PSR
垂直投影切分	2272	43.00%
背景骨架端点连线切分	4598	87.00%

对比表 6-4 和表 6-5 可以看出,只采取单一规则的切分方法正确率并不高,但采取不同规则的切分方法再结合相似度度量可以有效提高切分的正确率。

3．错切分情况分析

基线以上的粘连符号切分时,采取笔画走势分析的切分方法,但也使得有些上元音引起的粘连类型不能正确切分,如图 6-17(a)～(d)所示的粘连情况。

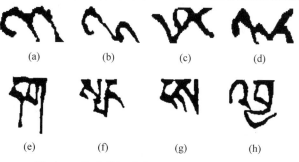

(a)　　　　(b)　　　　(c)　　　　(d)

(e)　　　　(f)　　　　(g)　　　　(h)

图 6-17　切分错误或者无法切分的粘连字符

基线以下的粘连切分时，由于基线下粘连字符类型多样，粘连字符字型复杂，还是有一些粘连字符没有被正确切分，如图 6-17(e)~(h)所示的粘连情况。

将文本行分为基线以上和基线以下两个部分，可以大幅降低粘连字符切分的难度，也可以根据基线以上和基线以下的特点设计不同的切分方法。

(1) 对基线以上的粘连符号进行切分前，首先构建了基线上连通域数据集。由于这种粘连主要是上元音过长而引起，并通过骨架线走势分解和粘连位置分析的方法，对粘连字符予以切分。

(2) 对基线以下部分进行提取或者切分时，采取不同字符类型逐次分离的方式。首先提取藏文标点符号，通过对音节点、断句符和组合符号的检测，保证了标点符号的完整。对基线以下其余字符进行切分，对断裂笔画进行归属，恢复字符的完整性；构建藏文基线下字符数据集，通过训练分类器的方式实现对粘连字符的检测；对粘连字符进行切分，针对粘连字符类型、复杂的特点，采取多种切分方法，并计算切分结果子图与基线下常见字符类型的特征相似度，选择相似度最高作为最终切分结果。

本节提出的切分方法在对应的数据集上进行实验，结果表明，基于骨架线走势分解和粘连位置分析的切分方法，能解决大部分粘连符号切分问题。基于多方法切分和相似度度量的粘连字符切分方法，也能够较好地切分基线下的粘连字符。

6.4 基于结构属性的乌金体藏文古籍文本字丁切分

6.4.1 乌金体藏文古籍字丁切分的挑战

如果没有复杂的笔画粘连、断裂等，藏文古籍文字切分的问题很容易解决。然而藏文古籍字符笔画交叠、交叉、粘连、断裂等情况比较复杂，归纳起来，使得字符切分问题仍然面临 3 个挑战。

(1) 挑战 1：藏文古籍文本行存在不同程度的倾斜和扭曲。藏文古籍由木刻印版印制而成，印版由手工刻制，造成一定程度的倾斜和扭曲，加上古籍印制过程中纸张放置位置出现一定的偏差，进一步加剧藏文古籍的倾斜和扭曲程度。文本行倾斜和扭曲对检测文本行全局基线造成严重干扰。

(2) 挑战 2：藏文古籍字符笔画交叠、交叉、粘连、断裂大量存在。具体形成原因为：刻制原始印版时，字符基线上方部分元音笔画跨越左右字符形成交叠（垂直投影重叠）、交叉及粘连；古籍印制时，字符基线下方笔画与左右字符的笔画形成粘连；原始印版上字符笔画间存在大量分离，加上古籍在印制时刷色不均使字符各笔画造成不同程度的断裂。

(3) 挑战 3：藏文古籍由不同人手写而成，笔画风格差异较大，即使同一个人不同时间的书写结果未必一致。笔画风格差异具体表现在笔画尺寸、位置、形态上，其差异严重影响笔画切分后的笔画归属。

本节针对以上字符切分挑战，提出了一种基于关键特征信息的乌金体藏文古籍文档图像字符切分方法，该方法包括以下 3 个部分：

（1）针对挑战 1，提出一种藏文古籍文本行短化处理的方法，以减小文本行倾斜和扭曲对基线检测的影响。文本行短化处理采用两种方式：一是利用文本行垂直投影的空隙进行垂直切分；二是以音节点上下无交叠的位置坐标为依据，对文本行进行垂直切分。两种方式得到的文本行短化结果，分别形成两个文本行段库。文本行短化成不同宽度的文本行段，实现了将文本行全局基线检测转变成文本行段局部基线检测，有效解决了因文本行倾斜和扭曲导致的基线检测不准确的问题。

（2）针对挑战 2，提出一种基线上方和下方单独处理的切分思路和方法。通过分析藏文古籍文本发现，基线上方主要存在笔画交叉与粘连，基线下方则主要是笔画粘连和断裂，而基线上方与下方笔画之间更多的是交叠。解决基线上方笔画的交叉与粘连问题，采用多方向多路径交叉和粘连切分方法，而基线下方笔画粘连则采用基于基字头位置信息的粘连切分算法。

（3）针对挑战 3，根据藏文古籍字符书写风格差异的问题，总结了藏文古籍字符的风格形态特点，采取 3 种笔画归属距离，对断裂笔画和切分后的笔画进行归属，从而完成字符切分。

6.4.2　文本行段的局部基线检测

1．文本行的获取

本节的字符切分研究仍然利用文档原始图像预处理(二值化、除噪、去边框、去文本行粘连、文本行渲染等)后的结果。此处选用的乌金体藏文古籍文档，每张文档图像含有 8 行文本，藏文文本的奇数行、偶数行分别以两种颜色标记。如图 6-18(a)～(c)分别是原始图像、行切分图像、文本行获取的图像。

2．文本段的获取

藏文古籍文本行平均长度达 5400 多个像素，过长的文本行存在不同程度的倾斜和扭曲，不利于字符切分研究。因此，需要对长文本行图像进行短化处理。经过对文本行的特点分析后发现，采用基于投影和基于音节点位置信息两种方法进行文本行段的获取。

（1）文本行垂直投影的方法。像素投影方法是字符切分的常用方法。对藏文古籍文本行垂直投影后发现，文本行的投影图存在不同间距的空隙，如图 6-19 所示。这些空隙能把长文本行切分成单独含有音节点、标点或者它们与字符相组合的不同宽度的短文本块，可称为文本行段。垂直投影空隙对文本行进行切分时，需满足式(6-12)的条件：

$$F_{seg} = \begin{cases} 1, & \text{当 } N_{pro} > 0 \\ 0, & \text{其他} \end{cases} \tag{6-12}$$

(a)

(b)

(c)

图 6-18　藏文古籍文档文本行切分后图像

（a）藏文古籍文档原始图像；（b）藏文古籍文本行切分后图像；（c）藏文古籍文档文本行获取图像

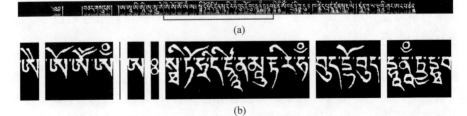

(a)

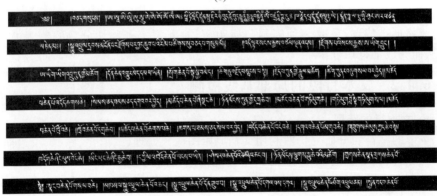

(b)

图 6-19　垂直投影方法获取文本行段

（a）文本行垂直投影（浅灰色为文字投影）；（b）图（a）中的长方形框内文本部分垂直投影得到的文本块

　　其中，F_{seg} 为是否对文本行进行垂直切分的标志，1 代表切分，0 代表不切分；N_{pro} 为文本行的前景字符像素数累计。在文本行垂直切分的过程中，切分起点为投影空隙的最后一列像素对应的坐标值,切分终点为投影空隙的第一列像素对应的坐标值。

（2）基于音节点位置信息的方法。由于藏文古籍文本行中存在前后字丁笔画交叠、交叉以及和音节点粘连等复杂情况,所以直接切分音节仍然有挑战,但是也有音节点上下无其他笔画交叠的情况,也可以作为文本行短化的一个标志。有音节点上下笔画交叠和无交叠同时出现在同一文本行中,如图 6-20 所示,实线圆圈内为上方存在交叠的音节点,虚线圆圈内为上下无交叠的音节点。

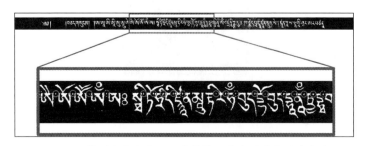

图 6-20　检测音节点上下无交叠笔画的方法获取文本行段

图 6-20 中下方放大后的文本行局部对应上方完整文本行中框内的文本,与图 6-19 中的框内的文本相同。提出音节点上下无交叠笔画的字符区块切分算法,对一定高度范围内上下无交叠的音节点进行连通域检测和分析,并以音节点的最小外接矩形左右外边界分别作为文本行字符区块切分的起点和终点,具体实现过程如算法 6-1 所示。

算法 6-1　基于音节点上下无交叠笔画的文本行图像字符区块切分算法

输入：文本行图像

输出：字符区块

步骤 1：输入文本行并进行水平投影,计算投影最大值对应的纵坐标,作为文本行的全局基线 L_{global}。

步骤 2：对文本行所有前景进行连通域分析,如果连通域满足：

$$\begin{cases} C_{\text{area}} \geqslant P_{\text{areaThreshold}} \text{ 或 } C_{\text{width}} > S_{\text{avgWidth}} \text{ 或 } C_{\text{height}} > S_{\text{avgWidth}} \\ C_Y \geqslant L_{\text{global}} - 2S_{\text{avgWidth}} \text{ 并且 } C_Y \leqslant L_{\text{global}} + 2S_{\text{avgWidth}} \end{cases}$$

则判定为音节点,将该音节点对应的连通域编号写入数组 A_{point} 中。

步骤 3：遍历文本行所有连通域,如果当前连通域编号 C_{number} 等于 A_{point} 中的音节点编号 P_{number},则在音节点的宽度范围内统计上方的前景像素量 $N_{\text{abovePoint}}$ 和下方的前景像素量 $N_{\text{belowPoint}}$。

步骤 4：如果步骤 3 中的连通域编号以及前景像素量满足：

$$\begin{cases} C_{\text{number}} = P_{\text{number}} \\ N_{\text{abovePoint}} = 0 \\ N_{\text{belowPoint}} = 0 \end{cases}$$

则对文本行进行垂直切分。

（3）字符区块库构建。分别通过两种方法获得文本行段图像，简称字符区块。从前面的数据集 NMU_THDTL212 中获得 1696 行文本图像，在对切分后的文本行段命名时记录文本行、藏文古籍文档信息以及切分位置信息，具体命名格式如图 6-21 所示。

图 6-21 文本行段标注格式

基于投影的文本行段提取方法，利用投影空隙对文本行进行垂直切分。投影空隙产生于字符内、字符间以及字符与符号间，因此垂直切分后单独含有音节点、标点或者它们与字符的组合，获得不同宽度的文本行段，部分文本行段如图 6-22 所示。

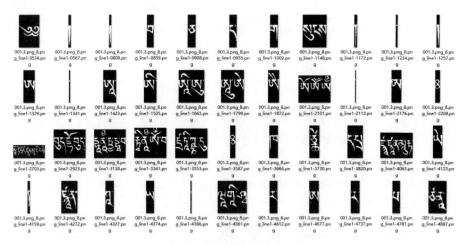

图 6-22 基于投影方法切分的部分文本行段

从数据集 NMU_THDTL212 中获得 1696 行文本图像，共获取 109603 个文本行段，其中只有音节点、单垂线类标点符号的文本行段有 22418 块，而含有文字的文本行段有 87185 块，基于音节点位置切分的字符区块数有 47632 块。

3. 文本段的基线检测

因为古籍文本行存在倾斜、扭曲等现象，使得文本行没有了整体基线。在 4.6 节、5.6 节都已经讨论过局部基线的问题，"局部"是根据研究的具体问题而言，此处的局部基线是针对文本行段而言。文本行段的局部基线位置信息可以通过字符水平投影检测得到，由于藏文字符结构多样，导致检测出的基线位置信息并不准确。因此提出基于音节点位置信息或结合水平投影与直线检测的基线检测方法。文本行段局部基线检测算法如图 6-23 所示。

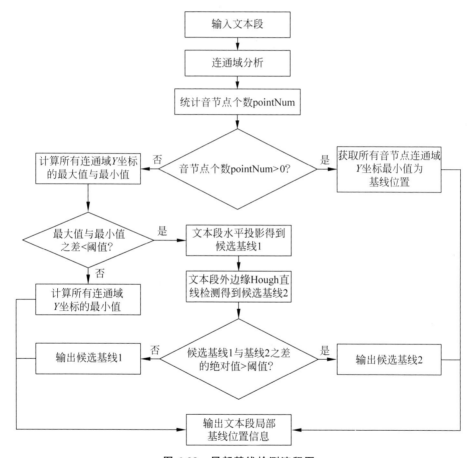

图 6-23　局部基线检测流程图

输入为文本行段，输出为局部基线。首先，对文本行段进行连通域分析，得到连通域的位置坐标、宽度和高度、面积以及质心坐标等信息，统计音节点的个数pointNum。然后判断音节点个数 pointNum 是否大于 0，若大于 0，则该文本行段存在音节点，所有音节点连通域的 Y 坐标最小值为基线位置，否则计算所有连通域 Y 坐标的最大值与最小值。最大值与最小值之差小于阈值，则最小值为基线位置，否则对文本行段进行水平投影和 Hough 直线检测，分别得到候选基线 1 和候选基线 2。最后，比较候选基线 1 和候选基线 2 之差的绝对值，若绝对值大于阈值，候选基线 2 为基线位置，否则候选基线 1 为基线位置。获得文本行段局部基线后，在其基线位置处进行水平切分，得到基线上方和下方两个部分。

对于有音节点的文本行段，根据音节点与基线处于同一水平位置的特点，获取音节点位置信息间接实现基线检测；对于无音节点的文本行段，利用水平投影与 Hough 直线检测算法相结合的方法实现基线检测，并在基线位置处水平切分。文本段局部基线检测与水平切分过程如图 6-24 所示。

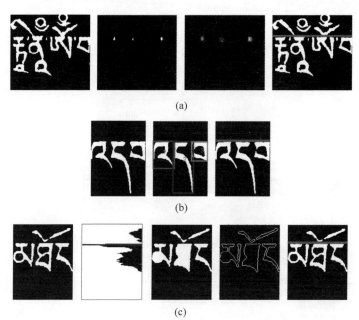

图 6-24　文本行段局部基线检测与水平切分过程

（a）有音节点的文本行段基线检测过程；（b）无音节点且基线上方无笔画的文本行段基线检测过程；（c）无音节点且基线上方有笔画的文本行段基线检测过程

局部基线对定位基线上方和下方笔画极其重要。利用局部基线位置将文本行段切分成基线上方和下方两个部分，由此可以定位字符的基线上方笔画和下方笔画。除此之外，在局部基线处切分文本行段还能够解决左右字符的基线上方笔画之间的粘连问题，如图 6-25 所示。

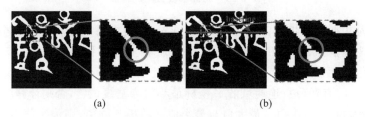

图 6-25　局部基线位置切分前后的文本行段

（a）切分前的文本行段；（b）切分后的文本行段

6.4.3 粘连笔画检测与切分

1. 基线之上粘连笔画检测

交叉是粘连的一种特殊情况,因此粘连类型中也包含交叉。局部基线处水平切分后,基线上方部分由上元音及其他符号组成。从基线上方笔画中挑选出所有粘连笔画,并进行分类,形成如表 6-6 所示的 14 种基线上方粘连类型,表中的粘连笔画表示粘连类型的组成笔画,粘连类型实例表示不同粘连方向以及粘连程度的实例,相同粘连类型归为同一类粘连模板。藏文基线上方笔画尺寸较小,给区分粘连与非粘连造成一定困难,因此将基线上方非粘连的笔画也一并作为一类模板,以提高模板匹配精度。利用每一类模板的平均尺寸对该类型下所有模板进行尺寸归一化处理,形成模板库。

表 6-6 基线上方笔画交叉和粘连类型

序号	粘连笔画	实 例	序号	粘连笔画	实 例
1			8		
2			9		
3			10		
4			11		
5			12		
6			13		
7			14		

采用改进的模板匹配算法对基线上方笔画的粘连及其类型进行检测。基线上方笔画尺寸较小,直接采用模板与待匹配图像对应的像素误差值作为匹配评判标准。因模板种类多,且不同模板类型之间的尺寸不统一,给匹配带来了困难。因此对传统的基于误差值模板匹配算法进行了改进,待匹配的笔画在匹配计算前先将尺寸调整为当前模板类型的尺寸,实现匹配过程中尺寸动态调整。以两个图像区域对应的像素匹配度作为评判准则,即模板与待匹配图像对应的像素误差值越小,匹配度越高。粘连及其类型检测算法如算法 6-2 所示。

算法 6-2　基线上方笔画交叉和粘连类型检测算法

输入：基线上方笔画

输出：粘连类型

步骤 1：输入基线上方笔画 $S_{\text{aboveStroke}}$ 以及模板路径 $S_{\text{temptTypePath}}$，获取当前模板类型 $X_{\text{temptType}}$ 的尺寸，并以此对 $S_{\text{upperStroke}}$ 尺寸进行调整。

步骤 2：计算 $S_{\text{aboveStroke}}$ 与当前模板类型 $S_{\text{temptType}}$ 中所有模板 S_{tempt} 对应像素的误差值 S_{error}，定义为

$$S_{\text{error}} = \sum_{m=1}^{M} \sum_{n=1}^{N} \left[S_{\text{aboveStroke}}(m,n) - S_{\text{tempt}}(m,n) \right]^2 \tag{6-13}$$

式中，M、N 分别为 $S_{\text{aboveStroke}}$ 和 S_{tempt} 的高度与宽度。

步骤 3：计算所有误差值 S_{error} 的最小值 $S_{\text{minEachType}}$。

步骤 4：重复步骤 2 和步骤 3，计算 $S_{\text{aboveStroke}}$ 与所有 $S_{\text{temptType}}$ 对应模板 S_{tempt} 的误差值 S_{error}。

步骤 5：计算所有 S_{error} 的最小值 $S_{\text{minAllType}}$。

步骤 6：根据 $S_{\text{minAllType}}$ 从模板类型中查找与之对应的粘连类型 $S_{\text{touchingType}}$ 并输出，进而获得基线上方笔画的粘连数量、所在位置和粘连类型等信息。

2. 基线之上粘连笔画切分

　　针对藏文古籍出现的复杂粘连问题，提出多方向、多路径粘连切分算法。通过对藏文古籍的粘连类型的统计观察可以发现，虽然粘连类型多达 14 种，但多数粘连类型能够在 $45°$、$90°$ 或 $135°$ 方向被正确切分。为解决少数粘连类型在以上 3 个方向不能被正确切分的问题，进一步对坐标系内的切分方向进行细化，得到 1～7 共 7 个切分方向。粘连切分所用坐标系和切分方向如图 6-26 所示，其中 X-Y 为图像坐标系，x-y 为切分方向坐标系。在切分坐标系内，$45°$、$90°$ 以及 $135°$ 方向分别对应 Direction(2)、Direction(4) 以及 Direction(6)，其他方向由 $45°$、$135°$ 对应正切函数值的 0.5 倍和 2 倍组成。在粘连切分 x-y 坐标系的一个象限内，相邻两个切分

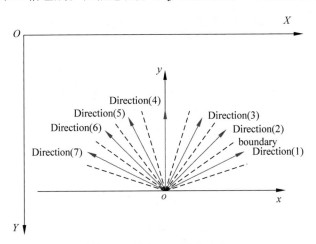

图 6-26　坐标系与切分方向

方向所构成角度的角平分线为选择切分方向的界线（以虚线表示）。

根据分支点左右延伸的像素量 leftExtPixel 和 rightExtPixel 分别与延伸阈值 extThreshold 的大小，可以组合成如下四种大小关系：

$$\begin{cases} leftExtPixel > extThreshold \\ rightExtPixel > extThreshold \end{cases} \quad \begin{cases} leftExtPixel > extThreshold \\ rightExtPixel \leqslant extThreshold \end{cases}$$

$$\begin{cases} leftExtPixel \leqslant extThreshold \\ rightExtPixel > extThreshold \end{cases} \quad \begin{cases} leftExtPixel \leqslant extThreshold \\ rightExtPixel \leqslant extThreshold \end{cases}$$

根据藏文古籍字符的结构特点，不同的组合关系形成不同的切分路径，进而形成多个切分路径，多路径切分示例如图 6-27 所示。每一组图中的左侧为 leftExtPixel 和 rightExtPixel 大小组合的实例，与四种组合相对应；中间为已完成分支点和端点标记的骨架图；右侧为粘连笔画的切分示意路径（灰色线段）。

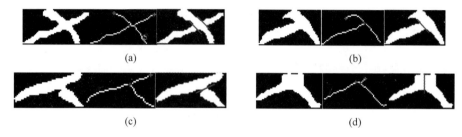

(a)　　　　　　　　　　　　　　　　(b)

(c)　　　　　　　　　　　　　　　　(d)

图 6-27　多路径切分示例

(a) 分支点左延伸笔画的两侧各一个切分路径；(b) 分支点左延伸笔画的左侧一个切分路径；
(c) 分支点左延伸笔画的右侧一个切分路径；(d) 分支点笔画之间一个切分路径

图 6-27 中展示的路径并非该笔画的实际切分路径，在实际粘连笔画切分过程中，需结合切分起点、切分方向与路径完成切分，如算法 6-3 所示。

算法 6-3　多方向、多路径粘连切分算法

输入：基线上方粘连笔画、粘连数量、粘连位置、粘连类型以及文本行段基线位置信息

输出：粘连切分后的笔画

步骤1：对基线上方粘连笔画做骨架化处理，得到骨架图。在骨架图中的一定范围内查找分支点。若不存在分支点，则进入步骤2，否则进入步骤3。

步骤2：结合粘连类型，在 Direction(4)(90°方向)对粘连笔画进行切分。例如"〜"粘连类型在其宽度的 1/3 处切分，"〜"粘连类型在其宽度的 1/2 处切分，"〜"粘连类型在其宽度的 2/3 处垂直分。

步骤3：记录分支点坐标信息。若在笔画分支处检测出多个候选分支点，则取 X 坐标最小的分支点作为该笔画的分支点 branchPoint。

步骤4：结合粘连类型和分支点 branchPoint，确定切分起点 segStartPoint。

步骤5：以骨架图的分支点 branchPoint 为起点，在一定范围内计算骨架向左和向右延伸的像素量 leftExtPixel 和 rightExtPixel。

步骤6：计算切分起点 segStartPoint 分别与左右延伸像素端点 leftEndPoint 和 rightEndPoint 构成的直线斜率 K，如式(6-14)。以切分起点 segStartPoint 与左延伸笔画端点

leftEndPoint 构成的直线为例：

$$K = \text{abs}\left(\frac{\text{leftEndpoints}Y - \text{segStartPiont}Y}{\text{leftEndpoints}X - \text{segStartPiont}X}\right) \tag{6-14}$$

步骤 7：根据步骤 4 的直线斜率 K，选择相应方向作为切分方向。$\arctan(K)$ 为切分起点 segStartPoint 与左右延伸笔画端点 leftEndPoint 和 rightEndPoint 构成的直线斜率对应的度数。根据 $\arctan(K)$ 值和界线 boundary，选择最邻近的方向作为切分方向。

步骤 8：结合粘连类型 touchingType、向左延伸像素量 leftExtPixel 以及向右延伸像素量 rightExtPixel 与延伸阈值 extThreshold 的大小以及它们的不同组合，并从切分起始点 segStartPoint 出发以不同切分路径对粘连进行切分。

步骤 9：若笔画存在多处粘连，则重复步骤 3～步骤 8。

3. 基线之上笔画类型

粘连切分后，需确定文本行段基线上方笔画的类型，为后续笔画归属提供依据。设 Y_{left} 为笔画连通域左侧第一列白色（前景）像素中对应最大的 Y 坐标，Y_{right} 为笔画连通域右侧最后第一列白色（前景）像素对应最大的 Y 坐标，Y_{centroid} 为笔画连通域质心 Y 坐标。藏文古籍中有大量的梵音藏文，基线上方笔画类型也相应增多，但大部分笔画不会影响字符切分。因此，总结出基线上方可能影响字符切分效果的笔画类型及其几何特征，如表 6-7 所示。

表 6-7　基线上方的元音笔画类型及几何特征

序　号	笔画类型	笔画基本几何特征
1	＼	$Y_{\text{right}} > Y_{\text{centroid}} > Y_{\text{left}}$。
2	＼＼	两个 1 号笔画左右叠加而成，具有对应笔画的特征。
3	⌒	$Y_{\text{left}} > Y_{\text{centroid}}$ 且 $Y_{\text{right}} > Y_{\text{centroid}}$ 且 $Y_{\text{right}} > Y_{\text{left}}$。
4	⌒	视为一个笔画，同 3 号笔画特征。
5	⌒	$Y_{\text{left}} > Y_{\text{centroid}}$ 且 $Y_{\text{right}} > Y_{\text{centroid}}$ 且 $Y_{\text{right}} < Y_{\text{left}}$。
6	＼	$Y_{\text{centroid}} > Y_{\text{left}}$ 且 $Y_{\text{centroid}} > Y_{\text{right}}$。
7	＼	两个 6 号笔画上下叠加而成，具有对应笔画的特征。
8	＼	视为一个笔画，同 6 号笔画特征。
9	＼	左：$Y_{\text{right}} > Y_{\text{centroid}} > Y_{\text{left}}$；右：$Y_{\text{right}} < Y_{\text{centroid}} < Y_{\text{left}}$。

根据表 6-7 中的各类型笔画的几何特征，对基线上方笔画类型和数量进行统计。若文本行段中同时出现 1 号和 9 号笔画，1 号笔画与 9 号笔画的左侧笔画具有相同的几何特征，则需要进一步增加判断条件，即 1 号笔画单独出现，无右侧笔画与其配对，而 9 号笔画的左右两个笔画需成对出现。

1）粘连笔画检测

对基线水平切分后的上方笔画进行粘连及其类型检测，若存在粘连，则得到粘连及其类型,否则基线上方笔画不存在粘连。基线上方粘连及其类型检测示例如表 6-8 所示。表中文本行段基线上方笔画用长方形框标记,序号与表 6-6 中的序号相对应,误差最小值对应的粘连类型为粘连及其类型检测算法的输出结果。从表中结果可以看出,该文本行段基线上方笔画检测的误差最小值对应序号为 3 的粘连类型"ᢙᢙ"。

表 6-8　基线上方笔画粘连及其类型检测示例

	序号	1	2	3	4	5	6	7
	误差	939	555	106	1125	585	364	1137
	序号	8	9	10	11	12	13	14
	误差	893	1183	1155	682	1577	1363	1889

注:表中左图长方形框内数值为粘连类别中误差值最小值。

2)粘连笔画切分

基线上方笔画出现的各种复杂粘连、交叉等情况,利用所提出的多方向、多路径粘连切分算法进行切分。粘连切分效果示例如图 6-28(文本行段有一处粘连)和图 6-29(文本行段有多处粘连)所示。

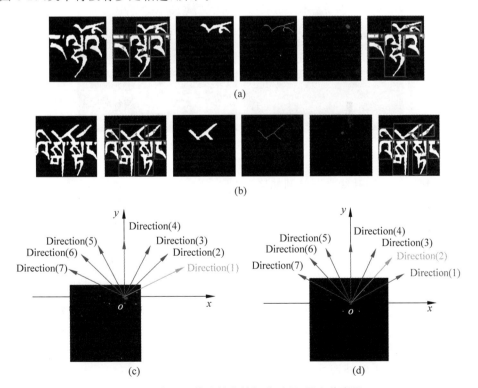

(a)

(b)

(c)　　　　　　　　　(d)

图 6-28　有一处粘连的字符切分过程(见文前彩图)

(a)粘连笔画切分过程(切分方向选用 Direction(1));(b)粘连笔画切分过程(切分方向选用 Direction(2));(c)图(a)的切分方向(绿色箭头);(d)图(b)的切分方向(绿色箭头)

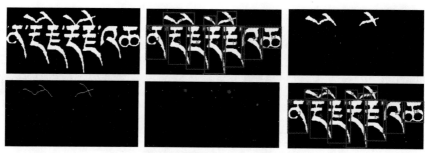

图 6-29　有多处粘连的字符切分过程

　　交叉是粘连的一种特殊情况,交叉笔画会在分支点左上方和右上方有不同长度的延伸笔画。根据延伸笔画的长度,决定是否对其进行多路径切分并删除,是一种简单且有效的交叉切分方法。基线上方笔画交叉切分效果示例如图 6-30(文本行段有多处交叉)所示。

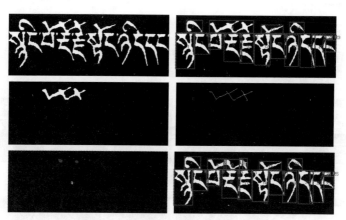

图 6-30　有多处交叉的字符切分过程

4. 基线位置和基线之下笔画粘连

　　基线下方笔画粘连检测。在藏文古籍字符中,基线下方笔画由前加字、上加字、基字、下加字、下元音、后加字、再后加字等按照藏文构字规则组合而成,因此基线下方笔画种类占字符笔画总类别的绝大多数,造成基线下方笔画粘连问题较基线上方更加复杂的情况。基线下方笔画粘连问题主要分布在字符基字头上(局部基线位置处)以及基字头下方,如图 6-31 所示。基线是藏文书写的"基准线",基字头是字符在基线位置处的笔画头部,如图 6-31(a)中矩形框内笔画。图中两个字丁在基字头部分粘连,用虚线圆圈标识。由此可见,基字头是基线位置处分隔左右字符的重要参考笔画。受此启发,将基字头作为基线下方是否存在粘连的重要依据,基线下方两个字丁的粘连部分用实线圆圈标识。

5. 基线位置和基线之下笔画粘连检测与切分

　　我们发现基字头下方笔画的粘连位置总是在相邻两个基字头之间的空隙下

　　　（a）　　　　　　　　　　（b）　　　　　　　　　　　　　（c）

图 6-31　基字头和基线下方笔画粘连示例（以圆圈标记）

（a）基字头粘连；（b）基线下方粘连；（c）基字头和基线下方均存在粘连

方。首先，利用字符基字头的位置初步定位笔画粘连范围；其次，在粘连范围内进一步确定粘连点的具体位置；最后，根据粘连点与笔画端点之间的位置关系确定粘连切分路径。基于此，我们提出一种基于基字头位置信息的粘连切分算法，该算法包含两部分，即基字头检测与粘连切分如算法 6-4 所示；基字头下方笔画粘连检测与切分如算法 6-5 所示。

算法 6-4　基字头检测与粘连切分算法

输入：仅含基线下方笔画的文本行段 B_1

输出：粘连基字头切分后的文本行段 B_1

步骤 1：输入只含有基线下笔画的文本行段 B_1。

步骤 2：对文本行段 B_1 进行连通域分析，如果存在宽度大于 1.5 倍字符平均宽度 $C_{avgWidth}$ 的连通域，则屏蔽该连通域以外的其他连通域，得到文本行段 B_2。

步骤 3：在文本行段 B_1 内搜索所有连通域，如果满足式（6-15）的条件：

$$\begin{cases} S_X^{centroid} \geqslant C_X \\ S_{width} \geqslant 1.5 S_{avgWidth} \\ S_{width} \leqslant C_{width} \\ S_Y \geqslant L_Y \end{cases} \tag{6-15}$$

则该连通域为字符的断裂基字头，并将其按照原位置添加到文本行段 B_2 内，得到文本行段 B_3。

步骤 4：在文本行段 B_3 的基线位置下方一个笔画高度（$1.25 S_{avgWidth}$）处水平切分出文本行段内所有字符的基字头，得到文本行段 B_4。

步骤 5：如果文本行段 B_4 出现标点"点"式基字头和"断点"式基字头，分别需要进行检测和连接处理，得到文本行段 B_5。

步骤 6：遍历文本行段 B_5 内基字头，如果基字头数量与宽度满足式（6-16）的条件：

$$N_{head} = \begin{cases} 2, & S_{width} \geqslant 1.2 C_{avgWidth} \text{ 且 } S_{width} < 1.8 C_{avgWidth} \\ 3, & S_{width} \geqslant 1.8 C_{avgWidth} \text{ 且 } S_{width} < 2.4 C_{avgWidth} \\ 4, & S_{width} \geqslant 2.4 C_{avgWidth} \text{ 且 } S_{width} < 3 C_{avgWidth} \end{cases} \tag{6-16}$$

则对基字头进行 N_{head} 等分垂直切分，否则不切分，输出文本行段 B_3 和粘连基字头切分后的文本行段 B_6。

算法 6-5　基字头下方粘连笔画检测与切分算法

输入：粘连基字头切分后的文本行段

输出：基线下方粘连切分后的文本行段

步骤 1：输入文本行段 B_3 和 B_6，对文本行段 B_3 进行连通域分析，分别计算笔画连通域的数量 C_{num}、最大宽度 $C_{maxWidth}$、骨架图的三分叉点以及端点。

步骤 2：对步骤 1 得到的笔画骨架的三分叉点以及端点进行筛选，如果满足式（6-17）的条件：

$$\begin{cases} P_Y^{threeFork} \leqslant L_{local} + 1.25 S_{avgWidth} \\ P_Y^{end} \leqslant L_{local} + 1.25 S_{avgWidth} \\ abs(P_X^{threeFork} - P_X^{end}) + abs(P_Y^{threeFork} - P_Y^{end}) \leqslant S_{avgWidth} \end{cases} \quad (6\text{-}17)$$

则保留，否则进行删除。

步骤 3：对文本行段 B_6 进行连通域分析，计算左右相邻两个基字头之间空隙的起止坐标 (H_X^{left}, H_Y^{left}) 和 $(H_X^{right}, H_Y^{right})$。

步骤 4：在步骤 3 中左右相邻的两个基字头空隙的起止坐标范围内搜索步骤 2 中三分叉点，如果存在，则计算纵坐标最大值对应的三分叉点坐标 $(P_X^{threeFork}, P_{maxY}^{threeFork})$，否则执行步骤 10。

步骤 5：计算 $P_X^{threeFork}$ 与端点横坐标 P_X^{end} 之间的最小曼哈顿距离值，得到与三分叉点最近的端点 $(P_{nearestX}^{end}, P_{nearestY}^{end})$。

步骤 6：计算 $P_X^{threeFork}$ 与 $P_{nearestX}^{end}$ 之间差的绝对值，如果差值的绝对值小于 $2, S_{avgWidth}$ 进入步骤 7，否则进入步骤 10。

步骤 7：比较三分叉点坐标与端点坐标的大小关系，如果端点横纵坐标均小于三分叉点的横纵坐标，则进入步骤 8，如果端点横纵坐标均大于三分叉点的横纵坐标，则进入步骤 9；否则进入步骤 10。

步骤 8：在三分叉点的左上方采取 D_6 方向切分，在三分叉点的右下方采取水平向右切分，每切分一个像素后进行一次连通域分析，计算笔画连通域个数 C_{segNum} 和笔画连通域最大宽度 $C_{segMaxWidth}$，如果满足式（6-18）的条件：

$$\begin{cases} C_{segNum} > C_{num} \\ C_{segMaxWidth} < C_{maxWidth} \end{cases} \quad (6\text{-}18)$$

则停止切分，否则继续切分。

步骤 9：利用曼哈顿距离值搜索最大纵坐标三分叉点附近是否存在其他三分叉点，如果存在，计算上述两点的坐标中值 $(P_{medianX}^{threeFork}, P_{medianY}^{threeFork})$，并作为切分起点，否则最大纵坐标对应的三分叉点为切分起点。在切分起点的正上方选取 D_4 方向进行切分，在切分起点右下方选取 D_6 方向进行切分，如果满足式（6-18）的条件，则停止，否则继续切分。

步骤 10：在相邻两个基字头空隙范围内进行垂直投影，并在投影像素最小位置处垂直切分，如果满足式（6-18）的条件，则停止，否则继续切分。

最后输出基线下方笔画粘连切分的文本行段。

　　基线下方粘连笔画类型多、差异大。利用算法 6-4 和算法 6-5 分别对基字头和基线头下方进行粘连检测与粘连切分，如图 6-32 所示。

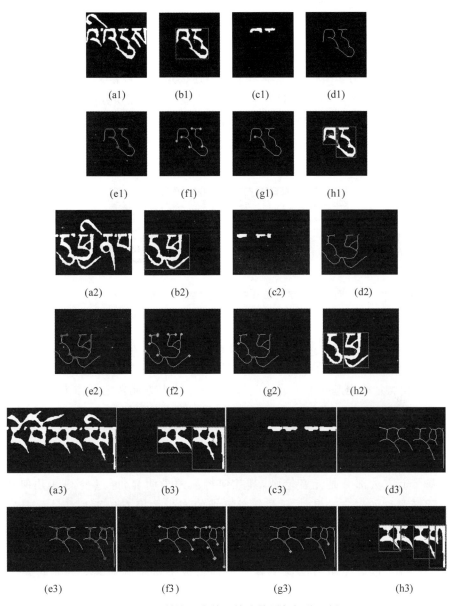

(a1)　　　　(b1)　　　　(c1)　　　　(d1)

(e1)　　　　(f1)　　　　(g1)　　　　(h1)

(a2)　　　　(b2)　　　　(c2)　　　　(d2)

(e2)　　　　(f2)　　　　(g2)　　　　(h2)

(a3)　　　　(b3)　　　　(c3)　　　　(d3)

(e3)　　　　(f3)　　　　(g3)　　　　(h3)

图 6-32　基线下方笔画粘连检测与切分示例

(a1)、(a2) 有一处粘连的文本行段,(a3) 有多处粘连的文本行段;(b1)、(b2)、(b3) 基线下方笔画连通域;(c1) 粘连笔画基字头,(c2) 粘连切分和连接后的基字头,(c3) 粘连切分后基字头;(d1)、(d2)、(d3) 粘连笔画骨架;(e1)、(e2)、(e3) 粘连笔画三分叉点;(f1)、(f2)、(f3) 粘连笔画端点;(g1)、(g2)、(g3) 删除无用三分叉点和端点后粘连笔画骨架;(h1)、(h2)、(h3) 粘连切分后的笔画连通域

6.4.4　断裂笔画归属

笔画归属是字符切分过程的最后一步,完成笔画归属即完成字符切分。笔画归属具体是将字符的断裂笔画和经过切分后的笔画按照原笔画位置进行放置,并将其归到某一个字丁。某一个笔画与主体不连接是藏文古籍文本的普遍现象,或者说一个字丁的所有笔画严重影响字符切分效果。字符在切分前存在断裂笔画或分离笔画,图 6-33(a)中以椭圆框标注的为从一个完整笔画中断裂出"新"笔画;以矩形框标注的为一个完整笔画,与字符其他笔画处于分离状态。经过字符切分后,字符会增加断裂笔画,以虚线椭圆框标注,如图 6-33(b)所示。

(a)　　　　　　　　　(b)

图 6-33　字符切分前后断裂(或分离)笔画示例

(a) 字符笔画切分前;(b) 字符笔画切分后

针对上述字符笔画情况,我们将它们分为基线上、下方断裂(或分离)笔画。基线上方笔画主要是元音,笔画种类较少,且各元音有特定的几何特征,可通过检测笔画的几何特征确定基线上方元音类型,且以基线上方元音笔画作为归属的位置基础。而基线下方笔画种类繁多,且笔画间断裂程度差异较大,无法通过笔画几何特征确定笔画类型。

1. 基线上方断裂笔画粘连检测

基线上方大部分是元音笔画,其几何特征差异明显,通过检测其几何特征实现元音类型的确定。基线上方断裂笔画的产生主要有以下原因:一是字符笔画的结构本身就是由多个笔画组成,在进行断裂笔画判断时也视为断裂;二是藏文古籍印制母版的书写差异造成,本该是一笔连写的笔画,却写成了两笔;三是藏文古籍在印制过程中着色不均造成字符笔画断裂;四是古籍文档图像在预处理过程中(二值化、图像增强等)中造成笔画断裂;五是在字符切分过程中,局部基线检测与切分以及粘连笔画切分后,形成新的断裂笔画。以上不同原因造成的基线上方笔画断裂,需要将粘连笔画切分后再归属于某一个字丁。因此,根据表 6-7 中的基线上方笔画整理出基线上方断裂笔画状态及其说明,如表 6-9 所示。在字符笔画归属过程中,根据断裂笔画检测结果统计出断裂笔画的类型和数量。

表 6-9　基线上方笔画断裂前后状态及其说明

序　号	笔 画 状 态	笔画断裂说明
1		由表 6-9 的 1 号笔画左右叠加而成。
2		断裂后形成表 6-9 的 5 号笔画。
3		由表 6-9 的 6 号笔画上下叠加而成。
4		断裂后与表 6-9 的 5 号笔画的判断条件一致。
5		由表 6-9 的 3 号笔画断裂而成。

2.　基线下方断裂笔画

基线下方笔画的断裂严重影响字符切分的效果。观察发现,断裂常出现在纵向笔画较细的位置,基本呈现 4 种笔画断裂类型,如图 6-34 所示。图中 E 和 F 分别为不同断裂笔画连通域外接矩形框的质心。

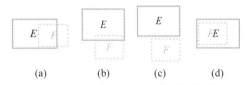

图 6-34　基线下方笔画的断裂类型

（a）左右交叉；（b）上下交叉；（c）上下相离；（d）包含

由此,我们归纳出判断基线下方笔画断裂的方法,笔画连通域的质心的横坐标、上边界的纵坐标以及面积需同时满足式(6-19)的条件:

$$\begin{cases} \mathrm{abs}(E_{\mathrm{cenX}} - F_{\mathrm{cenX}}) < X_{\mathrm{cenThd}} \\ \mathrm{abs}(E_{\mathrm{conY}} - F_{\mathrm{conY}}) > Y_{\mathrm{conThd}} \\ E_{\mathrm{area}} > P_{\mathrm{areaThd}} \\ F_{\mathrm{area}} > P_{\mathrm{areaThd}} \end{cases} \qquad (6\text{-}19)$$

式中,E_{cenX}、F_{cenX} 及 X_{cenThd} 分别为连通域质心 E、F 的横坐标及连通域质心的水平距离阈值,E_{conX}、F_{conX} 及 Y_{conThd} 分别为连通域上边界的纵坐标及连通域上边界的距离阈值,E_{area}、F_{area} 为连通域的面积,P_{areaThd} 为音节点的面积阈值。设置音节点的面积阈值判断是为避免音节点对断裂判断的影响。

3.　笔画归属距离

通过计算断裂笔画与原字符其他笔画之间的距离实现笔画所属字符的归属。基线上下断裂笔画类型多,且藏文古籍字符由手写而成,字符风格差异较大,对这一挑战性的问题,总结出 3 种笔画间的归属距离。

1）基于质心的归属距离(Cen-AD)

基于质心的归属距离,是以基线上方和下方笔画连通域质心横坐标差的绝对值大小作为判断依据。藏文古籍中,部分字符基线上方与下方笔画左右位置的偏移较小,可利用各笔画连通域的质心水平距离的大小完成归属。根据各笔画间质心的水平距离 D_{cenX},将基线上下方的笔画归属为一个完整的字符,如图 6-35(a)所示。

2)基于连通域的归属距离(Con-AD)

基于连通域的归属距离,是以基线上方和下方笔画连通域外接矩形框横坐标差的绝对值大小作为判断依据。藏文古籍总是沿着基线从左到右进行书写,基线下方大部分字符笔画存在整体稍微向右下方倾斜的特点,给笔画归属造成困难。通过对大量藏文古籍字形特点的分析发现,虽然大部分字符笔画存在不同程度的右倾斜,但基字头附近的笔画几乎不发生倾斜。因此,我们利用各笔画连通域外接矩形框横坐标的水平距离 D_{conX} 对字符各笔画进行归属,如图 6-35(b)所示。

3)结合连通域和质心的归属距离(ConCen-AD)

结合连通域和质心的归属距离,是基线下方笔画连通域间采用 Con-AD,而基线上方和下方笔画连通域间采用 Cen-AD。在藏文古籍字符中,绝大多数断裂笔画位于基线下方,且断裂类型多样、断裂程度不一,严重影响笔画归属效果。基线下方笔画利用连通域外接矩形框横坐标的水平距离进行归属,其余笔画间利用连通域质心的水平距离进行归属,如图 6-35(c)所示。

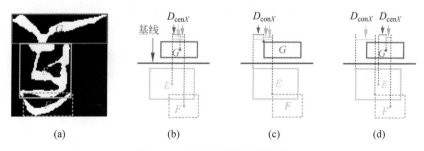

图 6-35　三种归属距离示意图

(a)切分开的藏文字丁;(b)基于质心的归属距离(Cen-AD);(c)基于连通域的归属距离(Con-AD);
(d)结合连通域和质心的归属距离(ConCen-AD)

4. 笔画的字符归属及分析

根据文本行段的宽度,将笔画归属初次划分为三类进行处理,即不需要归属、单字符的归属以及多字符的归属。对于多字符的归属,根据基线上方笔画类型、数量以及基线下方笔画断裂数量等情况,再次划分为两类。第一类是基线上方无笔画且基线下方无断裂,各连通域均为字符;第二类是除第一类以外的所有情况组合,需考虑文本行段内各笔画之间的归属距离(Cen-AD、Con-AD 以及 ConCen-AD)。笔画归属分类示例如图 6-36 所示。

图 6-36　笔画归属分类示例

(a) 基线上方无笔画且基线下方无断裂；(b) 基线上方无笔画且基线下方有断裂；
(c) 基线上方有笔画且基线下方无断裂；(d) 基线上方有笔画且基线下方有断裂

结合三种笔画归属距离，提出断裂笔画归属算法，即基于质心的笔画归属方法、基于连通域的笔画归属方法以及结合连通域和质心的笔画归属方法，如图 6-37 所示。

为便于陈述，本节以基于质心归属距离方法为例对笔画归属进行分析，具体如下。

表 6-7 中 3～8 号笔画类型在藏文古籍的文本中与其基线下方笔画左右位置偏移较小，利用各笔画的质心水平距离完成归属，如图 6-38 所示。根据质心水平距离 distCentroidX 将基线上方和下方的笔画归属为一个完整的字符。归属后的基线上下笔画的质心以同一颜色的星号标记。

表 6-7 中的 1 号"＼"、2 号"＼＼"以及 9 号"✓"类型，因其书写特点或断裂问题，使质心坐标信息不能将所有含有此类笔画的字符都归属正确。因 2 号笔画类型是由两个 1 号笔画左右叠加而成，归属方法相同，此处仅阐述 1 号笔画和 9 号笔画类型的归属结果。

1）1 号笔画

1 号笔画类型在藏文古籍字符中与其基线下方笔画左右偏移的大小不稳定，在一些字符中处于靠左的位置，而在另一些字符中处于靠右的位置。因此，利用质心水平距离归属此类笔画并不能完全解决归属问题。根据质心水平距离归属比较，红色 leftLen 为"＼"质心与左侧字符笔画质心的水平距离，绿色 rightLen 为"＼"质心与其原字符基线下方笔画质心的水平距离。其中，"＼"质心与其原字符基线下方笔画的质心水平距离小于与左侧字符质心的水平距离，而下图的情况恰好相反。通过对此类笔画类型的观察，利用此类笔画连通域右侧边界的坐标信息与其基线下方笔画进行归属，可以减少因左右偏移大小的不稳定所造成的影响。此类笔画归属过程如图 6-39 所示。

2）9 号笔画

9 号"✓"笔画类型是由 6 号"✓"类型断裂而成，断裂后的左笔画与 1 号"＼"笔画类型具有相同的几何特征，断裂后的右笔画常处于其右侧相邻字符的基线上方，使归属变得困难。利用左右笔画的质心水平坐标计算该笔画类型的整体质心的水平坐标 centroidX，计算方法如式(6-20)所示。

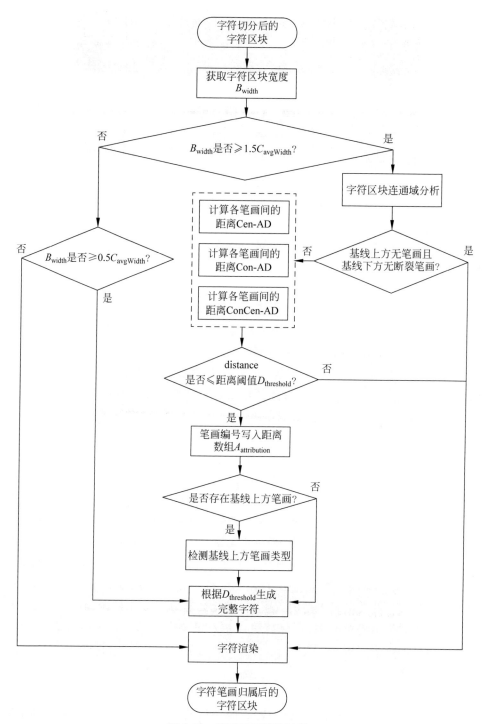

图 6-37　笔画归属算法过程

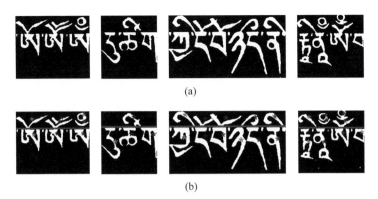

(a)

(b)

图 6-38 基于质心水平距离完成归属（见文前彩图）

（a）文本行段；（b）笔画归属后质心标记

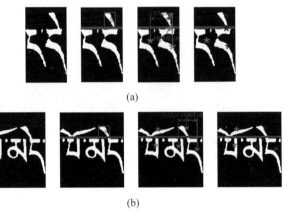

(a)

(b)

图 6-39 "＼"笔画归属分析（见文前彩图）

（a）"＼"笔画归属过程（位置靠右）；（b）"＼"笔画归属过程（位置靠左）

$$centroidX = (leftCentroidX + rightCentroidX)/2 \qquad (6\text{-}20)$$

其中，$leftCentroidX$ 为左侧笔画质心的水平坐标，$rightCentroidX$ 为右侧笔画质心的水平坐标。此类笔画归属过程如图 6-40 示。

图 6-40 "＼ᵛ"笔画归属分析过程（见文前彩图）

从图中可以看出，基线上方的绿色方框中的右笔画质心与基线下方原字符笔画质心水平距离明显大于右侧字符笔画的质心水平距离，直接利用笔画质心不能将其正确归属。通过使用式（6-20）的质心水平距离中值，可以计算"＼ᵛ"笔画的左笔画质心(红色星号)与右笔画质心(绿色星号)的水平距离中值,实现质心(品红色星号)"前移",从而解决笔画的归属问题。

3)1号笔画与9号笔画以相邻位置存在

1号笔画与9号笔画以左右相邻位置关系出现在同一个文本行段内,使笔画归属变得更加困难。文本行段基线上方同时出现了1号笔画和9号笔画类型,并且以"〜""〜""〜"笔画类型交替的方式出现。图中"〜"左笔画距离其原字符基线下方笔画质心水平距离较远,右笔画质心水平距离更远,加上右笔画的右侧紧挨着"〜",这些情况同时出现后,容易导致归属错误。解决此类问题需结合基线上方笔画的质心水平距离与笔画类型,并且以基线上方笔画为基础对字符各笔画进行归属。此类笔画归属过程如图6-41所示。

图6-41 "〜"和"〜"两种类型同时出现的归属分析(见文前彩图)

6.4.5 字符切分结果分析

对实验采用第2章介绍的212页乌金体藏文古籍文档图像,文本行切分数据集 NMU_THDTL212,共1696行。

藏文古籍属于手写文本范畴,字符间书写风格存在差异,部分字符的笔画变形较为严重。为了客观评价本方法的优劣,采用召回率(R_{seg})、精确率(P_{seg})、调和平均度量($F1_{seg}$)对字符切分结果采用人工统计方式进行评价。

$$R_{seg} = \frac{NCSC}{TNC} \times 100\% \tag{6-21}$$

$$P_{seg} = \frac{NCSC}{TNSC} \times 100\% \tag{6-22}$$

$$F1_{seg} = \frac{2 \times R_{seg} \times P_{seg}}{R_{seg} + P_{seg}} \times 100\% \tag{6-23}$$

式中,NCSC为正确切分数量,TNC为字符总数量,TNSC为字符切分数量。

笔画归属是字符切分的最后一步,是将断裂笔画(包括切分的笔画或者笔画的部分)按照原完整笔画的相应位置形成一个完整字符图像。断裂笔画归属时,需同时考虑基线上下方笔画的断裂情况。如果基线上方存在笔画,则以基线上方笔画为基础进行归属。根据藏文古籍字符的形态特点,我们采用基于质心的笔画归属方法、基于连通域的笔画归属方法以及结合连通域和质心的笔画归属方法三种归属方法归属。

经过上述文本行段库建立、交叉和粘连的检测与切分,以及笔画归属后得到的字符图像数据量达到 23 万多个。为了更加高效、准确地统计字符切分结果,我们通过抽样统计切分结果总数的 10% 对切分结果进行统计。因藏文古籍页面间的书写风格存在不同程度的差异,甚至相同页面不同行间也可能存在书写风格差异,为了使抽样能够覆盖面均匀,我们采用系统抽样的方式对字符切分结果进行统计,如表 6-10 所示。同时,为了更加客观反映抽样的可靠性,我们也采用了随机抽样对切分结果进行统计,如表 6-11 所示。其中 NCB 为文本行段数量,NCSCB 为正确切分的文本行段数量,NISCB 为错误切分的文本行段数量,TNC 为字符总数,NCS 为字符切分数量,NCSC 为正确切分的字符数量,R_{seg} 为字符切分召回率,P_{seg} 为字符切分精确率,$F1_{seg}$ 为 R_{seg} 和 P_{seg} 的调和平均值(R_{seg} 和 P_{seg} 同等重要)。

表 6-10 采用系统抽样统计出的字符切分结果

获得文本行段的方法	笔画归属方法	NCB	NCSCB	NISCB	TNC	NSC	NCSC	R_{seg}	P_{seg}	$F1_{seg}$
Pro-SM	Cen-AM	10961	9916	1045	22503	23454	20609	0.9158	0.8787	0.8969
	Con-AM	10961	9971	990	22503	23018	20653	0.9178	0.8973	0.9074
	ConCen-AM	10961	9868	1093	22503	23406	20511	0.9115	0.8763	0.8936

表 6-11 采用随机抽样统计出的字符切分结果

获得文本行段的方法	笔画归属方法	NCB	NCSCB	NISCB	TNC	NSC	NCSC	R_{seg}	P_{seg}	$F1_{seg}$
Pro-SM	Cen-AM	10961	9963	998	22683	23473	20967	0.9243	0.8932	0.9085
	Con-AM	10961	10056	905	22882	23234	21266	0.9294	0.9153	0.9223
	ConCen-AM	10961	9927	1034	22573	23445	20719	0.9179	0.8837	0.9005

对不同抽样方式得到的表 6-10 和表 6-11 进行分析,可以得出以下结论:

(1) 系统抽样与随机抽样的统计结果差异很小,抽样总数的 10% 进行统计是可行的;

(2) 基于投影的短化方法得到文本行段上 3 种笔画归属方法表现相当。

字符切分速度也是评估字符切分效果的一个重要指标。在个人台式计算机(CPU:Core i7-9700 3.00GHz)上测试了字符切分的用时情况,如表 6-12 所示。我们统计了两种不同的短化方法建立的文本行段库经过切分后,采用不同的归属方法对断裂笔画进行归属,最终形成独立字符所消耗的时间情况。从表中可以发现,基于投影短化和基于无交叠音节点短化形成的文本行段切分平均用时分别为 0.1087s、0.2922s,切分速度较快,可以满足较大规模数据的字符切分任务。

表 6-12   字符切分用时情况统计

获得文本行段的方法	笔画归属方法	总文本行段数/块	总切分用时/s	文本行段平均切分时间/s	三种归属方法平均用时/s
	Cen-AM	109603	10331	0.0943	
Pro-SM	Con-AM	109603	12187	0.1112	0.1087
	ConCen-AM	109603	13218	0.1206	

为了便于统计字符切分效果,文本行段内的字符笔画归属完成后,利用 RGB 颜色值对块内的各字符进行着色处理,以表示字符切分结果,并在文本行段内对字符切分问题进行了相应标记,如图 6-42 所示。

(a)

(b)

(c)

图 6-42   字符切分结果示例(每组上下两行图像分别为切分前后的文本行段)(见文前彩图)

尽管字符切分取得了较好的效果,但面对极其复杂的字符粘连情况,所提出的方法具有一定的局限性。图 6-43 展示了切分失败的示例,每组图中上、中、下图像分别为文本行段、文本行段中各粘连(断裂)字符或粘连音节点标记、字符切分后的文本行段,其中粘连(断裂笔画)字符以虚线曲线圈标记,粘连音节点以实线圆圈标记。对应图中标记方框内的虚线直线为正确的切分路径。具体如下:

（1）一些字符的宽度较小且粘连位置特殊，粘连点位于基字头上或位于凹陷笔画内，无法精确检测出粘连或不能精确切分粘连点。图 6-43（a）为粘连点位于基字头上，无法检测出粘连，导致字符切分失败；图 6-43（b）、（c）为粘连点位于凹陷笔画内，无法对其进行精确切分。

（2）一些字符笔画粘连的切分路径存在偏差，导致粘连切分不彻底。图 6-43（d）为切分路径存在偏差，切分不彻底。

（3）字符书写随意或原图像质量不高，字符笔画特征不明显，无法确定字符切分路径。图 6-43（e）、（f）为手写随意或原图质量不高，字符笔画特征不明显，导致错误切分。

（4）多个字符笔画间粘连情况复杂且同时存在断裂，无法准确确定粘连点位置。图 6-43（g）为多个字符笔画间粘连复杂且存在断裂，粘连位置检测失败。

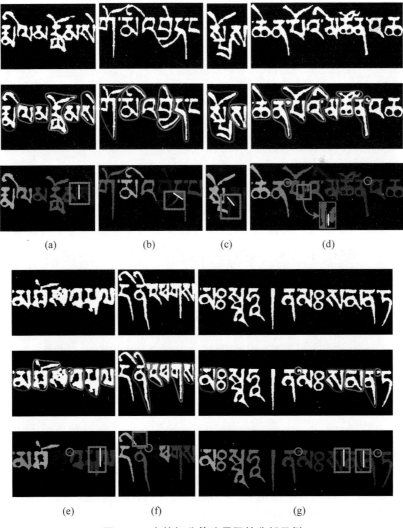

图 6-43 字符切分算法局限性分析示例

6.5　本章小结

字符切分是藏文古籍文档识别中传统方法的关键步骤,目的是对文本行进行进一步切分,提取出构成文本行的所有完整且独立的识别单位——字符。古籍文档中笔画断裂和字符粘连是字符切分的最大挑战,由于藏文古籍木刻版属于手写体类,且因为各人的书写风格不同使得一个字丁上下叠加的部件往往倾斜、错落放置,字丁的宽度变化很大,这样,断裂笔画的归属就成为问题,此外字丁之间的笔画粘连破坏了字符的独立性。字符切分的目的就是恢复字丁、符号的完整性和独立性。本章根据乌金体藏文古籍特点对字符切分进行了深入研究。

一是基于乌金体藏文古籍字符结构属性,对藏文古籍文档图像的文本行字符切分进行了研究。首先采用垂直投影将文本切分成文本行段,建立文本行段库;然后依次对粘连的文本行段完成局部基线检测、粘连及其类型检测、粘连切分以及断裂笔画归属,得到藏文古籍字符,完成字符切分。实验表明,所提出的字符切分方法取得了较好的切分结果,有效解决了字符之间笔画交叠、交叉、粘连以及不同程度的笔画断裂、噪声干扰等复杂情况的字符切分问题,切分结果为字丁以及标点符号。

二是分基线上下分别进行部件或字符提取的方法,这样可以大幅减少字符的类别数量,也降低了字符切分的难度。对文本行基线以上部分中的粘连符号用HOG+SVM识别的方法进行检测,对粘连符号进行切分时,提出基于骨架线走势分解和粘连位置分析的切分方法,主要解决因上元音笔画过长而形成的粘连符号。对基线以下部分进行字符提取时,首先对标点符号进行提取,保证了标点符号的完整;进而提出结合背景骨架线和连通域属性的断裂笔画归属方法,恢复字符的完整性;其次对粘连字符进行检测,通过构建藏文基线下字符连通域数据集,并训练卷积神经网络对粘连字符进行检测;最后是粘连字符切分,使用不同规则提出了一个基于多种方法切分和相似度度量的粘连字符切分方法,通过度量切分结果中的子图与单字符的特征相似度,选出相似度得分最高的切分作为最终的切分结果。

虽然本章所提出的一些方法依赖于所研究版本的古籍藏文特征,但这类方案还是具有一定的实用性,也获得较好的切分结果。由于藏文古籍版本的多样性、手写文档的差异性和复杂性,目前还缺乏统一的解决方案。就藏文字符切分粒度方面,需要进行真正意义上"音节字"的切分研究,当然其种类达14000多种;多字体藏文古籍文本字符切分研究也是今后需要深入研究的内容。

参考文献

[1]　MASAMI K, YOSHIYUKI K, MASAYUKI K. Automatic character recognition for Tibetan script[J]. Journal of Indian and Buddhist Studies,1991,39(2):844-848.

[2]　MASAMI K, YOSHIYUKI K, MASAYUKI K. Automatic character recognition for

Tibetan script using logic analysis[J]. Journal of Indian and Buddhist Studies,1992,41(1)：380-383.

[3] MASAMI K，YOKO A，YOSHIYUKI K，et al. Extraction of characteristic features in Tibetan wood-block editions[J]. Journal of Indian and Buddhist Studies，1994，42(2)：866-869.

[4] MASAMI K,et al. Recognition of similar characters by using object oriented design printed Tibetan dictionary[J]. Transaction of Information Processing Society of Japan，1995，36(11)：2611-2621.

[5] MASAMI K，YOSHIYUKI K，MASAYUKI K. Automatic recognition of Tibetan buddhist text by computer[C]// ECAI,SEER & PNC Joint Meeting,1999,Taipei：387-393.

[6] MASAMI K，YOSHIYUKI K，MASAYUKI K. A study of character recognition for Wooden Blocked Tibetan manuscript[J]. 2000，http：//pnclink. org/annual/annual2000/2000pdf/6-5-1. pdf. Retrieved January 20,2016.

[7] HEDAYATI F，CHONG J，KEUTZER K. Recognition of Tibetan wood block prints with generalized hidden markov and kernelized modified quadratic distance function[C]// Proceedings of the 2011 Joint Workshop on Multilingual OCR and Analytics for Noisy Unstructured Text Data. 2011.

[8] NGODRUP，ZHAO D. Research on wooden blocked Tibetan character segmentation based on drop penetration algorithm[C]. 2010 Chinese Conference on Pattern Recognition (CCPR),2010：1-5,doi：10. 1109 /CCPR. 2010. 5659181.

[9] FARES H，JIKE C，KURT K. Recognition of Tibetan wood block prints with generalized hidden markov and kernelized modified quadratic distance function[C]// Proceedings of the 2011 Joint Workshop on Multilingual OCR and Analytics for Noisy Unstructured Text Data. doi：1145/2034617. 2034631. 2011.

[10] 赵栋材.基于BP网络的木刻藏文经书文字识别研究[J].微处理机,2012,33(5)：35-38.

[11] LU Y，WANG T，ZHAO P，et al. Enhanced ZSSR for super-resolution reconstruction of the historical Tibetan document images[C]//2022 7th International Conference on Intelligent Computing and Signal Processing (ICSP). IEEE,2022：2001-2004.

[12] 卢玉琪.藏文古籍文档图像超分辨率重建研究[D].兰州：西北民族大学,2022.

[13] 赵庆华.无监督深度学习的藏文古籍文档图像增强方法研究[D].兰州：西北民族大学,2022.

[14] ZHAO Q，WANG W，YU Y. Retinex-LTNet：low-light historical Tibetan document image enhancement based on improved retinex-net [C]// 2022 4th International Conference on Robotics,Intelligent Control and Artificial Intelligence(RICAI).

[15] ZHAO Q H，WANG W L. Zero-RADCE：Zero-reference residual attentional deep curve estimation for low-light historical Tibetan document image enhancement[C]. Visual Communications and Image Prossessing(2023). Clausius Scientific Press,Canada. DOI：10. 23977/vcip. 2023. 020101.

[16] HAN Y H，WANG W L，LIU H M,et al. A combined approach for the binarization of historical Tibetan document images[J]. International Journal of Pattern Recognition and Artificial Intelligence,2019,33(14)：1954038.

[17] LI Z J，WANG W L，CAI Z Q. Historical document image binarization based on edge

contrast information[C]. In：Arai K，Kapoor S. (eds) Advances in Computer Vision. CVC 2019. Advances in Intelligent Systems and Computing，vol 943：614-628.

[18] ZHANG X Q，MA L L，DUAN L J，et al. Layout analysis for historical Tibetan documents based on convolutional denoising autoencoder［J］. Journal of Chinese Information Processing，2018，32(7)：67-73.

[19] 张西群，马龙龙，段立娟，等. 基于卷积降噪自编码器的藏文历史文献版面分析方法[J]. 中文信息学报，2018，32(7)：67-73，81.

[20] LIU H M，BI X H，WANG W L. Layout analysis of historical Tibetan documents[C]. 2019 2nd International Conference on Artificial Intelligence and Big Data（ICAIBD），2019：74-78.

[21] ZHAO P H，WANG W L，CAI Z Q，et al. Accurate fine-grained layout analysis for the historical Tibetan document based on the instance segmentation[J]. in IEEE Access，2021，vol. 9：154435-154447.

[22] DUAN L J，ZHANG X Q，MA L L，et al. Text extraction method for historical Tibetan document images based on block projections［J］. Optoelectronics Letters，2017，13（6）：457-461.

[23] LI Y X，MA L L，DUAN L J，et al. A text-line segmentation method for historical Tibetan documents based on baseline detection［C］// CCF Chinese Conference on Computer Vision，2017：356-367.

[24] ZHOU F M，WANG W L，LIN Q. A novel text line segmentation method based on contour curve tracking for Tibetan historical documents［J］. International Journal of Pattern Recognition and Artificial Intelligence，2018，23(10)：1854025-1-1854025-21.

[25] WANG Y Q，WANG W L，LI Z J，et al. Research on text line segmentation of historical Tibetan documents based on the connected component analysis[C]// PRCV 2018：Pattern Recognition and Computer Vision，Guangzhou，2018：74-87.

[26] LI Z J，WANG W L，CHEN Y，et al. A novel method of text line segmentation for historical document image of the uchen Tibetan[J]. Journal of Visual Communication and Image Representation，2019：23-32.

[27] 李金成，王筱娟，王维兰，等. 结合文字核心区域和扩展生长的藏文古籍文本行切分[J]. 激光与光电子学进展，2021，58(2)：021008.

[28] 刘芳. 文字识别系统中藏文字符切分算法研究[D]. 拉萨：西藏大学，2011.

[29] ZHAO Q C，MA L L，DUAN L J. A touching character database from Tibetan historical documents to evaluate the segmentation algorithm［C］// Pattern Recognition and Computer Vision. PRCV，Guang Zhou，2018：309-321.

[30] MA L L，LONG C J，DUAN L J，et al. Segmentation and recognition for historical Tibetan document images[J]. IEEE Access，2020(8)：52641-52651.

[31] 张策，王维兰. 基于结构属性的乌金体藏文古籍字符切分[J]. 激光与光电子学进展，2021，58(20)：260-275.

[32] ZHANG C，WANG W L，LIU H M，et al. Character detection and segmentation of historical uchen Tibetan documents in complex situations［J］. IEEE Access，2022，10：25376-25391.

[33] 王维兰，张策，林强，等. 基于结构属性的乌金体藏文古籍字符切分方法及系统[P]. 中国：

CN 112613512B. 20220812.

［34］ 王轶群. 藏文古籍文档图像分析与字符提取研究［D］. 兰州：西北民族大学，2022.

［35］ 周枫明. 乌金体梵音藏文古籍字丁样本库的设计及构建［D］. 兰州：西北民族大学，2018.

［36］ ZHANG C，WANG W L，ZHANG G W. Construction of a Character Dataset for Historical Uchen Tibetan Documents under Low-Resource Conditions［J］. Electronics. 2022，11（23）：3919-3933.

［37］ LI Z J，WANG W L，LIN Q. Tibetan historical document recognition of uchen script using baseline information［C］// 10th International Conference on Graphics and Image Processing，ChengDu，2018，Vol. 11069：110693H-1-110693H-10.

［38］ WANG X J，WANG W L，LI Z J，et al. A recognition method of the similarity character for uchen script Tibetan historical document based on DNN［C］//PRCV 2018：Pattern Recognition and Computer Vision，Guangzhou，2018：52-62.

［39］ SZEGEDY C，VANHOUCKE V，IOFFE S，et al. Rethinking the inception architecture for computer vision［J］. IEEE，2016：2818-2826.

第7章

乌金体藏文古籍文本识别

7.1 引言

藏文古籍文字识别是本章的研究内容,藏文古籍字符间存在大量的粘连、笔画断裂现象,加大了字符切分难度,进而也拖延了真实藏文古籍文档的字符识别研究。对于传统的文档图像分析与识别,有赖于文档图像预处理、版面分析、行切分、字切分、字符识别和后处理等过程,每个环节的错误叠加也极大影响最终的识别结果和效率。而基于深度神经网络的版面分析与识别,可以有效地规避传统方法的不足,分析和识别流程包括预处理、检测、识别三个主要步骤。藏语是一种低资源语言,藏文古籍更是如此。由于藏文古籍识别的研究相对滞后,我们的研究也是"白手起家",不可能一蹴而就。此外由于藏文古籍特殊的版面和字符结构,无论进行单字符识别还是文本行识别研究,都需要一定量的标注数据,但往往需要耗费更多的人力物力,并非短时间即可完成。为了较全面地体现我们在这项研究中所开展的工作,本章的主要内容包括:不同字符集的识别分类器与分析、端到端的文本行识别与分析等,兼顾了传统方法和深度神经网络方法,均具有一定的学术性和实践性。

7.2 乌金体藏文古籍识别研究进展

7.2.1 字符识别

藏文古籍识别研究有赖于光学字符识别(optical character recognition,OCR)的发展,OCR能够自动识别图像文字内容,属于人工智能机器视觉领域的一个重要分支,即把文本、卡证等载体上的文字通过光学等技术手段转化为计算机认识的电子化数据,是文档分析系统(document analysis system,DAS)领域的核心。手写文本的计算处理问题仍然是许多语言尚未解决的任务。手写识别这个术语用来描述计算机系统将人类手写字符转换为机器可处理文本的能力。笔迹识别在银行支票处理、邮编解释、文件归档、邮件分拣、表格处理等行政管理、保险业务等领域有着广泛的应用。世界各地的语言都采用不同的脚本。由于大多数文献资料以竹简、纸张、树叶等各类载体保存，研究对象从现代文档图像的识别到历史文档、古籍和手稿等。对文献的输入方式有手工输入和计算机自动输入两种方式。由于手工输入的低效率，以 OCR 技术为代表的计算机自动输入技术受到人们的青睐[1-7]。手写体字符识别（handwritten character recognition，HCR）问题在过去几十年中得到了广泛的研究[8-12]，并取得了不同程度的成功。以西方的拉丁文[13]、英文[14]字符为代表的字符识别技术发展至今，成果也最多，字符识别技术较成熟。20 世纪 80 年代开始的以汉字[15]、日文[16]、韩文[17]、阿拉伯文[18]等语言文字为代表的文字符识别也取得了巨大的进步。字符识别中的文字类型越来越多，几乎涵盖了世界上大部分语种，如印度语[19]、斯拉夫文[20]、蒙古文[21]、孟加拉文[22]、藏文[23]、俄文[24]、马拉雅拉姆语[25]和坎那达语[26]等。

在图像处理与模式识别领域，作为小众的文档分析与识别吸引了越来越多的研究者，目前有多个专题的国际会议，如 ICDAR（International Conference on Document Analysis and Recognition）、ICFHR（International Conference on Frontiers in Handwriting Recognition）、DAS（IAPR International Workshop on Document Analysis Systems）等，在相关领域的高级别期刊，如 IEEE TPAMI（IEEE Transaction on Pattern Analysis and Machine Intelligence）、PAA（Pattern Analysis and Applications）、IJCV（International Journal of Computer Vision）、IJDAR（International Journal on Document Analysis and Recognition）等上也有大量文档分析与识别相关的成果，该领域的研究处在一个快速发展的阶段。

传统 OCR 识别采用统计模式，处理流程较长，包括图像的预处理、二值化、连通域分析、版面分析、行切分、字切分、单字符识别和后处理等步骤。典型的传统 OCR 识别流程如图 7-1 所示。

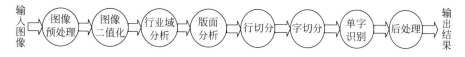

图 7-1　典型的传统 OCR 识别流程

传统 OCR 识别方法存在诸多弊端，总结如下：①在进行版面分析时，使用大量的规则，导致程序维护成本很高；②行业域分析完全依靠图像二值化得到的二值图，对于扫描文档效果尚可，面对手机拍摄和高拍仪取图时，难以取得效果良好的二值化图，造成二值化过程中大量信息的丢失；③传统 OCR 技术包含 8 个模块，如图 7-1 所示，其中任何一个模块的不完善产生的误差累积将导致识别率大幅下降；④传统 OCR 识别灵活性差，对于自然场景下拍摄的复杂样本基本无法处理，没有修改提升空间，可用性不高；⑤传统的方法将 OCR 系统分成过多的环节，倚重人工规则,需要在每个环节上引入人工干预并根据场景设定方法参数,难以做到端到端的训练。

而深度学习算法可以有效地规避传统 OCR 识别的不足,通过组合低层特征形成更加抽象的高层表示属性类别或特征,挖掘数据的分布式特征表示。借助神经网络来模拟人脑进行分析、学习和训练,即模仿人脑机制来分析文档图像中的数据,被广泛应用于人工智能的模型构建和处理中。

基于深度学习的智能 OCR 技术是一次跨越式的升级。深度学习算法实现整行识别,提升了 OCR 的识别率和识别速度。人工需要几分钟才能录入的文本,智能 OCR 技术可以秒速进行精准识别。智能 OCR 识别技术对识别流程进行了优化,优化后的识别流程包括检测、识别和后处理 3 个主要步骤,如图 7-2 所示。

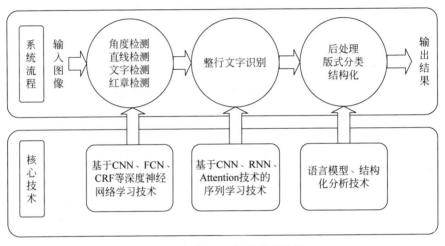

图 7-2 智能 OCR 识别技术流程

7.2.2 藏文字符识别情况

随着信息技术在藏区的应用和普及,藏文字符识别作为藏文字符图像研究的一个重要领域,引起了许多学者的研究。而且在脱机手写藏文识别、印刷体藏文识别的研究方面,传统的藏文识别已经具备较高的识别准确率。近几年相关研究团队基于深度学习针对藏文字符识别进行了相关研究,取得了很好的效果,为不同应用场景提供了理论支撑。

赵栋材[27]在传统的文字识别方法的基础上,增加了基于 BP 网络的训练方法,通过对大量的木刻藏文经书字符的训练,识别率可以达到 90% 以上。Ma[28]引入极限学习机理论,提出了一种基于极限学习机的藏文字符识别方法,该方法能更好地提取字符的融合特征信息,识别性能好。李刚[29]引入信息论理论和条件互信息相似度量算法的多级分类识别策略,提出了信息理论的特征提取与识别算法,识别准确率明显优于传统分类器。赵晓艳[30]针对手写体藏文相似字丁多的问题,采用欧氏距离分类器和 MQDF 分类器级联融合方法,提出了手写体藏文字符识别的方法,提高了相似字丁识别识别率。针对藏文曲线型笔画比较多的问题,提出了一种基于 HMM 分类器的联机手写藏文识别的方法,实验结果表明该方法具有较高的识别率[31];基于深度神经网藏文的相似字符进行了研究,根据藏文字符的结构和书写特征,对字符归一化和特征选择方法进行了改进,从而区分相似字符,通过对 61 篇文本进行测试,得到 96.548% 的识别率,基本可以应用于实际问题中[32],当然这有待大批量文本数据的测试;也曾提出了一种新的多层联系子层递归神经网络(MCLRNN)模型,并融合藏文字丁的空间结构特征来进行联机手写藏文识别,该方法可以更好地表征藏文字的笔画特征和笔画间的空间结构关系[33]。

藏文字符识别研究主要包括印刷体藏文字符的识别[34-37],联机手写藏文字符的识别[38-43]和脱机手写藏文字符的识别[44-49]。近几年,自然场景下的字符识别被研究者关注,并根据实际需要开发了相关的识别系统。

在文字识别上使用较为广泛的方法有 SVM 方法[50]、隐马尔可夫模型[51]、深度学习方法[52-55]。其中,CNN 在许多领域已取得了成功的应用,如藏文字符、手写数字、英文字符、汉字字符的识别等。卷积神经网络是由美国学者 Le Cun 提出的一种层与层之间局部连接的深度神经网络[56],在卷积神经网络 CNN 出现后,使用各种类型的深度神经网络模型对文档进行分析识别已经成为该领域的一个研究热点。藏文包括现代藏文(也称为藏文或本地藏文)和梵音藏文(即梵文的藏文转写形式)两部分。现代藏文字符的印刷体识别已有较多研究,如西藏大学的欧珠教授、青海师范大学的黄鹤鸣教授、江苏科技大学的李永忠教授等,而清华大学的丁晓青教授团队和西北民族大学于洪志教授团队联合研究开发了 592 个藏文字丁的多字体印刷藏文字符识别系统[57-59],并得到了很好的应用。金连文教授等就深度学习在手写汉字识别方面中的应用进行了全面的综述[60],表明字符识别的统计特征最好。对于脱机手写汉字字符识别,梯度特征有较高的识别率[61]。研究人员成功地将卷积神经网络应用于自然场景中的数字[62-63]和字符识别[64-65],并指出卷积神经网络能够学习出优于人工设计的特征。杨钊将深度卷积神经网络应用于脱机手写汉字相似字的识别,识别率较传统方法有显著提高[66]。

7.2.3　古籍识别研究情况

藏文文献学研究者们已进行了大量的抢救、整理、拍照或扫描文献以数字图像形式保存以及影印出版。然而,这种图像保存方式不便于阅读学习与检索利用。为了更好地进行历史文献的保护、信息处理与交互,使用光学字符识别技术对藏文文档图像进行处理,可在保持文献原状的情况下,将文献图文重新排版印刷,也使藏文文献永久保存、永续利用,达到保护、研究和利用的多重目的。虽然有古籍藏文、场景藏文、手写藏文、印刷体藏文等不同场景的藏文信息研究,但其难易程度差异较大,不过都涉及藏文字符识别作为藏文字符图像处理的一个重要方面,引起了许多学者的研究。传统方法的常用印刷藏文识别已经具备较高的识别准确率,藏文古籍主要是刻板和手写,都属于手写藏文的范围。有几个团队或个人针对藏文字符识别进行了相关研究,取得了很好的效果,为不同应用场景提供了理论支撑。但从前面藏文识别研究的文献看,大都涉及联机手写、脱机和印刷藏文识别,而藏文古籍文字识别的研究成果相对较少。

如今仅有少量使用 CNN 神经网络进行藏文古籍研究的文献报道,所以基于神经网络的藏文古籍识别仍是一件具有意义且充满挑战的工作。这类方法大致可分为两类,分别是自底向上的单字丁识别方法与端到端的字符串识别方法。

针对单字丁的识别器大多基于神经网络分类模型,经典的 LeNet-5、NIN 与性能强大的 ResNet、ResNeSt 是这类方法的代表。与传统算法相比,神经网络具备更强的特征提取能力,在实际应用中展示出了更强的泛化性与更高的正确率。

但使用单字符分类器往往需要先对文本区域进行准确的字切分,而藏文字丁间复杂多样的粘连方式为字切分带来了不小的挑战。白翔教授团队结合卷积神经网络与循环神经网络的特点提出了卷积循环神经网络(convolutional recurrent neural network,CRNN),完成了文本行端到端的识别,避开了字切分操作,在包括藏文文档图像在内的多种图像的识别任务中也取得了理想的结果。

虽然在藏文字符图像特征提取及识别方法和技术方面取得了很好的成绩,也有少数几篇专门针对藏文古籍识别的初步研究,但对于古籍字符图像的识别仍然存在以下问题和挑战:

(1)字符集的不确定性:藏文古籍的文字涵盖现代藏文和梵音藏文,有 7000 多个大类别字符集,但目前没有大量已经标记好的藏文古籍字符图像样本数据,且古籍中的字符究竟有多少类别,也没有统计数据。

(2)字符样本不均衡:真实字符样本的采集只能通过切分藏文古籍文档图像得到,由于字符切分技术受限,不可能得到大量的真实样本,部分类别样本较少甚至无样本。

(3)相似字丁多:在藏文古籍以字丁为识别单位的研究中,现代藏文字丁、梵音藏文字丁存在大量的相似字丁,也是识别的困难所在。

7.3 藏文古籍字符识别方案

7.3.1 基于藏文部件的字丁识别

1. 藏文字符及其部件

单个藏文字符由一个或者多个基础部件上下叠加而成,这些基础部件可以是藏文的元音或者辅音字母,也可以是字母的组合或者变形。现代藏文的字符最多叠加 4 层,梵音藏文叠加的层数最多可以达到 7 层,其构字形式如图 7-3(b)所示。

其中蓝色部分为基字,是字符构成的核心;红色部分是加字,一共有四类:上元音、上加字、下加字以及下元音,而上元音和下元音如果出现,则只出现一个。对一个字符来说,基字是必需的,加字是可选的,每个字符都有零个或者多个不同类型的加字。在图7-3(a)中,第一个字符由藏文的辅音字母◌单独构成;第二个字符由辅音字母◌和上元音字母◌叠加构成;第三个字符由辅音字母◌和下元音字母◌构成;第四个字符由辅音字母◌和构成,其中是上加字,在叠加时发生了形变;第五个字符由辅音字母◌和◌构成,其中◌是下加字。图中黄色的直线代表基线所在位置,在有上加字的情况下,基线位于上加字的上边缘,否则基线位于基字的上边缘(对于"◌◌◌"这三个字母作为基字来说,基线就是第一笔的横线,右上角的为笔画在基线的上方)。

(a)　　　　　　　　(b)

图 7-3　藏文字符的结构(见文前彩图)

(a) 藏文部分字符展示;(b) 构字形式图

藏文字符的这种显著结构特征,为字符样本库的构建提供了一个新的思路,即搜集整理所有的基础构字部件和这些部件在字符中的相对位置,利用合成的方式生成所有的字符样本。

根据藏文基础部件和构字情况,从 3 个粒度进行藏文的识别,如部件、字符和音节,三者类别数差异大,部件以最小的类别数可作为文字识别的首选方式,现有的方法大多数采用字丁为识别单位,音节作为识别单位的较少。在第 1 章绪论中介绍的"藏文-梵音藏文"中涉及 170 个部件;以字丁作为识别单位时涉及 7000 多类,为了减少类别,采用基线上下分别识别,也是一种有效的方法。

在实际的古籍文档中,以人工方式从图中分割出了所选的字符部件,某些找不到的部件由专业人员在绘图软件中模仿古籍字体的风格重新进行了绘制。一共得到字符部件 19943 个,部分部件如图 7-4 所示,图中第一行所示为单字母部件,第二行所示为元音符号部件,第三行所示单字符部件。

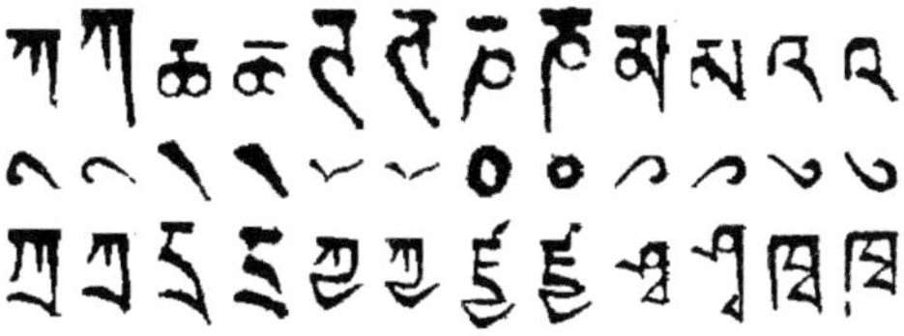

图 7-4　藏文部件样本

由单个部件构成的字符不需要进行拆分,这些字符包括 3 类：30 个辅音字母和 5 个反写字母、元音位置上的字母、辅音字母和下加字母(ཀ、ཁ、ག)叠加后得到的字符。乌金体藏文古籍文档图像分析与识别,以 170 个部件为识别单位时,取得了较高的识别率。

2. 网络的构造和训练

根据第 2 章所构建的数据集,为了按照基线将字符分成部件以减少识别类别,我们一共生成了 4 套数据集。数据集的大小分别为 7240×5000、2908×3000、562×600 以及 245×600。其中 7240 是"藏文-梵文"大字符集中字符的类别数,2908 是大字符集中基线以下字符的类别数,562 是常用字符集中字符的类别数,245 是常用字符集中基线以下字符的类别数。

在 2012 年的 ILSVRC 竞赛中,卷积神经网络 AlexNet 获得了空前的成功,之后又有一系列的卷积神经网络面世,如 VGGNet、GoogleNet、ResNet 以及 DenseNet 等。这些经典的网络结构为后来的研究者在卷积网络结构设计上提供了启发和指导作用。

在藏文古籍字符识别的任务中,直接使用上述网络结构是不合适的。这是由于这些网络的设计目标都是面向一些通用型任务,网络结构复杂,层数较深。相对于 ImageNet 来说,TNMU_THDBUC_7240 中的字符样本图像内容更简单,使用过于复杂的网络很容易使模型陷入过拟合中,对识别反而不利。参考汉字识别中所使用的相关技术[67],设计了藏文字丁的卷积网络 covNet 进行识别与分析的研究[68],其结构如图 7-5 所示。

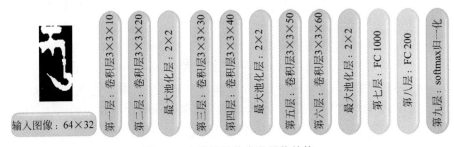

图 7-5 本节使用的卷积网络结构

输入(input：64×32)图像为归一化后的 64×32 的藏文字符图像,一共有 6 个卷积层(Layer-1：conv-10 3×3,…, Layer-6：conv-60 3×3)、3 个池化层(max pool：2×2)、两个全连接层(Layer-7：FC 1000,Layer-8：FC 200)以及神经网络的最后一层分类输出层(Layer-9：softmax 层)。卷积层所使用的卷积核大小均为 3×3,可以获取样本中局部区域上下、左右的表达特征。第 1 个卷积层的卷积核数目为 10,之后随着网络层数的增加,卷积层的卷积核数目也在递增,直到第 6 层的卷积核数目达到 60。使用最大化方法进行池化操作可以提高模型对噪声的对抗能力,并使模型得到一定的平移不变性。和通常的操作不同,本节模型中卷积层和池化层的数目不是 1∶1 而是 2∶1,2 个连续的卷积层之后才连接 1 个池化层。这是由于字符图像的尺寸较小,如果池化操作过多,那么最后的特征图就过小。所有的卷积、池化结束后,拉伸后得到 1 个 1920 维度的向量,然后通过了 2 个节点分别为 1000 和 200 的全连接层。最后是 softmax 层,对样本进行分类,类别数根据 NMU_THDBUC_7240 中不同样本集的类别数来确定。以上是网络的基本结构,还有一些细节问题,如如何进行 dropout、激活函数的选择等,将在实验分析阶段进行详细讨论。

模型使用高斯分布的随机噪声进行初始化,最小化目标是多类别之间的交叉熵损失,训练使用随机梯度下降方法进行。每一次进行训练的样本数目为 1024,训练的冲量为 0.9。初始的学习率设置为 0.01,每当损失不再变化时,学习率以折半的形式持续降低。在训练的过程中没有使用数据增强的方法,这是因为库 NMU_THDBUC_SL 的构造过程可以看作是一个数据增强的过程。

3. 合成样本到真实样本的迁移

分别是人工标注的数据集 NMU_THDBUC_ML 和合成得到的数据集 NMU_THDBUC_SL。前者中的样本数量偏少,类别之间样本的数目不均衡且存在大量的类别缺失,无法直接使用该库对分类模型进行训练。NMU_THDBUC_SL 中样本均衡且数量较多,可以利用该库训练得到一个完善的分类模型。但该库在合成时,字符中部件的结构信息源于微软喜马拉雅字体,尽管该字体和所研究的古籍中字体都属于乌金体的范畴,但这两类字体在细节上还有诸多差异,即印刷体和手写体之间的差异,导致 NMU_THDBUC_ML 中的字体与古籍真实字体有明显不同,直接使用由 NMU_THDBUC_SL 得到的模型对古籍文字进行识别的效果不够理想。

迁移学习是一类机器学习的框架,可以用于解决样本数目不足的问题。它将在源空间学习到的知识迁移到目标空间,以便在目标空间能够得到一个好的学习效果。通常来说源空间和目标空间必须有一定的相似性,源空间的训练数据充足,目标空间样本较少。

迁移学习可以分为 4 类,即基于实例的迁移、基于特征的迁移、基于参数的迁移以及基于关系的迁移[69]。①实例迁移是指需要在两个空间中寻找相似的数据实例,通过这些实例将源空间中得到的知识应用于目标空间。②特征迁移是指将两个空间的特征投影到一个第三方空间,投影的目标是尽可能保证源空间中已有知识在表达上的稳定性,此时可以使用源空间的知识在第三方空间中对目标空间进行学习。③参数迁移是指将源空间上训练好的模型参数应用到目标空间上进行目标数据的预测。④关系迁移是指将在源空间上得到的数据之间的逻辑关系应用到目标空间数据上的过程。

基于卷积神经网络的迁移是最近几年迁移学习最活跃的研究领域之一。深度学习方法通常需要大量标记数据对模型进行训练,而很多的应用领域数据较少。

在 ImageNet 数据集上训练得到的大型网络在特征提取上通常具有较好的泛化和推广能力,因此很多应用都使用在 ImageNet 上预训练好的网络模型参数,仅仅对最后几层进行修改,然后添加一些针对特定任务设计的结构,使用少量的数据对这些修改后的内容进行训练。这一过程被称为模型的微调(fine tuning),属于对参数的迁移。

NMU_THDBUC_SL 和 NMU_THDBUC_ML 符合迁移学习中源空间和目标空间的关系,它们都是藏文乌金体,可以在同一个字符集下进行描述,仅在字体风格上有所不同,且前者数据充足,后者是学习的目标。可使用迁移学习的思路,将在 NMU_THDBUC_SL 中学习得到的模型,利用 NMU_THDBUC_ML 迁移到对真实文档字符的识别中。使用 NMU_THDBUC_SL 中的样本对在 7.3.2 中提出的网络模型进行训练,之后锁定模型中靠前的部分层的参数,然后使用 NMU_THDBUC_ML 对剩余参数进行训练。具体对哪些参数进行锁定,需要根据这两个库的规模以及数据的相似性来确定。

4. 实验分析

从多个角度进行了相关的实验分析,首先对不同字符集上训练得到模型的识别准确率进行了分析;其次利用 finetune 方法,开展了将 NMU_THDBUC_SL 中得到的模型迁移到 NMU_THDBUC_ML 上的相关实验;之后对卷积网络参数进行调整,分析了不同参数下网络的识别率以及学习效率。所有的实验均在以下软硬件环境下进行:CPU 为 Intel Xeon E7-8870,内存为 128G,显卡为 NVIDIA Tesla K80×8;操作系统为 Win 7 专业版,机器学习库为 sklearn 0.18,深度学习框架为基于 TensorFlow 后台的 keras。

1)识别准确率分析

我们使用库 NMU_THDBUC_SL 对模型进行了训练,使用全部样本随机打乱后 90% 的数据作为训练集,剩余的 10% 样本作为测试集。

在对 covNet 的训练中,最后一层 softmax 的节点数目根据所处理的问题有所不同,针对 NMU_THDBUC_SL 中的四个子库的字符类别数,分别将它们设定为 7240、2908、562 以及 245。使用随机梯度下降方法时每一次传入的样本数目为 1024。

利用所提出的特征,还分别使用了最近邻、支持向量机、BP 神经网络以及朴素贝叶斯等经典方法进行了分类实验。其中最近邻中邻居的数目设定为 30;支持向量机选择线性核;神经网络的隐层神经元个数为 100 个。所有方法的结果如表 7-1 所示。

表 7-1　不同方法在 THCU-SL 上的识别准确率

方　　法	NMU_THDBUC_SL_245	NMU_THDBUC_SL_562	NMU_THDBUC_SL_2908	NMU_THDBUC_SL_7240
Nearest Neighbors	96.96%	96.32%	—	—
Linear SVM	93.18%	92.30%	—	—

续表

方　　法	NMU_THDBUC_ SL_245	NMU_THDBUC_ SL_562	NMU_THDBUC_ SL_2908	NMU_THDBUC_ SL_7240
Neural Net	67.56%	66.17%	—	—
Naive Bayes	92.77%	92.12%	—	—
covNet	98.36%	98.88%	99.83%	99.51%

其中前 4 个方法仅在 245 类别和 562 类别这 2 个子库上进行了实验,这是因为 2908 类字库的样本数目达到了 870 万个左右,而 7240 类字库的样本数目更是达到了 3620 万个左右,在没有专门对算法进行优化加速的情况下,目前的实验环境无法在可接受的时间内得到结果。因此仅对 THCU-SL 中样本数目较少的 2 个子库使用经典方法进行了实验。

从表 7-1 中可以看出,使用 covNet 的识别准确率要远远高于经典模型的准确率,证明了卷积神经网络在图像特征提取以及分类上的巨大优势。对于 NMU_THDBUC_SL 的几个不同类别数目的子库,使用 covNet 都得到了非常高的准确率,达到 98% 以上,说明 covNet 的网络结构有效。在训练样本充足的情况下,模型能够对不同类型藏文字符的差异进行准确描述。

同时还可以发现,对于经典方法随着类别数目的增加,其识别的准确率是下降的,但 covNet 的结果和经典方法不同。尤其是在 2908 和 7240 这 2 个样本集上的识别准确率要略高于在 245 和 562 这 2 个样本集上的准确率。这种情况主要是训练数据规模的差异造成的。深度学习是一个数据驱动的方法,数据规模的增加抵消了数据类别增加对识别结果的负面影响。

由于模型的分类性能存在溢出,仅从分类的准确率上无法体现所提出的对字符沿着基线进行切分后再识别方法的优势。图 7-6 展示了训练过程中迭代次数和准确率、损失之间的关系。为了便于对比显示,纵坐标都被归一化到 0~2.5。

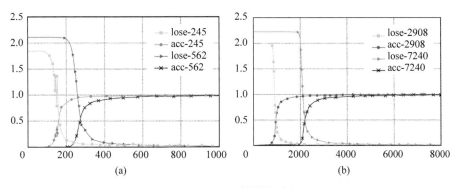

图 7-6　covNet 的训练过程

(a) 常用数据集中仅对基线以下部分进行识别的情况；(b) 常用数据集中仅对字丁进行识别的情况

在图 7-6(a)中,曲线代表了常用样本集 562 类和基线以下 245 类识别的结果。其中 acc-562 曲线表示在验证集上识别的准确率,lose-562 曲线表示损失;acc-245 曲线表示在验证集上识别的准确率,lose-245 曲线表示损失。在最开始的迭代过程中,识别的准确率几乎为 0,损失也一直保持最大,直到第 111 次迭代开始,识别的准确率开始快速上升,一直到第 700 次迭代后识别的准确率开始了稳定振荡。在图 7-6(b)中,曲线代表了大字符集 7240 类中使用整字丁识别的结果,其中 acc-7240 曲线表示在验证集上识别的准确率,lose-7240 曲线表示损失。其曲线的形状和仅使用基线以下部分进行识别的方法相似,但变化的时间点较前者来说有滞后。识别率快速上升的迭代次数为 214 次,识别率开始稳定的迭代次数为 1400 次(为了强化显示效果,1000 次以后的迭代未在图中绘制)。

图 7-6(b)为在大字符集中基线以下 2908 类字符,acc-2908、lose-2908 曲线分别为基线以下字符类别的识别准确率和损失。可以看出图 7-6(b)的形状和图 7-6(a)几乎是一样的,当样本的类别增加时,训练的时间也是相应增加的。

基于上述分析可知,尽管在样本充足的情况下,字丁识别和沿着基线切分后识别在准确率上的差异不大,但训练过程中由于类别数较多,字丁识别的训练速度要远远低于切分后再识别。同时,以上实验都是在理想情况下进行的,所使用的合成数据集样本类别齐全、数量均衡。而在实际情况下,样本的类别不全、数量差异极大,使用切分后识别的方式能够有效减少待识别的类别数,对于系统的性能提高具有重要价值。

2) 字符的识别准确率分析

为了更加具体地对结果进行分析,我们还对 NMU_THDBUC_SL 不同子集上单个字符识别准确率的分布进行了分析,将字符按照其识别准确率分为 4 类,即准确率大于 90%、介于 80%~90%、介于 70%~80% 以及低于 70%,如表 7-2 所示。

表 7-2　字符识别准确率的分布

字 符 数 量	90%~100%	80%~90%	70%~80%	<70%
245	97.14%	2.04%	0.41%	0.41%
562	98.93%	0.71%	0.36%	0
2908	99.48%	0.21%	0.17%	0.14%
7240	99.46%	0.25%	0.17%	0.12%

从表中可以看到,在 NMU_THDBUC_SL 的 4 个子集上,绝大多数字符的识别准确率都在 90%~100%,仅有不到 1% 的字符识别准确率低于 90%。在每个样本子集上选取了 3 个识别率最低的字符,对它们最容易被误识的字符进行了分析,如表 7-3 所示,其中的字符均为样本图像。

表 7-3 识别率较低字符的误识别情况

数据集类别数	字符	识别率	误识 1	误识率	误识 2	误识率	误识 3	误识率
245	〔字符〕	72.92%	〔字符〕	25.00%	〔字符〕	2.08%	—	—
	〔字符〕	86.57%	〔字符〕	13.43%	—	—	—	—
	〔字符〕	88.46%	〔字符〕	7.96%	〔字符〕	1.92%	〔字符〕	1.92%
562	〔字符〕	71.43%	〔字符〕	23.21%	〔字符〕	3.57%	〔字符〕	1.79%
	〔字符〕	73.21%	〔字符〕	26.79%	—	—	—	—
	〔字符〕	83.33%	〔字符〕	16.67%	—	—	—	—
2908	〔字符〕	58.88%	〔字符〕	41.12%	—	—	—	—
	〔字符〕	68.48%	〔字符〕	30.91%	〔字符〕	0.30%	〔字符〕	0.30%
	〔字符〕	68.75%	〔字符〕	30.36%	〔字符〕	0.89%	—	—
7240	〔字符〕	61.42%	〔字符〕	37.04%	〔字符〕	0.93%	〔字符〕	0.31%
	〔字符〕	65.00%	〔字符〕	32.67%	〔字符〕	1.00%	〔字符〕	0.33%
	〔字符〕	65.85%	〔字符〕	31.28%	〔字符〕	2.87%	—	—

从表 7-3 中可知,被误识别的字符和原始字符在字形上都极其相似,造成这种相似的原因有多个方面。一方面是由于部分藏文字母本身就非常相似,如相似对 'ཆ'‘ཅ'‘ཚ'等,这些字母之间仅有细微差别,再加上藏文古籍在处理时可能丢失部分笔画,导致字形更加相似。另一方面,某些字符在叠加变形时非常相似,如表 7-3 中的 〔字符〕 和 〔字符〕,前者是由‘ཏ'构成,后者是由‘ཙ'构成,在叠加变形后得到的字符极其相似。这一类字符即使由人工进行区分也较为困难。总的来说,被误识别的都是相似字,一方面说明该方法的有效性,另一方面也说明对相似字进行区分研究能够进一步提高识别的准确率。

3) 卷积核的调整

卷积核的尺寸关系到模型对样本图像局部的感知视野。在基本的 covNet 中,所有的卷积核大小均设置为 3×3,这是一个最小的能够感知所有方向上特征的卷积核。较大的卷积核能够带来更加宽广的感知视野,但也会影响训练的效率,在原始图像分辨率较低的情况下还会引入额外噪声。根据具体问题的不同,不同的卷积核形状也对识别效果有影响。在文字检测研究中,使用长条形的卷积核能够有效提升检测率。乌金体藏文字符长宽比为 2∶1,可以尝试使用类似形状的卷积核进行识别。

基于上述分析,对卷积核的大小进行了调整,分别使用 5×5、7×7、4×2 以及 6×3 的卷积核进行了实验。为了更加直观地展示网络参数对性能的影响,本节的实验全都基于表 7-3 中准确率最低的 NMU_THDBUC_SL_245 进行,同时该数据集的数据规模和 NMU_THDBUC_ML 也是最为接近的,识别结果如表 7-4 所示。

表 7-4 不同卷积核下的识别率

卷积核大小	3×3	5×5	7×7	4×2	6×3
字符识别率	98.36%	98.82%	98.74%	97.88%	97.95%
耗费时间	46s	70s	89s	49s	66s

从表中可以看出卷积核尺寸的增大对识别率有一定的提升作用。这是由于卷积核扩大时增加了模型对局部特征的感知范围。由于使用的是 NMU_THDBUC_SL 库,样本中没有噪声点的干扰,因此这种变化对结果的影响是正向的。但随着卷积核尺寸的增加,训练所需要的时间也在快速增长。

根据字符样本的长宽比设置的卷积核大小没有达到预期的效果,反而导致识别的准确率下降,和在文字检测研究中得到的结论不一致。在识别和检测任务中,对特征的要求是不一样的。在检测任务中要求特征能够更加有效地对样本的整体形状进行表达,因此使用符合样本形状的卷积核可以提高检测的准确度。但在识别任务中,非正方形的卷积核导致局部特征在不同方向上的不均衡,这种不均衡并非是样本的原有属性,因此最终的识别率不如正方形的卷积核。同时还会导致训练速度的降低,在 4×2 的卷积核中,只有 8 个变量,但其速度要低于有 9 个变量的 3×3 卷积核。

卷积核尺寸的变化对收敛的速度也存在影响,图 7-7 展示了在不同卷积核尺寸下,模型损失的变化情况。图中不同的曲线代表了不同的卷积核大小,为了更直观地展示收敛速度,只选择了前 500 次迭代进行展示。

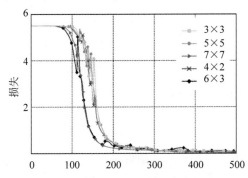

图 7-7 不同大小卷积核的收敛速度

从图中可以看到,卷积核大小为 7×7 和 6×3 的两组模型,其损失曲线几乎是重合,也是最早收敛的,迭代不到 100 次就开始下降了。另外的 3 个模型的损失曲线也几乎重合,其中卷积核大小为 4×2 的模型,其收敛速度略高于卷积核为 3×3 和 5×5 的模型。对于藏文字符,大部分高宽比大约为 2:1。所以用 2:1 的卷积核也可以加快收敛速度,6×3 的卷积核模型仅有 18 个参数,其性能与 7×7 的卷积核、拥有 49 个参数的模型性能相当;4×2 的卷积核模型参数最少,但也比 3×3 和 5×5 卷积核的模型速度略快。

4)过拟合分析

在模型的训练过程中,随着迭代次数的不断增加,很容易产生过拟合现象。图 7-8(a)是 covNet 在 NMU_THDBUC_SL_245 上训练时,验证集和测试集的损失曲线,其中浅色曲线代表验证集,深色曲线代表测试集。

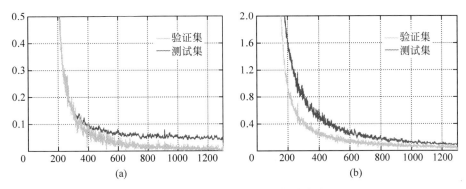

图 7-8 测试集和验证集的损失曲线

从图中可以看出,在迭代早期这两条曲线几乎重合并快速下降。在迭代进行到 300 次以后,这两条曲线的变化趋势发生了改变,重合的曲线发生了分叉,验证集的损失明显低于测试集且两条曲线趋于平行。在验证集上的准确率最高出现了 100%,而测试集的准确率在 98.3% 附近振荡,此时模型出现了过拟合。

为了解决过拟合问题,在卷积神经网络中通常使用 Dropout 技术,在进行训练时按照给定的比例随机让一部分的神经元不工作。在 covNet 的具体实现中,从第二个卷积层开始,按照 0.1,0.2,…,0.5 的比例为 5 个卷积层加入 Dropout,训练中损失的变化如图 7-8(b)所示。其中浅色曲线是验证集的损失变化曲线,深色曲线是测试集的损失变化曲线。从图中可以看出,验证集和测试集的损失都随着迭代次数的增多而不断降低,且趋势保持一致。在整个迭代中验证集的损失降低速度略高于测试集合,两条曲线有相交的趋势。上述方法解决了图 7-8(a)中验证集损失降低、测试集损失不变的问题。在相同的 1300 次迭代下,测试集的识别率提高到了 99.17 %。

藏文古籍文档识别研究是一个不断迭代上升的过程,字符库以及识别原型的构建是第一次迭代的终点。这一节根据字丁的基线上下切分方法,得到了藏文字符样本,提取了这些样本 8 个方向的梯度特征,使用聚类＋人工的方式完成了样本的标注,得到了第一个字符库 NMU_THDBUC_ML。该库包含 121214 个基线以下的字符样本,一共有 238 个不同的类别。由于和用到的字符集中的类别数目相差很远,且该库中不同类别的样本数目很不平衡,因此无法直接使用该库对模型进行训练。为此,提出了使用部件合成构造字符库的方法,基于现代印刷体藏文得到不同部件在一个字符中的相对位置,并从古籍文档中得到了字符部件。这些部件按照其位置关系就可以合成出字符集中的所有类别,得到第二个字符库 NMU_THDBUC_SL。该库包含 4 个子集,包含了大字符集中的 7240 类样本、大字符集中基线以下不重复的 2908 类样本、常用字符集中的 562 类样本、常用字符集中基线以下不重复的 245 类样本。其中大字符集中每一个类别的样本数目分别为 5000 个和 3000 个,常用字符集中每一类的样本数目为 600 个。

构建了一个卷积神经网络 covNet,为了增强特征的表达能力并减少池化过程中的分辨率损失,该卷积网络包含了 6 个卷积层,每经过两个卷积层后添加一个池化层。使用 NMU_THDBUC_SL 对该网络进行了训练,NMU_THDBUC_SL 各子库的识别结果表明相对于经典方法,covNet 对藏文字符的识别准确率更高,达到 99％左右。基于合成方法得到的字符与真实的乌金体藏文古籍字符有一定的差异,直接使用 NMU_THDBUC_SL 得到的模型在 NMU_THDBUC_ML 上进行识别测试准确率降低到了 85％。为了克服这一问题,利用模型微调的方法把在 NMU_THDBUC_SL 上的模型迁移到 NMU_THDBUC_ML 中,识别的准确率明显提升。此外还对不同的卷积核大小对识别准确率的影响以及过拟合等问题进行了实验分析。

7.3.2　单字丁识别

在 7.3.1 节的字符识别中,无论是部件识别,还是基线上下分别识别以及 7240 个大字符集样本的识别,其字符集中的字符主要是合成方法获取。因为部件的位置信息来源于乌金体印刷字符,所以合成的样本字符比较规范,字符识别率也相对较高。本节的单字丁识别,其字符样本数据部分来源于真实文本切分获得,为了使数据均衡,又进行了扩增。所以我们称之为真实数据集、扩充数据集上的单字识别[70]。

在模式识别领域,基于神经网络的字符识别模型众多,不同模型具有不同的特点。基于卷积神经网络在计算机视觉领域的卓越表现,字符识别模型采用经典模型 LeNet、VGG 和 ResNet 验证不同识别模型下的不同字符切分结果的字符识别准确率。

1. 模型设计

LeNet 模型奠定了深度学习方法的理论基础,开启了深度学习的大门,其中 LeNet-5 模型[71]是卷积神经网络的代表作,在手写数字识别中取得了优异的成绩。LeNet-5 模型结构虽然简单，但在分类与识别任务中却有着非常好的表现。在 LeNet-5 结构中有权重值变化的结构层共 5 层，分别是 2 层卷积层、3 层全连接层；无权重值变化的结构层有 2 层，均为最大池化层，用于藏文字丁识别的模型结构，如图 7-9 所示。

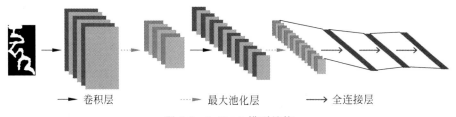

图 7-9　LeNet-5 模型结构

VGG 系列模型较多。随着深度学习技术的发展，探索神经网络模型的深度与神经网络的性能表现之间的关系，提出了 VGG 系列模型。采用 VGG11 模型[72] 完成模型设计。VGG11 模型有权重值变化的结构有 11 层，其中 8 层卷积层、3 层全连接层，模型结构如图 7-10 所示。

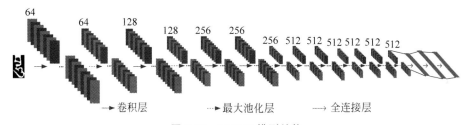

图 7-10　VGG11 模型结构

模型 ResNet18[73] 具有更好的学习能力。因为随着网络模型深度的增加，模型训练过程中会产生梯度消失和梯度爆炸问题，不利于模型在训练中收敛。研究者提出基于残差学习的神经网络系列模型，成功解决了随着网络加深产生的梯度消失和爆炸问题。考虑到字符识别的任务实际需求，采用含有 18 层的 ResNet18 模型完成模型设计。该模型中有权重值变化的结构有 18 层，分别是 17 层卷积层、1 层全连接层，因网络结构并不深，因此只采用 1 个池化层。模型结构框架如图 7-11 所示。

2. 模型训练

模型训练决定着模型的性能表现。模型训练所需的字符数据来源于 2.4.3 节准备的训练集和验证集。两个数据集均有 610 类字符，覆盖了乌金体藏文古籍中绝大多数常用普通字符和特殊符号。深度学习框架采用 PyTorch 框架，计算设备为 GPU。基于本节在前期开展字符识别的模型训练测试效果，训练轮次设置为 60，数据加载的批量大小设置为 128，初始学习率设置为 0.01。训练过程中，每完

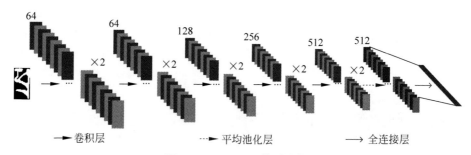

图 7-11　ResNet18 模型结构

成全部训练数据的一次迭代,就保存一次模型的权重参数。为了提高模型的精度和性能,每完成 15 轮次的训练,根据训练损失值来动态调整学习率。LeNet-5、VGG11 以及 ResNet18 3 种模型的训练数据都有 32×32、32×64 以及 64×64 3 种宽度和高度尺寸的训练数据。

3. 字符识别结果与分析

LeNet-5 模型经过 60 个训练轮次后的整体识别效果,以 Top-5 准确率为例,计算对 6 套待识别数据集的识别准确率的最小值、最大值及平均值,如表 7-5 所示。

表 7-5　LeNet-5 模型 Top-5 准确率最小值、最大值以及平均值统计

待识别数据集	训练样本尺寸	最小值	最大值	平均值
SS-Cen	32×32	0.8992	0.9305	0.9280
	32×64	0.9058	0.9314	0.9289
	64×64	0.9059	0.9327	0.9297
SS-Con	32×32	0.9003	0.9307	0.9283
	32×64	0.9056	0.9321	0.9295
	64×64	0.9054	0.9326	0.9298
SS-ConCen	32×32	0.9002	0.9312	0.9287
	32×64	0.9065	0.9320	0.9295
	64×64	0.9066	0.9331	0.9302
RS-Cen	32×32	0.8886	0.9220	0.9200
	32×64	0.8995	0.9229	0.9207
	64×64	0.8995	0.9230	0.9209
RS-Con	32×32	0.8853	0.9188	0.9163
	32×64	0.8965	0.9202	0.9177
	64×64	0.8924	0.9201	0.9176
RS-ConCen	32×32	0.8921	0.9211	0.9184
	32×64	0.8970	0.9207	0.9184
	64×64	0.8966	0.9212	0.9188

从表 7-5 的统计结果看,基于系统抽样(systematic sampling,SS)得到的数据集的识别准确率最小值整体上大于基于随机抽样(random sampling,RS)得到的数据集;而基于 SS 得到的数据集的识别准确率最大值和平均值均大于基于 RS 得到的数据集,且训练样本尺寸为 64×64 模型的识别准确率最大值和平均值几乎都略大于其余两种尺寸;对于同一个数据集的识别准确率,训练样本尺寸为 32×32 模型的识别准确率均低于其余两种训练样本尺寸形成模型的识别准确率。

VGG11 模型不同训练样本尺寸训练后识别模型,6 套字符切分结果作为识别数据,字符识别结果的 Top-5 准确率的最小值、最大值以及平均值如表 7-6 所示。

表 7-6　VGG11 模型 Top-5 准确率最小值、最大值以及平均值统计

待识别数据集	训练样本尺寸	最　小　值	最　大　值	平　均　值
SS-Cen	32×32	0.9244	0.9352	0.9330
	32×64	0.9287	0.9345	0.9326
	64×64	0.9208	0.9297	0.9280
SS-Con	32×32	0.9243	0.9354	0.9331
	32×64	0.9286	0.9350	0.9329
	64×64	0.9264	0.9352	0.9334
SS-ConCen	32×32	0.9258	0.9359	0.9338
	32×64	0.9291	0.9352	0.9333
	64×64	0.9275	0.9359	0.9338
RS-Cen	32×32	0.9155	0.9273	0.9248
	32×64	0.9200	0.9266	0.9246
	64×64	0.9178	0.9267	0.9250
RS-Con	32×32	0.9128	0.9237	0.9216
	32×64	0.9161	0.9231	0.9213
	64×64	0.9134	0.9244	0.9219
RS-ConCen	32×32	0.9139	0.9243	0.9225
	32×64	0.9168	0.9237	0.9221
	64×64	0.9140	0.9250	0.9229

从表 7-6 的统计结果看,基于 SS 得到的数据集的识别准确率最小值整体上大于基于 RS 得到的数据集;而基于 SS 得到的数据集的识别准确率最大值和平均值均大于基于 RS 得到的数据集。与 LeNet-5 模型得到的字符识别结果相比,VGG11 模型下的字符识别表现更优,通过实验证明加深网络模型可以提升模型的性能表现。

ResNet18 模型识别,训练样本尺寸为 32×32、32×64 以及 64×64 训练数据集分别输入模型训练形成的 3 种不同的 ResNet18 模型,6 套字符数据集为测试数据集得到的识别准确率以 Top-5 为例,识别准确率的最小值、最大值以及平均值如表 7-7 所示。

表 7-7　ResNet18 模型 Top-5 准确率最小值、最大值以及平均值统计

待识别数据集	训练样本尺寸	最　小　值	最　大　值	平　均　值
SS-Cen	32×32	0.9266	0.9372	0.9352
	32×64	0.9257	0.9367	0.9351
	64×64	0.9260	0.9365	0.9349
SS-Con	32×32	0.9265	0.9373	0.9353
	32×64	0.9252	0.9367	0.9352
	64×64	0.9258	0.9369	0.9352
SS-ConCen	32×32	0.9271	0.9373	0.9355
	32×64	0.9265	0.9373	0.9358
	64×64	0.9266	0.9371	0.9355
RS-Cen	32×32	0.9191	0.9294	0.9275
	32×64	0.9168	0.9293	0.9273
	64×64	0.9190	0.9300	0.9277
RS-Con	32×32	0.9156	0.9254	0.9234
	32×64	0.9126	0.9250	0.9233
	64×64	0.9156	0.9264	0.9246
RS-ConCen	32×32	0.9174	0.9255	0.9241
	32×64	0.9155	0.9255	0.9239
	64×64	0.9166	0.9260	0.9244

从表 7-7 的统计结果看,基于 SS 得到的数据集的识别准确率最小值、最大值以及平均值均大于基于 RS 得到的数据集;基于 SS 得到的数据集中 32×32 模型的识别准确率最大值均高于其余两种尺寸形成模型的识别准确率。

综上统计结果分析,以 Top-5 准确率统计结果为例,基于 SS 得到的数据集的识别准确率整体上高于基于 RS 得到的数据集。通过 LeNet-5、VGG11 以及 ResNet18 3 种模型的训练和识别结果看,ResNet18 的性能整体上要优于其他两种模型。另外,不同样本训练的输入尺寸有不同的识别效果,样本输入为 64×64 的模型性能表现要优于其余两种样本尺寸。

7.4　文本行识别方案

7.4.1　基于 CRNN 的识别

藏文古籍字符间存在大量的笔画粘连、断裂现象,加大了字符切分难度。一方面由于藏文特殊的字符结构,进行单字符识别时难以选取适当的归一化方式,另一方面,字符分割的方法也需要大量的单字丁标注数据,为了降低识别过程中字符切分对字符识别环节的影响,提出了一个端到端的文本行识别模型。该模型结合卷积网络与循环网络,并使用联结时间分类(connectionist temporal classification,

CTC[74]）完成循环神经网络输出结果的序列对齐工作。该模型对原有的CRNN[75]模型的部分结构进行了改进，使其更适合于乌金体藏文古籍识别[76]。该模型首先通过卷积神经网络完成特征提取、循环神经网络完成序列预测，最终使用 CTC 完成序列对齐从而完成端到端的文本行识别，大幅降低了人工标注样本的时间成本。

所设计的识别网络模型结构如图 7-12 所示，根据藏文结构特点对 CRNN 模型进行了改进。该模型主要由深度卷积层（deep convolution layer）、循环层（recurrent layer）和转录层（transcription layer）三个部分组成。卷积层提取输入图像的深度特征并最终完成特征序列的提取；循环层将提取特征序列的序列特征信息并完成特征序列预测；转录层将特征序列对齐，最终得到输出序列。根据藏文结构的特点对 CRNN 模型中深度卷积层和循环层分别进行了改进。

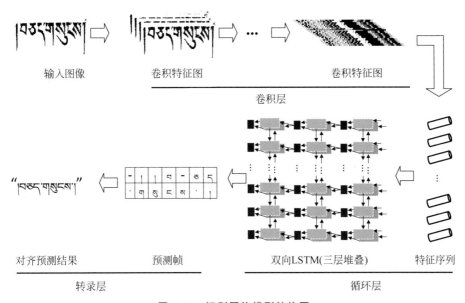

图 7-12　识别网络模型结构图

1. 深度卷积层

深度卷积层提取输入图像的特征信息，并最终得到特征序列。在该模型设计时，选择了 VGG-19 作为卷积网络模型主干分支。由于藏文古籍可叠加层数较多，图像高度较大。如果按照中文识别研究进行图像尺寸调整[77]，则会丢失较多的文字笔画信息，因此选取图像输入尺寸高度为 128，宽度为 320 进行识别研究。深度卷积层的输出结果需要将图像卷积为一维特征序列进行输出。因此，对 VGG-19 模型结构中的卷积层进行了调整，以使得网络结构满足所设计的数据集使用。具体网络模型结果如表 7-8 所示。

表 7-8 卷积层模型结构

卷积层的名称	输出图像的大小	卷 积 层
Conv_1	64×160	conv3_64
		conv3_64
Conv_2	32×80	conv3_128
		conv3_128
Conv_3	16×40	conv3_256
		conv3_256
		conv3_256
		conv3_256
Conv_4	8×40	conv3_512
		conv3_512
Conv_5	4×40	conv3_512
		conv3_512
Conv_6	2×40	conv3_512
		conv3_512
Conv_7	1×40	conv3_512
		conv3_512

2. 循环层

长短期记忆网络(long short-term memory，LSTM[78])在 1997 年被提出，用于解决长序列特征在网络模型训练过程中产生的特征丢失问题。该网络由记忆单元(memory cell)完成上下文特征存储功能，并通过输入门(input gate)进行特征信息输入，通过输出门(output gate)控制当前特征单元内的特征过滤工作，并通过遗忘门(forget gate)删除特征单元内的无效特征信息，从而保证在长序列的数据处理问题中，记忆单元可以持续存储有效特征信息。长短期记忆网络是具有方向性的网络结构，只能使特征信息从前向后传播，而图像信息的序列识别问题不仅需要从前向后传播，也需要其特征从后向前传播，从而更好地捕捉到双向语义特征，因此采用了双向 LSTM 结构进行特征序列预测，并使用三层双向 LSTM 进行堆叠，提取更深层次的序列特征信息，从而完成循环层的设计，如图 7-13 所示。

3. 转录层(transcription layer)

前面的输出即预测帧，通过转录层将特征序列转换为标签序列，从而完成文本行识别。例如，通过映射函数将"ཀ-ག-ༀ-དད-ༀ-ག-ㅣㅣ-ༀ-ㅣㅣ"(-表示空白的标签)映射到"ㅣདༀ་གㅣㅣ"完成对齐。我们使用 Graves 等在 2006 年提出的连接时序分类算法(connectionist temporal classification，CTC)完成转录层模型的设计。由于 CTC 输出的是整体序列的概率，我们仅需要完成文本行与文本行标签序列的标注，从而节省了单个字符位置标注所产生的时间成本。

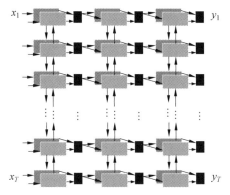

图 7-13　三层堆叠的深度双向 LSTM 网络

4. 实验结果与分析

在合成藏文古籍样本时,从 7400 万藏文字丁中随机选取字丁片段并按照基线位置信息进行图像合成,结合语义信息与基线位置信息进行合成后,部分合成结果如图 7-14 所示。

图 7-14　部分生成的藏文古籍文本行图像样本

共合成了尺寸宽度为 320、高度为 128 的图像 320 万张。在训练阶段,将数据集划分为训练集 256 万张图像数据,测试集为 64 万张图像数据。所使用的 GPU 型号为 K80s,使用 CUDA10.0 进行加速训练。实验过程中,将图像数据集统一设置为固定高度 128 且以二值图的形式输入,使用随机梯度下降(stochastic gradient descent,SGD[79])算法进行网络优化。

为了更好地体现所使用 CRNN 模型在乌金体藏文古籍识别上的具体效果,分别使用了单字符识别率以及文本行识别率进行模型评估,实验结果如表 7-9 所示。

表 7-9　文本串图像长度统计结果

方　　法	单字符识别准确率/%	文本行识别准确率/%
基于 CRNN 方法	93.32	89.03

7.4.2　基于 SVTR 的识别

1. 端到端的文本识别

近两年,谷歌研究团队将自然语言处理领域中广泛使用的 Transformer 模型成功应用在图像视觉领域中的分类任务上,这意味着对于图像而言可能存在比卷积更为有效的特征提取结构。2021 年,Atienza 参考视觉转换器(Vision transformer,ViT)提出了应用于场景文字识别任务的算法模型(ViT scene text recognition,ViTSTR),在参数量相当的情况下达到了更高的识别正确率。然而,尽管 ViT 相关算法模型分类准确率高、推理速度快,但该模型拟合速度较为缓慢。研究人员往往需要利用预训练模型初始化权重参数,这直接限制了 ViT 算法在文字识别任务中的适用性。比如说,由于 ViT 针对的是 224×224 大小图像的分类任务,因此基于 ViT 的 ViTSTR 的输入图像分辨率也同样被限定在了这个大小。此外,考虑到部分藏文文本串图像长度可达数千像素长度,强制缩放为边长为 224 的正方形图像必将丢失大量信息,导致正确率下降。因此,本节对 ViTSTR 的嵌入层做出改进,提出了一种适用于藏文古籍文本行端到端识别算法(Tibetan spotting with vision transformer,TSViT)。该算法既可以使用预训练模型加速网络训练,也可以更为灵活地接受不同尺寸的输入图像。此外,还提出了一种在推理阶段使用的叠瓦识别策略,在一定程度上解决了过长文本串的识别问题[80]。

2. 算法描述

参考 Transformer[81]、ViT[82]、ViTSTR[83] 等模型,提出了 TSViT 算法。

如图 7-15 所示,TSViT 由嵌入层、编码层和预测层组成。嵌入层首先使用 1×1 卷积核对输入图像 $x \in \mathbb{R}^{h \times w \times c}$ 进行升维操作。升维后的特征图 $x' \in \mathbb{R}^{h \times w \times c'}$ 经过 ReLU 激活函数、深度可分卷积(depth-wise separable convolution)与自适应平均池化后,得到特征图 $f \in \mathbb{R}^{224 \times 224 \times 1}$。随后,使用 d 个步长 16、大小为 16×16 的核对 f 进行卷积实现分块。对卷积分块结果施加线性投影变换,并拼接类别形符([class] token)后即可得到由 N 个形符(token)组成的二维矩阵 $X = [x_0 E; x_1 E; x_2 E; \cdots; x_N E]$,$x_{(.,)} \in \mathbb{R}^{1 \times (P \cdot P \cdot c)}$,$E \in \mathbb{R}^{(P^2 \cdot c) \times d}$,其中输入通道数 $c = 1$,$c' = 4N = 1 + 196$,P 为卷积核或图像块的边长,$d = 786$ 为控制模型大小的超参数。由于本节专注于序列识别任务,因此分类任务中的类别形符([class] token)对应的输出不具有任何实际意义,仅作为一种使用预训练模型的妥协。考虑到

Transformer 的编码层可以对输入形符并行计算,还需要对图像块赋予位置信息以保留图像块之间的位置信息。这里沿用了 ViT 中一维位置编码的设计并将该编码与形符按位相加,得到编码层的输入 $z \in \mathbb{R}^{N \times d}$。

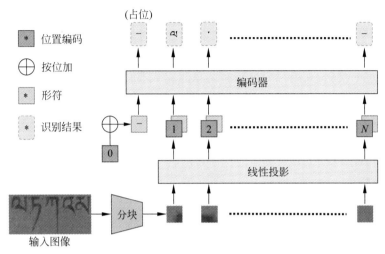

图 7-15　TSViT 模型结构图

编码层结构如图 7-16 所示。从宏观上看,编码层由 $L = 12$ 个堆叠的编码块(encoder block)构成,这些编码块的结构完全相同。从微观上看,每一个编码块的内部还可被进一步细分为两个子层,分别是多头自注意力(multi-headed self-

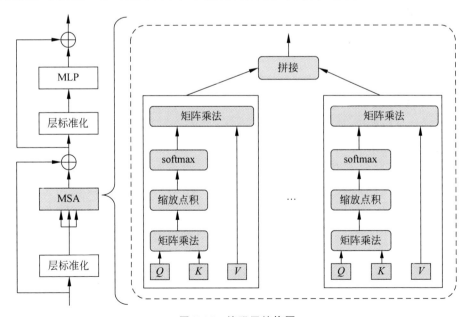

图 7-16　编码层结构图

attention,MSA)层与多层感知机(multi-layer perceptron,MLP)层。MSA 由多个注意力头组成,注意力头的输入是经过层标准化(layer normalization,LN)后的张量 $z_l \in \mathbb{R}^{N \times d}$。$z_l$ 在共享的权重矩阵 W^Q、W^K、W^V 的作用下变换为相应的查询张量 Q(query)、键张量 K(key)与值张量 V(value)。将 Q 与 K 的转置 K^{T} 做内积运算求出 Q、K 之间的相关性,并将结果除以 $\sqrt{d}$ 以缓解可能的梯度消失问题,得到修正后的相关性矩阵。对该矩阵做 softmax 运算后与 V 相乘,即可从 V 中"注意到" Q 所感兴趣的信息,利用"加权求和"的思想完成有价值信息的提取。注意力计算的数学表达式如式(7-1)所示。MSA 并行使用了 $k=12$ 个注意力头进行特征提取,对每一个注意力头的输出进行拼接与相应的线性变换后得到最终的输出,其数学表达式如式(7-2)所示。MSA 类似于在 CNN 中使用多个卷积核,可以提取图像中不同的特征,使模型具备更强的特征表示能力。

$$\mathrm{Attention}(Q,K,V) = \mathrm{softmax}\left(\frac{QK^{\mathrm{T}}}{\sqrt{d}}\right)V \tag{7-1}$$

$$\mathrm{MultiHead}(Q,K,V) = \mathrm{Concat}(\mathrm{head}_1,\cdots,\mathrm{head}_k)W^O \tag{7-2}$$

其中,$\mathrm{head}_i = \mathrm{Attention}(QW_i^Q, KW_i^K, VW_i^V)$,$W_i^{(\cdot\cdot)} \in \mathbb{R}^{D \times d}$,$W^O \in \mathbb{R}^{kd \times D}$,$d = D/k = 64$。

将 MSA 层的输出 $\hat{Z} \in \mathbb{R}^{N \times d}$ 进行层标准化后,送入 MLP 中调整张量维度以增强模型的表示能力。在实际操作中,MLP 由两组全连接层构成,两组之间还有提高网络非线性能力的激活函数等运算。

在推理阶段,对最后一层 MLP 的输出矩阵 $\hat{Z} \in \mathbb{R}^{N \times \mathrm{cls}}$ 做 softmax 运算即可得到长度不超过 $N-1$ 的预测结果,cls$=629$ 为字丁总类别数。使用"-"表示字符间的空格或字符串结束后的占位符。

尽管 TSViT 可以接受任意尺寸的输入,但对较长文本串图像进行过度缩放将导致文本串图像丢失大量信息,可能会降低算法的识别正确率。若利用字切分算法先对其做分段处理,则在一定程度上违背了"端到端"设计的初衷,在实际应用中难免存在切分错误,甚至无法切分的情况。

因此,提出叠瓦识别策略如图 7-17 所示,在推理阶段对过长文本串图像以长度 400、步长 240 的方式,分段使用 TSViT 进行识别,从而避免了因文本串过长导致的过度放缩或二次切分。从图中可以看出,待识别子串两端存在一定长度重叠区域(图中虚线内区域),而错误切分的字丁只可能位于待识别字串的第一个或最后一个位置,因此只需重复迭代算法 7-1 即可整合得到最终的结果。最后一个待识别文本串图像宽度不足 400 的部分将使用平均灰度值进行填充。不难看出,算法 7-1 利用未经切分字丁的识别结果修正了可能被错误切分字丁的识别结果,有助于提高过长文本串的识别正确率。

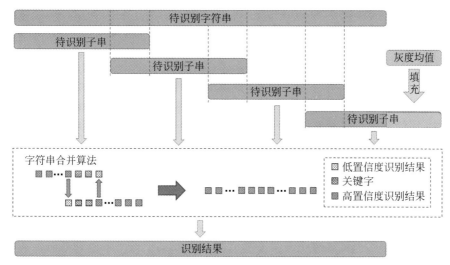

图 7-17　叠瓦识别策略示意图

算法 7-1　字符串合并算法

输入：字符串 $s1,s2\backslash\backslash s1$ 为当前待识别子串，$s2$ 为下一个待识别子串

输出：字符串 rst

　　初始化：设置 length＝3$\backslash\backslash$一般取 3 个字丁即可

　　key← $s2[1:1+\text{length}]$

　　index ←$s1.\text{rfind(key)}\backslash\backslash$寻找关键字 key 在 $s1$ 中最后一次出现的位置

　　rst← $s1[:\text{index}]$

　　rst←rst $+ s2[1:]\backslash\backslash$拼接两个字符串

　　return rst

---

3. 实现细节

采用第 2 章的文本串数据集 NMU_CBTHD212。根据经验将 100、400 像素距离设置为短、适中、过长文本串的宽度阈值。表 7-10 统计了不同长度文本串图像的个数，可以看出本节处理的图像长短不一，且以短、中文本串图像为主。为尽可能减少训练过程中的信息损失，训练集、验证集、测试集中图像的原始长度均不大于 400 像素距离。最终，将 92848 张文本串图像按照 8∶1∶1 的比例划分为训练集、验证集与测试集。

表 7-10　文本串图像长度统计结果

类　　型	像 素 长 度	个　　数
短	8～100	79114
适中	100～400	13734
过长	＞400	562

使用 Adadelta 优化器，批尺寸 bs 设置为 24，初始学习率 lr 为 1.0，衰减率为 0.95。网络使用了 DeiT 的预训练模型完成部分结构的权重初始化，利用迁移学习技术在 NVIDIARTXA30 上继续训练了 50000 轮。本节使用 Pytorch 封装的 CrossEntropyLoss 损失函数计算模型的输出矩阵 $\hat{Z} \in \mathbb{R}^{N \times cls}$ 与真实标注 $GT \in \mathbb{R}^{N \times 1}$ 之间的交叉熵损失。

4. 评价指标与实验分析

1）评价指标

正确率是评价识别器好坏的常用指标，正确率 $Acc = T/T + F$，其中 T 为预测正确的样本数，F 为预测错误的样本数，Acc 作为端到端识别方法的评价指标。值得注意的是，此时 Acc 为词准确率，即 T 为序列预测结果完全正确的样例个数，而不是正确字丁的个数。除基于 ViT 的算法外，其余算法均通过早停法遏制过拟合现象。更具体地，当训练集正确率不断增加而验证集正确率不再升高时停止模型训练。基于 ViT 的算法各训练 50000 轮。

2）实验分析

表 7-11 对比了本节提出的算法与其他著名算法在测试集上的性能表现，这些算法包括 CRNN[84]、GRCNN[85]、TRBA[86]、ViTSTR[87]。结果表明，所提出算法的识别正确率达到了最高 84.47%，可以满足实际应用需求。此外，TSViT 的正确率较 ViTSTR 有小幅提升。这意味着对文本串图像而言，在模型的嵌入层中适当地使用卷积操作，可以给算法带来一定程度的性能提升。

表 7-11　不同方法的识别正确率

方　　法	正确率/%
CRNN	79.73
GRCNN	80.64
TRBA	83.89
ViTSTR	84.16
TSViT	**84.47**

为了进一步证明叠瓦识别的有效性，我们设计了针对叠瓦识别策略的消融实验。表 7-12 对比了叠瓦识别策略对 TSViT 算法识别过长文本串正确率的影响。从中可以看出，对过长文本串图像的宽度强制缩放为 224 后送入网络识别的正确率较低，而使用叠瓦识别策略对过长文本串图像分段识别的正确率有明显提高，证明了该策略的有效性。

表 7-12　叠瓦识别策略对识别正确率的影响

是否使用叠瓦识别策略	正确率/%
否	61.86
是	**72.89**

图 7-18 展示了 TSViT 的识别结果,包含正确、错误样例各四张。其中,第一行的 4 个图识别正确。第二行的四个图都有误识情况,括号内为其前面误识或漏识对应的真实标注。部分错误可能是由于训练集中字丁出现频率极为不均衡,也可能是由于藏文古籍书写习惯较为随意。

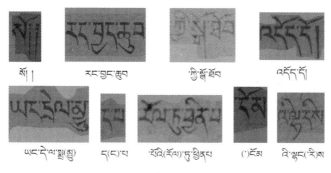

图 7-18　识别结果展示

7.5　本章小结

本章从解决乌金体藏文古籍识别问题出发,结合乌金体藏文古籍字符特点、古籍文本真实语义信息以及手写体基线位置等信息,采用部件识别、单字丁识别以及文本行/段端到端的识别方案。同时提出了一种乌金体藏文古籍文本行合成方案,生成了 320 万张的藏文文本行图像数据集,并在此基础上设计了一个基于 CRNN 网络的乌金体藏文古籍识别方法,实现端到端的乌金体藏文古籍识别,为真实文本行端到端的识别确定了基础。针对古籍文本串图像实例,提出了一种对输入图像尺寸不做限制的端到端识别算法 TSViT。该算法在测试集上的识别率达 84.47%,可以满足实际应用的需要。此外,针对过长文本串图像可能导致的二次切分,提出了相应的叠瓦识别策略,避免了推理阶段中的过度压缩或可能的切分错误。

乌金体藏文古籍文档识别的研究,还有待于以音节为识别单位的切分与识别、整页文档的端到端识别等。

参考文献

[1] 德格加.藏文字构件识别及其信息熵 [J].甘肃高师学报,2020,25(5):11-15.

[2] 德庆央珍.藏文数字出版内容供需问题及其根源初探 [J].科技与出版,2021(3):129-133.

[3] 方文广.融合图片信息的资源稀缺语言人名识别研究 [D].北京:中央民族大学,2021.

[4] 公保杰,安见才让.印刷体藏文识别中字符切分方法的研究 [J].计算机时代,2019(9):24-26.

[5] 贡去卓么.基于语义分割的木刻版藏文古籍图像文字检测方法研究 [D].西宁:青海师范

大学,2021.

[6] 华果才让,班玛宝,桑杰端珠,等.面向汉藏机器翻译后处理的藏文虚词纠错模型[J].计算机仿真,2021,38(12):391-396.

[7] 拉切卓玛,安见才让.基于产生式推理的现代藏文字的拼写检查方法[J].信息化研究,2021,47(4):36-39.

[8] 李明洋.基于图像处理的残损藏文文献复原技术研究[D].成都:西南民族大学,2020.

[9] 刘芳,尼玛扎西.基于笔划的藏文字符特征提取方法研究[J].高原科学研究,2020,4(3):105-110.

[10] 苗晗,车文刚,朱倩倩.一种藏文雕刻字体多样性表达方法[J].信息技术,2020,44(9):129-132,137.

[11] 龙从军,周毛克,刘汇丹.基于词向量的藏文语义相似词知识库构建[J].中文信息学报,2020,34(10):33-38,50.

[12] 曲塔吉,安见才让.藏文语义词典建设中语义关系抽取方法的研究[J].计算机时代,2021(2):46-48.

[13] AYEB K,ECHI A,BELAÏD A. Arabic/Latin and handwritten/ machine-printed formula classification and recognition [C]. International Workshop on Arabic Script Analysis and Recognition. IEEE,2017:90-94.

[14] WANG J X,WANG M. Research of the handwritten English character recognition based on the improved BP neural network [C]. The International Conference on Mechatronics and Manufacturing Technologies. 2017:271-280.

[15] TENG Z Y,JIN N J,et al. Building efficient CNN architecture for offline handwritten Chinese character recognition [J]. International Journal on Document Analysis and Recognition (IJDAR),2018,21(4):233-240.

[16] KHA N,MASAKI N. Enhanced character segmentation for format-free Japanese text recognition [C]. 2016 15th International Conference on Frontiers in Handwriting Recognition (ICFHR). 2016:138-143.

[17] PURNAMAWATI S,RACHMAWATI D,LUMANAUW G,et al. Korean letter handwritten recognition using deep convolutional neural network on android platform [C]. Journal of Physics Conference Series. Journal of Physics Conference Series,2018,978:012112.

[18] MAJIDA A A. Freeman chain code contour processing for handwritten isolated Arabic characters recognition [J]. Social Science Electronic Publishing,2012,1:90-105.

[19] JANGID M,SRIVASTAVA S. Handwritten Devanagari character recognition using layer-wise training of deep convolutional neural networks and adaptive gradient methods [J]. Journal of Imaging,2018,4(2):41.

[20] BRODIĆ D,MILIVOJEVIĆ Z N,ČEDOMIR A. Maluckov. An approach to the script discrimination in the Slavic documents [J]. Soft Computing,2015,19(9):2655-2665.

[21] FAN D,GAO G. DNN-HMM for large vocabulary mongolian offline handwriting recognition [C]. 2016 15th International Conference on Frontiers in Handwriting Recognition (ICFHR). 2016:72-77.

[22] ALOM M,SIDIKE P,HASAN M,et al. Handwritten Bangla character recognition using the state-of-art deep convolutional neural networks [J]. Computational Intelligence and Neuroscience,2018,2018(4):1-13.

［23］ LIANG B，WANG W L，QIAN J J. Application of hidden markov model in on-line recognition of handwritten Tibetan characters ［J］. Microelectronics & Computer，2009，26(4)：98-100.

［24］ GUNAWAN D，ARISANDI D，GINTING F，et al. Russian character recognition using self-organizing map ［C］. Journal of Physics Conference Series，2017：012040.

［25］ MANJUSHA K，KUMAR M，SOMAN K. Integrating scattering feature maps with convolutional neural networks for Malayalam handwritten character recognition ［J］. International Journal on Document Analysis & Recognition，2018：1-12.

［26］ VEENA G，KUMAR T，SUSHMA A. Handwritten off-line Kannada character/word recognition using hidden markov model ［C］. Proceedings of International Conference on Cognition and Recognition，2018，14：357-369.

［27］ 赵栋材. 基于 BP 网络的木刻藏文经书文字识别研究[J]. 微处理机，2012，33(5)：35.

［28］ MA L L，LONG C J，et al. Segmentation and recognition for historical tibetan document images ［J］. IEEE Access，2020，8：52641-52651.

［29］ 李刚. 印刷体藏文识别系统的研究与实现[D]. 上海：上海交通大学，2007.

［30］ 赵晓艳. 手写体藏文字丁识别及应用 [D]. 西安：西安电子科技大学，2018.

［31］ 梁弼，王维兰，钱建军. 基于 HMM 的分类器在联机手写藏文识别中的应用 [J]. 微电子学与计算机. 2009，26(4)：98-101.

［32］ WANG X J，WANG W L，LI Z J，et al. A Recognition Method of the Similarity Character for Uchen Script Tibetan Historical Document Based on DNN ［C］. Chinese Conference on Pattern Recognition and Computer Vision (PRCV). Springer，Cham，2018：52-62.

［33］ 王维兰，陈万军. 基于笔划特征和 MCLRNN 模型的联机手写藏文识别 [J]. 计算机工程与应用，2008，44(14)：91-93.

［34］ YANG W K，WANG J G，REN M W，et al. Feature extraction using fuzzy inverse FDA ［J］. Neurocomputing，2009，72(13-15)：3384-3390.

［35］ HAN Y H，WANG W L，WANG Y Q，et al. Research on the method of Tibetan recognition based on component location information ［C］. Chinese Conference on Pattern Recognition and Computer Vision (PRCV). Springer，Cham，2018：63-73.

［36］ 王华，丁晓青. 多字体印刷藏文字符识别 [J]. 中文信息学报，2003，17(6)：47-52.

［37］ 欧珠，普次仁，大罗桑朗杰，等. 印刷体藏文文字识别技术研究 [J]. 计算机工程与应用，2009，45(24)：165-169.

［38］ 杨峰. 联机手写藏文字样本符采集及分析处理 [D]. 西宁：青海师范大学，2014.

［39］ 柳洪轶，王维兰. 联机手写藏文识别中字丁规范化处理[J]. 计算机应用研究，2006，26(9)：179-182.

［40］ MA L L，LIU H D，WU J. MRG-OHTC database for on-line handwritten Tibetan character recognition[C]. International Conference on Document Analysis and Recognition. Beijing，China，2011：207-211.

［41］ MA L L，WU J. A Component-based on-line handwritten Tibetan character recognition method using conditional random field［C］//International Conference on Frontiers in Handwriting Recognition. IEEE，2012. DOI：10.1109/ICFHR.2012.153.

［42］ MA L L，WU J. Semi-automatic Tibetan component annotation from online handwritten Tibetan character database by optimizing segmentation hypotheses ［C］. 12th International Conference on Document Analysis and Recognition (ICDAR)，2013：1340-1344.

[43] MA L L，WU J. A Tibetan component representation learning method for online handwritten Tibetan character recognition [C]//International Conference on Frontiers in Handwriting Recognition. IEEE，2014. DOI：10.1109/ICFHR.2014.60.

[44] HUANG H M，DA F P. A database for off-line handwritten Tibetan character recognition [J]. Journal of Computational Information Systems，2012，9(18)：5987-5993.

[45] HUANG H M，DA F P. Wavelet and moments based offline handwritten Tibetan character recognition [J]. Journal of Information and Computational Science，2013，10(6)：1855-1859.

[46] HUANG H M，DA F P，HAN X X. Wavelet transform and gradient direction based feature extraction method for off-line handwritten Tibetan letter recognition [J]. Journal of Southeast University (English Edition)，2014，30(1)：27-31.

[47] HUANG H M，DA F P. A dictionary learning and KPCA-based feature extraction method for off-line handwritten Tibetan character recognition [J]. Optik-International Journal for Light and Electron Optics，2015，126 (23)：3795-3800.

[48] HUANG H M，DA F P. Sparse representation-based classify-cation algorithm for optical Tibetan character recognition [J]. Optik-international Journal for Light and Electron Optics，2014，125(3)：1034-1037.

[49] 黄鹤鸣.脱机手写藏文字符识别研究[D].南京：东南大学，2014.

[50] GAUR A，YADAV S. Handwritten Hindi character recognition using k-means clustering and SVM [C]. 2015 4th International Symposium on Emerging Trends and Technologies in Libraries and Information Services，2015：65-70.

[51] SHARMA A，KUMAR R，SHARMA R K. HMM Based Online Handwritten Gurmukhi Character Recognition [J]. Machine Graphics & Vision，2010，19(4)：439-449.

[52] SEBASTIAN S，GERNOT A. PHOCNet：a deep convolutional neural network for word spotting in handwritten documents [C]. 2016 15th International Conference on Frontiers in Handwriting Recognition (ICFHR)，2016：277-282.

[53] Bastien M，JÉRÔME L，CHRISTOPHER K，et al. Learning text-line localization with shared and local regression neural networks [C]. 2016 15th International Conference on Frontiers in Handwriting Recognition (ICFHR)，2016：1-6.

[54] KRISHNAN P，DUTTA K，JAWAHAR C. Deep feature embedding for accurate recognition and retrieval of handwritten text [C]. 2016 15th International Conference on Frontiers in Handwriting Recognition (ICFHR)，2016：289-294.

[55] SUN Z H，JIN L W，XIE Z C，et al. Convolutional multi-directional recurrent network for offline handwritten text recognition [C]. 2016 15th International Conference on Frontiers in Handwriting Recognition (ICFHR)，2016：240-245.

[56] CUN Y，BOSER B，DENKER J，et al. Handwritten digit recognition with a backpropogation network [J]. Advances in Neural Information Processing Systems，1990：396-404.

[57] 王维兰，丁晓青，陈力，等.印刷体现代藏文识别研究[J].计算机工程.2003，29(3)：37-39.

[58] 丁晓青，王华，刘长松，等.多字体多字号印刷体藏文字符识别方法.ZL 200410034107.4.

[59] 王维兰，丁晓青，祁坤玉.藏文识别中相似字丁的区分研究[J].中文信息学报，2002，16(4)：60-65.

[60] 金连文，钟卓耀，杨钊，等.深度学习在手写汉字识别中的应用综述[J].自动化学报，2016，

42(8)：1125-1141.

[61] LIU C L. Normalization-cooperated gradient feature extraction for handwritten character recognition [J]. IEEE Transactions on Pattern Analysis and Machine Intelligence,2007, 29(8)：1465-1469.

[62] NETZER Y，WANG T，COATES A，et al. Reading digits in natural images with unsupervised feature learning [C]. NIPS Workshop on Deep Learning and Unsupervised Feature Learning,2011.

[63] SERMANET P，CHINTALA S，LECUN Y. Convolutional neural networks applied to house numbers digit classification [C]. Proceedings of IEEE International Conference on Pattern Recognition,2012：3288-3291.

[64] COATES A，CARPENTER B，CASE C，et al. Text detection and character recognition in scene images with unsupervised feature learning [C]. Proceedings of IEEE International Conference on Document Analysis and Recognition,2011：440-445.

[65] WANG T，DAVID J W，COATES A，et al. End-to-end text recognition with convolutional neural networks [C]. Proceedings of IEEE Interna-tional Conference on Pattern Recognition,2012：3304-3308.

[66] 杨钊,陶大鹏,张树业,等. 大数据下的基于深度神经网的相似汉字识别 [J]. 通信学报, 2014,v.35；No.321(9)：184-189.

[67] ZHANG X Y，YOSHUA B，LIU C L. Online and Offline Handwritten Chinese Character Recognition：A Comprehensive Study and New Benchmark [J]. Pattern Recognition,2017, 61(61)：348-360.

[68] 李振江. 乌金体刻版藏文古籍文档分析与识别研究[D]. 兰州：西北民族大学,2019.

[69] SINNO J P，YANG Q. A survey on transfer learning [J]. IEEE Transactions on Knowledge & Data Engineering,2010,22(10)：1345-1359.

[70] ZHANG C，WANG W L，ZHANG G W. Construction of a character dataset for historical uchen Tibetan documents under low-resource conditions[J]. Electronics. 2022,11(23)：3919.

[71] LECUN Y，BOTTOU L，BENGIO Y，et al. Gradient-based learning applied to document recognition[J]. Proceedings of the IEEE,1998,86(11)：2278-2324.

[72] SIMONYAN K，ZISSERMAN A. Very deep convolutional networks for large-scale image recognition[J]. arXiv preprint arXiv：1409.1556,2014.

[73] HE K，ZHANG X，REN S，et al. Deep residual learning for image recognition[C]// Proceedings of the IEEE conference on computer vision and pattern recognition. 2016： 770-778.

[74] GRAVES A，FERNÁNDEZ S，GOMEZ F，et al. Connectionist temporal classification： labelling unsegmented sequence data with recurrent neural networks[C]//Proceedings of the 23rd international conference on Machine learning. 2006：369-376.

[75] SHI B G，BAI X，YAO C. An end-to-end trainable neural network for image-based sequence recognition and its application to scene text recognition[J]. IEEE transactions on pattern analysis and machine intelligence,2016,39(11)：2298-2304.

[76] 胡鹏飞. 基于深度学习的乌金体藏文古籍识别系统[D]. 兰州：西北民族大学,2021.

[77] 石鑫,董宝良,王俊丰. 基于 CRNN 的中文手写识别方法研究[J]. 信息技术,2019, 43(11)：141-144,150.

[78] HOCHREITER S, SCHMIDHUBER J. Long short-term memory[J]. Neural computation, 1997,9(8): 1735-1780.

[79] BOTTOU L. Stochastic gradient descent tricks[M]//Neural networks: Tricks of the trade. Springer,Berlin,Heidelberg,2012: 421-436.

[80] 赵鹏海. 乌金体藏文文档版面分析与识别系统[D]. 兰州: 西北民族大学,2022.

[81] VASWANI A,SHAZEER N,PARMAR N,et al. Attention is all you need[J]. Advances in neural information processing systems,2017,30.

[82] DOSOVITSKIY A,BEYER L, KOLESNIKOV A,et al. An image is worth 16×16 words: Transformers for image recognition at scale[J]. arXiv preprint arXiv: 2010. 11929,2020.

[83] ATIENZA R. Vision transformer for fast and efficient scene text recognition[C]// International Conference on Document Analysis and Recognition. Springer,Cham,2021: 319-334.

[84] SHI B G, BAI X, YAO C. An end-to-end trainable neural network for image-based sequence recognition and its application to scene text recognition[J]. IEEE transactions on pattern analysis and machine intelligence,2016,39(11): 2298-2304.

[85] WANG J F,HU X L. Gated recurrent convolution neural network for OCR[J]. Advances in Neural Information Processing Systems,2017,30.

[86] BAEK J, KIM G, LEE J, et al. What is wrong with scene text recognition model comparisons? dataset and model analysis[C]//Proceedings of the IEEE/CVF International Conference on Computer Vision. 2019: 4715-4723.

[87] ATIENZA R. Vision transformer for fast and efficient scene text recognition[C]// International Conference on Document Analysis and Recognition. Springer,Cham,2021: 319-334.

第8章

藏文古籍文档图像版面描述及版面复原

8.1 引言

版面分析和版面中文本元素的识别,是版面分析与识别过程中最重要的基础内容。而本章将对版面元素的位置信息和识别内容等做详细的描述。版面是指印刷好的页面,包括图文、余白、注释等部分。而版面描述就可以理解为版面中文字、图形和图像等元素的高级解释性的页面重构。体现在版面分析过程中即通过对藏文古籍图像中出现的文本、图形、图像以及其他区域的外观和内容进行描述,并以一定的存储形式进行保存,视觉效果与原文档一样的格式即为版面复原。

8.2 文档图像版面描述及版面复原进展

在过去的几十年中,文档图像版面分析工作在多文种、多字体上展开研究,国内外的学者针对印刷文档或手写的文档特点提出了许多不同的版面分析方法。这些分析方法大多依赖于所处理图像的版面特点,传统方法通常利用底层的图像特征信息确定版面的各部分,如先利用纹理、角点、边缘、连通域等信息,再进一步做出详细分析。随着深度神经网络取得的可喜成绩,神经网络技术也被广泛应用于文档图像的版面分析。

传统版面分析方法主要有以下几个方面:

(1) 基于连通域的分析。Gorman[1]提出基于连通组件的文本块分析算法,首先采用 K 近邻算法对距离和角度进行聚类,其次将相似的连通域聚类成为文本行,最后利用行基线将文本行聚类成文本块,获得文档版面分析结果。Rabaev 等[2]针对含有污渍、破损的历史文献,也提出了基于连通域聚类分析的文本行提取算法。

(2) 基于投影的分析。王等[3]提出了一种基于投影轮廓分析的方法,针对版面比较复杂的文本图像进行版面分割及版面元素分类,能够精准地分辨出图像中的特殊区域。NAGY[4] 提出一种投影切割算法，在水平方向和垂直方向对整张图像进行投影分析，进而达到简单划分文本块的目的。

（3）基于空白区域的分析。Chen 等[5] 基于连通分量的分析，提取空白矩形区域，并结合前景和背景信息对空白矩形区域进行过滤，尽可能得到列分隔符。Breuel 等[6] 定义了一种评价空白区域的价值函数，根据函数值确定空白区域，然后对文档图像做出版面分割。

（4）基于纹理的分析。Kassis 等[7] 为了对文档图像的各个区域进行分类，在多方向和多频率上应用了一组 Gabor 滤波器来获取方向、笔画宽度和文字大小等纹理信息，组合成特征矩阵，根据特征进行分类。C. K. 等[8] 将版面分析归类为像素标记问题，认为采用颜色方差、平滑度、Gabor 主方向直方图等多种颜色和纹理特征可以对其进行分类。

（5）基于游程平滑算法的分析。张等[9] 利用游程平滑算法对英文版面图像进行处理，将形成的连通区域分类、合并，从而分割出版面中的图形、文本。Nikolaou 等[10] 为了改善游程平滑算法在版面分析中对连通域大小比较敏感的缺点，提出依据局部连通域大小而改变游程阈值的游程平滑算法，使算法具有更好的适用性。

（6）基于角点的分析。在 Farshad 等[11] 提出的方法中，结合基于 Gabor 特征的纹理分类方法，利用 Harris 角点检测法，对一组检测出的角点进行分类，从而对整个文档进行版面分析。

（7）深度学习方法的分析。Chen[12]、Wick[13]、Seth[14] 等提出了基于全卷积神经网络的历史文档图像版面分割方法，在像素级别上获得了较好的版面分割效果。Xu 等[15] 基于全卷积神经网络对历史手写文档多任务布局进行版面分析。Sofifia 等[16] 提出基于深度学习的一种通用文档分割方法。Bukhari 等[17] 针对阿拉伯历史文档图像提出机器学习的版面分析方法。应等[18] 提出的方法中，首先采用不同尺寸的卷积核，对输入图像进行卷积处理，融合这些特征，再利用空间金字塔池化对融合特征进行优化，最后利用双线性插值恢复图像，以达到图像版面分析的目的。

随着版面分析研究的深入，有学者提出融合传统方法与深度学习方法。例如，Augusto 等[19] 先对图像做游程平滑和形态学处理，初步分割图像各区域，再利用卷积神经网络提取各个区域的特征，最后利用这些特征进行分类。段等[20] 针对格式不固定的问卷图像，先利用传统方法获取连通域，再利用深度学习技术对其进行归类。Barlas 等[21] 先利用神经网络进行连通域的二分类，将连通域简单区分为文本区域与非文本区域，然后采用游程平滑算法聚集文本区域，再利用空白区域分析法来确定区域边界，分割出文本区域。郭[22] 提出一种先基于 Faster RCNN 提取文档组件，然后利用空白区域分析版面分割线的方法，以此解决复杂数学试卷的版面分割问题。贾等[23] 提出了基于局部离群因子和波动阈值的古籍图像版面分析方法，对成分多样、文字结构复杂且风格繁多的古籍版面做出分析。

此外,在版面分析系统研究方面,S. Pletschacher 等[24]于 2010 年发布了页面分析和页面基本元素格式化的框架,以及版面分析系统 Aletheia,并在不断扩充支持的语言。Supachai 等[25]构建了一个高效的文档页面布局提取系统。

对于藏文文档图像版面分析技术,国内外仅有少数研究者对藏文古籍图像版面分析做了一些研究。Ma 等[26]研究出一种应用于藏文历史文档图像分割和识别的边框,提出基于块投影的版面分割方法,将藏文文档图像分割成文本、线条和框架,利用基于图模型的文本行分割方法解决文本与边框之间的粘连问题。陈等[27]提出基于自适应游程平滑算法的藏文文档图像版面分割与描述方法,根据藏文文档图像的版面结构,利用 K-means 聚类分析得到游程阈值,进行游程平滑,寻找连通区域,实现版面分割;然后根据各版面元素的外轮廓特征,简单区分文本区域与非文本区域;最后利用藏文文本识别器识别文本区域,再用可扩展标记语言 XML记录版面信息,实现版面内容的描述。Liu 等[28]提出一种基于边界信息的藏文历史文献的版面分析方法,采用中值滤波、高斯平滑、Sobel 边缘检测和边缘平滑、去除小区域、获取边界位置等一系列处理,根据边界和区域之间的位置关系,确定各个区域位置,如文本区域、左注释、右注释等;最后以 XML 页面信息的格式保存文档图像。Zhang 等[29-31]提出一种基于连通分量分析和角点检测的历史藏文文档图像文本提取方法,利用关联成分把藏文历史古籍的文档区域划分为三类,将图像等分为网格,利用连通域分类信息和角点密度信息对网格进行滤波,计算垂直和水平网格投影,通过投影分析,可以检测出文本区域的大致位置,通过校正近似文本区域的包围盒,准确地提取文本区域。Duan 等[32]给出一种基于块投影的历史藏文文档图像文本提取方法。将图像平均分块,并根据连通分量的类别和角点密度信息进行滤波,通过块投影分析,找到近似的文本区域,并提取文本区域。

王[33]对蒙古文文档图像的版面分析做出研究,首先寻找连通域,合并属性相同的连通域,以此区分文本区域与非文本区域通域,然后过滤非文本区域,再对文本区域进行段落划分并获得各段落的位置信息,最终对蒙古文文档图像版面分析的准确率可达到 97.87%。陈璇等[34]提出一种基于实例分割网络 Mask RCNN 的满文文档版面分析方法,首先基于《新满汉大辞典》,构建满文文档图像版面分割数据集,然后搭建由 101 层的残差网络和特征金字塔网络作为主干网络的网络结构,再训练分割模型,最终对满文文档图像版面分割做出预测。

总体来说,关于文档图像版面分析与复原工作已在多文种、多字体上展开研究,但主要集中在版面分析与识别方面,因为版面描述与版面复原并非必须,所以识别后的文本编辑和版面复原的工作相对薄弱,古籍文档图像版面复原更是如此。对长条书的藏文古籍而言,一方面,对古籍阅读者和研究者,往往需要查看原版样式,同时又可以对照识别后的文本,这种阅读体验和需求,促使对藏文古籍文档图像进行原有版面的描述及识别后文本的版面复原的研究和工程实现。

8.3 藏文古籍文档图像版面分析、描述与复原框架

1. 版面分析、识别、版面描述和复原框架

主要以北京版、丽江版的《甘珠尔》大藏经为研究对象,进行藏文古籍版面描述与复原方法的研究和工程实现。为了形成藏文古籍版面分析、描述、文字识别和版面复原的一个完整过程,内容包括藏文古籍版面分割/版面分析、藏文古籍版面元素识别、藏文古籍版面描述、藏文古籍版面复原和系统设计,如图 8-1 所示。前面的章节已经介绍了多种不同粒度的版面分析、行切分方法,本章以 DeepLab 为例予以实现和分析,同时版面也涉及具有图像的情况,所以数据集有所扩展。具体内容简要介绍如下。

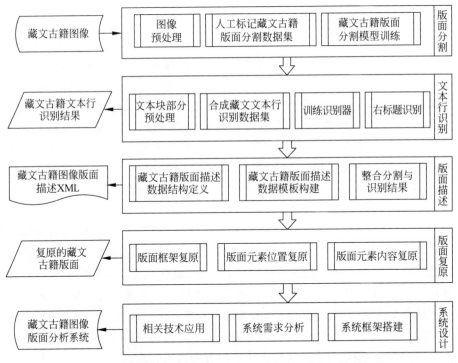

图 8-1 藏文古籍图像版面分析、识别、版面描述和复原框架图

2. 藏文古籍版面分割

以基于语义分割网络 DeepLab 实现藏文古籍版面分割为例,在构建的藏文古籍版面分割数据集上训练适用于藏文古籍版面分割的模型。相对传统算法于版面具有局限性(不同版面往往需要采用不同的分割方法),该方法具有鲁棒性强、分割效果好等优点。并且藏文古籍图像在采集时受环境影响,造成光照不均、阴影、模糊,以及图像本身存在污渍、褪色、背景复杂等难题,而该方法可以直接在三通道彩

色原图上进行版面分割,由此避免了传统版面分割方法中极具挑战性的二值化。

深度学习的方法是建立在大数据的基础上,采用深度学习的方法解决藏文古籍版面分割问题时,藏文古籍版面分割数据集必不可少。整理北京版、丽江版《甘珠尔》大藏经版面图像,将其版面中的版面元素划分为 5 类,分别是:背景、文本、左标题、右标题和图。利用图像分割常用标记工具 Labelme 对其进行标记,再仿照已有版面分割数据集格式,构建藏文古籍版面分割数据集,用于藏文古籍版面分割模型的训练与测试。

3. 藏文古籍文本行识别

经过版面分割之后,需要对文本块版面元素进行识别处理,其中正文和左标题属于藏文文本列,右标题是汉文文本列,需要分别进行识别。对于汉文识别,经过几十年的研究已日趋成熟,因此借助开放的 OCR 平台,如百度 OCR 平台,集成识别接口得到相应识别结果。

对于藏文文本行的识别,由于藏文古籍属于手写版面,在书写时往往受主观因素的影响,字体大小不一、字与字之间粘连严重,再加上时间久远,用天然矿物颜料书写的藏文文字无法保持原貌,出现边缘晕染的情况,要实现字切分非常困难。因此传统意义上基于字切分的单个字符识别无法很好的应用到藏文古籍的识别工作中,使得藏文古籍的识别工作成为一大难点。虽然前面的章节已经有字符切分方法的研究,但我们仍然以行或者段为识别对象,采用 CRNN+CTC 的方法训练端到端的藏文文本行识别器。

4. 藏文古籍版面描述及版面复原

藏文古籍经过版面分割可以获取版面元素的位置及类别信息,通过对藏文文本行、藏文标题以及汉文标题的识别可以得到版面元素的内容,由此定义相应的数据结构,使用页面描述语言,对藏文古籍进行版面描述。而藏文古籍的版面复原是依据版面描述的内容,利用页面生成技术,生成与原藏文古籍版面风格一致,但是版面质量更高的一项工作。对藏文古籍进行版面描述及版面复原,以数字化方式存储版面信息,不仅可以有效存储藏文古籍,还提供一种高效查阅、检索的方式,也方便后续进行高效的藏文古籍研究工作。

5. 藏文古籍版面分析系统的设计与实现

藏文古籍版面分析系统的设计与实现,是将藏文古籍版面分割、版面元素识别、版面描述以及版面复原集成为一个系统,基于 SSM 框架和相关 Web 前端、后端技术,设计和实现了相应的 Web 系统,为藏文古籍版面分析提供技术支持,也作为展示对藏文古籍版面分析研究成果的一个平台。

由于版面分割即版面分析、文本行识别前面的章节有详细介绍,下面仅介绍版面描述、复原和系统设计。

8.4　基于 XML 的藏文古籍文档图像版面描述

8.4.1　版面描述数据结构

通过对上文中版面分割以及版面元素识别结果的分析,其包含的基本信息主要是版面元素类别信息、版面元素外边框位置信息和版面元素内容信息,参考目前存在的版面分析的数据集 PRImA-NHM、RDCL2017 以及 REID2017 等,再根据藏文古籍图像的版面特点,所采用的描述方法是:①对于文本、左标题、右标题 3 类版面元素,将其送入文本识别器,得到识别结果,与位置信息等一同描述;②对于图类型的版面元素,统一存储为图像格式,描述其存储路径和位置信息。

由此将版面描述数据分为 4 类:页面信息(page info)、创建信息(meta data)、文本区域信息(text region info)、非文本区域信息(non text region info)。其中页面信息包括图像名称、图像的宽和高;创建信息包括操作者、操作时间以及最后一次修改时间;文本区域信息包括位置、文本以及编码信息;非文本区域信息包括位置信息和区域图像路径信息。版面描述数据对应的结构如图 8-2 所示。

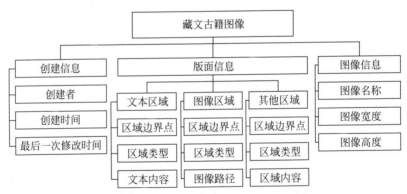

图 8-2　藏文古籍版面描述数据结构示意图

8.4.2　版面描述方法

采用可扩展标记语言 XML[35]存储数据。利用 XML 编辑工具 Altova XML Spy 构建 XML Schema 描述上述藏文古籍图像版面结构。将其描述数据构建的 XML Schema 命名为 Schema_HTLD.xsd,具体内容如图 8-3 所示,其中版面元素类型(regionType)用数字 1、2、3 等标识,1 表示文本类型,2 表示左标题,3 表示右标题,4 表示图。

后续所有藏文古籍版面描述将依据 Schema_THLD 中规则生成具体版面描述文件。如下文本框中 XML 代码是丽江版《甘珠尔》大藏经 30-1-11a 页面对应的版面描述数据。

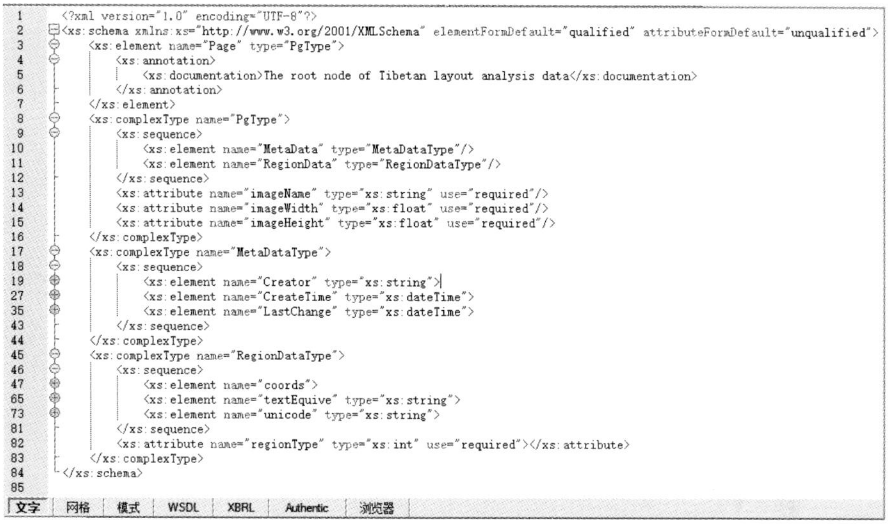

```
1   <?xml version="1.0" encoding="UTF-8"?>
2   <xs:schema xmlns:xs="http://www.w3.org/2001/XMLSchema" elementFormDefault="qualified" attributeFormDefault="unqualified">
3       <xs:element name="Page" type="PgType">
4           <xs:annotation>
5               <xs:documentation>The root node of Tibetan layout analysis data</xs:documentation>
6           </xs:annotation>
7       </xs:element>
8       <xs:complexType name="PgType">
9           <xs:sequence>
10              <xs:element name="MetaData" type="MetaDataType"/>
11              <xs:element name="RegionData" type="RegionDataType"/>
12          </xs:sequence>
13          <xs:attribute name="imageName" type="xs:string" use="required"/>
14          <xs:attribute name="imageWidth" type="xs:float" use="required"/>
15          <xs:attribute name="imageHeight" type="xs:float" use="required"/>
16      </xs:complexType>
17      <xs:complexType name="MetaDataType">
18          <xs:sequence>
19              <xs:element name="Creator" type="xs:string">
27              <xs:element name="CreateTime" type="xs:dateTime">
35              <xs:element name="LastChange" type="xs:dateTime">
43          </xs:sequence>
44      </xs:complexType>
45      <xs:complexType name="RegionDataType">
46          <xs:sequence>
47              <xs:element name="coords">
65              <xs:element name="textEquive" type="xs:string">
73              <xs:element name="unicode" type="xs:string">
81          </xs:sequence>
82          <xs:attribute name="regionType" type="xs:int" use="required"></xs:attribute>
83      </xs:complexType>
84  </xs:schema>
85
```

文字 网格 模式 WSDL XBRL Authentic 浏览器

图 8-3 Schema_THLD. xsd 文件内容

```
<?xml version = "1.0" encoding = "UTF-8"?>
<Page imageName = "30-1-11a.jpg" imageWidth = "1279" imageHeight = "307" xmlns:
xsi = "http://www.w3.org/2001/XMLSchema-instance" xsi:noNamespaceSchemaLocation =
"file:///C:/Users/HP/Desktop/Schema_THLD.xsd">
    <MetaData>
        <Creator> Cyuan </Creator>
        <CreateTime> 2020-09-16 07:34:43 </CreateTime>
        <LastChange> 2020-09-16 07:35:27 </LastChange>
    </MetaData>
    <RegionData regionType = "1">
        <coords>
            <point x = "67.92" y = "22.60"/>
            <point x = "1211.00" y = "281.95"/>
        </coords>
        <textEquive>
            ༄༅། །ཀྱང་མེད་པའི་དཔལ་དེ་ལས།...ཐམས་ཅད་ཀྱལ་པར་ཁྱབ་པར་གྱུར་ཏེ།
        </textEquive>
        <unicode> UTF-8 </unicode>
    </RegionData>
    <RegionData regionType = "2">
        <coords>
            <point x = "26.46" y = "87.64"/>
            <point x = "54.10" y = "170.57"/>
        </coords>
        <textEquive>ཀ བཀྲཤིས</textEquive>
        <unicode> UTF-8 </unicode>
```

```
        </RegionData>
        < RegionData regionType = "2">
            < coords >< point x = "1230.52" y = "18.54"/>< point x = "1258.98" y = "284.39"/>
    </coords >
            < textEquive >第二般若经第一部十一上</textEquive >
            < unicode > UTF - 8 </unicode >
        </RegionData >
    </Page >
```

8.5　基于 HTML 的乌金体藏文古籍文档版面复原

8.5.1　版面复原方法

版面复原体现在版面分析的结果，通过藏文古籍图像的版面描述数据，将其与相对应的内容结合在一起，利用特定输出方式进行高质量可检索的文本以及原版样式的版面内容输出。具体复原步骤如下。

步骤 1：版面复原框架。根据藏文古籍图像版面描述数据中的页面信息，即文档图像名称、图像宽度、图像高度。在 8.4.2 节文本框中的 imageName、imageWidth、imageHeight，生成与原藏文古籍页面大小一致、背景颜色为白色的空白版面。如图 8-4(a)所示。

步骤 2：版面元素位置复原。根据藏文古籍版面描述数据中各版面元素的位置信息，如 8.4.2 节文本框中的<coords><point $x=$ "1230.52" $y=$ "18.54"/><point $x=$ "1258.98" $y=$ "284.39"/> </coords>，在第一步生成的空白版面中划分各版面元素的位置区域。其中由于版面分割时未对边框进行处理，这里需要生成边框，取距离版面元素 3 个像素点的位置生成边框，边框宽度为 2 个像素值。复原结果如图 8-4(b)所示。

步骤 3：版面元素内容复原。将藏文古籍版面描述数据中各版面元素的内容放置到第二步划分的位置区域里，其中图类型的版面元素从存储路径进行读取，直接放置在相应位置，文本类型的版面元素（正文的文字、左标题、右标题）在相应位置根据编码和文字颜色显示。最终的复原结果如图 8-4(c)所示。

以上的复原结果利用超文本标记语言 HTML[36]实现效果展示，将藏文古籍版面描述数据生成可检索的网页。

以下给出另一个藏文古籍文档图像版面分割、识别及描述的结果。如图 8-5 为丽江版《甘珠尔》1-1-1b 原图、标签、预测和分割结果图，如图 8-6 为文本识别结果图。图 8-7 为版面复原结果。

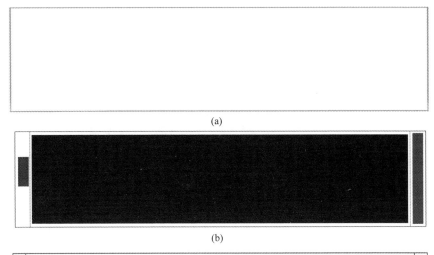

(a)

(b)

(c)

图 8-4　丽江版《甘珠尔》大藏经 30-1-11a 版面复原

（a）版面复原框架；（b）版面元素位置复原；（c）版面元素内容复原

图 8-5　丽江版《甘珠尔》大藏经 1-1-1b 原图、标签、预测和分割结果

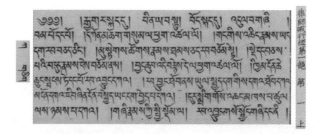

图 8-6　丽江版《甘珠尔》大藏经 1-1-1b 文本识别结果

图 8-7　丽江版《甘珠尔》大藏经 1-1-1b 版面复原结果

8.5.2　版面阅读顺序的确定

　　版面阅读顺序确定的主要思想是利用块顺序搜索方法,根据人们的阅读习惯或阅读顺序对页面中的版面元素进行排序。它是一个迭代过程,通过在每次迭代中使用块方向到动态轴,优先级从上到下,从左到右。如图 8-8 所示,首先,根据版面元素的几何中心位置从版面元素的列表中搜索最左上角的块。此版面元素将从版面元素列表中删除,并插入版面元素的读取顺序列表中,以便在读取顺序列表中分配下一个版面元素。这些过程将重复直到版面元素列表为空。最后,确定文档图像的读取顺序,并以此设计版面元素的顺序搜索算法。图 8-9 展示了丽江版

《甘珠尔》大藏经 30-1-11a 版面阅读顺序。

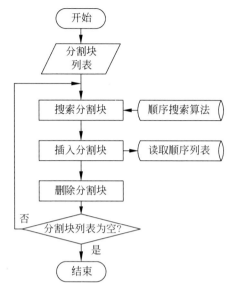

图 8-8 藏文古籍版面描述数据结构示意图

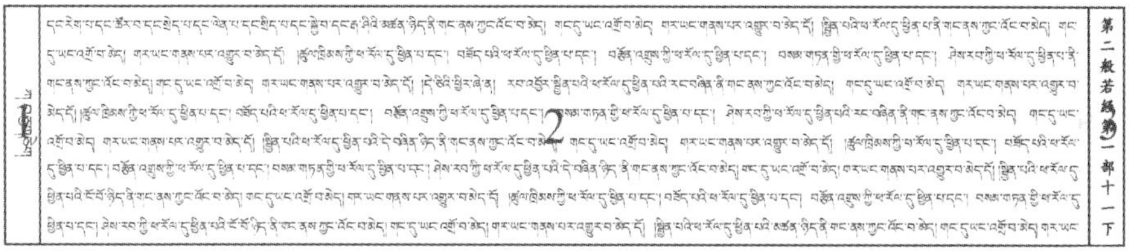

图 8-9 丽江版《甘珠尔》大藏经 30-1-11a 版面阅读顺序

　　至此，关于乌金体藏文古籍文本的图像预处理、版面分析、文字识别、版面复原等进行了系统的研究和探索。本章介绍藏文古籍版面描述与版面复原，首先定义版面分析数据结构，并以此为模板，根据版面分割和版面元素识别得到的结果，生成版面分析数据，采用可扩展标记语言 XML 进行版面分析数据的存储。然后在版面复原中利用超文本标记语言 HTML 对版面描述数据进行显示，并生成可用于检索的网页。通过版面描述和版面复原，实现了藏文古籍的精准数字化存储以及高质量的版面复原，转图为字，可依内容检索藏文古籍，达到了对乌金体藏文古籍文档分析与识别的最终目的。

8.6 藏文古籍版面分析系统设计与实现

8.6.1 需求分析与系统设计

前几章已经对藏文古籍图像版面分析与识别所要解决的关键问题做出了详细

论述,并给出了相关解决方法。在此基础上,设计藏文古籍版面分析系统,将藏文古籍版面分割、版面元素识别、版面描述及版面复原系统的集成到一起,为研究者提供一个高效、便捷的藏文古籍图像版面分析平台,是这项研究的主要目的之一。又为方便研究者随时随地能够享受到便捷的藏文古籍图像版面分析服务,设计Web系统作为功能展示平台。

1. 功能性需求分析

1) 系统包含的主要功能模块

(1) 文件上传、下载模块:文件上传、下载模块是藏文古籍图像版面分析系统对文件的IO处理,一方面是为用户提供将待处理的藏文古籍图像上传到服务器的功能,另一方面是可供用户保存版面分析的结果到本地。包含单个输入输出和批量输入输出两种模式,承担藏文古籍版面分析系统与用户之间的数据交互。

(2) 图像预处理模块:此模块负责对输入的藏文古籍图像做预处理,包括图像光照不均的纠正、二值化、图像大小的归一化处理等,是系统对图像进行处理的第一步。

(3) 版面分割模块:版面分割模块承担藏文古籍版面分割功能,输入是一张藏文古籍图像,调用藏文古籍版面分割模型,输出版面分割结果。分割结果包括版面元素的位置以及类别,其将藏文古籍版面元素科学的划分为背景、文本、左标题、右标题和图,是藏文古籍版面分析的第一步。

(4) 版面元素识别模块:该模块基于版面分割模块的处理结果,将文本类型的版面元素作为输入,经过预处理之后送入识别器,输出识别结果。

(5) 版面描述模块:版面描述模块主要功能是存储藏文古籍版面描述数据,将版面分割和版面元素识别的结果作为输入,依据定义好的藏文古籍版面描述数据结构,输出版面描述文件。

(6) 版面复原模块:版面复原模块主要是对版面描述数据的显示,即令版面描述结果为输入,通过数据表示语言 HTML,输出与原藏文古籍版面风格基本一致但质量更高的内码文字可检索结果。

(7) 版面阅读顺序模块:此模块的核心是顺序搜索,输入是各版面元素的位置信息,即版面分割的结果,通过藏文古籍阅读顺序搜索算法,输出藏文古籍版面阅读顺序。

以上所有功能模块的需求将基于这个模块划分原则进行,此外其他一些基础的功能模块,如用户的注册模块、登录模块、个人中心模块等,其所承担的功能与其他类型系统基本一致,在此不再赘述。

2) 用户权限划分

依据业务需求初步划分为普通用户与管理员用户,依据藏文古籍图像版面分析系统所需提供的功能操作范围、数据操作范围展开详细的划分。

(1) 普通用户:普通用户是本系统的最大用户群体,依据其业务需求应该具备文件的上传下载、预处理、版面分割、版面元素识别以及版面描述和复原等功能操作权限,同时能够操作个人工作空间中的数据以及个人信息等数据。

（2）管理员用户：管理员用户主要负责整个系统的运维工作,具有最高的用户权限、最广的功能以及数据操作范围,其职能包括用户管理、数据管理和权限管理等。

2. 非功能性需求分析

1) 数据精确度

（1）输入的数据格式必须与系统要求的一致,否则应给予提示。

（2）采用两种数据查询方式,即精确查询和模糊查询,以确保查询正确率及效率。

2) 系统响应时间及并发处理能力

系统响应时间应在可接受范围之内,一般性简单查询最长不超过 5s,复杂业务操作不能超过 90s。系统支持使用人数在 30～50 人。

3) 故障处理

系统在运行期间应保证安全性与稳定性,正常使用时不应出错,若遇到不可修复的系统错误,必须保证数据库完好无损。且一旦发生故障,需要在 24h 之内做出处理。

3. 系统架构设计和数据库设计

藏文古籍图像版面分析系统以 JSP ＋ SSM 技术为基础,系统中的关系型数据存储在 MySQL 数据库,非关系型数据存储在 Redis 数据库,以 XML 格式存储版面数据,利用 Maven 技术加载 jar 包,在设计用户界面时,用到 HTML、CSS、JavaScript、JQuery、Ajax 等 Web 前端技术。另外采用 OpenCV[37] 技术对藏文历史古籍图像进行预处理,包括图片的二值化、去噪、倾斜矫正等,采用 Tensorflow for Mobile 调用深度学习模型。

1) 系统架构设计

根据毕业设计研究需要解决的科学问题,以及软件系统所要实现的功能,藏文古籍图像版面分析系统的框架组成如图 8-10 所示。该系统从结构上可以划分为三层：表示层、业务逻辑层、数据访问层。

（1）表示层：负责直接和用户进行交互,一般也就是指系统的界面,用于数据录入,数据显示等。其主体主要体现为各大浏览器平台,如谷歌浏览器、火狐浏览器、IE 浏览器等。该层所用到的技术主要是 Web 前端技术,如 HTML、CSS、JavaScript、Ajax 等。

（2）业务逻辑层：是整个系统的业务核心,在表示层和数据访问层之间双向处理信息,主要负责验证业务请求的合理性、业务请求的转发以及业务的分析处理。涉及的主要技术有动态加载包技术 Maven、图像处理开源库 OpenCV、深度学习模型调用技术 TensorFlow for Mobile 等。

（3）数据访问层：与数据库进行交互,控制数据访问操作,保证数据的持久化,

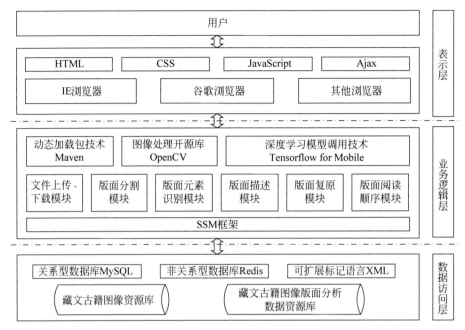

图 8-10　藏文古籍图像版面分析系统框架结构图

执行数据的查询、添加、删除和修改等。该层用到的数据存储和数据交换的工具与技术主要有关系型数据库 MySQL、非关系型数据库 Redis、可扩展标记语言 XML。

依照以上对藏文古籍图像版面分析系统的框架结构分析以及藏文古籍图像版面分析需要协同工作的功能模块，将用户分为普通用户和管理员用户两大类角色。普通用户可以使用平台提供的相关功能模块，如版面分割模块、版面描述模块、版面复原模块等，参与藏文古籍图像版面分析工作。管理员主要负责系统管理，如用户管理、古籍资源管理、系统运行日志管理等。针对不同的用户，设置了相应的访问权限，以实现协同工作、有效管理。

如图 8-11 所示，藏文古籍图像版面分析处理的核心即藏文古籍图像版面分割模型、藏文古籍图像版面描述方法以及藏文古籍图像版面复原方法，其为藏文古籍图像版面分析系统提供底层技术支持，并为用户提供二次开发接口。藏文古籍图像资源库为藏文古籍版面分析系统提供强有力的数据支持。藏文古籍图像版面分析管理系统对藏文古籍图像版面分析系统、藏文古籍图像资源库以及用户进行管理。而 Internet 网络支撑平台为整个系统的运行提供网络支撑。

2）数据库设计

（1）所有数据表、字段名的命名均采用汉语对应的英文单词来完成，采用全小写形式，如字段"姓名"，其命名应为：name，且命名时应避开数据库关键字，若两者英文释义相同，应另取它名以作区分。

（2）数据表约束的表示方法：主键 Primary Key 为 PK；外键 Foreign Key 为

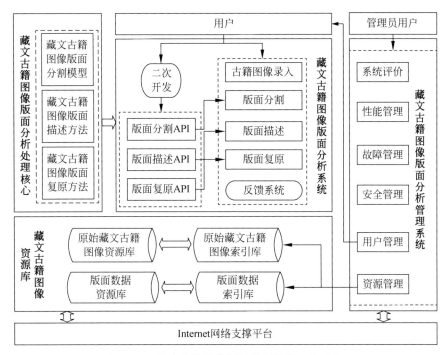

图 8-11 藏文古籍图像版面分析协同工作系统

FK；不为空 Not Null 为 Not Null。

（3）数据类型：采用 timestamp 格式存储时间；对数据精度有要求的都存储为 double 类型，并精确至小数点后两位；整数统一存储为 int 类型；字符则采用 varchar 类型存储。

依据上述数据库设计，如表 8-1 所示，将管理员用户表命名为 admin，其中字段名与字段类型一一对应，设置管理员编号 aid 为主键且自动增长。数据库中其他数据表的设计与表 admin 类似，不再赘述。

表 8-1 数据表 admin

字 段 名	字段中文名	类 型	约 束	备 注
aid	管理员编号	int	Not Null	PK 自动增长
aname	用户名	varchar	Not Null	—
apwd	登录密码	varchar	Not Null	—

8.6.2 系统实现

1. 系统架构及功能模块实现

1）Maven 项目创建

创建 Maven 项目作为系统实现的依托，以方便 jar 包的管理。在项目中使用

pom. xml 文件配置实现系统所需的 jar 包,首先在 pom. xml 文件中指定项目基本信息,包括项目所在包名、项目名称、项目版本等,如图 8-12(a)图所示;然后指定 Maven 的编译版本,如图 8-12(b)所示;最后添加 jar 包依赖,指定包的名称以及版本,如图 8-12(c)所示,所添加依赖的数目与系统实现所需 jar 包数目一致。

```
 1 <project xmlns="http://maven.apache.org/POM/4.0.0" xmlns:xsi="http://www.w3.org/2001/XMLSchema-inst
 2     xsi:schemaLocation="http://maven.apache.org/POM/4.0.0 http://maven.apache.org/xsd/maven-4.0.0.x
 3     <modelVersion>4.0.0</modelVersion>
 4     <groupId>com.edu.xbmu</groupId>
 5     <artifactId>layout_analysis</artifactId>
 6     <version>0.0.1-SNAPSHOT</version>
 7     <packaging>war</packaging>
 8     <url>http://maven.apache.org</url>
 9     <dependencies>
145     <build>
160 </project>
```

(a)

```
145    <build>
146        <finalName>layout_analysis</finalName>
147        <pluginManagement>
148            <plugins>
149                <plugin>
150                    <groupId>org.apache.tomcat.maven</groupId>
151                    <artifactId>tomcat7-maven-plugin</artifactId>
152                    <version>2.2</version>
153                    <configuration>
154                        <encoding>UTF-8</encoding>
155                    </configuration>
156                </plugin>
157            </plugins>
158        </pluginManagement>
159    </build>
```

(b)

```
17        <dependency>
18            <groupId>javax.servlet</groupId>
19            <artifactId>javax.servlet-api</artifactId>
20            <version>3.1.0</version>
21            <!-- 配置为私有作用域,保证执行时不会将该jar包放置到项目的依赖库中 -->
22            <scope>provided</scope>
23        </dependency>
```

(c)

图 8-12 Maven 配置文件 pom. xml 的组成

(a) 配置项目基本信息;(b) 配置 Maven 版本;(c) 添加 jar 包依赖

2) SSM 框架搭建

部署 SSM 框架环境,根据框架的原理以及实际项目的需要,按照以下五个步骤进行,如图 8-13 所示:①配置 web. xml 文件,在其中定义容器监听以及嵌入 Spring 和 SpringMVC,规定 SpringMVC 的转发规则和编码设置;②添加数据库属性文件 database. properties,文件中给出数据库的驱动类型、系统配套数据库的 URL 以及连接数据库所需的用户名和密码;③配置 Spring,将配置文件命名为 spring-mybatis. xml,主要是配置数据源和会话工厂,并且注入服务层的依赖;④配置 SpringMVC,将配置文件命名为 spring-mvc. xml,在其中添加请求映射处理器、视图解析器、文件解析器、控制器扫描器等,并对静态资源做出处理;⑤配置 Mybatis,在 spring-mybatis. xml 文件中添加如图 8-13 中相应位置所示的内容,指定要扫描的包。经过以上步骤,SSM 框架环境已经全部搭建完成,后续可以依照框架结构逐个实现各功能模块。

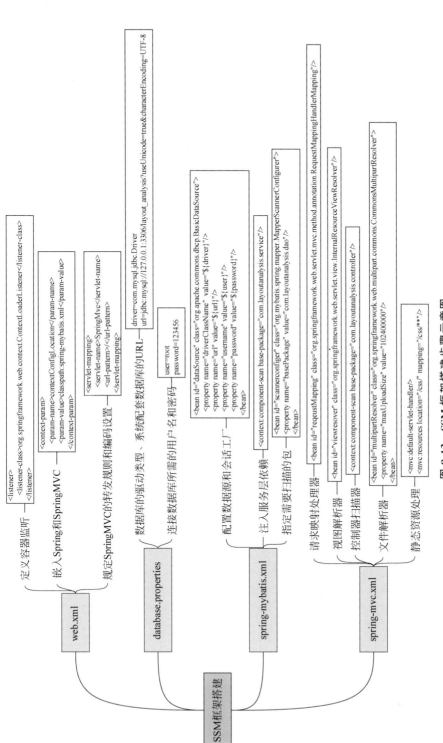

图 8-13 SSM 框架搭建步骤示意图

3）功能模块实现

依据 SSM 框架结构实现各功能模块，将功能模块的实现过程划分为三层：控制层（controller）、服务层（service）、数据访问层（dao）。其中控制层负责用户业务请求调度，包括将用户的页面请求转发给服务层、接收业务层处理结果返回给页面

图 8-14 功能模块实现的三层架构示意图

以及重定向页面；服务层负责处理业务，为业务的实现提供具体方法，向数据访问层发送数据操作请求，而后将处理结果返回控制层；数据访问层负责进行数据操作，包括数据的增、删、改、查，以及数据表的新增及删除操作，收到服务层的请求之后会执行相应数据操作，返回结果。以上传文件功能实现为例，如图 8-14 所示，给出实现过程中创建的三层架构文件，下文中逐步给出具体实现过程。

（1）在页面中通过 HTML 的 form 表单向控制层发送文件上传请求，核心代码见以下文本框，其中重要参数 action 的值是发送请求的 URL。

```
< form  action = " $ { pageContext. request. contextPath }/sourceImageController/
addSourceImage" method = "post" enctype = "multipart/form – data">
    图片:< input type = "file" name = "file"> < input type = "submit" value = "提交">
</form >
```

（2）控制层接收到页面请求后，在 SourceImageController 类中通过 addSourceImage 方法：sourceImageService. addSourceImage(sourceImage)，向服务层转发请求，核心代码见以下文本框。

```
@RequestMapping("addSourceImage")
    public String addSourceImage(MultipartFile file, SourceImage sourceImage,
ModelMap map) throws IOException {
        String filePath = "E:/5tomcat_upload";   // 保存图片的路径,服务器中有配置
        String originalFileName = file.getOriginalFilename();
        String newFileName = UUID. randomUUID() + originalFilename;
        File targetFile = new File(filePath, newFileName);
        file. transferTo(targetFile);
        sourceImage. setFileName(newFileName);
        sourceImage. setCreateTime("now");
        sourceImageService. addSourceImage(sourceImage);
        return "redirect:/sourceImageController/showSourceImage";
    }
```

（3）业务层接收到请求后，将上传文件请求判定为数据插入操作，如下文本框

中代码，通过 sourceImageMapper.insert(si)方法向数据访问层传递数据插入请求，其中 si 是文件的实体类对象，已将属性封装在其中。

```
@Override
public void addSourceImage(SourceImage si){sourceImageMapper.insert(si);}
```

（4）数据访问层收到请求后，向数据表 sourceImage 中插入一条文件记录，代码见以下文本框。

```
< select id = "insert" >
insert into sourceImage (fileName,createTime,creator) values ( #{fileName},
#{createTime}, #{creator})
</select>
```

通过上述步骤，文件上传功能已完整实现，系统中其他功能模块的具体实现，同上述步骤，不再一一赘述。

2. 系统界面实现

系统的主要操作界面由四部分组成：①头部导航栏：给出操作的图像名称，提供文件操作按钮，并且给出用户个人中心的入口；②左侧列表：用于展示近期操作图像，方便用户快速打开；③右侧功能菜单：提供主要的功能键，包括版面分割、版面元素识别以及版面描述等；④中间操作面板：用户工作区，用于展示正在操作的图像，以及展示处理后的结果，且底部设有图像大小操作按钮，方便用户放大、缩小图像。

依据上述规划，实现的藏文古籍图像版面分析系统主操作网页界面如图 8-15 所示，页面样式由 CSS 书写，页面所有图标是用阿里巴巴矢量图标库 Iconfont 制作。系统其他界面同主界面一样，先规划页面布局，再通过相应前端技术实现。

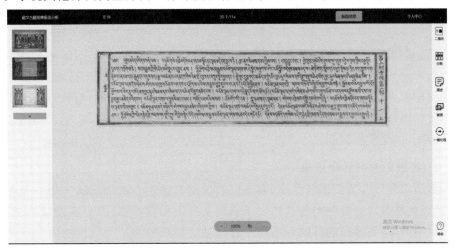

图 8-15　藏文古籍图像版面分析系统界面

8.6.3 藏文古籍文档图像版面分析系统测试

1. 测试环境和方法

软件系统的测试环境一般包括硬件环境和软件环境,而藏文古籍文档图像版面分析系统是 Web 端应用。因此测试该系统的硬件环境是不同配置的电脑主机,软件环境则主要是不同的电脑操作系统与浏览器。表 8-2、表 8-3 分别给出测试藏文古籍图像版面分析系统的软、硬件环境。

表 8-2　系统测试浏览器环境

浏 览 器	版 本
火狐浏览器(Firefox)	86.0.0.7723
360 安全浏览器	SE 12.0
谷歌浏览器(Google Chrome)	88.0.4324.190
IE 浏览器	11.1418.15063.0

表 8-3　系统测试主机配置及操作系统

主　机	操作系统	处 理 器	RAM
HP 2YW27AV	Win 10 64 位	Intel(R) Core(TM) i7-9700 CPU @ 3.00GHz 3.00GHz	32GB
Lenovo IdeaPad S410	Win 7 64 位	Intel(R) Core(TM) i5-4210U CPU @ 1.70GHz 2.40GHz	8GB
华硕 TUF GAMING FX504GE_FX80GE	Win 10 64 位	Intel(R) Core(TM) i5-8300U CPU @ 2.30GHz 2.30GHz	16GB
Lenovo G50-80	Win 10 64 位	Intel(R) Core(TM) i7-5500U CPU @ 2.40GHz 2.40GHz	16GB
Lenovo 小新 Air 14ITL	Win 10 64 位	Intel(R) Core(TM) i5-1135G7 @ 2.40GHz 2.40GHz	16GB

软件测试有手动测试和自动测试两种途径,测试方法依据不同的测试侧重点而有所不同。根据用户的需求,设计测试用例,采用手动、动态、黑盒测试,对本系统的各功能进行测试。在测试的过程中,除了测试系统的功能外,应该综合考虑系统的可移植行、兼容性等性能的测试。此外,在设计测试用例时,应尽可能地考虑各种情况,以免发生漏测。

2. 测试用例设计和结果

测试用例包含要测试的操作、输入以及期望的输出。由于测试采用的是黑盒测试,因此测试目标是各功能模块。下面以文件上传模块、版面分割模块为例,设计测试用例,达到测试的目的。系统中其他功能模块的测试与给出的两个功能模块的测试类似。

1）测试用例1

操作：文件上传。

输入：藏文古籍文档图像文件。

期望输出：上传成功，文件存放在用户的工作空间，且展示在操作面板。

过程：点击打开文件按钮，跳出文件浏览框，选择图像上传，图像出现在工作区。

2）测试用例2

操作：版面分割。

输入：预处理后的藏文古籍文档图像。

期望输出：分割成功，分割结果存放在工作空间，且展示在操作面板。

过程：选定图像后，点击主界面右侧版面分割功能按钮，实现一键分割，分割结果展示在工作区。

设计好测试用例后，在测试用例执行的过程中，应该按照系统规范、流程执行操作，以免出现测试计划外的错误。

1）测试用例1执行过程及结果

首先点击系统主界面的打开文件按钮，如图 8-16（a）所示，会弹出选择文件的弹窗。默认打开的是用户的工作空间，如果想选择其他图像，则重新选择路径，如图 8-16（b）所示。然后图像展示在操作面板，如图 8-16（c）所示，且新的图像会被上传到工作空间，如图 8-16（d）所示。以上图像文件上传成功，测试结果符合预期。

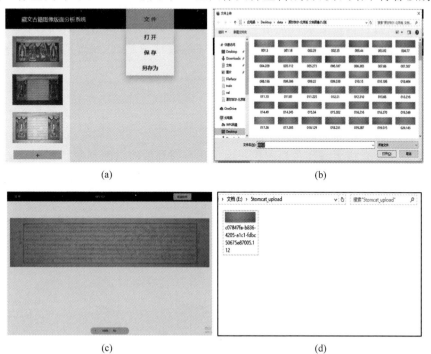

(a)　　　　　　　　　　　　　　　　(b)

(c)　　　　　　　　　　　　　　　　(d)

图 8-16　文件上传功能测试过程及结果图

（a）点击打开按钮；（b）弹出浏览文件弹窗；（c）打开文件结果；（d）图像出现在工作空间

2）测试用例 2 执行过程及结果

对操作面板中的图像做版面分割,先点击右侧"分割"功能键,如图 8-17(a)所示。然后操作面板中会呈现分割结果,如图 8-17(b)所示。以上图像版面分割成功,测试结果符合预期。

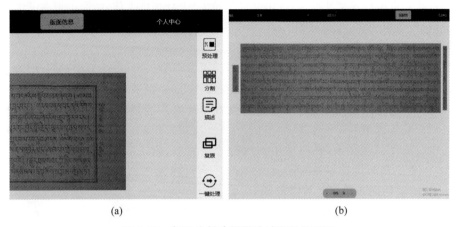

(a)   (b)

图 8-17　版面分割功能测试过程及结果图

(a) 点击分割键;(b) 分割后结果

对系统中其他的功能模块按照以上方法流程进行测试,设计的所有测试用例均能顺利执行且执行结果符合预期。由此,可以得到测试结论:现阶段的藏文古籍图像版面分析系统,功能基本完善,运行不存在明显错误,实现的结果符合设计预期。

8.7　本章小结

本章主要介绍了藏文古籍图像版面描述与识别后的版面复原。首先定义版面分析数据结构,并以此为模板,根据第 4～5、7 章版面分割以及版面元素识别得到的结果,生成版面分析数据,采用可扩展标记语言 XML 进行版面分析数据的存储。然后在版面复原中利用超文本标记语言 HTML 对版面描述数据进行显示,并生成可用于检索的网页。通过版面描述和版面复原,实现了藏文古籍的精准数字化存储以及高质量的版面重现,变图为字,可依据内容检索藏文古籍,达到了藏文古籍版面分析与识别的最终目的。

参考文献

[1]　GORMAN L O. The document spectrum for page layout analysis[J]. IEEE Transactions on Pattern Analysis and Machine Intelligence,1993,15(11):1162-1173.

[2] RABAEV I, BILLER O, EL-SANA J, et al. Text line detection in corrupted and damaged historical manuscripts [C]. International Conference on Document Analysis and Recognition, Washington, 2013: 812-816.

[3] 王莉丽, 陈晔, 刘玲. 基于投影轮廓分析的文本图像版面分割算法研究[J]. 数字技术与应用, 2017(3): 164-165.

[4] NAGY G. Hierarchical representation of optically scanned documents [C]. IEEE International Conference on Pattern Recognition, Montreal, 1984, 347-349.

[5] CHEN K, YIN F, LIU C L. Hybrid page segmentation with efficient whitespace rectangles extraction and grouping[C]. International Conference on Document Analysis and Recognition, Washington, 2013: 958-962.

[6] BREUEL T M. Two geometric algorithms for layout analysis[C]. International Workshop on Document Analysis Systems, Princeton, 2002: 188-199.

[7] KASSIS M, EL-SANA J. Scribble based interactive page layout segmentation using Gabor filter[C]. International Conference on Frontiers in Handwriting Recognition, Shen Zhen, 2016: 13-18.

[8] CHEN K, HAO W, HENNEBERT J, et al. Page segmentation for historical handwritten document images using color and texture features[C]. International Conference on Frontiersin Handwriting Recognition, Greece, 2014: 488-493.

[9] 张利, 朱颖, 吴国威. 基于游程平滑算法的英文版面分割[J]. 电子学报, 1999(7): 3-5.

[10] NIKOLAOU N, MAKRIDIS M, GATOS B, et al. Segmentation of historical machine-printed documents using adaptive run length smoothing and skeleton segmentation paths [J]. Image and Vision Com-puting, 2010, 28(4): 590-604.

[11] NOURBAKHSH F, PATI P B, et al. Document page layout analysis using harris corner points[C]. International Conference on Intelligent Sensing and Information Processing, Bangalore, 2006: 149-152.

[12] CHEN K, SEURET M, HENNEBERT J, et al. Convolutional neural networks for page segmentation of historical document images [C]. IAPR International Conference on Document Analysis and Recognition, Kyoto, 2017: 965-970.

[13] WICK C, PUPPE F. Fully convolutional neural networks for page segmentation of historical document images [C]. IAPR International Workshop on Document Analysis Systems, Vienna, 2018: 287-292.

[14] SETH A S. Fully convolutional neural networks for pixel classification in historical document images[D]. Hawaii: Brigham Young University, 2018.

[15] XU Y, YIN F, ZHANG Z X, et al. Multi-task layout analysis for historical handwritten documents using fully convolutional networks [C]. International Joint Conference on Artificial Intelligence, Stockholm, 2018: 1057-1063.

[16] SOFIFIA A O, BENOIT S, FREDERIC K. dhSegment: A generic Deep-learning approach for document segmentation [C]. International Conference on Frontiersin Handwriting Recognition, Niagara Falls, 2018: 7-12.

[17] BUKHARI S S, BREUEL T M, ASI A, et al. Layout analysis for arabic historical document images using machine learning [C]. International Conference on Frontiersin Handwriting Recognition, Bari, 2012: 639-644.

[18] 应自炉,赵毅鸿,宣晨,等.多特征融合的文档图像版面分析[J].中国图象图形学报,2020,25(2):311-320.

[19] AUGUSTO B O, PALHARES V. Fast CNN-based document layout Analysis[C]. Proceedings of the IEEE International Conference on Computer Vision Workshops, Venice,2017:1173-1180.

[20] 段露,宋永红,张元林.一种面向问卷图像的版面分析算法[J].软件学报,2017,28(2):234-245.

[21] BARLAS P, ADAM S, CHATELAIN C, et al. A typed and handwritten text block segmentation system for heterogeneous and complex documents[C]. IAPR International Workshop on Document Analysis Systems,Australia,2014:46-50.

[22] 郭镭斌.数学试卷版面切割算法的研究及实现[D].成都:电子科技大学,2020.

[23] 贾运.基于LOF和波动阈值的古籍图像版面分析[D].保定:河北大学,2020.

[24] PLETSCHACHER S,ANTONACOPOULOS A. The PAGE (Page analysis and ground-truth elements) format framework[C]. IEEE International Conference on Pattern Recognition,Istanbul,2010:257-260.

[25] SUPACHAI T,CHOLTICHA B. A highly effective approach for document page layout extraction system[C]. International Computer Conference on Wavelet Active Media Technology and Information Processing,Chengdu,2013:85-90.

[26] MA L L,LONG C J,DUAN L J,et al. Segmentation and recognition for historical Tibetan document images[J]. IEEE Access,2020(8):52641-52651.

[27] 陈园园,王维兰,刘华明,等.基于自适应游程平滑算法的藏文文档图像版面分割与描述[J].激光与光电子学进展,2021,58(14):8.

[28] LIU H M,BI X H,WANG W L,et al. Layout analysis of historical Tibetan documents[C]. International Conference on Artificial Intelligence and Big Data,Chengdu,2019:74-78.

[29] 张西群,马龙龙,段立娟,等.基于卷积降噪自编码器的藏文历史古籍版面分析方法[J].中文信息学报,2018,32(7):67-73,81.

[30] 张西群.面向藏文历史古籍的版面分割方法研究[D].北京:北京工业大学,2018.

[31] ZHANG X Q,DUAN L J,MA L L,et al. Text extraction for historical Tibetan document images based on connected component analysis and corner point detection[C]. Chinese Conference on Computer Vision,Tianjin,2017:545-555.

[32] DUAN L J,ZHANG X Q,MA L L,et al. Text extraction method for historical Tibetan document images based on block projections[J]. Optoelectronics Letters,2017,13(6):457-461.

[33] 王艳文.蒙古文文档图像版面分析及识别后处理的研究与实现[D].呼和浩特:内蒙古大学,2017.

[34] 陈璇,贺建军,李厚杰,等.基于Mask R-CNN的满文文档版面分析[J].大连民族大学学报,2019,21(3):240-245.

[35] 胡静,常瑞,张青,等.XML基础教程[M].北京:清华大学出版社,2015:72-95.

[36] 安兴亚,关玉欣,云静,等.HTML+CSS+JavaScript前端开发技术教程[M].北京:清华大学出版社,2020:101-125.

[37] ADRIAN K,GARY B.学习OpenCV 3(中文版)[M].北京:清华大学出版社,2018:35-98.

附录A

在乌金体藏文古籍分析与识别方面已授权相关发明专利

（1）基于部件组合的梵音藏文联机手写样本生成方法

专利号：ZL201610349438.X

发明人：王维兰,卢小宝,蔡正琦,才科扎西,沈文韬,付吉

（2）一种藏文古籍文档的行切分方法及系统

专利号：ZL201711206538.8

发明人：王维兰,周枫明

（3）一种古籍文档图像污渍去除方法

专利号：ZL201710748787.3

发明人：王维兰,韩跃辉,王轶群

（4）一种基于文本中心区域扩增的藏汉双语场景文本检测方法

专利号：ZL202011550287.7

发明人：王维兰,李金成,郝玉胜,王铁君,李巧巧

（5）基于结构属性的乌金体藏文古籍字符切分方法及系统

专利号：ZL202011589990.9

发明人：王维兰,张策,林强,李巧巧

（6）乌金体藏文古籍文档图像的粘连文本行切分方法及系统

专利号：ZL202010447300.X

发明人：王维兰,胡鹏飞,王筱娟,王铁君,郝玉胜

（7）METHOD AND SYSTEM FOR SEGMENTING TOUCHING TEXT LINES IN IMAGE OF UCHEN-SCRIPT TIBETAN（美国发明专利）

专利号：17/167,684

发明人：Weilan WANG, Pengfei HU, Xiaojuan WANG, Tiejun WANG, Yusheng HAO

（8）一种藏文古籍文档图像二值化方法及系统

专利号：ZL202110226520.4

发明人：王维兰，赵鹏海，胡鹏飞，王筱娟

（9）一种基于 CRNN 和 CTC 的藏汉双语场景文字识别方法

专利号：ZL202011614400.3

发明人：王维兰，李金成，郝玉胜，王铁君，蔡正琦

（10）一种基于深度学习的藏文古籍版面分析方法和系统

专利号：ZL202210219619.6

发明人：王维兰，胡鹏飞，王铁君，李巧巧，林强，郝玉胜

藏文文档图像分析与识别相关的学位论文

论文作者	在读时间	论文题目	备　注
李振江	2014.9—2019.6	乌金体刻版藏文古籍文档分析与识别研究	博士学位论文
蔡正琦	2013.9—2019.6	联机手写梵音藏文识别中相似区分方法研究	博士学位论文
王轶群	2016.9—2022.6	藏文古籍文档图像分析与字符提取研究	博士学位论文
王筱娟	2017.9—2022.6	藏文古籍字符特征提取与识别研究	博士学位论文
张　策	2019.9—2023.11	乌金体藏文古籍文档图像字符切分研究	博士学位论文
郝玉胜	2018.9—2023.6	藏汉双语场景文字检测与识别研究	博士学位论文
周枫明	2014.9—2017.6	乌金体梵音藏文古籍字丁样本库的设计及构建	硕士学位论文
韩跃辉	2016.9—2019.6	藏文古籍识别系统的设计与实现	硕士学位论文
陈　洋	2017.9—2020.6	安卓平台上印刷体藏文识别软件的设计与实现	硕士学位论文
陈园园	2018.9—2021.6	藏文古籍图像版面分析系统的设计与实现	硕士学位论文
胡鹏飞	2018.9—2021.6	基于深度学习的乌金体藏文古籍识别系统	硕士学位论文
李金成	2018.9—2021.6	藏汉双语自然场景文字检测与识别系统	硕士学位论文
赵鹏海	2019.9—2022.6	乌金体藏文文档版面分析与识别系统	硕士学位论文
张国伟	2019.9—2022.6	移动端场景藏文检测与识别系统	硕士学位论文
卢玉琪	2020.9—2023.6	藏文古籍文档图像超分辨率重建研究	硕士学位论文
赵庆华	2020.9—2023.6	藏文古籍文档图像增强无监督方法研究	硕士学位论文
赵中南	2020.9—2023.6	乌金体古籍刻板藏文字丁的识别研究	硕士学位论文

附录C

乌金体藏文古籍文档分析与识别算法研究相关数据集

1．NMU_HTDU212

藏文古籍原文档图像数据集 NMU_HTDU212

2．NMU_HTDB212

二值化数据集 NMU_HTDB212

3．NMU_HTDLA212

版面分析数据集

4．NMU_THDTL212

文本行切分数据集

5．NMU_THCS_170

乌金体藏文部件样本集

6．NMU_THDBUC_7240、NMU_THDBUC_GNT_7240

乌金体藏文古籍合成样本集

7．NMU_HTCU_ML

手工标注样本

8．NMU_THCU_SL

分为四个不同集的子集

9．NMU_HTDC_610

古籍真实文档字符的样本集(字丁和符号)